Martin Prinz

Über die Alpen

Martin Prinz

Über die Alpen

Von Triest nach Monaco – zu Fuß durch eine verschwindende Landschaft

C. Bertelsmann

Auf der Innenseite des Buchumschlags ist die offizielle Karte der Via Alpina abgebildet, die Martin Prinz auf seiner Route benutzt hat.

FSC
Mix
Produktgruppe aus vorbildlich bewirtschafteten Wäldern und anderen kontrollierten Herkünften
Zert.-Nr. SGS-COC-001940
www.fsc.org

Verlagsgruppe Random House FSC-DEU-0100
Das für dieses Buch verwendete FSC-zertifizierte Papier *EOS* liefert Salzer Papier, St. Pölten, Austria.

1. Auflage

Umschlaggestaltung: R·M·E Roland Eschlbeck und Rosemarie Kreuzer
Satz: Uhl + Massopust, Aalen
Druck und Bindung: GGP Media GmbH, Pößneck
Printed in Germany
ISBN 978-3-570-01053-2

www.cbertelsmann.de

Für Ruth, Fritz und meine Eltern

Auf einer Passhöhe treffen sich zwei Lastwagen, wobei die Führerhäuser ganz dicht aneinanderfahren, so daß der eine Fahrer ohne den Boden zu berühren zum anderen Fahrer hinübersteigen kann. Zusammen, ohne ein Wort miteinander zu sprechen, essen sie Mittag. Sie tun das schon seit zwölf Jahren, immer auf derselben Strecke, immer an derselben Stelle, die Worte sind ausgegangen, das Essen aber kann man sich kaufen.

Werner Herzog, *Vom Gehen im Eis*

I mean how do you know what you're going to do till you do it? The answer is, you don't.

J. D. Salinger, *The Catcher in the Rye*

Beiläufig ruft mir ein Monteur zu: »Du spazierst wieder einmal, wie mir scheint, am hellen Werktag.« Lachend grüße ich ihn und gebe mit Freuden zu, daß er Recht hat.

Robert Walser, *Der Spaziergang*

Inhalt

Achtundsechzig Meter über dem Meer

Ich fuhr auf, traute mich kaum zu atmen und horchte. Ein Hund bellte, der Bach rauschte, die Windböen in den Baumkronen waren kräftiger geworden. Keine Ahnung, was mich so erschreckt hatte. Ich hörte den Bach, hörte die Nacht. Und merkte am Prickeln in den Beinen, dass meine Reise begonnen hatte.

Ein solches Auffahren – oft sollte ich das in Zeltnächten erleben, ganz gleich, ob ich bei Wind oder Regen, unter dem Schreien von Rehen oder dem Schnüffeln anderer Tiere in meinem kleinen, roten Unterschlupf lag. Aufgeschreckt von einem Geräusch, das im Wachwerden zwar anhielt, doch weder zu orten war noch einen Namen hatte.

Immer wieder hatte ich während des ersten Abends auf die Alpenübersichtskarte mit der Route der *Via Alpina* geschaut: Nicht einmal einen Fingerbreit war ich an diesem ersten Tag gegangen. Die Handbreiten aber, die mir auf dem Weg von Triest nach Monaco fehlten, waren damit erst recht unbegreifbar geworden. So, als stellte ich mir die Fußreise immer noch bloß vor. Mich, am Hafen von Muggia, den Rucksack geschultert, die Stöcke in der Hand, voller Unglauben und Vorfreude:

Ein Ruck, ein erstes Klacken der Stöcke auf dem Asphalt und ein erster Schritt, ein zweiter, ein dritter und ein vierter… bis ich in meinem Zelt unter den Bäumen der Rifugio Premuda hochgeschreckt war. Plötzlich schienen andere Schritte auf mich zuzukommen. Schritte, so geschmeidig und fest wie die eines Bären. Eines

Bären, der in dem Augenblick, da er sich auf mich stürzte, leicht geworden war, unbegreiflich leicht wie ein in Pelz gefasstes Federbett.

Ein Traum, doch selbst am Morgen hatte ich noch den Eindruck, es wäre etwas wirklich daran gewesen. Ich lag da, schaute auf das vor meinen Augen tropfengesprenkelte Zeltdach und in einen von der Plane rötlich gefärbten Tagesbeginn. Den Regen der Nacht hatte ich nicht bemerkt. Doch das Zelt war nass. So nass, dass es nicht allein Kondenswasser sein konnte.

Draußen rauschte der Bach, es war windstill. Nicht einmal ein Hund bellte, und in mir war ein Geräusch, so greifbar wie entfernt.

Den Tag des Weggehens – oft hatte ich ihn mir vorgestellt. Nicht erst seit Wochen, sondern seit Jahren; seit ich im Sommer 2005 im Internet zum ersten Mal auf den *Roten Weg* der *Via Alpina* gestoßen war, und auf die Kurzbeschreibungen, Längenangaben und Höhendiagramme ihrer vom Hafen Muggias über den gesamten Alpenbogen nach Monaco führenden Etappen.

Es war nach einem heißen Sommertag, die Fenster standen weit offen, draußen war es bereits finster. Vom nahen Platz waren spielende Kinder zu hören. Ich trank eine Flasche Weißwein, dessen Würze mir bis heute in Erinnerung ist, da sie mich an die Beschreibung eines Weines in einem Maigret-Roman Simenons denken ließ.

Die *Via Alpina,* einmal entdeckt, ließ mich auch in den beiden Jahren, die ich für meinen Roman *Ein Paar* noch benötigen sollte, nicht mehr los. Und das, obwohl mir die Alpen bislang als Letztes eingefallen wären, wenn es darum ging, mein Schreiben tatsächlich je mit der mir als früherem Leistungssportler gebliebenen Fähigkeit zu verbinden, weite Strecken zu Fuß zu bewältigen.

Denn dachte ich an die Alpen, dachte ich nicht an mich. Viel eher fiel mir mein Großvater ein, der noch mit dicken Seilen und schweren Lederschuhen auf den höchsten Gipfeln gestanden hatte – vor allem aber tauchte das Bild meines Onkels vor mir auf.

Mein Onkel – von Kindheit an meine Maßeinheit für jeden Berg, jeden Grat, jede Wand, jeden Eisfall. Er verkörperte die ständige Frage, ob er hier oder dort bereits oben gewesen sei, ob er diese Wand oder jene erklettern könne. Ganz gleich, ob es die großen Gipfel wie Matterhorn, Mont Blanc und Mount Everest waren, oder mit Turmmauer und Teufelskanzel nur die Felspfeiler der näheren Umgebung meines Kindheitstals. Letztere, beinahe ihrem höllischen Namen entsprechend, bereits auch als Einheit in Sachen Absturz. Denn einen solchen hatte er von der Teufelskanzel nur aufgrund der Landung in einem Baum überlebt.

Berge, Gipfel, Expeditionen: Das war er für mich gewesen, und darin war er mir zeitlebens unerreichbar geblieben. Dass diese Unerreichbarkeit in ihm selbst lag, hatte ich damals noch nicht begriffen. Unheimlich aber war sie mir bereits als Kind gewesen und vermutlich der Grund, warum ich ihm in keinem einzigen Augenblick nachgeeifert hatte.

Die *Via Alpina* fesselte mich jedoch nicht aufgrund der Berge entlang der Route. Sie führte in einen Lebens- und Kulturraum, den es, wie ich ihn als ein am östlichen Kalkalpenrand aufgewachsenes Kind noch erlebt hatte, womöglich in wenigen Jahrzehnten nicht mehr geben wird, sollte sich der Zusammenbruch der bäuerlichen Landwirtschaft nicht aufhalten lassen.

Insofern schien mir das Vorhaben, auf einer solchen Route vom dortigen Leben zu erzählen, bevor es verschwand, nicht nur weit genug von den unnahbaren Gipfeln meines Onkels entfernt, sondern auch von jenen Alltagsfluchten, wie sie auf religiös grundierten, heute aber vor allem esoterisch überhöhten Wegen gerade in den letzten Jahren in Mode gekommen waren.

Denn die insgesamt fünf Routen der *Via Alpina* – von der kürzesten, dem über dreizehn Etappen von Vaduz ins Berner Oberland zur Jungfrau reichenden *Grüne Weg,* bis zur längsten, dem von Triest über knapp 2500 Kilometer und 130 000 Höhenmeter nach Monaco führenden *Roten Weg* – führen alle aus der Gegenwart nicht hinaus, sondern mitten in sie, in die Schmerzpunkte heutigen Lebens, hinein. Ganz gleich, ob es sich dabei um das Verhältnis Mensch-Umwelt oder Arbeit-Freizeit, um die Beziehungen zwischen Stadt und Land oder die der Agrargebiete des Flachlands zu jenen der Berge handelt.

So hatte ich das im ersten Exposé zu meinem Reise- und Schreibprojekt formuliert. Ohne zu wissen, dass ich dabei den unnahbaren Bergen meines Onkels genauso wenig entkommen sollte wie den eigenen Schmerzpunkten und Alltagsfluchten.

Ich musste mich waschen. Und das schnell. Der Schlafsack war verschwitzt, und das schon seit dem ersten Aufschrecken. Dennoch hatte nicht allein der Bär damit zu tun. Vielmehr war es hier, achtundsechzig Meter über dem Meer und noch in Sichtweite zur Triestiner Bucht, viel zu warm für einen bis minus sieben Grad Komforttemperatur bietenden Daunenschlafsack.

Am Taleingang läuteten die Glocken zur Frühmesse, die Rifugio hatte noch zu, ich musste zum Waschen an den Bach. Während ich aber ein paar Wochen später bereits halb nackt dorthin getappt wäre, zog ich mich an diesem Morgen im Zelt noch auf umständliche Weise an, um draußen in den nachtfeuchten Kleidern erst recht zu frieren.

Im Bach war das jedoch egal. Zuerst die Beine, dann der Oberkörper, alles prickelte. In tieferes Wasser wäre ich ganz eingetaucht, denn nun war ich richtig durstig nach dieser frischen Kälte.

Immer kräftiger schien die Sonne währenddessen über den Kalkwänden ins Tal, die Schnellstraße von Triest nach Koper war in einem gleichbleibenden Rauschen zu hören. Mich aber überzog die Vorstellung, ich sei in diesen Augenblicken, in denen ich jeden Strahl auf meiner Haut spüren konnte, allein auf der Welt, als glückliche Angst.

Die Berge – unerreichbar waren sie mir, zumindest in Hinblick auf ihre höheren, schwierigeren Gipfel, nicht nur aufgrund der außergewöhnlichen Bergsteiger in meiner Familie erschienen, sondern auch aufgrund der Selbstverständlichkeit, mit der sie das Tal umgaben, in dem ich aufgewachsen war. Als eine Heimat, die mir zu nahe war, um ihr ohne Umwege auf die Spur zu kommen.

Nichts anderes als solche Umwege waren in den zurückliegenden Jahren die verschiedensten Schreibideen für zu Fuß zu bewältigende Strecken gewesen. Angefangen beim Projekt, auf einer solchen Fußreise von meiner Wiener Wohnung Tag für Tag ohne vorgegebenes Ziel durchs Land zu wandern. Bis zu jenem bereits etwas konkreteren Plan, im Sommer 2005 in westlicher Richtung durch ganz Österreich zu laufen.

In jenem Jahr waren in Österreich die Jubiläen von sechzig Jahre Kriegsende und Befreiung, sowie fünfzig Jahre Staatsvertrag und zehn Jahre EU-Mitgliedschaft gefeiert worden. Und angesichts all der Reden, Berichte, Analysen und Kommentare hatte ich mich schließlich gefragt, was eigentlich der Alltag in den Ortschaften, Siedlungen, Dörfern und Kleinstädten über das Land erzählte: Was redeten die älteren Frauen am Vormittag in den Konditoreien und Cafés, was die Männer in den Wirtshäusern bis viel zu spät in die Nacht, was stand in den Ortsblättern der Parteien, was in den Gemeinde- und Bezirkszeitungen.

Mit Laufschuhen und Lauftrikots, leichtem Gepäck gegen Wetterumschwünge und Kleidung für Kaffee- und Wirtshäuser, einem Notizbuch, Bleistiften, Ausweis, Kreditkarte, Mobiltelefon und Geld sollte ich als ehemaliger Jugendkader-Skilangläufer und weiterhin neben der Arbeit trainierender Ausdauerathlet einen Gutteil des Landes in drei Wochen Richtung Westen bewältigen können.

Auf die Fortbewegungsart des Laufens war ich nicht aus sportlichen Gründen gekommen, sondern weil der Läufer die Landschaft in einem Tempo durchquerte, bei dem man jeden Tag in ein neues Tal, vielleicht sogar in eine andere Gegend gelangte, und dennoch langsam genug war, um auch das wahrzunehmen, was man nicht nur im Auto, sondern auch schon auf dem Rad übersah.

Zu Fuß war man weder auf Straßen noch allein auf Wege angewiesen, zu Fuß kam man über Wiesen und durch Wälder, über Bäche und durchs Gestrüpp. Dabei wollte ich weder über die höchsten

Berge und Pässe noch bloß entlang der Donau und der Hauptverkehrsrouten; ich wollte über jene Hügelkämme, Sättel und Übergänge von einem Ort, von einem Tal zum anderen, die früher die weitaus wichtigeren Verbindungen waren als die im 19. und 20. Jahrhundert gebauten Talstraßen und deren Um-Wege erst durch die Motorisierung verschwanden.

Doch angesichts der sich verzögernden Arbeit am Roman brauchte ich an eine Laufreise durch Österreich im Jahr 2005 gar nicht mehr zu denken.

Dafür aber hatte ich die *Via Alpina* entdeckt. Und die führte nicht nur durch ein einziges Land, sondern durch acht; nicht über niedrige Talübergänge, sondern über bis zu 2800 Meter hohe Pässe.

Mit leichtem Gepäck war es nun nicht mehr getan. Für eine Reise über den gesamten Alpenbogen musste nicht nur Ausrüstung für knapp fünf Monate in den Rucksack, sondern angesichts der unterschiedlichen Höhenstufen auch solche für alle vier Jahreszeiten. Genauso wie man für eine solche Reise seine Wohnung nicht einfach nur zugesperrt zurückließ, sondern sie mit Zelt, Schlafsack und Isomatte auf dem eigenen Rücken trug. Denn die Alpen überquerte kein Lauf, kein Marsch, nicht einmal eine Wanderung. Man durchquerte sie nur mit einer Reise.

Und so lange es seit jenem Abend mit dem nach Maigret schmeckenden Weißwein auch gedauert hatte, nach vier Jahren am Schreibtisch konnte ich es kaum noch erwarten, mich auf den Weg zu machen. Doch als dann nur mehr die Monate der Recherche und Vorbereitung vor mir lagen, ging alles fast zu schnell.

So schnell, dass ich – wie es so schön heißt – gar nicht schnell genug schauen konnte, schon waren es nur mehr Wochen, und dann nur mehr Tage. Neun Tage, sechs Tage, fünf Tage, und plötzlich mussten all die letzten Erledigungen, für die eben noch so viel Zeit gewesen war, in größter Eile erledigt werden. Der neue Daunenschlafsack war beim Outdoor-Händler abzuholen, die Frage bezüglich Gamaschen war ungeklärt, die Reservebatterien für die Stirnlampe und der Reserveakku für das neue Multifunktionshandy fehlten noch – genauso wie ein in der Länge verstellbarer Regenponcho oder die von ebensolchen Vorbereitungen erzählende erste *Via-Alpina*-Reisegeschichte für das Lifestylemagazin der Tageszeitung *Der Standard*.

Nur noch wenige Tage. Immer noch war alles bloß Vorstellung gewesen. Vorstellungen wie jene, mit der die erste Zeitungsgeschichte begonnen hatte:

… nur noch wenige Tage, dann werde ich am Hafen von Muggia stehen. Doch kein Schiff wird mich stampfend von den Hafenmauern und der immer kleiner werdenden Freundin trennen, nicht einmal ein langsam aus einem Bahnhof abfahrender Zug. Die eigenen Beine werden es sein, die dann an der Piazza Marconi von Sabine weggehen, vorbei am Dom, hinauf zum Castello und zur Wallfahrtskirche, die dort oben zum Schutz der Seefahrer steht, doch nicht zu meinem.

Die eigenen Beine, so war es auch gewesen. Obwohl sie nicht, wie ich mir das oft vorgestellt hatte, am Kastell vorbei zur Wallfahrtskirche gegangen waren, und auch auf keinem der in der Wegbeschreibung als kulturhistorisch bedeutsam ausgewiesenen Wege, auf denen früher Waren aus dem Karst auf die Märkte Muggias gebracht worden waren, sondern zuerst noch ein Stück am Meer entlang, neben einem schmalen, schottrigen Uferstreifen, auf dem die ersten Sonnenanbeterinnen unbeirrt von Abgasen und Autolärm auf ihren Matten und Handtüchern lagen. Dann über Kreisverkehre und unter Schnellstraßenbrücken in ein Gebiet leer stehender, zum Teil schäbiger Betriebsgelände Richtung Karst.

Denke ich an dieses Weggehen zurück, fallen mir bellende Hunde ein. Irgendwo hinter den Zäunen der Betriebsniederlassungen, in den Gärten der Einfamilienhäuser, überall das gleiche Bellen. Und – an meinen Rucksack erinnere ich mich, an sein unmögliches Gewicht, an die Sorge um meine Knie und an Furcht vor Ungeschicklichkeiten, vor Verletzungen gleich zu Beginn.

Nichts davon steht in meinem Notizbuch. Nicht einmal etwas über das Kopfschütteln, das ich in den kleinen Dörfern am Karstabhang immer wieder erntete, sobald ich auf Fragen, wohin ich ginge, mit den Alpen geantwortet hatte.

Die Alpen, so die einhellige Antwort, begännen doch erst bei Udine. Und das sei viel zu weit, um zu Fuß dorthin zu gehen. Während in Muggia ein Fischer angesichts dessen, wohin ich gehen wollte, gleich mit den Vorzügen des Meeres gekontert hatte. Das Meer, hatte er auf seinem Boot mit dem Rücken zum Ufer gesagt, sei offen und frei, mit den Bergen wolle er nichts zu tun haben.

Zurück im Zelt erwartete mich eine Kurznachricht von Sabine. Wie der erste Morgen sei, wollte sie wissen. Wie, ja, wie? *Schön, sehr schön*, musste ich schreiben, denn so empfand ich ihn. So, ohne genauer sein zu wollen, als würde ihn das zerstören.

Ich setzte mich zum Bach und tippte das Wort *schön* in den Communicator: Schön, sehr schön. Das klang nicht nur wie eine Kriegserklärung, sondern war in unserer nur mehr mühsam aufrechterhaltenen Beziehung auch eine.

Ich zog mich an und setzte mich auf eine der Bänke in der Sonne. Als ich gestern mit dem Zwei-Mann-Filmteam, das für 3sat eine Dokumentation meiner Reise durch die Alpen drehen sollte, die Rifugio erreicht hatte, war der Gastgarten voll gewesen, ebenso der Parkplatz. Hierher kamen offenbar die wenigsten zu Fuß. Dafür, dass sich gleich alle Blicke auf uns richteten, war jedoch das Equipment meiner Begleiter verantwortlich, vor allem die lange Tonangel und die Kamera.

So spannend ich die Idee eines Films auch gefunden hatte, so wenig war ich mir bis zuletzt sicher gewesen, ob ich am ersten Tag tatsächlich ein Filmteam dabeihaben wollte. Nun aber war ich froh. Nicht, da es die in diesem Aufbruch liegenden Unsicherheiten und Ängste kleiner werden ließ. Im Gegenteil, der Druck, die Strecke tatsächlich zu schaffen, war sogar größer geworden. Doch wie bereits in den letzten Wochen der Vorbereitung, als mich die Fragen des Dokumentarfilmers Andreas Pichler intensiver als geplant hatten recherchieren lassen, waren die Kamera und der Filmemacher auch unterwegs eine Hilfe beim Fragenstellen oder Recherchieren.

Und so waren keine fünf Minuten nach der Ankunft bei der Rifugio vergangen und Pichler hatte bereits herausgefunden, wann und warum die Rifugio Premuda gebaut worden war: 1940, wegen der steilen Kalkwände im Val Rosandra. – Allein hätte ich mich in meiner Müdigkeit sicher nicht gleich nach dem Ankommen danach erkundigt.

Ebenso wenig wäre ich an diesem sommerlichen Maiabend, an dem man statt des Verkehrsrauschens der Schnellstraße das Meer zu hören glaubte, angesichts all der mit dem Auto direkt vor der Hütte parkenden Ausflügler auf die Idee gekommen, dass sie immer noch Sitz der nach Emilio Comici benannten Kletterschule war, jenem 1940 bei einem Absturz von einer kaum haushohen Wand ums Leben gekommenen Erstdurchsteiger der Nordwand der Großen Zinne.

Vielmehr schien es, als spielte die Hütte ihr Hüttensein lediglich: die Club-Alpino-Italiano-Tafel (C. A. I.), der Name der zuständigen Sektion, die Selbstbedienung, die topografischen Karten im Eingangsbereich oder die große *Via-Alpina*-Schautafel, die fast direkt neben jenem Tisch an der Hüttenwand angebracht war, der während unseres Eintreffens frei geworden war. Nur das darauf abgebildete Höhendiagramm der ersten Etappe machte einem nichts vor: eine fast völlig gerade Linie.

Ob in diesem Jahr schon jemand hier vorbeigekommen wäre, der ebenfalls die ganze Strecke gehen wollte, hatte ich die Wirtin gefragt und noch im Fragen bemerkt, dass mir eine Antwort, die mir beschied, Ja, gestern, überhaupt nicht gefallen hätte.

Irgendwann wollte ich zwar unterwegs jemanden treffen, der ebenfalls den *Roten Weg* ging, doch nicht am ersten Tag. Dass seit der Eröffnung der Route insgesamt erst eine Handvoll *Via-Alpina*-Wanderer auf der längsten der fünf Strecken unterwegs gewesen waren und die meisten nur Teilstücke gingen, wusste ich. Dennoch hätte ich es kaum für möglich gehalten, dass ich in den folgenden Monaten tatsächlich niemandem begegnen würde, der ebenso weit durch die Alpen unterwegs war.

Ich hätte es ahnen können. Allein deshalb, weil die Wirtin sich so gut an die beiden Amerikaner aus dem Vorjahr erinnerte, Alex

Crevar und seine Freundin Carly Calhoun, so als wären sie tatsächlich die einzigen gewesen. Ich wusste zwar noch von einem Schweizer, doch vielleicht war der auch in Hütten so zugeknöpft, wie er das bei meiner Mailanfrage gewesen war.

Kein Wort hatte mir der junge Wissenschafter zurückgeschrieben, der seine *Via-Alpina*-Wanderung im Vorjahr nicht nur mit Live-Einstiegen im Radio, sondern auch als Werbeträger für seine Ausrüster vermarktet hatte. Carly Calhoun und Alex Crevar hingegen, die für *National Geographic* unterwegs gewesen waren, hatten mir auf meine Fragen gleich geantwortet.

Hier, die Wirtin hatte auf die Baumgruppe zwischen Gastgarten und Bach gedeutet, hätten die beiden gezeltet. Und dort hatte auch ich dann mein Zelt aufgestellt, da man auf der Hütte nur nach Voranmeldung übernachten konnte, lag zwei Stunden später in meinem Schlafsack und vermaß den Abstand zwischen der Zeltplane und meinem Kopf.

Ein Schritt, der Schritt eines schweres Mannes würde schon genügen. Mein Kopf würde knirschen, ich würde vermutlich nicht einmal aufschreien, dann wäre ich tot. Ich hatte in die Nacht hinaus gehorcht, aber nur Hunde gehört, den Bach, die Bäume, doch keine Schritte.

Das ist jetzt dein Haus, hatte ich mir gesagt und die Augen geschlossen – deine Haut.

Kurz nachdem ich mich in die Morgensonne vor der Rifugio gesetzt hatte, waren nicht nur die Hüttenwirte, sondern auch die ersten Sonntagswanderer in ihren Autos angekommen. Fast jeder blieb vor dem Weggehen noch für Kaffee und Kuchen im Gastgarten sitzen, während mein Zelt, Schlafsack sowie die Unterlegmatte an der Umzäunung in der Sonne trockneten. Ich frühstückte ausgiebig, räumte den Rucksack ein. Und während ich umständlich an der richtigen Packordnung arbeitete, wurden da und dort bereits erste Gläser Wein getrunken.

Es dauerte eine Zeit lang, bis alles richtig geschichtet war. Aber auch als ich endlich ging, passte mir manches nicht: Einmal war es die Länge der Stöcke, dann wieder sollte das lange Leibchen gegen das kurze getauscht, später mussten die Hosenbeine abgezippt werden. Ganz zu schweigen von den ständigen Justierungen am Rucksack-Tragesystem. Dafür blieb ich zwar nicht jedes Mal stehen, nichtsdestotrotz fanden sich für Halte noch genügend Gründe, so dass mich all jene Sonntagswanderer immer aufs Neue einholten, an denen ich gerade erst im Eilzugtempo vorbeigezogen war.

Doch selbst wenn ich geahnt hätte, dass ich an der Packordnung meines Rucksacks wie auch an der jeweils besten Einstellung von Halteriemen und Beckengurt bis zum Ende der Reise arbeiten sollte, gestört hätte mich an dem Tag nicht einmal das. Stattdessen tauchte nun, da es keine Straße mehr war, die neben der Hütte ins Rosandratal führte, sondern ein sich dahin schlängelnder Wanderweg, das nächtliche Gefühl des Reisebeginns wieder auf.

Wurzelknollen, Steinblöcke, eine Zeit lang ging es sogar über einen Geröllhang. Und plötzlich achtete ich nicht mehr wie gestern auf den Asphaltstraßen zwischen Muggia und dem Rosandra-Tal auf jedes Brennen in den Beinen, jedes Ziehen in den Gelenken, sondern genoss das heftige Atmen, genoss den Schweiß – und verschwand mit all den Gedanken und Zweifeln über die endlos vor mir liegende Strecke der nächsten Monate in einer sich an die Arbeit machenden Maschinerie aus Anstrengung, Müdigkeit und Kraft.

Tatsächlich begonnen hatte ich meine Reisevorbereitungen nach zweieinhalb Jahren mit der Idee im Kopf erst letzten Winter. Zu dem Zeitpunkt hatte ich vorgehabt, ausführlich in der gesammelten Sekundärliteratur zu lesen, aber auch in Büchern wie etwa Bruce Chatwins *Traumpfade,* John Bergers *SauErde* oder Innerhofers *Schattseite*, war letztlich jedoch kaum über Werner Bätzings, 2003 in überarbeiteter Form neuerschienenes, Lebenswerk *Die Alpen* und eine Handvoll anderer grundlegender Bände Alpenliteratur hinausgekommen. Zu drängend waren, neben den sich überschlagenden Geschehnissen in meinem Privatleben, all die offenen Fragen zur Ausrüstung gewesen: In welchem Rucksack ich die voraussichtlich zwanzig Kilo Gepäck tragen wollte, welcher Regenschutz der beste wäre oder ob ich mit Stöcken gehen sollte.

Einiges davon löste sich schnell oder war bereits im Vorhinein klar gewesen. Wie etwa die Mitnahme eines Zeltes, um gegen Wetterumschwünge geschützt zu sein und meine Tagesstrecken nicht von Hütten und Unterkünften abhängig zu machen. Während ich die Frage, welche Karten ich verwenden wollte und wo ich sie bekommen könnte, lange vor mir herschob – fast zu lange. Und auf die Idee, sie aus Gewichtsgründen auf jene Ausschnitte zurechtzuschneiden, die ich tatsächlich bräuchte, wäre ich allein gar nicht erst gekommen.

So wie andere nützliche Tipps hatte ich auch diesen von Hans Diem, einem Weitwanderer aus Garmisch-Partenkirchen, dessen Namen ich aufgrund eines Reiseberichts im Internet bereits von meinen ersten *Via-Alpina*-Recherchen aus dem Sommer 2005 kannte. Nachdem ich im Februar von der *Via-Alpina*-Zuständigen im Alpenverein, Christina Schwann, seine Mail-Adresse erhalten hatte, war ich Anfang April bei Diem zu Besuch gewesen, hatte sein Materiallager im Keller bestaunt, Dias von der gesamten Strecke gesehen und en passant die besten Tipps erhalten.

Dennoch – Vorbereitungsarbeiten wie das Zurechtschneiden der Wanderkarten hatte ich selbst wenige Tage vor der Abreise noch unterschätzt, als ich für die erste Alpengeschichte im *Standard* bereits den Info-Kasten zur *Wohnung auf meinem Rücken*[1] zusammenstellte,

1 **Rucksack:** 65 Liter Fassungsvermögen, bei Abreise 19 Kilo schwer. **Unterkunft:** Hütten, Pensionen, Gasthäuser entlang der Route. Oder im Einmannzelt (Ausstattung: isolierende Liegematte sowie ein Daunenschlafsack mit sogenannter Komforttemperatur bis minus sieben Grad Celsius). Für die Idylle auf der Terrasse: Faltsitz. **Bekleidung:** Handelsübliche Wander- bzw. Outdoorbekleidung, der nur unter Mithilfe der Farben Schwarz und Grau (sowie einem in die mitgenommene Funktionswäsche geschmuggelten weißen Leinenhemd) eine Anmutung von Eleganz abgerungen werden konnte. Als Grundsatzentscheidung ist zu erwähnen, dass einem Regenponcho der Vorzug vor einer Regenjacke gegeben wurde, und zumindest anfangs und bei nicht zu großer Kälte Seidensocken, die der Autor vom Skilanglaufsport kennt, anstatt der üblichen Wandersocken verwendet werden sollen. Hut, Kappe, Haube, Handschuhe sowie, auch wenn nicht unbedingt zur Bekleidung gehörend: Beckentasche und Teleskopstöcke. **Küche:** Jetboil-Gaskartusche, deren spezielle, windgeschützte Konstruktion für schnelleres Erhitzen von Flüssigkeiten und sparsamen Gasverbrauch sorgt. Plastiklöffel und -gabel, Taschenmesser mit Dosen- und Flaschenöffner. Notration an gefriergetrockneter Nahrung sowie immer wieder neu auf-

einen Teil davon jedoch immer noch nicht besorgt, geschweige denn wenigstens diese Wohnung vulgo Rucksack zur Probe bereits eingepackt hätte.

Davor hatten mich vor allem die Fragen nach der technischen Ausstattung auf Trab gehalten. Dass ich weder auf ein Mobiltelefon verzichten wollte – was allein schon mein Ansehen beim Weitwanderpuristen Diem ziemlich beschädigt hatte – noch auf einen mobilen Internetzugang, war sehr bald entschieden gewesen. Schließlich war ich bereits seit meiner Kindheit ein fast süchtiger Zeitungsleser, und eine Internetverbindung war die einzige Möglichkeit, um auch an Orten ohne Kiosk zumindest in elektronischer Form Zeitungsnachrichten lesen zu können. Ganz gleich, ob es das Trainingslager der Österreichischen Fußballnationalmannschaft vor der Europameisterschaft betraf, die Koalitionskrisen der Wiener Bundesregierung, den Präsidentschaftswahlkampf zwischen Barack Obama und John McCain in den USA oder jene Weltgeschehnisse, die mit dem Kollaps der Finanzmärkte ab dem 15. September den Glauben an die Globalisierung des Handels nachhaltig erschüttern sollten.

Während sich aber eine tatsächliche Weltwirtschaftskrise für mich zumindest in der Vorbereitung auf die Reise noch nicht abgezeichnet hatte, so war mir klar gewesen, dass ich gerade in den Alpen die Nachrichten und Ereignisse der Welt nicht als Ersatz für die Abgeschiedenheit mancher Orte und Strecken wie gewohnt weiterverfol-

gefülltem Wasser, das notfalls mit Mikropur-Tabletten aufbereitet wird. Schnaps. **Arbeitsplatz:** Notizbücher A6 und A5, Bleistifte, Spitzer. Das zu den Orten und der Strecke recherchierte Material ist teilweise auf doppelseitig bedrucktem Papier bzw. als Textdatei mit dabei, während die in der Vorbereitung gelesenen Bücher, wie etwa Werner Bätzings bei C. H. Beck erschienenes Standardwerk *Die Alpen*, sich mit unzähligen Markierungen versehen bei Freunden befinden, die bei Fragen kontaktiert werden. Als mitgenommene Bücher standen kurz vor der Abreise John Bergers *SauErde*, aber auch Chatwins *Traumpfade* zur Überlegung. Wobei nach Lektüre von Werner Herzogs so phänomenal frecher und ebenso existenzieller Erzählung einer Fußreise von München nach Paris (*Vom Gehen im Eis*), sein Journal von den Arbeiten zu Fitzcarraldo, *Die Eroberung des Nutzlosen*, eine Favoritenstellung innehatte. **Technisches:** *Nokia Communicator* für Internet, E-Mail, Bilder, Telefonate, aber auch Textverarbeitung. Reserveakku, Reservehandy. Adapterstecker, Ladekabel, Halogenlampe samt Reservebatterien, Kompass, Signalpfeife. Und nach langer Überlegung: kein iPod. **Sonstiges:** Toilettsachen, Waschmittel, Medikamente, Erste Hilfe, Schlangenbiss-Set, Zeckenzange, Insektenspray, Schnur, Draht, Klebeband.

gen wollte, sondern weil Gegenwart und Zukunftsperspektiven hier wie unter einem Brennglas deutlich werden könnten.

Es war im April gewesen. In jenem Monat hatten sich, neben Meldungen über eine weitere Verschärfung der seit 2007 andauernden Finanzkrise, vor allem Nachrichten über eine bedrohliche Lebensmittelknappheit und ansteigende Grundnahrungsmittelpreise gehäuft. Die Gründe der Hungerkrise hatte ich in Zusammenhang mit den am stärksten betroffenen Ländern Afrikas, Asiens und Südamerikas in den letzten Jahren schon öfter gelesen. Nie aber in solch geballter Form wie im Frühling vor meiner Abreise, als die Exekutivdirektorin des UN-Welternährungsprogramms von der Welt mindestens so viel an Hilfe forderte wie nach dem Tsunami im Indischen Ozean 2004.

Trotz all dieser Nachrichten hätte ich ohne die Recherchen zu meiner Alpenreise die Ursachen dieser Hungerkrise nie mit Entwicklungen in Verbindung gebracht, wie sie unter dem Begriff Strukturwandel seit Jahrzehnten die europäische Agrarpolitik bestimmen und in der Landwirtschaft bereits seit Beginn der Industrialisierung zu Veränderungen führten, die längst unumkehrbar sind. Natürlich waren es stets Argumente, in denen von den Gesetzen des Marktes die Rede war, wenn es darum ging, dass sich auch die Bauern in den Alpen mehr und mehr jenem Strukturwandel stellen müssten, der eine immer stärkere Technisierung, Spezialisierung und Intensivierung verlangte.

Wie sich aber auch in den Wochen und Monaten vor und während meiner Reise zeigte, haben die Gesetze des Marktes beharrliche Scheuklappen, wenn es darum geht, zu erkennen, dass Preis und Wert dort am stärksten auseinanderklaffen, wo eine kurzfristige Ausbeutung der Ressourcen die Dauer ihrer Nutzbarkeit minimiert. Um das zu erkennen, hatte es selbst für mich, der ich weder Agrar- noch Wirtschaftsexperte war, sondern als Autor neben einer Ausbildung zum nordischen Ski-Instruktor nur ein abgebrochenes Theaterwissenschaftsstudium vorzuweisen habe, nicht erst den mit knapper Not abgewendeten Zusammenbruch der Weltwirtschaft gebraucht.

Doch vielleicht war gerade ein Blick, der sich mit Kulissen, Maskeraden und der illusionären Wirklichkeit des schönen Scheins etwas auskannte, nicht der schlechteste, wenn es darum ging, am Schauplatz Alpen die Auswirkungen des viel beschworenen Strukturwandels[2] als Wegweiser einer weltweiten Entwicklung zu erkennen.

Insofern könnten die Alpen, vergaß man zwischen ihren imposanten Gipfeln und glitzernden Gletschern nicht Welt, Wirtschaft, Arbeit und Leben, ein Schauplatz im doppelten Sinn des Wortes sein. Eine Landschaft, in der einen jeder Blick auf sie weiter schauen ließ – als Schauplatz: über sie hinaus.

Um dem in den Alpen Gesehenen und Erlebten Nachrichten von der Finanzkrise, dem Ansteigen der Grundnahrungsmittelpreise und der weltweiten Lebensmittelknappheit gegenüberstellen zu können, brauchte ich – im Zeitalter vor dem iPhone – neben dem Handy auch einen mobilen Internetzugang. Ebenso aber wollte ich per SMS und E-Mail mit meinen Freunden und deren Alltag in Verbindung bleiben, da ich den Verhältnissen und Bedingungen von Gegenwart, ganz gleich, ob in den Alpen oder in der Welt ringsum, nur nachgehen konnte, wenn ich mir auch meine eigene, private Welt in die Berge mitnahm.

So perfekt ich jedoch in Sachen Kommunikation ausgerüstet sein wollte, so klar hatte ich mich zunächst gegen eine Kamera entschieden, aus Furcht zum bloßen Motiv-Schauer zu werden. Schließlich aber ließ ich mich mit der Chefin des *Standard*-Magazins auf den Handel ein, wenigstens ein Bild pro Tag zu machen, um die monatlichen Geschichten mit Original-Bildmaterial zu ergänzen. Es reichte, hatte sie gemeint, wenn ich von jedem Tag ein zur gleichen Tageszeit in die gleiche Himmelsrichtung gemachtes Foto hätte.

Ein Mini-Laptop zum Schreiben der monatlichen Reisegeschich-

2 So war schon 1960 nahezu im gesamten Alpenraum der schwierige Ackerbau aufgegeben worden, zugunsten einer Spezialisierung auf Teilbereiche der Viehwirtschaft (Milch, Fleisch, Zucht, Mutterkuhhaltung), die am Markt chancenreicher waren. Untrennbar damit verbunden war eine intensivere Nutzung der Gunstflächen, aber allzu oft auch das Brachliegenlassen der übrigen Flächen.

ten, ein Handy, mobiler Internetzugang, eine Kamera – doch welche Geräte bzw. Gerätekombinationen am besten für mich wären, davon hatte ich keine Ahnung gehabt.

Ich brauchte als Berater einen Generalisten, weder einen Freak noch jemand, der mir nur etwas verkaufen wollte. Ich brauchte jemanden, der nah an der Materie war und dennoch genug kritische Distanz hatte, um über das Marktgeschrei der allerneuesten Neuheiten hinwegzusehen. Einen, der vom Schreiben etwas verstand und sich mein Projekt auch vorstellen konnte. Hier kam nur ein Journalist infrage, der über Computer, elektronische Geräte und Kommunikationsmedien schrieb; also jemand wie Helmut Spudich.

Und er war grandios. Kaum eine Stunde, nachdem ich ihm ein erstes Mail zur Sache geschrieben hatte, fragte er bereits genauer zu meinem Vorhaben nach. Am frühen Abend schrieb er mir dann: Die radikalste Lösung wäre wahrscheinlich ein Nokia Commmunicator E90, *quasi ein digitales Schweizer Messer Ihrer Bedürfnisse. Da Sie Ihre Notizen handschriftlich machen, reicht die Tastatur, um auch eine Geschichte zu schreiben (ich kenne Kollegen, die unterwegs so ihre Stories schreiben und schicken). Für Blogs oder E-Mails sowieso, dazu haben Sie eine Kamera mit 3 Megapixel Auflösung – keine Offenbarung, aber es entspricht dem von Ihnen beschriebenen kargen Dokumentationsanspruch. Würde auch für Bilder im* Rondo *reichen (wie bei Lomos würden die leichten qualitativen Einschränkungen wahrscheinlich noch die Authenzität ihrer Reiseerfahrungen unterstreichen). Und Sie haben Internetzugang, wenn auch auf einem kleinen Schirm, aber so ist das eben, wenn man monatelang mit einem Rucksack durch die Berge geht …*

Nach diesem Mail war für mich klar, der Communicator war die beste Lösung. Angesichts meiner schmalen Finger ließe sich der Laptop tatsächlich damit ersetzen, und ich hätte somit in einem Gerät von kaum dreihundert Gramm Arbeitsplatz, Internetzugang, Kamera und Telefon.

Nur der Preis war nicht gering. Denn um die Roamingkosten mithilfe von Prepaid-Karten zu umgehen, musste es ein Gerät ohne Vertrag sein.

Nach kaum einer Stunde Gehzeit hatte ich Botazzo, eine kleine, verlassen wirkende Siedlung im Rosandra-Tal, erreicht. Ich war weder müde noch erschöpft, dennoch stellte ich meinen Rucksack mit einer Zufriedenheit an der Steinbank vor einem der verfallenen Häuser ab, als wäre ich bereits seit drei Monaten unterwegs –, und fotografierte ihn.

In den Wochen danach wiederholte ich das noch einige Male, fotografierte mich jedoch immer öfter selbst. Blinde Porträts mit ausgestreckter Hand, wie ich das bereits auf der dritten Etappe, unterwegs auf den Pleša, dem ersten richtigen Berg, begonnen hatte.

Vielleicht aber, so dachte ich mir später beim Anschauen des Bildes mit dem Rucksack an der Steinbank in Botazzo und den an den Baum daneben gelehnten Stöcken, vielleicht hatte es an dem Tag von mir noch gar nichts anderes zu fotografieren gegeben als mein Gepäck.

Genauso wie auch auf den übrigen Bildern dieser Rast kein Mensch zu sehen war, nur der Sonnenschein auf der alten Steinstraße, das alte, runde Telefonschild an der abblätternden Hauswand und der frühlingsgrün rund um das Dorf wuchernde Wald.

Ein verschluckter Fluss

Nicht einmal ein Hund bellte. Nichts rührte sich. Lediglich Wespen belagerten mich, als ich die in Muggia gekaufte Wurst und das Brot zu essen begann. Kaum hundert Meter war die slowenische Grenze entfernt. Laut Karte endete dort immer noch die von der italienischen Küste nördlich des tief eingeschnittenen Rosandra-Tals in weitem Bogen über das Karstplateau nach Botazzo/Botac führende Straße.

Der Wegbeschreibung folgend, hätte ich hier noch kurze Zeit einen in südöstlicher Richtung wegführenden Fußweg entlanggehen und nach ein paar hundert Metern, also kaum einen Fingerbreit auf der Wanderkarte, nach Norden abbiegen sollen – meine Grundrichtung der nächsten beiden Wochen durch Slowenien, um über den Veliko Gradišče, den mit 741 Metern höchsten Punkt des Karstplateaus, nach Lipica zu gelangen.

Anstatt aber dieser, von den *Via-Alpina*-Routenplanern nicht zufällig gewählten, Route zu den weißen Renommierpferden der Habsburger nachzugehen, war ich einfach geradeaus weitergestiefelt. Nicht aus Verachtung für die Pferde oder die Habsburger, und auch keiner anderen Überlegung folgend, sondern – ganz im Gegenteil – ohne dass es mir überhaupt aufgefallen wäre.

So kam ich weder nach Lipica noch in das danach folgende Lokev, in dem es laut Routenbeschreibung vom Borawind getrockneten Karstschinken geben sollte. Stattdessen ging ich Richtung Südosten fast parallel zu dem am Vortag Richtung Rifugio Premuda zurückgelegten

Weg – ohne mich über die fehlende Übereinstimmung des Wegs und seiner Umgebung mit dem auf der Karte Eingezeichneten zu kümmern, ohne mich über das unverändert nahe Meer zu wundern, geschweige denn über Richtung oder Sonnenstand.

Gegangen war ich dafür umso entschlossener. Im Wald überholte ich erneut Sonntagswanderer, wurde aber trotz meines eiligen Schritts von ihnen bald wieder eingeholt, als ich an einer Lichtung zögerte, da der Weg in ein Dorf und nicht auf einen Gipfel führte.

Beka hieß die Ortschaft, wie ich dem Schild vor den ersten Gehöften entnahm. Beka, und nicht Pese oder Pesek, wie die Namen jener zweisprachigen Ortschaft lauteten, in der ich in nordöstlicher Richtung über die Grenze hätte müssen, um über den Veliko Gradišče nach Lipica zu gelangen. Beka hingegen lag sogar südlicher als die Rifugio.

Dennoch kehrte ich nicht um. Denn egal, ob in Lipica, Lokev oder Sežana, ein Problem hätte ich ohnedies in all den größeren Ortschaften entlang der Route dieser Etappe gehabt. In keiner von ihnen gab es Zweigstellen jenes slowenischen Mobilfunkbetreibers, dessen SIM-Karte ich brauchte, um ohne die Kosten von Daten-Roaming E-Mails abzurufen und das Internet benutzen zu können. Zwar wurden die Wertkarten an jeder Tankstelle und in jedem Supermarkt verkauft, doch das Startpaket gab es, wie ich bei meinen Recherchen vor der Abreise herausgefunden hatte, nur in Mobitel-Filialen. Auf meiner Route käme ich in die nächste erst in Idrija.

Da ich aber von Botazzo/Botac schon ebenso weit Richtung Südosten gegangen war wie am Vortag in die Gegenrichtung, war an ein Erreichen des Etappenziels in Matavun ohnehin nicht mehr zu denken. Und so musste ich, um bereits am nächsten Tag zu einer SIM-Karte zu kommen, meinen Abstecher von der Route nur noch etwas ausbauen. Denn von Beka, dem kleinen Weiler auf dem Karstplateau oberhalb der Triestiner Bucht, ging es auf Güterstraßen in das bereits an der Autobahnverbindung Ljubljana–Koper gelegene Dörfchen Klanec. Von dort waren es nur wenige Kilometer auf der Bundesstraße nach Kozina, das an der Zugstrecke Richtung Postojna lag, wo es ganz sicher eine Mobitel-Filiale gab.

Mit dem Abstecher nach Postojna versäumte ich zwar den Regionalpark Škocjanske jame am Ende dieser Etappe. Doch war mein Interesse an dem zum weltweiten Netz der Biosphärenreservate der UNESCO zählenden Regionalpark ohnedies bereits vor Reisebeginn abgekühlt. Und das, obwohl ich auf die beiden entlang meiner Strecke liegenden Biosphärenreservate (neben Škocjanske jame wartete am Ende der Ostalpen noch das Große Walsertal) weit gespannter als auf National- und Naturparks war. Denn in Gegensatz zu Letzteren ging es beim Konzept der UNESCO weniger um den Schutz von Naturlandschaften als um die Erhaltung von Lebensräumen und Kulturlandschaften, wie sie sich in jahrhundertelanger Nutzungsgeschichte gebildet haben.

Die mit dem UNESCO-Prädikat des Biosphärenreservats oder -parks ausgezeichneten Gebiete, so hatte ich in Hinblick auf Škocjanske jame zu Hause im Internet recherchiert, *müssen einerseits für bestimmte Landschaftstypen charakteristisch sein und andererseits modellhaft nachhaltige Entwicklung umsetzen. Als Modellregionen sind sie Freiluftlabore, um innovative Methoden zu testen und vorzustellen, wie Natur und menschliche Nutzung durch optimales Management in Einklang gebracht werden können.*

Damit war mir das Biosphärenpark-Konzept sofort schlüssig gewesen. Auch wenn mir der Begriff des Reservats eigenartig erschien, da er mich sofort an eine Welt denken ließ, in der es abseits der Städte und ihrer Einzugsgebiete nicht-industrielle agrarische Bewirtschaftung nur mehr in solchen Reservaten gab, während ringsum die Natur als Wildnis wucherte.

Warum hingegen die Region rund um die Karsthöhlen von Škocjan dazugehörte, hatte ich im Zuge meiner Recherchen immer weniger verstanden. Denn so eindrucksvoll der Fluss Reka hier im Dolineneinbruch unterhalb der Ortschaft Škocjan auch im Erdboden versickerte, so sehr war offenbar jede landwirtschaftliche Bewirtschaftung aus der Gegend verschwunden. Anstatt vom gegenwärtigen Leben der Bewohner von Škocjan zu erzählen, das längst nicht mehr auf dem früher ringsum betriebenen Ackerbau gründete, wurde auf der Homepage des Biosphärenparks nur Historisches und Museales präsentiert.

Von der Förderung eines *funktionsfähigen gesellschaftlichen Zusammenlebens,* wie es in den Leitlinien der UNESCO-Biosphärenreservate stand, und *der wirtschaftlichen Nutzung durch die Bevölkerung* war man damit weit entfernt. Und so klang es im Grunde zynisch, vor allem aber traurig, wenn über die Gegenwart lediglich ein einziger Satz zu lesen war:

Heute ist das Dorf fast leer, doch in der Saison lebt es unter anderem auch mit den Besuchern zweier Dauerausstellungen auf.

Damit war ich, nach kaum zwei Stunden auf Wanderwegen, erneut auf Asphaltstraßen gelandet. Bis Klanec zwar kaum mit Verkehr entlang der Rebflächen des lokalen Karstweins. Gegen die auf dem harten Gehuntergrund bald wieder auftauchende Angst vor Knieschmerzen half aber selbst die schönste Wein-Idylle nichts. Noch viel weniger die Ödnis einer Ortschaft wie Klanec:

Ein zugesperrtes Wirtshaus, ein noch offenes, das mit Spielautomaten vollgestellt war, halb fertig verfallende Rohbauten mitten im Ort, kein Mensch auf der Straße, von überall aber das Bellen der Hunde. Während am Hang, unweit des Örtchens, eine kleine, abgeschottete Siedlung von Zweit- oder Ferienwohnhäusern stand. Meeresnähe für Leute, die sich Küstenbungalows nicht leisten konnten. Auf der anderen Talseite, ein paar hundert Meter Luftlinie entfernt, die Autobahn.

Ihr Dröhnen begleitete mich auch den gesamten Weg bis Kozina und erinnerte nicht zuletzt daran, welche Entwicklung all diese Häuser im Grünen, ganz gleich, ob es Haupt-, Zweit- oder nur Ferienhäuser waren, erst ermöglichte. Die Tatsache nämlich, dass der Motorisierungsgrad in Slowenien bereits vor dem EU-Beitritt 2004 längst auf dem Niveau wirtschaftlich besser entwickelter EU-Staaten gelegen hatte. Damit blieb auch jene Streusiedlungslandschaft aus einer Zeit erhalten, in der noch mehr als fünfzig Prozent der Slowenen in der Landwirtschaft tätig gewesen waren, während dieser Anteil 2004 bereits auf vier Prozent zurück gegangen war. Dafür waren weit über fünfzig Prozent der Slowenen Tagespendler, was Dörfer wie Klanec untertags beinahe gespenstisch leer werden ließ.

Dekonzentrierte Konzentration, so nennt die Wissenschaft – in einer nur scheinbar sich gegenseitig aufhebenden Wortpaarung – die Tatsache, dass es lediglich in Ballungszentren noch Arbeit für die Bevölkerung all der kleinen Schlafdörfer gibt. Der Stumpfsinn der Bezeichnung wird in den entsprechenden Analysen nicht zur Sprache gebracht. Stattdessen ist von einem Anstieg der Wirtschaftskraft die Rede. Geflissentlich wird dabei übersehen, was hinter den Zahlen verloren geht, etwa wenn die Rede davon ist, dass die vor dem EU-Beitritt Sloweniens noch zu zehn Prozent in der Landwirtschaft Erwerbstätigen bereits nur mehr zwei Prozent zum Bruttoinlandsprodukt (BIP) beitrugen.

Arbeiteten die Bauern um so viel weniger als die restlichen neunzig Prozent? Sollten deshalb, unter dem schönfärberischen Begriff Strukturwandel, kleine und für das BIP derart unrentable Agrarbetriebe weiter zurückgedrängt werden? Während die Selbstversorgungsfähigkeit des ehemaligen Agrarlandes Slowenien in den Statistiken weiter zurückgeht, und bei Getreide, Öl, Zucker und Schweinefleisch bereits besonders gering geworden ist.

Wozu das weltweite Pendant dieses Strukturwandels in der Landwirtschaft führte, indem es um die internationalen Marktchancen der Länder anstatt um deren eigene Ernährungssicherheit ging, dafür war in den Monaten vor meiner Abreise ein Wort geläufig geworden, das ich vor allem aus den Fernsehnachrichten meiner Kindheit gekannt hatte: Hunger.

Und zu dem Wort gehörten Bilder, die ich als Kind so unvorstellbar empfand, dass ich sie, als Teil einer anderen Welt, von mir wegschieben musste. Wenn die Kinder aus Afrika dann als moralischer Fingerzeig am eigenen Mittagstisch auftauchten, sobald mir eine Speise nicht schmeckte, und wenn es hieß, diese Kinder wären schon froh, wenn sie nur die Hälfte meines Essens hätten, so konnte ich mir angesichts einer nicht schmeckenden Mahlzeit und dieses viel zu drastischen Vergleichs nur denken: ich auch.

Damals waren es die Nachrichtenbilder halb toter Flüchtlinge in Dürrezonen gewesen, nun waren es randalierende Plünderer in Großstadt-Slums, wie Karin Ceballos Betancur und Thomas Fischermann in der Reportage *Noch hungern nur die Armen* in der *ZEIT* Mitte April schrieben:

Mit einem Mal ist der Hunger nicht mehr eine Frage des Mitleids und der Spendenbereitschaft für die Wehrlosen der Welt, sondern ein politischer Faktor, eine Gefahr für Frieden und Stabilität. Die Weltbank schätzt, dass in 33 Ländern Hungersnöte drohen und daher auch Unruhen und Aufstände.

Bereits in den Monaten davor sei es zu Demonstrationen im Senegal und an der Elfenbeinküste gekommen, in Kamerun gab es Streik, Plünderungen und Tote, in Burkina Faso Generalstreik, Krawalle in Bangladesch, Haiti, Tunesien und Ägypten. Bei den Jahrestagungen von Weltbank und Internationalem Währungsfonds in New York nannte der damalige deutsche Finanzminister Peer Steinbrück die Nahrungsmittelkrise ein *Ungeheuer*, das die politische Bühne betreten habe.

Doch ging das Ungeheuer bereits weit länger um als seit dem Frühling 2008, in dem ich es erst in seiner Tragweite zu verstehen begann. Die Grundnahrungsmittelpreise hatten bereits 2002 unverhältnismäßig zu steigen begonnen. Auch in Österreich und Deutschland spürte man es. Doch hieß die Angst hier nicht Hunger, sondern lediglich Inflation.

Weltweit hungerten laut FAO, der Ernährungsorganisation der UNO, angesichts der gestiegenen Preise bereits 2007 880 Millionen Menschen. Seit Mitte 2007 war die Preiskurve deutlich angestiegen. Nun, so stand es in der *ZEIT*-Reportage, sei die Zahl der Hungernden bei einer Milliarde, und seit Jänner gingen die Preise weiter in die Höhe. Mit jedem Prozentpunkt aber, so wurde die damalige deutsche Entwicklungsministerin Wieczorek-Zeul zitiert, seien zusätzliche sechzehn Millionen Menschen bedroht.

Warum aber stiegen die Preise? Ich wusste es nicht, bis ich es in dem *ZEIT*-Artikel, einem Schlüsseltext der nächsten Monate, als Frage gestellt fand. Verbunden mit Antworten, die nur scheinbar zwei verschiedene Sichtweisen zeigten: Die einen meinten, die Ursache könne bloß ein Verrücktspielen der Märkte sein, ausgelöst durch eine Serie von Missernten und Dürren, kurzfristig verstärkt durch Spekulation an den Warenterminbörsen; alles werde sich schnell wieder einpendeln. Andere waren überzeugt, hier werde sichtbar, dass sich die Erträge aus der Landwirtschaft nur mehr schwer steigern ließen, da Ackerflächen und Wasser knapp würden und der Klimawandel immer mehr Ernten vernichte.

Was aber, wenn man Märkte, Missernten, Ressourcenknappheit und Klimawandel in Zusammenhang stellte und die durch bedingungslose Ausbeutung und Vernutzung der Böden hervorgerufenen ökologischen Schäden als ökonomische Kurzsichtigkeit betrachtete, anstatt den Strukturwandel in der Landwirtschaft weiterhin mit eingängigen Argumenten sogenannter Markterfordernisse zu begründen?

Nicht zuletzt in den Alpen war die Landwirtschaft mit dem Argument der Freiheit und Freizügigkeit der Märkte in Spezialisierung und Intensivierung getrieben und damit nicht nur der Selbstversorger-Wirtschaft ein Ende bereitet, sondern auch regionale Versorgungs- und Wirtschaftszusammenhänge auseinandergerissen worden. Im Zeitalter der Globalisierung sorgten die Gesetzmäßigkeiten der Märkte dafür, dass ganze Länder zwischen Kenia und Indonesien in den Sog solcher Spezialisierung gekommen waren:

Ineffiziente Anbieter wurden verdrängt, die Spezialisierung vorangetrieben. Private Agrarproduzenten konzentrierten sich fortan auf die fruchtbarsten Regionen und auf die Produkte mit den größten Margen. Sie ließen eher Gemüse und Schnittblumen für den Weltmarkt wachsen als Grundnahrungsmittel, so beschrieb es die Reportage in der *ZEIT*.

So seien zahlreiche Länder von Selbstversorgern zu Importeuren geworden. Doch sei das ebenso in Kauf genommen worden wie die Tatsache, dass Initiativen für Landreformen gestoppt, Subventionen gekürzt sowie Ausgaben für Agrarforschung heruntergefahren worden seien. Zudem habe man die Errichtung von Kühlhallen und

Silos gestoppt, Straßen auf dem Land nicht weitergebaut, selbst Bewässerungsprojekte nicht mehr weiterverfolgt.

Denn: *Es war ein System, das jahrzehntelang hervorragend funktionierte – soweit man auf die Welt als Ganzes schaut und aus den Statistiken abliest, dass trotz wachsender Produktionsmengen ständig die Preise sanken.* In diesem System war das Vertrauen in den eigenen Grund und Boden durch das Vertrauen auf die Märkte abgelöst worden. Welche Abhängigkeiten es schuf, wurde angesichts steigender Absatzchancen und stetig wachsender Bruttoinlandsprodukte vernachlässigt. Man vertraute auf ein von den naturräumlichen Voraussetzungen möglichst unabhängiges Wirtschaften, wie es Werner Bätzing auch für den Strukturwandel der Landwirtschaft Europas seit dem Einsetzen der Industrialisierung beschrieb:

Damit tritt in der Geschichte ein völlig neues Phänomen auf: Das menschliche Wirtschaften ist so effektiv und die Nutzung der natürlichen Ressourcen so effizient, dass der Mensch die dezentral-flächenhafte Naturnutzung – das zentrale Charakteristikum aller Wildbeuter- und Agrargesellschaften – einstellen, sich auf die Nutzung der produktivsten Teilflächen konzentrieren und alle anderen Flächen aus der Nutzung nehmen kann.

Nichts anderes geschah und geschieht in den heutigen Entwicklungs- und Schwellenländern. Im Zeitalter der Globalisierung erfolgt das Ende der dortigen Agrargesellschaften sogar noch weitaus schneller. Wie wenig wachsende Bruttoinlandsprodukte jedoch helfen, wenn die Natur sich einmal mehr als nicht beliebig benutz- und vernutzbares Material erweist, zeigten nicht zuletzt die in jener *ZEIT*-Reportage beschriebenen Ereignisse der letzten Jahre:

Höhere Kosten durch Ernteausfälle aufgrund von Dürren, Fluten und Schädlingen wurden durch steigende Ölpreise verschärft und führten dazu, dass einige Länder wie Indien und Vietnam die Ausfuhren beschränkten. Dies wiederum brachte eine weitere … *Preisexplosion auf den Weltmärkten, verstärkt noch von Spekulanten, die Grundnahrungsmittel horten und auf weiter steigende Preise setzen. Alarmstimmung in Afrika, wo ein Land wie Eritrea heute 87 Prozent seines Getreidebedarfs importiert. Alarmstimmung in Ländern wie den Philippinen, die im Vertrauen auf verlässliche Märkte einst freiwillig zu Nettoimporteuren geworden waren.*

Ein Jahr nach Erscheinen dieser Reportage stellte am Jahrestag des Insolvenzantrags der Investmentbank Lehman Brothers, der den Beginn der weltweiten Krise markierte, Frankreichs Präsident Sarkozy in der Sorbonne den Bericht einer Expertenkommission zu der Frage vor, ob das Bruttoinlandsprodukt weiterhin als wichtigste Größe der volkswirtschaftlichen Gesamtrechnung dienen sollte.

Vor der Krise, so erläuterte Joseph Stiglitz als Leiter der Kommission, der vier weitere Nobelpreisträger angehörten, sei das Wachstum in den USA höher gewesen als in Europa. Dabei hätten viele übersehen, dass die USA so schnell wuchsen, weil sich viele Amerikaner überschuldet hatten. Das Wachstum stand auf wackeligen Beinen, was das BIP nicht berücksichtigte: *Wenn die Messwerkzeuge zum Beispiel die Privatverschuldung besser in Betracht gezogen hätten, wären wir zu einer vorsichtigeren Einschätzung der Wirtschaftsleistungen gelangt*, heißt es in dem Bericht, um klipp und klar zu folgern: *Unser Messsystem hat versagt.*

Denn auch der Spritverbrauch im Stau stehender Autofahrer, die Reinigungsarbeiten rund um einen leckgeschlagenen Öltanker oder der steigende Absatz von Impfstoffen nach Ausbruch einer Epidemie wirkten sich im BIP allesamt positiv aus. Aus diesem Grund schlug die Stiglitz-Kommission vor, das generelle Wohlbefinden Einzelner (Einkommen, Konsum, Lebensqualität und -erwartung, Gesundheit und Freizeit) sowie die Umweltverträglichkeit als Kriterien einer Neuberechnung der Bruttoinlandsprodukte einzuführen.

Solche Parameter trügen zur Vermeidung von Wirtschaftskrisen bei und ließen sich durchaus messen. Voraussetzung sei, nicht nur den Durchschnitt der Einkommen, sondern auch deren zunehmende Unterschiede zu berücksichtigen. Es gelte, nicht nur das finanzielle, sondern das menschliche Kapital mit seinen sozialen, natürlichen und physischen Aspekten zu messen.

In Kozina tat mir das rechte Knie weh. Endlich, jetzt ist Schluss mit der ständigen Vorsicht und der gebannten Selbstbeobachtung auf Schritt und Tritt, nahm ich mir vor, während ich an der Tankstelle in die Ortsstraße einbog, die Bushaltestelle an der Durchzugsstraße zwar registrierte, nun aber nicht nachsehen wollte, ob die Abfahrtszeiten nach Postojna angeschlagen waren. Auch nach dem Bahnhof schaute ich mich nicht um, wollte zuerst ins Wirtshaus.

Ich hatte Hunger, Durst und unbändiges Verlangen nach Bier oder Wein. An den mit grünen Sonnenschirmen einer holländischen Brauerei bestückten Lokalen neben der Tankstelle ging ich aber vorbei. Denn ich suchte eine Gostilna, wie die in der Kurve Richtung Ortsmitte, mit einem Gastgarten, in dem die Ausflügler vor Tellern saßen, auf denen die Speisen ganz danach aussahen, als würde hier wirklich gekocht.

Was ich schließlich aß, weiß ich nicht mehr. Bestimmt aber waren es schon an diesem Tag jene Unmengen, wie sie am Ende von Etappen noch sehr oft in mir Platz haben sollten. Suppen, Nudelgerichte, Fleisch, manchmal Risotto, öfter Polenta, ein paarmal ein Sterz und nicht wenige Gröstl. Dazu viel Apfelsaft mit Wasser, danach vielleicht Bier, immer Wein, oft Schnaps. Doch zuallererst kam immer – und auch an diesem zweiten Gehtag war das bereits so gewesen – der Griff nach dem ganz oben im Rucksack parat liegenden Leibchen und dem Pullover sowie ein Abstecher auf die Toiletten für eine ausgiebige Katzenwäsche und schnelles Umziehen.

Nach dem Essen machte ich mir über die Verbindung nach Postojna Gedanken. Der Wirt empfahl einen Bus, der in ein paar Minuten an der Hauptstraße vorbeikommen sollte, ließ sich mit der Rechnung aber so viel Zeit, als käme der Bus noch lange nicht. Ich lief danach zwar, so schnell ich konnte, zur Haltestelle, doch waren weder andere Wartende noch ein Bus zu sehen.

Ich blieb trotzdem stehen und wartete, denn eigentlich war ich mir sicher, es gerade noch zur angegebenen Uhrzeit geschafft zu haben. Doch anstatt einen Bus die lange Gerade von Klanec nach Kozina heraufkommen zu sehen, hörte ich schließlich einen Zug sich aus der fraglichen Richtung nähern und hoffte nur, dass es ein Güterzug war. Denn selbst, wenn ich gewollt hätte und es nicht weit gewesen wäre, konnte ich nicht zum Bahnhof laufen, da ich nicht wusste, wo er war.

Drei Stunden später saß ich im Zug nach Postojna. Draußen wurde es langsam finster, in den Großraum-Abteilen des Zugs brannte bereits seit dem Einsteigen grelles Neonlicht. Ich saß unter adretten, doch auf seltsam ungelenke Weise überdrehten oder völlig müden Schülern und Studenten, die alle offenbar auf dem Weg nach Ljubljana waren. Sie beachteten weder mich noch meinen Rucksack, den Passagier neben mir. Dennoch fühlte ich mich eigenartig gläsern, fehl am Platz, und war gleichzeitig sicher und ruhig wie selten zuvor.

Was war es, fragte ich mich vermutlich bereits an dem Abend, das ich auf dieser Reise in solchen Momenten zu erleben begann, hatte es einen Namen?

Ich wusste nur, dass ich es von Anfang an deutlich in mir spürte, dieses manchmal seltsam-schöne, manchmal auch nur seltsam-stille Gefühl, in dem mir bewusst wurde, dass ich mein Zuhause auf dem eigenen Rücken trug. Immer wieder hatte ich es im Lauf dieser Reise beim Weggehen aus Ortschaften, bei Pausen in Gastgärten oder Cafés größerer Orte, aber auch bei den seltenen Überbrückungsfahrten mit Zug oder Bus während Gewitter und Schnee erlebt. Ein Gefühl voller Stolz und Scheu, dessen Ruhe vermutlich nie anders als Sehnsucht heißen kann.

So saß ich im Zug nach Postojna, schaute in die schwarz gewordenen Fensterscheiben und dachte mit Spannung an die am nächsten Tag bevorstehende Etappe ins Nanos-Gebirge. Aufgrund der Erfahrungen der ersten beiden Gehtage von der Küste in den Karst wusste ich: Die Frage, ob ich diesen Rucksack tatsächlich über den gesamten Alpenbogen nach Monaco tragen könnte, entschied sich nicht erst in den nächsten vier oder fünf Monaten, sondern bereits auf den ersten tausend Höhenmetern.

Schaffte ich den ersten Berg ohne allzu große Probleme, waren auch die nächsten ein, zwei Wochen zu bewältigen. Und damit ein erster Schritt zur Anpassung meines Körpers. Denn derzeit, so viel war mir bereits eine Stunde nach Muggia klar geworden, war mir der Rucksack schlicht und einfach noch zu schwer.

Ich hatte gewusst, dass mir meine Ausdauer als Marathonläufer nichts helfen würde. Doch hatte ich gehofft, das in den letzten Jahren für den Skilanglauf verstärkt betriebene Kraftausdauertraining würde meinem eher leicht gebauten 60-Kilo-Körper beim Tragen eines 25-Kilo-Rucksacks helfen. Und das tat es auch, denn ansonsten hätte ich nach den ersten zehn Gehstunden bereits weit erschöpfter sein müssen.

Doch spätestens wenn Höhendifferenzen von 1500, 2000 Meter oder mehr pro Tag zu bewältigen waren, brauchte ich mehr Kraft. In den Beinen genauso wie im Becken, in der Brust- wie in der Rückenmuskulatur. Aber auch in den Armen, denn ohne Stöcke war eine solche Strecke nicht zu gehen, weder bergauf, und schon gar nicht bergab.

Ein solcher Umbau des Körpers benötigte jedoch Zeit. Gerade bei jemandem, dessen Muskulatur sich bislang, trotz zeitweise regelmäßigem Krafttraining, gegen jedweden Zuwachs von Masse fast resistent gezeigt hatte. In zwei, drei Wochen, so viel wusste ich aus meiner Erfahrung als Nachwuchs-Leistungssportler, sollten angesichts der Rucksackbelastung erste Veränderungen spürbar sein. Ein größerer Umbau brauchte aber zumindest zehn Wochen. Dann war es Mitte Juli und ich hoffentlich schon im Tessin.

Bis dorthin aber musste ich es mit genau dem Körper schaffen, den gestern selbst das Stehen mit dem Rucksack angestrengt hatte. Zumindest die Bergaufstrecken in den Karst waren heute bereits um einiges besser gewesen. Gingen morgen die ersten tausend Höhenmeter auf den Pleša, den südlichsten Gipfel des Nanos-Gebirgsrückens, ebenfalls einigermaßen, würde ich über die nächsten Wochen kommen.

Zur Ablenkung schaute ich in die Landkarte. So wenig mich die Škocjanske jame als Teil des Biosphärenparks interessiert hatten, umso mehr zog mich das Verschwinden der Reka als abgebrochene

Linie in der Landkarte in seinen Bann. Irgendwann vor Millionen von Jahren, so hatte ich es gelesen, war dieser Fluss noch oberirdisch bis ans Meer geflossen. In der Biosphärenpark-Broschüre heißt dieses Irgendwann Pleistozän. Laut Wikipedia wird damit die vorletzte Serie des Känozoikums, des jüngsten Erdzeitalters, bezeichnet. Danach und bis heute folgt das Holozän. Und der Mensch. Denn der Mensch erscheint im Holozän, wie ich es von Max Frisch bzw. vom Helden seines letzten Romans wusste. Oder zu wissen glaubte. Denn der Mensch erschien früher.

Dass die Reka jedoch bereits vor seinen Augen, und das womöglich sogar plötzlich, in der Erde verschwunden war, konnte ich mir nicht vorstellen. Für den Menschen musste die Reka schon immer vom Boden verschluckt gewesen sein. Auch wenn sie als Eingang zur Unterwelt im letzten Jahrhundert v. Chr. ausgedient hatte, als etwa Poseidonius von Apamea mit wissenschaftlicher Nüchternheit davon berichtete, dass die Reka bei Škocjan *in eine Höhle stürzt und daraufhin, nach etwa 130 Stadien unter der Erdoberfläche, beim Meer entspringt.* Womit er vom heutigen Kenntnisstand nicht weit entfernt war. Denn tatsächlich fließt die Reka zirka fünfunddreißig Kilometer unter der Erde, bis sie auf heute italienischem Staatsgebiet als der Fluss Timavo ins Meer mündet.

In den Jahrhunderten vor Poseidonius' exakter Beschreibung war der vom Erdboden verschluckte Fluss jedoch ein Ort der Kulte und Opferungen, wie jene fast sechshundert Metallgegenstände bezeugen, aber auch Tierknochen, die in einer der Höhlen gefunden wurden und als Opfergaben aus der Zeit des 12. bis 8. Jahrhunderts v. Chr. datieren, auf die sich auch Homer bezieht, wenn er im elften Gesang des fünften Buches der Odyssee vom Trink- und Brandopfer des Odysseus an Hades und Persephone erzählt[3].

3 *(…) Hierum gossen wir rings Sühnopfer für alle Toten: / Erst von Honig und Milch, von süßem Weine das zweite, / Und das dritte von Wasser, mit weißem Mehle bestreuet. / (…) / Nahm ich die Schaf', und zerschnitt die Gurgeln über der Grube; / Schwarz entströmte das Blut: und aus dem Erebos kamen / (…) / Beide liegenden Schafe, vom grausamen Erze getötet, / Abzuziehn und ins Feuer zu werfen, und anzubeten / Aides' schreckliche Macht und die strenge Persephoneia. (…)*

Heute drängen sich die Besucher durch die höher gelegenen Höhlenabschnitte, bestaunen die während der letzten Jahrhunderte erforschten und zugänglich gemachten Abschnitte. Dass der größte Teil des Höhlensystems aufgrund der engen Siphone weiterhin unbekannt ist, wird in den Informationsbroschüren nur in Nebensätzen erwähnt. Während es vor dreitausend Jahren gerade das Unbekannte, Rätselhafte der Unterwelt gewesen war, das Funden zufolge Menschen aus weit entfernten Regionen des heutigen Italiens, des Alpenraums, der Pannonischen Tiefebene, vom Balkan und auch aus Griechenland angezogen hatte, so begnügt man sich heute mit dem kleinen Teil des Erforschten und Zugänglichen.

Oder mit noch weniger. Heute, da der Mensch die Ökosysteme der Erde so stark prägt, dass bereits von einer neuen geologischen Ära gesprochen wird: der Emanzipation von der Natur. Ein Zeitalter voller kultureller Potenz und technologischer Herrschaft, in dem jedoch die Menschheit – trotz besserer Abbildungs-, Kontroll- und Überwachungstechnologien – den eigenen Lebensraum immer selbstvergessener zerstört. – Vielleicht auch, so überlegte ich mir, während ich an die sicherlich zufrieden staunenden Touristen in dem kleinen zugänglichen und bekannten Bereich des Höhlensystems von Škocjan dachte, da ihr schlicht und einfach der Sinn für das Unheimliche, für das unerreichbar Nahe, abhanden gekommen war.

In den schwarzen Zugfenstern spiegelte sich mein Gesicht und löste sich erst in den Lichtern von Postojna langsam auf. Diesen Eingang zur Unterwelt hatte ich also am zweiten Tag meiner Reise hinter mir gelassen, und statt weiter über das Anthropozän oder damit verbundene Fragen nachzudenken, war mein Kopf bald wieder beim ersten Berg, der am nächsten Tag auf mich wartete.

Der Pleša – bei Hans Diem war es der letzte Berg auf seiner Route von Monaco nach Triest gewesen. Und damit auch eine der letzten Dia-Fotografien, die ich Anfang April in seinem eiskalten Keller in Garmisch gesehen hatte. Nach über vier Stunden des gebannten Schauens, Zuhörens und Mitschreibens, in denen mir meine Reise nicht bloß vier Wochen entfernt, sondern fast unerreichbar weit weg vorgekommen war.

Dafür aber hatte ich für die Frage, ob ich auf meiner Wanderung über die Alpen so weit kommen würde, um nach dem Meer des Weggehens auch jenes des Ankommens zu sehen, mit dem Blick auf die Bucht von Triest bereits in Diems Keller ein Bild gehabt. Ohne zu wissen, wie entscheidend der Pleša tatsächlich sein würde. Oder ohne es mir eingestehen zu wollen. Vor allem nicht angesichts der bärenstarken Figur des Hans Diem.

Kommen Sie einfach, hatte er mir bereits Anfang Februar auf meine Ausrüstungsfragen geschrieben.

Schneeweiß strahlte es in Garmisch von den Bergen. Und darüber ein Blau, das mir im Auto, unterwegs zur angegebenen Adresse am Stadtrand, die Frage aufdrängte, warum gerade eine so klare, strahlende Schönheit einem derart unheimlich vorkam – wie etwas, das eigentlich weit dunkler und versteckter war.

Über weit Naheliegenderes jedoch, nämlich darüber, wie viel es in den Wochen davor geschneit hatte und dass der Schnee in der Aprilsonne nun jeden Tag zwar auffirnte, Nacht um Nacht jedoch umso fester zusammenfror, dachte ich nicht nach. Dafür sollte ich mich Mitte Juni auf den gefährlichen Schneerinnen der Allgäuer Alpen umso genauer daran erinnern, dass am Tag meines Besuches bei Hans Diem selbst mittags der Schnee und das Eis beim Aussteigen noch geknirscht hatten.

Es war eine schmucke Einfamilienhaussiedlung. Ein kraftstrotzender Mann öffnete die Haustür. Seine Kraft schüchterte mich ein, zumindest auf den ersten Blick. Seit fünfzehn Jahren war Diem nun jeden Sommer unterwegs gewesen. Insgesamt 969 Tage, 20 200 Kilometer Bergwege sowie 1 271 960 Meter Aufstieg. Fünfmal war er über 4000 Meter gewesen, wie er am Ende der selbst erstellten Pressemappe festhielt, die er mir bereits im Vorhinein geschickt hatte, 138-mal über 3000 Meter, 1219-mal über 2000 Meter Höhe. Und 483-mal habe er im Zelt übernachtet.

Jetzt sei aber Schluss.

Warum?, fragte ich ganz automatisch.

Diem schaute mich erstaunt an, schwieg, und mir kam vor, als suchte er auch jetzt nach einer Zahl.

Er habe alles gesehen, sagte er schließlich, und wiederholte es gleich noch einmal. Dabei wirkte er so hastig, als tauchte in ihm selbst beim bloßen Reden das Gegenteil eines solchen Alles auf. Zumindest kam es mir so vor und erinnerte mich an jene hastigen Erklärungen, mit denen man Kinder gern abspeiste, wenn man ihnen Gegebenheiten wie den Tod erklären musste.

Erst später, im Keller, wo seine Ausrüstung lagerte und er mir seine Dias zeigte, kam wieder Ruhe in den knapp über siebzigjährigen Mann. Ringsum stapelten sich Rucksäcke, Unterlegmatten, Gaskartuschen und Schlafsäcke sowie Pakete mit Fertignahrung, Töpfe und eine Unmenge an weiterem Material in Säcken, Schachteln und Boxen.

Vier Stunden lang notierte ich mir anhand seiner Bilder Unterkünfte, Zeltplätze, riskante Stellen und unzählige andere Tipps. Dass mir dabei kalt war wie selten in meinem Leben, hätte mich auch dann nicht abgehalten, wenn es doppelt so lange gedauert hätte. So sehr bannte mich anzusehen, wo ich selbst bald unterwegs sein würde. Auch wenn ich es immer weniger glauben konnte.

Diem war die *Rote Route* der *Via Alpina* zwei Jahre vor der offiziellen Eröffnung gegangen, von Monaco nach Triest, wegen der im Frühling dort in solcher Pracht blühenden Maccia, wie er mir erklärte und mich auch gleich davon zu überzeugen versuchte, es ihm nachzumachen. Dass ich von Triest weggehen wollte, war jedoch fix. Ich wollte vom Bekannten ins Unbekannte, von den Ost- in die Westalpen, keinesfalls umgekehrt.

Für die Strecke hatte er knapp über drei Monate gebraucht. Täler hatten ihn dabei meist gelangweilt oder genervt, ebenso wie Asphaltstraßen, volle Hütten und größere Ortschaften. Dementsprechend oft hatte er im Zelt übernachtet oder zu flache Strecken einfach abgekürzt, um die Berge möglichst ungestört genießen zu können.

Nichts dergleichen hatte ich vor. Mir ging es weder um möglichst unberührte Natur noch um einsam erklommene Höhenmeter. Weder hatte ich mich für die so schwindelerregend weite Strecke eigens vorbereitet noch mir bis zur Abreise je die Frage gestellt, ob ich sie überhaupt schaffen würde. Stattdessen hatte ich nach dem Ende der letzten Skilanglaufsaison sogar eine mehrwöchige Pause eingelegt, um erholt weggehen zu können.

Mich hatte das Prekäre der Kulturlandschaft Alpen fasziniert, die Menschen nur Lebensraum bot, wenn sie an ihr beständig arbeiteten. Vor allem, als in meinen Vorbereitungen die Frage aufgetaucht war, was diese Arbeit von einer Gegenwart erzählt, in der sie, zumindest in gängiger marktwirtschaftlicher Rechnung, zu viel an Kosten verursacht, um gewinnbringend und damit überhaupt sinnvoll zu sein.

Was aber bedeutete es, wenn solche Arbeit verschwände und sich die Alpen in fünfzig oder hundert Jahren zu einer Naturlandschaft mit Tourismusinseln und einigen Disney-Worlds früherer Besiedlung entwickelten.

So illusionslos ich bezüglich einer solchen Entwicklung im Zuge meiner Recherchen auch geworden war, und so unheimlich ich deshalb jene unberührten, einsamen Idyllen fand, die jemand wie Diem im Heute zu suchen schien, so staunenswerte Sehnsuchtsorte waren mir die Alpen, die Berge seit meiner Kindheit. Auch wenn die Gipfel dieser Reise nicht Gippel oder Göller hießen, nicht Hochschwab, Ötscher und schon gar nicht Muckenkogel, auf dem ich als Vorschulkind Skifahren gelernt hatte und meine ersten Rennen gefahren war – in der Erinnerung waren sie trotzdem mit dabei.

Vor allem der Muckenkogel als der Berg, den ich jeden Tag über dem Talkessel Lilienfelds aufragen sah – und das vor allem im Frühling gebannt –, da man als Kind erst dann das erste Eis bekam, wenn oben der letzte Schnee weg war. Aber auch als jener Gipfel, von dem aus mein Großvater mir immer wieder all die anderen, die näheren und die weiter entfernten mit Namen gezeigt hatte. Seitdem weiß ich, dass man an besonders schönen Tagen von der Hinteralm den

Großglockner sehen könnte, selbst wenn es mir noch nie gelungen war, oder gerade deswegen.

Doch nicht nur die Namen der Berge und ihre Lage hatte ich von meinem Großvater gelernt, auch das Berggehen selbst. Hinter ihm, seine Ruhe und Genauigkeit vor Augen, die voller Kraft war, und doch mühelos gleichmäßig. Nie lockerte sich unter seinem Tritt ein Stein, nie rutschte er ab, so als kontrollierte er den Halt bereits, bevor er den nächsten Schritt setzte.

So weit würde ich es als Berggeher nie bringen, selbst wenn ich die Alpen dermaßen oft wie Hans Diem überquerte. Genauso wenig, wie ich je auch nur auf einem der Gipfel von Großglockner, Großvenediger oder Ortler stehen sollte, die mein Großvater bereits in den dreißiger Jahren bestiegen hatte. Noch viel weniger auf jenen, zu denen er sich erst in den fünfziger und sechziger Jahren die Anreise hatte leisten können, wie Matterhorn, Monte Rosa und Mont Blanc.

Dennoch passen mir heute die Schuhe wie angegossen, mit denen er 1968, im zweiten Anlauf, auf dem höchsten Punkt Westeuropas gestanden hatte. Und sollte ich es tatsächlich bis in die Ligurischen Alpen schaffen, wollte ich die letzten Etappen mit jenen handgenähten Lederstiefeln absolvieren, in denen er mir als Kind vorangegangen war.

Während ich an diesen Gipfeln der Westalpen, deren Namen ich schon als Bub gekannt hatte, tatsächlich vorbeikommen sollte, gab es immer noch einen anderen, dem ich auch auf dieser Reise nicht nahe käme. Ein Berg, dessen Name seit Jahren wie ein stummer Schatten über der Familie hing. Der Mount Everest, unter dessen Gipfel der Bruder meiner Mutter seit dem Mai 2001 im Schnee festgezurrt sitzt und auf die Hochebene Tibets blickt.

Ein unerreichbarer Bär

Ich muss nicht mehr auf den Hochschwab, sagte mein Großvater in den letzten Jahren oft, selbst wenn es nur darum ging, mit jemandem von uns auf dem Balkon seines Hauses auf und ab zu spazieren, und lächelte verschmitzt. Denn dass der Hochschwab als einer der mächtigsten Gebirgsstöcke der östlichen Kalkalpen bereits seit zehn, fünfzehn Jahren für ihn nicht mehr erreichbar war, wusste der über Neunzigjährige trotz seiner Demenzkrankheit genau.

Am liebsten saß er während der letzten Lebensjahre in seinem Fauteuil im Wohnzimmer, las Zeitung, löste Kreuzworträtsel oder sah fern. Und sagte: Ich muss nicht mehr. Ich muss nicht mehr auf den Ötscher. Ich muss nicht mehr auf den Dachstein. Dort oben war ich schon. Und ich muss auch nicht mehr auf den Großglockner oder den Mont Blanc.

Er kam in diesen Jahren, als die Krankheit seine Erinnerungen verklumpen und zerrinnen ließ, gerade noch vor seine Haustür, hin und wieder gelangen ihm die dreihundert Meter zum Haus meiner Eltern hinunter, doch zumeist blieb es beim Weg zwischen Schlaf- und Wohnzimmer.

So viele Bilder, Orte, Namen und Eindrücke ihm das Vergessen auch nahm, genügend Berggipfel, um zu benennen, wohin er nicht mehr musste, fielen ihm fast bis zum Ende ein. Während ich in dieser Zeit, anstatt mich zu fragen, was seine stets wiederkehrenden Sätze bedeuten mochten, vor allem froh gewesen war, dass er zumindest das Schwinden der Körperkraft auf so ironische Weise hatte hinnehmen können. Und so hatte ich ihn auch nicht gefragt, ob mit dem Müssen auch das Wollen weg war, schon gar nicht, wie viel Müssen womöglich viel zu lange im Wollen gesteckt hatte.

Was aber hatte ihn, den im leicht welligen Alpenvorland östlich von St. Pölten Aufgewachsenen, in all den Jahrzehnten so magnetisch in die Berge gezogen? War es die Osttiroler Herkunft seines Großvaters gewesen, der im 19. Jahrhundert wie so viele Bergbauernsöhne Hof und Heimat auf der Suche nach Arbeit hatte verlassen müssen? Grund und Boden waren viel zu klein geworden, um weiterhin auf die Nachkommen aufgeteilt zu werden. – Oder hatte die Sehnsucht nach der Heimat in den Bergen den Heimatort als Besuchsgegend gerade aufgrund einer solchen Familiengeschichte zumeist ausgelassen? Hatte man doch als Enkel noch erzählt bekommen, dass man in Bergbauernorten wie Obertilliach, anstatt auf irgendwelche Gipfel zu steigen, alle Kraft dafür aufzuwenden hatte, um für das bloße Auskommen im nächsten Winter, für das Überleben zu sorgen.

In Obertilliach hatte mein Großvater bei seinen seltenen Besuchen keinen einzigen der umliegenden Berge bestiegen, weder jene am Karnischen Kamm noch in den Lienzer Dolomiten. Vermutlich war er ebenso oft in Chamonix gewesen, um den Mont Blanc zu versuchen, wie in Obertilliach. Bereits 1932 hatte er den Dachstein bestiegen, 1933 die Wildspitze, in den darauffolgenden Jahren die beiden Simonyspitzen, den Großglockner, das Kitzstein- und das Wiesbachhorn sowie immer wieder den nahen Ötscher.

Die Bilder dieser Berge füllen allein vor dem Krieg ein halbes Dutzend Fotoalben. Bilder von Schneefeldern, Tal- und Fernblicken, von Jausenrasten oder letzten Gipfelanstiegen. Ich kenne die Alben seit einigen Jahren. Zum ersten Mal genauer durchgeblättert hatte ich sie, nachdem ich vom *Standard* mit einer Geschichten-Folge zu historischen Österreich-Werbebildern beauftragt worden war.

Denn die in der scheinbar unberührten Schneelandschaft im Umdrehen winkende Skifahrerin auf dem ersten mir vom *Standard* geschickten Werbeplakat war in meinen Augen sofort meine Großmutter gewesen. Wie auf den Bildern in den alten Alben. Selbst auf steilen Hängen oder Gipfelgraten. Sie und mein Großvater in den dreißiger Jahren, Bilder von Glück: Im Gegensatz zu den Bildern aus den fünfziger und sechziger Jahren. Und hier auch die Frage, wann das Müssen begonnen hatte und welches Müssen es gewesen war.

Ich hörte den Regen, es war bereits hell, ich drehte mich um und verkroch mich im sauber weißen Hotelbett. So musste sich ein Abenteurer nach einer Wüsten- oder Arktisdurchquerung im ersten richtigen Bett fühlen, zumindest hatte ich mir das als Kind so vorgestellt. Mir ging es bereits nach der ersten Zeltnacht so.

Das Hotelzimmer hatte ich gestern vor der Zugabfahrt in Kozina reserviert und mich seit dem Augenblick auf nichts mehr als die Dusche, warmes Essen, Wein und saubere Bettwäsche gefreut. Jetzt regnete es, und so wenig ich mir gestern Nachmittag hatte vorstellen können, erneut draußen zu übernachten, so wenig wollte ich nun ans Weitergehen denken.

Gleichzeitig aber, und das schien mir nicht einmal als Widerspruch, spürte ich eine mindestens ebenso starke Kraft, die mich aus dieser Behaglichkeit wieder hinauszog. Dahinter steckte nicht nur die Notwendigkeit, endlich das leidige SIM-Karten-Problem zu lösen, sondern der Sog der ersten Berge, den ich mir in Postojna noch allein mit Fragen nach der Physis erklärte, mit Handfestem anstatt mit Phantomen oder Verdrängtem.

Nach dem Frühstück hatte der Regen aufgehört, und bereits eine halbe Stunde später steckte die slowenische SIM in meinem mobilen Wunderding. So einfach und schnell wie in Slowenien sollten Kauf, Installation und Einstellung des Mail-Ein- und -ausgangs in keinem anderen Land der Alpenreise klappen. Selbst ich, mit meiner sonstigen Scheu vor neuen Geräten, Programmen, Bedienungsanleitungen, Anmelde- oder Einlogprozeduren, wusste genau, was ich zu tun hatte, und war dabei sogar schnell.

Doch schnell hatte ich auch sein müssen. Schließlich wollte ich endlich den ersten Eintrag für den im *Online-Standard* eingerichteten *Alpenblog*[4] schreiben und abschicken. Außerdem hatte ich für die erste Bergetappe im Nanos heute nur dann genügend Zeit, wenn ich den Mittagsbus von Postojna zurück an die Strecke erreichte: nach Razdrto, das am Fuß des südlichsten Nanos-Gipfels Plešа lag.

Geschafft hätte ich das aber trotz der schnellen SIM-Karten-Erledigung nicht, wäre mir nicht bereits seit Tagen beinahe satzgenau klar gewesen, wovon der erste Eintrag erzählen musste. Nämlich von dem Sturz, der mir noch zu Hause passiert war. Auf dem Weg zur Haustür, vor der das Taxi zum Südbahnhof am Abfahrtsmorgen bereits gewartet hatte.

Ich war gerade mit dem Packen fertig geworden und – nachdem ich in der Wohnung alles noch ein letztes Mal kontrolliert und die Wohnungstür zugesperrt hatte – die Stiegen hinuntergelaufen, ohne meine Bergschuhe zugebunden zu haben. Am Buckel einen übervollen, da nicht endgültig durchgemusterten Rucksack sowie zwei Taschen in den Händen, deren Inhalt zumindest teilweise noch in den Rucksack musste. Im Erdgeschoss hatte es mich dann im vollen Lauf hingestreckt.

Dass Stürze mit dem Rucksack nicht ungefährlich waren, hatte bereits Hans Diem gesagt. Welche Beschleunigung ein solch schwerer Rucksack entwickeln konnte, wenn er im Fallen das Kommando übernahm, hätte ich mir jedoch nicht vorstellen können. Auch wenn die Zahlen angesichts der Tatsache, dass ich kaum über sechzig Kilo wog, einiges erzählten: An Gepäck hatte ich an diesem Morgen wohl über dreißig Kilo bei mir.

Ein Wunder, dass ich mich bis auf ein paar kleine Quetschungen und Abschürfungen an den Fingern nicht mehr verletzt hatte. Denn meine Taschen hatte ich auch beim Versuch, die Hände vors Gesicht zu bekommen, nicht losgelassen. Derart wichtig war mir mein (Über-)Gepäck. Dabei hätte ich beinahe alles wieder ausräumen müssen.

Eine Warnung also. Eine, die mir bis zum Ende der Reise in den

4 http://derstandard.at/r6502/Via-Alpina

Gliedern sitzen sollte. Denn wäre mir dieser Sturz noch auf den Stiegen, nur ein paar Schritte davor, passiert, wäre meine Fußreise von Triest nach Monaco bereits vor dem Beginn zu Ende gewesen: *So aber hatte ich*, wie ich in Postojna am Ende des ersten Weblog-Eintrags schrieb, *Glück gehabt, das Glück des Betrunkenen, wie nach dieser letzten Nacht zu Hause ohne Weiteres gesagt werden konnte, oder zumindest das des Schlaflosen – ein guter Beginn.*

Was jedoch einer, der selbst als Erwachsener über seine eigenen Schnürsenkel stürzte, in den Alpen verloren hatte, konnte ich nach so einem Auftakt weit weniger erklären als all das, was ich auf meiner Reise sicherlich nicht suchte, wie zum Beispiel unberührte oder gar erhabene Natur. Gerade weil solche Vorstellungen bei den meisten auftauchten, denen ich von meinem Vorhaben erzählte. Wobei aber jene, die im ersten Augenblick angesichts der Tatsache, dass ich alles andere als Ursprünglichkeit suchte, noch erstaunt waren, im nächsten geradezu erleichtert, manchmal sogar begeistert reagierten.

Warum? Dass in den Alpen keine Naturidylle vom Aussterben bedroht war, sondern eine seit Jahrhunderten, seit Jahrtausenden der Natur abgetrotzte Kulturlandschaft, bedeutete gerade in einer Zeit, in der durch den Klimawandel unsere Zivilisation als Ganzes bedroht sein könnte, nur auf den ersten Blick Entlastung. Offenbar aber tat es einfach gut, wenn das Wort Natur einmal nicht mit Unantastbarkeit verknüpft war.

Verstehen konnte ich diese Erleichterung nur zu gut. Meine Skepsis vor Begriffen wie Umwelt oder Natur, nicht zuletzt in Zusammensetzung mit den Hauptwörtern Verschmutzung und Schutz hatte bereits in meiner Kindheit begonnen. Aus Überforderung. Denn vorstellen konnte ich mir weder jene Waffen, mit der sich die Welt hundert- oder tausendfach ausradieren ließe, noch die Strahlenwolke, die bei einem Atomkraftwerksunfall übers Land ziehen würde.

Und das, obwohl ich im Lesen von Karl Bruckners *Sadako will leben* so angstvoll und hoffend in der Haut jenes vierjährigen Mädchens gesteckt hatte, das beim Atombombenabwurf in Hiroshima verschüttet worden war und zehn Jahre später an seiner Verstrahlung starb.

Obwohl Sadako es beinahe geschafft hatte, jene tausend Kraniche zu falten, die einen nach einer japanischen Sage wieder gesund machen würden.

Uns Kindern, oder beinahe schon Jugendlichen, ließen auch die nach dem Super-Gau von Tschernobyl erlassenen Verbote – nicht durch hoch stehende Wiesen laufen, keine Beeren, Salate oder Pilze essen, nicht in Sand und Erde wühlen – die abstrakten Auswirkungen etwa der Halbwertszeit von Cäsium 131 nicht begreifbar werden. Ganz im Gegenteil, irgendwann hatte ich von Verboten, Verzicht und diffusen Ängsten genug gehabt, hatte die düsteren Warnungen nicht mehr geglaubt. Und hatte geradezu aufgeatmet, als etwa Peter Handke in einem der *Versuche* angesichts eines Blicks auf die Lichter der nächtlichen Vorstadtautobahnen von Paris schrieb, Goethe hätte ihn darum sicher beneidet.

So wenig ich seit damals Müll getrennt hatte, so wenig hatte ich noch an die sogenannte Natur geglaubt. Nicht an das Reine, Unverfälschte, das Ursprüngliche. Wenn auch in den achtziger Jahren die Rettung der Natur in Österreich zur Besetzung der Hainburger Au, zur Blockade eines weiteren Donaukraftwerks und zur Gründung einer dafür fortan zuständigen politischen Partei geführt hatte. Außerdem prangte der Naturschutz plötzlich als Label an jedem zweiten Supermarktprodukt.

Diese Natur suchte ich auch in den Alpen nicht. Ungeachtet dessen waren die offenen Bergschuhe ein Anfängerfehler gewesen. Einer, wie er mir trotz aller Elternermahnungen bereits als zerstreuter kleiner Bub immer wieder passiert war. Und der zu Recht fragen ließ, was so jemand in den Bergen wollte – zumal ich wegen des gleichen Fehlers vor wenigen Monaten schon einmal gestürzt war: Mitte Februar, als ich für eine Reisegeschichte vor der Landtagswahl vier Tage durch Niederösterreich gefahren war, mit einem so dichten Terminplan, dass mich allein der erste Tag in die Weingärten der Winzerin Birgit Widerstein, die Dorf-Imitation eines Outletcenters oder zu einem Wirtshaus geführt hatte, das gleichzeitig als Feinkostgeschäft, Parfümerie und Waffenhandlung fungierte. An darauffolgenden Tagen war ich noch bei einem Kalbinnenzuchtbetrieb, hatte am Schlachttag einer Freilandschweinezucht beim Wurstmachen geholfen und mir, kreuz und quer durchs Land fahrend, nach Büroschluss auch noch die leeren Landhausboulevards des St. Pöltner Regierungsviertels angesehen.

Für den vierten Tag hatte ich vormittags einen Besuch bei einem Waldbauern im Traisental unweit der Ortschaft ausgemacht, in der ich aufgewachsen war. Und obwohl ich auch an dem Tag kaum hatte zu Fuß gehen müssen, war ich nach dem Mittagessen selbst für das Schnüren der Bergschuhe zu müde.

So war ich für ein, zwei Stunden Ruhepause zu meinen Eltern gefahren. Warum ich dort, abgesehen von den offenen Schuhen, so übermütig die Einfahrt bis zur Haustür gelaufen war, ist mir bis heute ein Rätsel. Denn zu Übermut hatte ich an dem Tag nicht den geringsten Grund gehabt. Schließlich war mir angesichts meiner Müdigkeit immer weniger vorstellbar, wie ich es auf der Alpenreise schaffen sollte, zu recherchieren, mit Leuten zu reden und zudem über zweitausend Kilometer zu gehen, wenn ich bereits nach vier Tagen im Auto derart erledigt war.

Als ich den Schotter der Einfahrt auf mich zukommen sah, war die Reise mit einem Schlag fast erledigt. Wie auch am Abreisemorgen hatte ich das Gepäck in meinen Händen viel zu spät losgelassen und war beinahe ungebremst auf dem Bauch gelandet. Ein kleines Wunder, dass ich mich trotzdem unverletzt aufrappelte.

Zwei Stunden später – ich saß mit meinen Eltern bereits beim Kaffee – hatte mein Handy gesurrt. Zuerst hatte ich gar nicht in die Hosentasche greifen wollen, tat es schließlich doch und las im nächsten Augenblick die Zeilen *Ich bin im Spital, es ist alles in Ordnung. Ich bin schwanger, wir bekommen ein Kind.*

Wir: Sabine und ich.

Wir waren zu dem Zeitpunkt kein Paar mehr. Es war zwar erst gut zwei Wochen her, dass wir unsere Beziehung beendet hatten. Doch lag dieses Ende bereits länger zurück, als wir uns an Tagen zwischen Rosenheim und Wien in der gemeinsamen Zeit davor gesehen hatten: Eine Handvoll Wochenenden seit Mitte November, dann eine knappe Woche auf einer Kärntner Berghütte nach Neujahr, in der uns bereits alles viel zu eng geworden war. Danach hatten wir einander erst wiedergesehen, als ich Ende Jänner nach Rosenheim gefahren war, um ihr nicht am Telefon oder per Mail sagen zu müssen, dass es vorbei war.

... es ist alles in Ordnung... wir bekommen ein Kind...

Ich steckte das Handy genauso automatisch ein, wie ich es aus der Hosentasche herausgenommen hatte, stand auf und sagte zu meinen Eltern: Ich muss jetzt gehen.

Weiter als ins Auto hatte die Automatik meiner Bewegungen jedoch nicht gereicht. Dort saß ich hinter dem Lenkrad und wusste nicht mehr, was als Nächstes kam. Ich begann mechanisch, meine Reisetasche zu ordnen, die unterwegs gekauften Zeitungen, die CDs, ich verstaute Wurstsemmelverpackungen und leere Fruchtsaftflaschen in einem Plastiksack und schlug zu guter Letzt sogar die Straßenkarte auf, obwohl ich genau wusste, auf welcher Strecke ich zur letzten Station meiner Niederösterreich-Reise ins Waldviertel fahren musste.

Ich bin schwanger, hatte sie geschrieben.

Wir bekommen ein Kind. Ich hatte es begriffen und verstand dennoch nichts. Ich wusste nur, dass ich jemandem davon erzählen musste. Und zwar sofort. Sonst käme ich aus meiner aufgeregten, doch stummen Gebanntheit, so unverhofft Vater zu werden, womöglich nie mehr heraus. Ich startete den Wagen, setzte rückwärts, wie ich das immer machte, und fuhr weg. Wen ich zuerst erreichte, weiß ich nicht mehr, vermutlich war es Jürgen, mein bester Freund. Denn mit Kathi, meiner früheren Freundin, telefonierte ich erst am Ende der Fahrt, während ich Thomas an dem Tag nicht mehr erreicht hatte.

Doch wer, das war in diesen Minuten egal gewesen. Auch, was ich sagte. Wichtig war nur, dass ich bereits mit den ersten Sätzen Freude empfand. Obwohl dieser Freude sofort die Frage gefolgt war, ob ich mich überhaupt freuen dürfte. Vielleicht wollte Sabine das Kind ja alleine aufziehen. Oder sie sah die Schwangerschaft als Beziehungskitt. Doch welche Frage auch immer, jede war besser als aufgeregte Stummheit. Die entscheidende Frage aber lautete, ob wir Eltern werden könnten, ohne ein Paar zu sein.

Ja, antwortete Sabine mir später am Telefon, das könne sie sich nicht nur vorstellen, sondern wolle es gern.

Der Wetterbericht sei schlecht, sie würde zuwarten, hatte die Frau im Tourismusbüro gesagt, wo ich mich auf dem Weg zur Bushaltestelle nach Telefonnummern von Hütten und Unterkünften im Nanos-Gebirge erkundigt hatte. Ich hingegen wollte nicht warten. Wozu hatte ich eine wasserdichte Hose und eine Regenpelerine? Zudem waren keine Gewitter angesagt, nur Regen und Nebel.

Meine Entscheidung war gefallen, und nachdem ich ihr beinahe zu lange zugehört hätte, musste ich mich beeilen, noch rechtzeitig zu der einige hundert Meter weiter gelegenen Haltestelle des Mittagsbusses nach Razdrto zu kommen, in den ich bereits von Weitem die Schulkinder einsteigen sah.

Im Bus, mit dem wolkenverhangenen Berg vor Augen, fragte ich mich zwar selbst, ob die Idee wirklich gut war, in dieses Nebelgrau hinaufzusteigen, lenkte mich aber ab, indem ich die ersten Kurznachrichten von der slowenischen Nummer an Freunde schickte. Ich drückte mein Gesicht gegen die beschlagenen Scheiben, wartete auf Antworten und genoss das Regenzischen des Busses. Kein Mensch war in den Dörfern zu sehen, selbst die Kinder, die der Busfahrer an jeder zweiten Ecke aussteigen ließ, waren bereits im nächsten Augenblick verschwunden.

Wo bist du denn gerade?, wollte Kathi wissen. *Gute Frage*, antwortete ich, *noch im Bus, bald im Regen und irgendwann im Nebel auf dem Berg. – Mach keinen Blödsinn*, schrieb sie postwendend. *Nein*, tippte ich als Antwort, und war mir aus unerfindlichen Gründen sogar sicher, dass ich recht hatte.

Mittlerweile war der Schulbus fast leer. Über dem Nanos hingen dichte Wolken, sie verdeckten auch den Fernsehsender am Pleša, der während des sogenannten 10-Tage-Kriegs von der jugoslawischen Armee bombardiert worden war. Thomas antwortete mir, Jürgen und noch ein paar andere. Ich nahm mir vor, ihnen ein Bild von mir zu schicken, sobald ich am Pleša angekommen war.

In Razdrto klapperte ich zuerst die beiden Lokale nach einem späten Mittagessen ab, doch gab es dort nicht einmal jene Fertigpizzen, die ich in den Tagen darauf immer wieder essen musste. So ging ich in den Supermarkt und kaufte mir zusätzlich zu einer Jause gleich Proviant für die nächsten Tage, aß am Parkplatz und ging im wieder beginnenden Regen los.

Ich überquerte die Hauptstraße, stapfte einen matschigen Pfad die Wiese zum Waldrand hinauf, rutschte alle paar Meter aus, fühlte mich alles andere als stark, war aber über den Nebel am Berg froh, in dem mir wenigstens die Aussicht auf die noch wartenden Höhenmeter erspart blieb. Denn es waren nicht nur diese tausend Meter Höhenunterschied, die ich an dem Nachmittag zu bewältigen hatte, sondern auch etliche Stunden den Höhenzug des Nanos entlang nach Norden.

Auf dem etwas flacheren Steig dachte ich jedoch bald nur mehr daran, dass es im Schlussanstieg laut Wegbeschreibung steil genug werden sollte, um bei einem Fehltritt einige hundert Meter tief ins Vipavatal hinunter zu fallen. Bei Unaufmerksamkeit, so malte ich mir aus, während ich in meinem Beckengurt erneut das Vibrieren einer Kurznachricht spürte, reichte vielleicht sogar eine kräftige Böe des nun immer stärkeren Windes.

Thomas schrieb, ich solle es genießen, er sitze im Zug auf dem Weg zu irgendeiner Lesung und langweile sich. – Ich stapfte weiter durch den lichteren Wald, sah weiter vorne den Schlussanstieg, und je näher ich kam, desto weniger mulmig fühlte ich mich, fühlte mich sogar kräftiger als zu Beginn.

Im Sommer, wenn er seinen neuen Roman fertig habe, wollte Thomas, so hatte er versprochen, mich besuchen kommen. Ebenso wie auch Kathi und Jürgen.

Doch bis dahin sind es noch viele Berge, notierte ich mir für den nächsten Weblog-Eintrag am Nanos-Plateau vor der Hieronimus-Kirche, in der früher, wie ich jedoch erst abends in der ausführlichen Wegbeschreibung des Alpenvereins las, stets eine Öllampe als Wegweiser für die Schiffe in der Triestiner Bucht geglüht hatte:

Ich bin unterwegs auf den ersten Berg, und ich bin langsam, doch ich werde schneller. Ich sehe ein letztes Mal die Bucht von Triest. Ich fotografiere das Meer, ich fotografiere mich selbst.

Dass gerade Schafhirten die kleine Kirche erbaut und Hieronimus, dem Beschützer der Übersetzer, gewidmet hatten, überraschte mich schon nach den ersten Kilometern auf dem weithin unbesiedelten Nanos-Plateau nicht mehr. Genauso wenig die Idee mit der Öllampe.

Denn es war nicht nur die Einsamkeit hier, da man stundenlang weder Mensch noch Haus begegnete, die einem die Uferlosigkeit des Meeres nahe rückte. Es war der Blick auf die Küste, der hier oben auf eine Weise vom Meer erzählte, die man woanders kaum in solcher Eindringlichkeit und Nähe begriffe. Schon gar nicht am Meeresufer selbst, mit Blick auf dessen Unendlichkeit.

Und so ist jeder Blick in solche Weite eine Art Übersetzung. Eine, von der Heinrich von Kleist in einem seiner so rätselhaft genauen Texte in einer Art Kurzzusammenfassung der Odyssee schreibt, zu der gehöre, *daß man dahin gegangen sei, daß man zurück muß, daß man es nicht kann, daß man alles zum Leben vermißt, und die Stimme des Lebens dennoch im Rausch der Flut, im Wehen der Luft, im Ziehen der Wolken, dem Geschrei der Vögel, vernimmt. Dazu gehört ein Anspruch, den das Herz macht, und ein Abbruch, um mich so auszudrücken, den einem die Natur tut.*

Eine Düne, meint Kleist, würde schon reichen. – Hier oben hingegen, wo den Schiffen jahrhundertelang eine Öllampe der Schafhirten des Nanos aus über tausend Metern Höhe geleuchtet hatte, war zur Übersetzung des Meers die Küste selbst in Sicht.

Mich beschäftigte nun vielmehr die Notwendigkeit, von der Hieronimus-Kirche den Weg *Nummer 1* zu finden, der die Route meiner nächsten Tage bildete. Blöderweise gab es auf der Wanderkarte zwei Wege mit dieser Nummer, und während der darauffolgenden Etappen sollte ich feststellen, dass es noch einige mehr waren, da die Ziffer Eins in den Karten alle Hauptwanderrouten bezeichnete, die unterwegs mit ganz anderen Zahlen markiert waren.

Auf dem Weg vom Pleša in jenen kleinen Weiler mitten in den weiten Wäldern des Nanos-Hochplateaus, in dem es laut Landkarte auf einem Bauernhof namens Abram möglicherweise Quartier gab, wunderte ich mich noch, dass es einen Weg mit der Nummer eins gab, der vom Sattel über eine Forststraße zuerst gut dreihundert Höhenmeter bergab führte, bevor er den nächsten Hang wieder hinaufging, wo der andere Weg *Nummer 1,* der jedoch auf gleicher Höhe blieb, in ihn mündete. Während Ersterer als Forststraße nicht zu übersehen war, musste ich den anderen erst suchen und entschied mich aufgrund der vorgerückten Stunde für die Direttissima einer Hangquerung, anstatt einer weiteren Forststraße nach Osten zu folgen, die den gesuchten Weg *Nummer 1* weiter oben am Hangrücken kreuzen sollte.

Angst, mich zu verlaufen, hatte ich keine. Komisch, dachte ich mir noch, und ging los.

Dass der Weg, auf den ich nach umständlicher Querung über matschige Wiesenabhänge schließlich stieß, tatsächlich der zweite Weg Nummer eins war, erfuhr ich erst eineinhalb Stunden später, als er in jenen Weg *Nummer 1* mündete, der gleichzeitig auch die auf der Karte eingezeichnete Forststraße Richtung Abram war. Vorher hatte er beständig Nummern gewechselt, war ein Weg *Nummer 67* genauso gewesen wie ein Weg *Nummer 43*. Zwischenzeitlich waren sogar die Nummerierungen einer Mountainbike-Route dazugekommen.

Gestört hatte mich das kaum. Vielmehr war es mir vorgekommen, als fühlten sich die Nummern bemüßigt, mir anstelle anderer Wanderer Gesellschaft zu leisten. Denn bis auf die beiden Läufer, die mir am Beginn des Anstiegs auf den Pleša entgegengekommen waren, hatte ich auf dem Berg niemanden gesehen.

Keine Menschenseele, wie man über solch leere Landschaften vielleicht gerade dann sagt, wenn man an seiner Einsamkeit mehr als die bloße Abwesenheit von Menschen beschreiben will.

Doch war ich viel zu sehr mit meinem eigenen Gehen beschäftigt, um über diesen seltsamen Eindruck von Leere nachzudenken, der sich in den darauffolgenden Monaten in den verschiedensten Landschaften breitmachen sollte. Außerdem nahm ich zu dem Zeitpunkt noch an, ich würde unter den Wanderer-Massen ohnedies ziemlich leiden. Dass sich aber fast alle Touristen, Ausflügler und Eintagesgeher kaum je weiter als einen Berg oder einen Pass vom jeweiligen Ausgangsort wegwagten, hatte ich zu dem Zeitpunkt weder bedacht, noch hätte ich es geglaubt.

Ganz zu schweigen davon, dass ich mir die tatsächlich erlebte Leere überhaupt nicht hätte vorstellen können. Denn selbst, als ich mitten darin war, fehlten mir zuerst die richtigen Begriffe, der richtige Sinn.

So kämpfte ich auch am Nanos mit der Orientierung, wunderte mich über den Wildwuchs an Wegnummern und Wegverläufen, die streckenweise kaum vom Wildwechsel zu unterscheiden waren, und konnte noch froh sein, dass die Wegverhältnisse hier im Süden bereits einigermaßen gut waren.

Denn angesichts der Mengen an Schnee, die in den Alpen im März und April, aber – den niedergedrückten Wiesen nach zu schließen – auch im Karst gefallen waren, hatte es hier vor ein paar Wochen noch ganz anders ausgesehen. Wie, das sollte ich bald schon erleben. Schnee, und das nicht nur im Hochgebirge, sondern an den Nordseiten auch in tiefe Lagen herab. Bis in die Täler sollte er mich verfolgen, wo sein Schmelzwasser Brücken wegriss, Wege unpassierbar machte und ganze Hänge abrutschen ließ.

Doch selbst, wenn ich von all dem bereits gewusst hätte, größere Sorgen wären auch das an dem Tag keine gewesen. Genauso wenig, wie mich die Tatsache, dass ich mir keineswegs sicher sein konnte, in Abram tatsächlich ein Quartier zu haben oder es überhaupt bei Licht dorthin zu schaffen, bekümmerte.

Ging es sich rechtzeitig aus, dachte ich mir, war es gut, wurde es davor finster, kam eben das Zelt zum Einsatz. Proviant hatte ich, und gute Zeltplätze gab es entlang des Wegs genug, ganz gleich, wie er nun wirklich hieß.

So wichtig dies alles auch war, die Landschaft meiner Reise würde trotzdem aus ganz anderen Fragen bestehen. Aus Fragen an Natur, Leben und Welt, die sich mir jedoch erst stellten, wenn ich meinem eigenen Blick auf die Spur käme. Das war mir bereits anhand meiner Recherche-Lektüre klar gewesen, als ich allmählich verstand, wie radikal sich der Begriff von Landschaft in den vergangenen Jahrhunderten verändert hatte.

Ein Wandel, über den Ästhetik, Soziologie, Wirtschafts- und Kulturgeschichte heute schnell wie selten auf einen gemeinsamen Nenner kamen. Darin zeigte sich, wie sich im Zuge der Aufklärung, des Rationalismus und der Industrialisierung der Blick auf Landschaften wie Berge oder Meer dadurch geändert hatte, dass die Kategorie des *Schönen* nicht mehr allein für fruchtbare Gebiete galt.

Ein anderer Blick, mehr nicht. Denn weder die Alpen noch das Meer hatten sich im Zuge dieser Entwicklung verändert. Ebenso wenig die Sicht jener, die darin arbeiteten, um zu überleben, wie etwa Bergbauern, Seefahrer oder Fischer. Vielmehr war es die Perspektive von außen, der Blick der Wissenschafter und Städter.

Grundlage dessen war der zunehmende Einblick der modernen Naturwissenschaften in davor noch religiös oder mythologisch erklärte Zusammenhänge sowie der Einbruch der industriellen Revolution in Arbeit und Leben, wodurch sich sowohl die Betrachtungsweise wie auch die Bewirtschaftung von Natur neu gestalteten. Bis heute dauern die dadurch ausgelösten Veränderungen im Ökologischen, Sozialen, Wirtschaftlichen oder Kulturellen an und sind im Alpenraum höchstens mit jenem Einschnitt vergleichbar, die der Beginn der Agrargesellschaft für jene der Wildbeuter bedeutete.

Wie das Ende dieser Entwicklung aussehen könnte, führt etwa John Berger in dem bereits zwanzig Jahre alten, doch heute mehr denn je aktuellen Nachwort zu seinem Roman *SauErde* aus:

Früher waren die Städte für ihre Ernährung auf das Land angewiesen, wobei die Bauern auf die eine oder andere Weise gezwungen wur-

den, sich von ihrem sogenannten Überschuss zu trennen. Bald könnten die ländlichen Gebiete der Welt auf die Städte angewiesen sein, sogar hinsichtlich der Nahrungsmittel, die die eigene Landbevölkerung braucht. Wenn und falls das geschieht, werden die Bauern aufgehört haben zu existieren.

Bloßer Umwelt- oder Naturschutz wird daran nichts ändern. Ganz im Gegenteil. Gerade der wohlmeinende Blick zumeist urbaner Öko-Aktivisten übersieht nur allzu gern, dass Berge wie Meer gerade in ihrer sogenannten Natürlichkeit alles andere als stabile, romantische Idyllen sind. Stattdessen ist der gesamte, geologisch erst kurz zurückreichende Zeitraum der Besiedelungs-, Bewirtschaftungs- und damit der Kulturgeschichte der Alpen bis heute von den Kräften ihres immer noch andauernden Wachstums geprägt.

In pubertärer und selten berechenbarer Unruhe, so begegnet uns das junge Hochgebirge. Was das bedeutet, beschreibt Werner Bätzing mit der nüchternen Übersicht des Geografen: *Aufgrund labiler Gesteinsschichtungen, steilem Relief, hoher Niederschläge, kurzer Vegetationszeit und ausgeprägter Temperaturextreme laufen viele Naturprozesse in Form einer sprunghaften Dynamik als Bergstürze, Muren, Hochwasser, Lawinen, Stürme usw. ab. Biologen bezeichnen diese Ereignisse als Störungen und sprechen davon, dass praktisch alle Vegetationsgesellschaften im Alpenraum durch Störungsregimes geprägt seien. In der Öffentlichkeit bezeichnet man dagegen diese sprunghaften Dynamiken gern als »Naturkatastrophen« und erweckt dabei den Eindruck, als ob diese Prozesse auch für die Alpen selbst eine Katastrophe bedeuteten.*

Womit auch der Grund dafür benannt ist, warum die, von den Römern als *montes horribiles* bezeichneten, Alpen, die – trotz all ihrer Schrecklichkeit – damals bereits vielen römischen Städten als Käselieferanten dienten, in der öffentlichen Diskussion in einem ähnlich schrecklichen Bild wieder auftauchen.

Denn nirgendwo sonst als im so fragilen, prekären und unberechenbaren Natur-, Kultur- und Bewirtschaftungsraum dieses jungen Hochgebirges wird der Umgang der Industrie- und Dienstleistungsgesellschaft mit der sogenannten Umwelt derart kenntlich. Nicht nur in

Hinblick auf Umweltschäden, sondern gerade auch im Umweltschutz. Zumindest, solange Umwelt-Aktivisten vom romantischen Bild in sich selbst ruhender, pastoraler Idyllen ausgehen.

Vergessen wird dabei, dass der überwiegende Teil der ökologischen Schäden weniger auf die touristische Nutzung als auf das Verschwinden jener agrarischen Bewirtschaftungstraditionen zurückzuführen ist, die den Alpenraum als Kulturlandschaft erst weitgehend stabilisiert haben. Jene sprunghaften Naturdynamiken, wie Werner Bätzing die in einem so jungen Gebirge wie den Alpen unausweichlichen Naturkatastrophen nennt, ereignen sich deshalb seltener als vor der agrarischen Besiedelung und Bewirtschaftung, die den Alpenraum stabilisierte.

Nur schrecken derartige Dynamiken in Idyllen eben besonders. Vor allem, wenn es sich um die Gebiete der eigenen Freizeit handelt. Ganz gleich, ob am Meer oder in den Bergen.

Ich war gerade noch rechtzeitig nach Abram gekommen. Auf den Strecken durch den Wald war es bereits finster gewesen. Unterwegs auf der Forststraße hatte mich das aber nicht sehr beunruhigt, Sorgen hatte mir vielmehr gemacht, dass es hier keine wirklich guten Zeltplätze mehr gab. Was also, wenn ich auch in Abram keine Unterkunft fand?

Als die Wiesenlichtung Abrams schließlich vor mir auftauchte, hatte die erste Erleichterung jedoch dem Zurückbleiben der Waldfinsternis gegolten. Auch wenn ich das nicht wahrhaben wollte, da man mit derartigen Ängsten so eine Reise besser gar nicht erst begann: Vor dunklen Wäldern fürchtete ich mich offenbar immer noch.

Nach und nach, auf der Schotterstraße zwischen den ersten Häusern, merkte ich, dass alle Fensterläden geschlossen waren. Niemand war da. Selbst das kreischende Schreien schien ich in dem Augenblick nicht zu hören, so stark war der Eindruck von Abwesenheit und Stille, der mich im letzten Abendlicht des Weilers Abram umfing.

Ich ging weiter, schaute auf winterfest eingepackte Gartenmöbel, sorgsam angeordnete Gärten, sah überdachte Terrassen und mit Reisig geschützte Zierbeete. Im Hochsommer standen hier vermutlich vor jedem Haus zwei, drei Wagen mit Laibacher Kennzeichen. Kinder spielten auf dem kurz geschnittenen Rasen, der Geruch von gegrilltem Fleisch lag in der Luft. Jetzt hingegen schienen mir selbst meine Schritte auf dem Schotter und das Klacken meiner Stöcke zu laut in dieser Leere.

Das große und weithin sichtbare Schild der Kmečki Tourism Abram sah ich erst, als ich bereits direkt bei der Abzweigung der Hofzufahrt war. Und bemerkte dann auch den Rauch, der vom offenbar einzigen noch bewirtschafteten Bauernhof des Weilers aufstieg. Genauso wie ich, als hätte es auch dafür das Schild gebraucht, erst jetzt das Schreien wahrnahm. Wobei ich mir im Nachhinein nicht sicher war, ob ich auch davon nur mehr eine Art Nachhall gehört hatte.[5]

Ich bog, dem Schild folgend, in die Zufahrt ein, überlegte, ob es hier wohl einen Hund gab, der gleich auf mich zugelaufen käme. Das bereits an der Traktorschaufel hängende Schwein hätte ich zu dem Zeitpunkt längst sehen müssen, ebenso wie den Bären in dem Käfig dahinter. Doch war ich offenbar so mit meiner Vorstellung von einem jeden Moment auf mich zugerannt kommenden Hund beschäftigt, dass ich keinen Blick dafür hatte, was wirklich war:

Blut, das in dickem Schwall aus dem an den Hinterläufen aufgehängten Schwein herausfloss, ein Bär, der in seinem Käfig neben dem Bauernhaus ungerührt auf und ab ging, während das Schwein längst nicht mehr schreien konnte.

Dieses Bild habe ich jetzt vor mir und wundere mich, was ich noch am selben Abend in mein Notizbuch schrieb: *Der Traktor kam verkehrt aus dem Stall heraus, reversierte und fuhr mit dem Schwein Richtung Wiese. Ein Mann mit einem Gerät in der Hand ging neben dem Tier vor dem Traktor her, und als die kleine Prozession am Rand des Hofes angelangt war, setzte er das Gerät an den Kopf des Tiers und drückte ab. Das Schwein zitterte, der Mann zog ein Messer heraus, einmal zuckte es noch, der Mann wich ihm ganz selbstverständlich aus und schnitt mit der nächsten Bewegung in den Hals des Tieres, worauf das Blut nur so herausschoss.*

5 *Das Schreien kam vom Bauernhof Abram,* wie ich abends im Notizbuch festhalten sollte, *der zumindest auf der Landkarte Unterkunft und Verköstigung versprach. Als auch auf dem Schild an der Abzweigung nichts anderes stand, war ich bereits vorsichtig optimistisch …*

So hatte ich meine Ankunft abends im Zelt beschrieben. Wie aber konnte es sich das Schwein gefallen lassen, so lange lebendig an der Schaufel zu hängen? Es musste bereits im Gebäude erschossen worden sein. Und danach: kein Schreien, kein Schuss, nur ein tot hängendes Tier und sein fast endlos herausströmendes Blut.

Blutig waren auch die Männer, nicht nur an den Schürzen, selbst im Gesicht hatten sie einzelne Spritzer.[6] Sie sahen mich freundlich an, konnten aber zu wenig Englisch, um mir auf meine Frage nach einem Zimmer eindeutig antworten zu können. Erst der herbeigeholte Sohn des Hauses erklärte mir, dass in den Gästezimmern gerade neue Heizungen eingebaut würden und man derzeit hier nicht übernachten könne. Mein Zelt dürfe ich aber gern aufstellen, und auch ein Frühstück könne ich bekommen.

Der Bär war mir zu dem Zeitpunkt noch nicht aufgefallen. Dafür erstaunte mich, dass es noch hell war. Mir schien sogar, es hätte sich in der darauffolgenden Stunde noch aufgehellt. Auf der Suche nach einem Zeltplatz bemerkte ich schließlich den Käfig des Bären. Die Bauernfamilie hatte ihn als junges Tier gerettet, da er von seiner Mutter verstoßen worden war, wie ich am nächsten Tag erfuhr. Und als ich es mir in meinem Zelt gemütlich machte, war es, wie es sich für einen ordentlichen Tag gehörte, endlich auch finster geworden.

Ich klappte mein Notizbuch auf. Draußen rauschte der Wald. Doch vielleicht nur, da ich ihn, im Gegensatz zu meiner Ankunft, nicht beschrieb. Im Käfig ging der Bär auf und ab. Und während sich mein immer ängstlicher Vater erkundigte, wo ich denn gerade sei, verschmolzen die Wälder in ihrem Rauschen, der Bär, das Schwein und der bis dato nicht aufgetauchte Hund, Wind strich über mein Zelt, und der Tag zog an mir vorbei, so greifbar wie entfernt, und in jedem Augenblick anders.

6 *Erst jetzt dachte ich auch ans Fotografieren. Schnell nestelte ich an meiner Beckentasche nach meinem elektronischen Wunderding, da wehrte einer der beiden Männer aber auch schon ab: keine Bilder! Eine Handbewegung reichte, doch nicht böse oder schroff, vielmehr komplizenhaft, und gleichzeitig so ernst und unumgehbar, wie ich selten ein Gebot erlebt hatte. Ich schmunzelte zurück und wusste, was es mit dieser Schlachtung auf sich hatte.*

Črni Vrh

... ich habe das Meer hinter mir gelassen, steht im ersten Notizbuch auf Seite 23, *bin das Rosandratal in den Karst herauf und liege gerade am Nanos-Plateau in meinem Zelt am Waldrand. Manchmal gehe ich auf eigenen Routen, komme langsam in Schwung. Kühl, fast kalt ist es, doch das soll besser werden, außerdem sind Zelt und Schlafsack gut. Abends glühen die Füße nach dem Gehen richtig nach.*

Es ist eigenartig, am Beginn einer so weiten Reise zu sein. Momentan schaue ich im Gehen noch sehr auf mich selbst, auf die Beine, auf scheuernde Stellen, auf das für die jeweilige Witterung richtige Gewand. (...) Und draußen weht der Wind, im Wald höre ich Nachtvögel. Wen rufen sie, und was? Können das Menschen auch?

Das ist der Anfang, und er ist morgen vielleicht schon vorbei; denn selbst die längste Reise dauert nicht ewig, schon gar nicht ihr Beginn, vermutlich nicht länger als der eine Augenblick, von dem man nichts weiß.

Ich schlief gut. Dennoch glaubte ich in der Früh, ich hätte wieder jeden Windstoß, jedes Knacken der Äste und sogar Flügelschläge gespürt, nur diesmal keinen Bären, obwohl doch gerade hier einer so nahe war – vielleicht deshalb.

Ich war abends nicht mehr aus dem Zelt, hatte anstatt einer Jause im Bauernhaus ein wenig von den in Razdrto gekauften Vorräten gegessen und mich in den Schlafsack gelegt.

Auf der Wiese lag Tau, es war leicht bewölkt, ich stapfte über das nasse Gras zum Bären hinüber und fotografierte ihn, was ihm weit weniger behagte, als bloß angesehen zu werden. Ob er manchmal Besuch von anderen Bären bekam, die hier in den weithin unbesiedelten Wäldern des Karstes lebten?

Jetzt, da zwischen den Wolken mehr und mehr Sonnenstrahlen hervorkamen und im Fell des Bären glitzerten, gefiel mir die Vorstellung solcher Besuche besser als gestern vor dem Einschlafen. Womöglich, so hatte ich mir in der Nacht gedacht, wäre für solche Besuchsbären mein am Waldrand frei stehendes Zelt eine ideale Gelegenheit, ihren eingesperrten Bruder zu rächen. Dass bereits meine Essensvorräte ausreichten, um die hiesigen Braunbären zu provozieren, war mir nicht in den Sinn gekommen.

Eine lange Etappe lag vor mir. Um in Abram übernachten zu können, hatte ich eine andere Route als jene der *Via Alpina* Richtung Norden gewählt. Nicht vorbei an der ehemaligen Raubritterburg Predjama und über die weithin unbewohnte Waldhochebene der Hrušica, in der es noch großen Bären-, Wolf- und Luchsbestand gab, sondern quer über das Nanos-Gebirgsplateau. Und auch wenn der Raubtierkitzel auf meiner Strecke etwas geringer war, weit genug, nämlich doppelt so lang wie am Vortag, war es auch von hier bis nach Črni Vrh, wo ich am Abend wieder auf die offizielle Route stoßen sollte.

So kümmerte ich mich beim Frühstück nicht darum, dass der Schinken, den mir die Bäuerin in der Stube servierte, seltsam schmeckte, intensiv, fast zu intensiv. Weder der sonderbare Geschmack noch die Erinnerung an die wenig sterilen Verhältnisse bei der Schlachtung am Vortag hielten mich davon ab, möglichst viel zu essen, denn Proviant hatte ich nicht mehr viel übrig. Und ob es in Podkraj, der einzigen Ortschaft am Weg, das in der Karte verzeichnete Wirtshaus tatsächlich gab, und ob man dort essen konnte, dessen war ich mir seit Razdrto nicht mehr sicher.

Mit dem Zusammenpacken hatte ich zwar, in Hinblick auf die selbst ohne eingerechnete Pausenzeiten sicherlich acht Stunden lange Etappe, schneller als am Morgen der ersten Zeltnacht sein wollen.

Doch bis Zelt, Schlafsack, Unterlegmatte getrocknet waren und ich den Rucksack samt meiner Nachtbehausung wieder auf meinen Schultern hatte, sollte es auch diesmal gut zwei Stunden dauern.

Umso flotter ging ich daraufhin auf der über das Nanos-Plateau sich eben und sogar leicht bergab dahinschlängelnden Forststraße nach Norden. Die Sonne blinzelte durchs junge Blätterdach. Und irgendwo entlang dieser Strecke tauchten dann die ersten Wanderlieder meiner Kindheit auf, die fortan einen Gutteil meines Gehens prägen sollten: *Ein Männlein steht im Walde*, *Muss i denn, muss i denn zum Städtele hinaus* oder *Wem Gott will rechte Gunst erweisen* – ganz zu schweigen von dem kaum loszuwerdenden *Rote Lippen soll man küssen*.

Lieder, die jahrelang nicht mehr in meinem Kopf gewesen waren, und es angesichts der Penetranz des Letzteren besser nie gewesen wären, die im Gehen gleichwohl so taten, als hätte es nie andere gegeben. Durch Österreich, Italien, Deutschland und das Liechtensteiner Stück sollten sie mich schließlich fest im Griff behalten. Bis mich Paolo Contes *Azurro* im Tessin erlöste. Oder vielleicht jemand ganz anderer.

Als ich am frühen Nachmittag nach Podkraj kam, war noch alles in Ordnung. Der Ort lag am Südhang des nach Westen, Richtung Vipava, verlaufenden Belatals. Ich zweigte von der Forststraße ab, ging ein letztes steiles Waldstück hinunter und hatte das Nanos-Hochplateau hinter mir. Ein Traktor tuckerte, in den hoch stehenden Wiesen zirpte es, leichter Wind ging.

Eine schmale, von Flicken übersäte Landstraße führte durch das Dorf. Zwei, drei Frauen schauten aus ihren Fenstern, starrten mich an, ich nickte ihnen zu, murmelte einen Gruß, meine Stockspitzen klapperten, sie murmelten nicht zurück.

Nach einem Wirtshaus sah es hier nicht aus. Es war so still, dass ich mir vorstellen konnte, einen ganzen Tag lang keinem Auto zu begegnen. Nach einer Biegung tauchte, genauso wie auf der Karte eingezeichnet, gegenüber der Kirche das Wirtshaus auf. Nur war ich mir, selbst als ich bereits im Gastgarten stand, nicht sicher, ob es Ruhetag hatte oder seit Wochen geschlossen war. Und das nicht nur der abgespannten Sonnenschirme wegen oder der fehlenden Tischtücher auf den rostigen Tischplatten, sondern da sich die gehockt an einem Blumenbeet arbeitende Frau, die mir zuerst nicht aufgefallen war, nicht weiter stören ließ.

Dobrý den. – Dober dan. Kurz schaute sie auf, aber nur kurz, und machte mit ihrer Zupfarbeit weiter. Meine nach dem tschechischen Grußversuch auf Englisch gestellte Frage, ob das Wirtshaus offen habe, verstand sie nicht oder wollte sie nicht verstehen, zumindest zeigte sie keine Reaktion. Erst als ich es auf Italienisch versuchte, starrte sie mich an, erbost oder erschreckt:

Natürlich sei offen, sagte sie in bruchstückhaftem Deutsch, deutete zur Tür und wandte sich wieder dem Unkrautzupfen zu.

Linker Hand eine kleine Stube samt Stammtisch und Schank, rechter Hand ein etwas größeres Gastzimmer. Ich entschied mich für die öffentlichere Variante, stellte meinen Rucksack ab und machte mich mit Wechselleibchen und Jacke auf den Weg Richtung Toiletten. Dort war zu meiner Überraschung alles funkelnagelneu, selbst das Licht ging automatisch an. Noch mehr staunte ich auf dem Rückweg im Gang bei einem kurzen Blick in die Küche, die nicht nur neu, sondern auch völlig unbenutzt aussah. Keine Gewürze, kein Kochgeschirr, alles blitzblank. Dennoch erwartete mich die Wirtin im Gastzimmer mit einer Speisekarte. Den Blick gesenkt – und als mein Rucksack umfiel, während ich mich setzte, schaute sie mich beinahe abschätzig an.

Das ist alles, sagte sie, und reichte mir die Karte.

Und alles, das waren Fertigpizzen. Siciliana, Tonno, Capriciosa, Cardinale und Diavolo. Ich bestellte eine Diavolo, im Glauben, die Schärfe würde die Qualität der Zutaten des laut Plastikspeisekarte in Ljubljana hergestellten Fertigprodukts am ehesten überdecken. Zumindest hoffte ich das. Danach war es wieder still, nicht einmal von der Mikrowelle war ein Sirren zu hören, während ich mir notierte, was mir angesichts der am Weg von Abram hierher trotz des Rucksackgewichts verspürten Kraft durch den Kopf gegangen war.[7]

Im Gastzimmer war es trotz des Sonnenscheins kühl. Wie schwül es draußen bereits war und wie wenig Zeit ich deshalb für eine solche Pause hatte, konnte ich nicht ahnen. Die Pizza schmeckte mir, ich war bester Stimmung.

Den Druck im Darm spürte ich erst im Weggehen und weiß bis heute nicht, ob die Pizza oder der Schinken am Morgen daran schuld war. Zum Glück schaffte ich es, nachdem ich nicht mehr ins Wirthaus zurückwollte, gerade noch aus dem Ort und die erste Wiese hinauf.

In Podkraj stand mir das längste Stück des Tages erst bevor. Erneut auf dem Weg *Nummer 1* über die Wiesenhänge unterhalb des Srednja Gora (1275 Meter) und des Streliški Vrh (1266 Meter). Danach sollte ich wieder auf die eigentliche *Via-Alpina*-Route treffen, die hier aus den Wäldern der Hrušica nach Westen bog, während ich unterhalb der beiden Gipfel in östliche Richtung querte.

Laut Wegbeschreibung sollte man am Sattel unterhalb des Streliški noch einmal das Meer vor Muggia und Triest sehen, bevor es durch ein Hochtal Richtung Pirnatova Koča, eine kleine, zu dieser Jahreszeit noch unbewirtschaftete Hütte, ins Skigebiet des Javornik ging, wo sich, wie es dazu in der Routenbeschreibung hieß, *ein erster Blick auf die Alpenbergriesen öffnete.*

Ich hingegen sah bald nach Podkraj die hinter den Gipfeln des Srednja und Streliški sich auftürmenden Gewitterwolken. Gleichzeitig war ich in den ersten Anstiegen hinter der Ortschaft trotz meiner Durchfallattacke so gut ins Gehen gekommen, dass ich zuerst gar nicht glauben konnte, nun tatsächlich aufgehalten zu werden. Also wurde ich einfach schneller, ging auf das Gewitter geradewegs zu, als

7 Als junger Sportler wäre mir selbst im harten Ausdauertraining nie der Gedanke gekommen, meinen Körper als Maschine wahrzunehmen. Mein Körper, das war ich. – Das könnte ich jetzt nicht mehr behaupten. Zumindest nicht von meinem Sport-, von meinem Anstrengungskörper.

könnte ich es damit verschrecken. Doch gleich darauf donnerte es. Selbst die Windrichtung war, so oft ich meinen nassen Zeigefinger in die Luft streckte, gegen mich.

Zur Triestiner Bucht sah ich mich nicht mehr um, der blaue Himmel über mir färbte sich dunkel, dann wurde es windstill, das Donnern hörte noch einmal auf, nichts rührte sich, nur ich lief immer noch, mehr und mehr an Höhe gewinnend, um den Berg herum.

Erste Tropfen platzten vor mir auf den erdig ausgetretenen Weg, platzten ringsum ins stellenweise vom Winter strohige Gras. Und bald waren es so viele, dass ich nicht mehr nachdenken musste, wo ich mein Zelt nun am besten aufstellte, geschweige mir weiter unten am Abhang einen weniger ausgesetzten Platz hätte suchen können. Ein Glück, dass sich mein kleines Zelt auch von jemandem Ungeschickten wie mir schnell aufbauen ließ. Und so war ich kaum nass geworden, als ich mitten im ersten Guss den Rucksack unter die Apsis zog und das Innenzelt hinter mir schloss. Ich rollte die Isomatte aus, zog mir Jacke und lange Hose an und streckte mich aus.

Eine Stunde später wachte ich auf, und das Gewitter war verschwunden. Ich packte verschlafen zusammen und dachte mir in der hellen Spätnachmittagssonne, dass solche Gewitter gern öfter kommen durften.

Zeit hatte ich dennoch verloren – war noch nicht einmal um den Srednja Gora herum, hatte den Weg um den Streliški erst vor mir, und das alles in stetig leichtem Anstieg von neunhundert auf tausendeinhundert Höhenmeter zum Sattel und zur Abbiegung ins lang gestreckte Hochtal zur Pirnatova Koča.

Wie spät es zu dem Zeitpunkt genau war, weiß ich nicht mehr. Doch selbst ein schneller Blick auf die Landkarte hätte mir sagen müssen, dass ich nach dem Gewitter noch gut vier Stunden Weg hatte. – Aufgebrochen war ich in Podkraj sicher nicht vor drei Uhr, danach vielleicht eine Dreiviertelstunde gegangen, bevor ich während des Gewitters eine Stunde verschlafen hatte. Somit musste es nach Abbau des Zeltes sicherlich fünf gewesen sein. Vier weitere Gehstunden waren demnach im Hellen gar nicht mehr übrig.

An solche Fakten dachte ich aber nach dem Gewitter nicht. Mit meinem Wunderding hätte ich zwar taggenaue örtliche Daten zum Einsetzen der Dämmerung in Erfahrung bringen können, doch hätte ich sie weder so genau wissen wollen noch die Zeit dazu gehabt. So ging ich ebenso flott wie unbeschwert weiter, freute mich über leichte Beine und einen munteren Kopf wie über die fast spielerisch leicht zu gehende Passage auf dem federnden Waldweg am Abhang des Srednja Gora.

Spätestens hier musste mir mein Realitätssinn abhanden gekommen sein. Oder hatte ich mich im Aufwachen nach dem Gewitter schon unterhalb des Strelički geglaubt? So, als hätte ich den Srednja im Schlaf hinter mir gelassen. In Wirklichkeit hatten mich natürlich weder das schnelle Gehen noch der Schlaf einen Berg weiter gebracht. Und so war der Forstweg, in den ich nach dem Waldstück bog, längst nicht jener, der durchs Hochtal zur Pirnatova Koča führte. Dennoch nahm ich im unerschütterlichen Glauben an meine Geschwindigkeit die Abzweigung, staunte nicht einmal kurz über die damit in Windeseile zurückgelegte Wegstrecke und verzichtete großzügigerweise auf jeden kontrollierenden Blick in die Landkarte.

Ein ansteigendes Tal, links und rechts höhere Berge, die Hütte glaubte ich am Talschluss bereits zu sehen. Nicht einmal die Tatsache, dass der Weg *Nummer 1*, dem ich noch immer folgte, bald wieder nach rechts abbog, ganz anders, als ich es mir zumindest vom Kartenstudium in Podkraj gemerkt hatte, ließ mich an der von mir eingeschlagenen Richtung zweifeln.

Bis mich ein Wagen überholte und mich die Leute darin anstarrten wie früher, als mir in meiner Kindheit, in der das Laufen bei Weitem nicht so üblich gewesen war wie heute, ebenfalls immer wieder solche Blicke gegolten hatten. Im Vergleich zu damals aber, als mir etwa Kinder aus dem Fond die Zunge gezeigt hatten, war der Blick der Leute in diesem Tal dezent gewesen.

Das Auto parkte weiter vorne. Als ich vorbeikam, waren sie derart mit Auspacken beschäftigt, dass sie mich gar nicht mehr registrierten. Trotzdem, oder vielleicht gerade deswegen, hatte ich plötzlich ein sonderbares Gefühl. Ich ging Richtung Talschluss weiter, wo die Forststraße in Kehren den Hang hinaufführte, und beschleunigte. In mir: eine Mischung aus Angst und Rennläuferinstinkt. Ob tatsächlich jemand hinter mir war, musste ich gar nicht mehr sehen. Ich beschleunigte vielmehr aus einem Antrieb, für den es kein Wort, keine Beschreibung gibt, obwohl ich ihn so gut wie wenig anderes an oder in mir kenne. Als etwas, das die Bewegung nur als Übersetzung braucht, um sichtbar zu werden, doch mit der Bewegung selbst, mit Ehrgeiz, Sport oder Ähnlichem nicht das Geringste zu tun hat.

Erst am Talende blickte ich mich kurz um. Als ich von dort jemanden die Forststraße in meine Richtung gehen sah, reichte mir das als Bestätigung, dass sie mir nachgingen, obwohl die Leute in ihrer Langsamkeit keineswegs Verfolgern glichen. Das Gefühl, gejagt zu werden, ließ sich nicht abschütteln. Und das umso weniger, je schneller ich im Weitergehen wurde. Auch die Vorstellung, es handle sich nur um ein Rennen, trug nichts dazu bei, meine Verfolgungsvorstellung loszuwerden. Dazu hatte ich in meinem Leben solche Rennen schon zu oft während einsamer Trainingsläufe gegen bloß fiktive Gegner geführt, war längst viel zu gut in der Einbildung, sie seien wirklich, ebenso wie meine Siege in den größten Leichtathletikstadien der Welt, während ich meine üblichen Runden durch die Wälder rings um Lilienfeld gelaufen war.

So jagte ich die Kehren der Forststraße hinauf, dachte an alles, nur nicht an den Weg, auf dem ich weder wie auf der Wegbeschreibung an einem Bauernhof vorbeikam noch weiter oben die Abzweigung zur Pirnatova Koča fand – und lief ins Leere. Denn nach der nächsten Kehre waren auch die Leute unten im Tal weg, mitsamt ihrem Wagen.

Doch nicht nur das. Kaum war ich oben am Kamm angekommen, hörte die Forststraße, die doch geradewegs zur Pirnatova-Hütte gehen sollte, einfach auf. Vor mir ein Tal samt kleiner Siedlung, die es gar nicht geben dürfte, zumindest nicht auf der Karte. Genauso wenig die viel zu niedrigen Berge links und rechts dieses Sattels. Aus dem neuen Tal hörte ich Holzschneidemaschinen, das Geschrei spielender Kinder und ein ins Tal kommendes Moped. All das klang nah, fast verführerisch nah für jemanden, der langsam merkte, dass er sich verlaufen hatte. Nur führte kein Weg in dieses Tal hinunter, weder in der Wirklichkeit noch auf meiner Karte, die ich nun wieder zur Hand nahm.

Ich weiß nicht mehr, wie lange ich so dastand. Ich weiß nur, dass ich noch etliche Male auf die Karte starrte, bis ich einsah, dass es nichts half, sie zusammenfaltete, einsteckte und (ohne auch nur einen Augenblick lang darin nach einem guten Weg zu suchen) eine haarsträubend steile und schlammige Schneise nach Vodice hinunter in Angriff nahm, wo eine junge Frau, die sich mit Kartenlesen offenbar aus ganz anderen Gründen schwer tat, ihren Ort schließlich doch fand und mir zeigte, wo ich war.

Ich war nicht nur zu früh abgezweigt, sondern fast wieder auf dem Weg zurück nach Podkraj. Ganz ähnlich wie im Karst oberhalb der Rifugio Premuda. Nur war es vorgestern erst Mittag gewesen, als ich meine Wegverfehlung bemerkt hatte, nun war es jedoch bereits Abend. Und ich hatte von Vodice bis zur Bundesstraße nach Črni Vrh noch acht Kilometer auf einer Forststraße vor mir, auf die dann noch einmal fünf Kilometer in den Etappenort folgten.

Es war 19 Uhr 40, das weiß ich noch, schrieb ich am nächsten Morgen über die Geschichte dieses Irrwegs in mein Notizbuch, *genauso wie ich mich noch genau erinnere, dass ich im Weggehen gleich nach dem Communicator in der Beckentasche gegriffen hatte, als könnte ihn mir die eigenwillig aussehende Frau, während sie mir Auskunft gab, entwendet haben.*

Natürlich hatte sie das nicht. Vielmehr hatte sie mir nur entgeistert nachgesehen, nachdem ich gemeint hatte, es zumindest bis zur Bundesstraße in einer Stunde schaffen zu wollen. An die danach noch wartenden Kilometer auf der stockdunklen Bundesstraße dachte ich nicht, und schon gar nicht an einen Bären, der an meiner Verirrung schuld gewesen sein könnte.

Denn so abstrus es auch klingen mag, bin ich mir sicher, dass mich nichts anderes als die Art, in der ich nach meiner Übernachtung in Abram den Lebensmittelabfall entsorgte, den zweiten Berg vergessen ließ. Denn statt die abgeschälten Wursthäute, zerbröselten Kekse und anderes, das ich in einem Plastiksack gesammelt hatte, einfach zum Bauernhof zu bringen, hatte ich den Sack mitgenommen und ihn nach einem Kilometer neben der Forststraße unter einem Stein versteckt. Dabei wusste ich genau, dass man so etwas in einem Bärengebiet in keinem Fall tat.

Ich machte es dennoch. Und hatte schon im selben Augenblick das Gefühl, es würde sich noch einmal rächen. Dass ich mich bloß verirrte, war angesichts dessen, welche Gefahr man in Bezug auf Bären heraufbeschwor, die auf solche Weise geradezu in die Nähe von Straßen und Siedlungen gelockt wurden, noch eine Kleinigkeit. Und so war ich mir sicher, als mir das Mädchen in Vodice zeigte, wo ich gelandet war, dass dies noch eine letzte Warnung von meinem Bären gewesen war.[8]

In Graz oder in Wien, so hatte eine der ersten Fragen von Sabine und mir gelautet. Und sie war, wie manche dieser ersten Fragen, im Grunde nur ein Platzhalter gewesen. Klar war Ende Februar vorerst nur gewesen, dass wir in keiner gemeinsamen Wohnung leben würden, doch hoffentlich nicht allzu weit voneinander entfernt, womöglich in derselben Stadt, am besten im selben Bezirk oder gar Haus. Sabine arbeitete zu dem Zeitpunkt als Lehrerin mit einem Jahresvertrag in Rosenheim. Bleiben wollte sie dort nicht, und auch nicht nach Graz, in die Stadt ihres Studiums, zurückkehren, weshalb sie sich sehr schnell für Wien entschieden hatte.

So organisierte ich Ende Februar, Anfang März Besichtigungstermine in den Geburtenstationen der in Frage kommenden Spitäler, eruierte, dass sie die Mutter-Kind-Pass-Untersuchungen in Öster-

8 Und ganz gleich, ob es solche Warnungen wirklich gibt, für den weiteren Verlauf der Reise hatte ich gelernt. So warf ich nie mehr etwas weg und kürzte auch keine Wege mehr ab, nachdem ich im Anschluss an solche Abkürzer (die im alpinen Bereich den Böden enorme Schäden zufügen) immer wieder gestolpert und einmal sogar gestürzt war. Seit ich dies aber unterließ, passte der Stolpergott, den ich für meine Missgeschicke in ähnlicher Weise wie hier den Bären verantwortlich gemacht hatte, auf mich weit besser auf.

reich machen müsse, um den Anspruch auf Kindergeld nicht zu verlieren, und jonglierte bald mit Begriffen wie Bonding, Rooming-in so herum, als hätte ich immer schon gewusst, was sie bedeuteten. Fast alle Entbindungsstationen hatten Familienzimmer, manche mit Mosaiken ausgestaltete Themen-Kreißsäle, andere warben mit Raumgestaltung nach Feng-Shui.

Bei all den Telefonaten lag eine Schwangerschaftsuhr vor mir, sodass ich mithilfe des Beginns von Sabines letzter Regelblutung nicht nur den Tag des Eisprungs und die damit wahrscheinliche Zeugungsnacht unseres Kindes ablesen konnte, sondern auch jene Tage eingrenzen, an denen sein Herz zum ersten Mal geschlagen hatte oder die ersten Kindesbewegungen spürbar sein würden. Nur bei der Frage nach Sabines Geburtstag erwischten mich die Hebammen meist auf dem falschen Fuß.

Dass wir kein Paar waren, sagte ich selbst dann kaum, einen Stich gab es mir dennoch. Sabine ging es in solchen Augenblicken vermutlich nicht anders. Wir versuchten es zu übergehen, dachten bald sogar über eine Hausgeburt nach, wollten aber weiterhin an der Entscheidung, getrennt zu leben, nicht rütteln.

Nie zuvor war ich derart schnell gegangen wie an diesem Abend die Forststraße von Vodice hinaus, auch ohne Rucksack nicht (wobei ein normaler Rucksack mit dem grünen Ungetüm auf meinem Buckel ohnedies nicht zu vergleichen war), streckenweise lief ich sogar. Gleichzeitig fürchtete ich mich bei jedem Schritt vor dem Umkippen und verfluchte mich schon im Vorhinein, dass ich für ein im Grunde aussichtsloses Ziel Verletzungen riskierte, die meine Reise von einem Augenblick zum anderen hätten beenden können, wurde deshalb jedoch keineswegs langsamer, im Gegenteil, genoss die im gesteigerten Tempo spürbar werdende Kraft und die Gratwanderung, die das Aufsetzen jedes neuen Schritts beim Laufen mit einer derartigen Last unweigerlich war, genoss sie immer mehr und donnerte so mit höchstem Einsatz und gleichzeitig mühelos mit meinem grünen Freund auf dem Rücken die Kurven der Forststraße durchs Tal hinaus.

Natürlich hätte ich auch zelten können, und eigentlich hätte ich das angesichts der zur Verfügung stehenden Zeit bei Tageslicht und der noch vor mir liegenden Kilometer auch tun sollen, tun müssen. Doch ich wollte nicht. So gern ich am Vortag in Abram und auch nachmittags während des Gewitters gezeltet hatte, jetzt hatte ich nur mehr ein Wirtshaus im Kopf, ein Zimmer mit Frühstück, eine Dusche, ein Bier, und empfand jeden Gedanken an eine Nacht im feuchten Gras nur mehr als Bedrohung.

Draußen am Talausgang waren auf der Bundesstraße die Lichter der Wägen schon zu sehen. Lichter, die in der einsetzenden Dämmerung immer deutlicher wurden, nur die Entfernung schien alles andere als kleiner zu werden, so sehr ich mich auch zu einem immer halsbrecherischeren Tempo antrieb. Einzig und allein an den immer kleineren Abständen, in denen mich nun das Bellen der Hofhunde begleitete, war erkennbar, dass ich der Hauptstraße langsam näher kam.

Zur Hälfte der Strecke setzte ich mir die Stirnlampe auf, schaltete sie zwar nicht ein, fühlte mich der Dämmerung gegenüber dennoch gewappneter. Kurz vor dem Finsterwerden läutete dann mein Telefon, es war mein Vater, der sich erkundigte, ob ich noch unterwegs sei. Ich sagte ja, beruhigte ihn aber, indem ich behauptete, es sei noch hell, und schaltete die Stirnlampe ein.

Der Arzt hatte das Ultraschallgerät in kreisenden Bewegungen über Sabines Bauch bewegt. Vor uns der flimmernde Bildschirm, in dem gleich die ruhig daliegende Gestalt eines kleinen Menschen auftauchen würde, der nicht zuletzt aus uns beiden bestand.

Wie in einer Hängematte lag sie dann da, die Gestalt, bis die Bewegungen des Ultraschallgeräts sie weckten. Oder hatte sie unser Sichtfenster in die Dunkelheit ihrer Höhle aufgeweckt? Zu stören schien unser Kind die Beachtung kaum, im Gegenteil, es vollführte die ausgelassensten Bewegungen, fast so, als winkte es uns zu. Unbändig und ruhig zugleich. Und genauso ging es mir.

Im Dunklen erreichte ich die Hauptstraße, von der gerade ein Auto abbog und auf ein kleines Bauernhaus zusteuerte, an dessen Zufahrt ich, ohne von einem Hund verbellt zu werden, gerade erst vorbeigekommen war. Schnell ging ich zurück und fragte nach einer Einschätzung, wie lange ich auf der Hauptstraße nach Črni Vrh noch brauchen würde und ob die gesamte Strecke unbeleuchtet wäre.

Die Antwort war nicht ermutigend. Versuchen wollte ich es dennoch, bedankte mich, schaltete die Stirnlampe wieder ein und ging am linken Straßenrand Richtung Črni Vrh. Als ich mich kurz darauf aber nur mit knapper Not vor einem bis an die Fahrbahnbegrenzung durch die Kurve fahrenden LKW in Sicherheit bringen konnte, drehte ich auf der Stelle um, klopfte erneut an die Haustür der jungen Bauernfamilie und stand fünf Minuten später vor den Fensterscheiben eines Wirtshauses am Hauptplatz von Črni Vrh, die in ihrer Dunkelheit dem Ortsnamen *Schwarzer Berg* alle Ehre machten.

Eine Stunde, nachdem ich in Črni Vrh vor dem finsteren Gasthaus gestanden war, saß ich im hellen Zimmer einer Frühstückspension, in die Bettdecke gewickelt, die zittrigen Beine hochgelagert, und schaute vor mich hin. Ohne den Tipp des jungen Familienvaters, der mich nach Črni Vrh gebracht hatte, liefe ich immer noch draußen in der Finsternis zwischen bellenden Haushunden und spaltweit aufgezogenen Vorhängen herum. Mein feuchtes Zelt hing zum Austrocknen von der Vorhangstange. Ein warmes Abendessen hatte ich nicht mehr bekommen, doch mit den letzten Vorräten aus Razdrto war ich einigermaßen satt geworden. Ein Bier hätte ich noch gern gehabt, oder Wein, behalf mir stattdessen mit Schnaps aus dem Flachmann.

Es war gut, hier angekommen zu sein, doch erleichtert oder gar stolz war ich nicht. Im Gegenteil. Ich hatte an diesem Tag zweimal die falsche Entscheidung getroffen. Dass ich dennoch ein Zimmer gefunden hatte, änderte nichts daran. Die Reise war viel zu lang, um bereits in solchen Situationen Glück zu brauchen.

Die Heizung lief und mich fröstelte. Ich sollte mit Sabine telefonieren. Ich wusste nicht, was ich ihr sagen wollte. Ich wusste nur, dass ich müde war. Ich fragte sie per SMS, wie ihr Tag gewesen sei. Ich fragte sie, wie es ihr gehe. Ich schrieb, ich sei zu müde zum Telefonieren. Danach schaltete ich mein Handy ab.[9]

Es war mein Vorschlag gewesen, von der Ultraschall-Untersuchung über die Höhenstraße zurück in den Außenbezirk zu fahren, in dem meine Wohnung lag – um mehr Zeit zum Reden zu haben und nicht gleich wieder in die Wohnung zurückzumüssen, die mir mit ihr plötzlich viel zu eng erschienen war.

Am Leopoldsberg stiegen wir aus, hüllten uns in unsere Mäntel und Schals, denn der Wind kam von allen Seiten, und mit ihm Regen-, Graupel- und sogar Schneeschauer.

Hier also, dachte ich mir, während wir an der Mauer vor dem steil zur Donau abfallenden Hang standen, uns den Wind in die Gesichter fahren ließen und auf die Stadt schauten, hier in der Stadt, in die ich als halb Erwachsener zum Studieren gekommen war, sollte mein Kind aufwachsen. Kein Landei wie ich, sondern ein Wiener Kind würde es werden. Und ich würde es vom Kindergarten abholen, zu Elternsprechtagen der Schule gehen und mir Sorgen machen, wenn es nachts unterwegs sein würde.

Wolkenbank um Wolkenbank zog durchs Donautal herein. Wir standen da, sagten nichts, schauten. Noch am Morgen hatten wir einander versprochen, die Tatsache, es nun noch einmal miteinander zu probieren, dürfe am Vorhaben, auch als Eltern in zwei verschiedenen Wohnungen zu leben, nichts ändern. Genauso, wie wir uns versprachen, rechtzeitig die Notbremse zu ziehen, falls wir erneut zu scheitern drohten.

9 Alpenblog, Abram – Črni Vrh: *Es gebe mehr zu erzählen. Von jedem Tag. Von diesem etwa, dass ich mich verlief und in die Nacht gekommen bin, da ich nach einer zweiten Zeltnacht unbedingt Bett und Dusche wollte. Doch alles kann man von so einer Reise nicht erzählen. Und darf es auch nicht. Vielleicht steht das eine oder andere dann in der monatlichen Geschichte im* Rondo. *Vielleicht erst viel später in einem Buch. Vielleicht aber auch nirgends. Wäre es anders, wäre es Erfindung.*

Wir schauten den grauen Regenwänden zu, wie sie über die Stadt zogen, sagten nichts, hofften vermutlich beide, dass der andere etwas sagte, trauten uns aber mit keinem Wort danach zu fragen.

Am nächsten Morgen strahlte die Sonne. Ich hatte lange geschlafen, und das Pensionsehepaar saß mit einem Handwerker bereits bei der Jause, als ich zum Frühstück kam … *Würstel, Speck, Brot und Weißwein. Mein Frühstück ist zwar auch deftig, doch bekomme ich zum Kaffee natürlich nur Wasser und Apfelsaft.*

Und während am Nebentisch kräftig nachgeschenkt wurde, schrieb ich für den nächsten Weblog weiter ins Notizbuch: *Und spätestens als am Nebentisch erneut nachgeschenkt wird, habe ich das sportliche Nichtstrinken unter Tag satt. Es muss ja nicht gleich zum Frühstück sein. Wobei, an dem Morgen könnte es auch zum Frühstück sein.*

Beim Zusammenpacken ließ ich mir Zeit, die Etappe nach Idrija war kurz. Bereits in der Ortsmitte von Črni Vrh machte ich eine erste Rast, saß in der Sonne neben der Bushaltestelle und hatte nach einem Blick in Landkarte und Wegbeschreibung mit dem hinter der Kirche wegführenden Feldweg auch den Beginn meiner Tagesstrecke bereits vor mir – konnte also getrost noch sitzen bleiben und den Volksschulkindern beim Heimgehen zusehen.

Kaum vorstellbar, wie verlassen ich mir gestern hier vorgekommen war. Während mir heute schien, als säße ich auf der Parkbank des kleinen, grasbewachsenen Hauptplatzes von Črni Vrh geradezu als Gastgeber des alltäglichen Treibens da. Der gegenüber im Schatten einer Hausmauer wartende Bus, sein in der Sonne die Zeitung lesender Fahrer, die drei alten Frauen auf der Parkbank neben mir oder die letzten Nachzügler aus der kleinen Schule. Sie alle waren meine Gäste, dazu noch die hoch stehende Sonne, das vorbeibrausende Moped und die Kirchenglocken: Gäste in der Wohnung meiner Reise.

Ich warf einen Blick in die Wegbeschreibung und las von einem Astronomielabor, das deshalb in dieser Gegend errichtet worden sei, da es hier aufgrund der dünnen Besiedlung nachts finsterer sei als an jedem anderen Ort Sloweniens. Schön, dachte ich mir, schulterte meinen Rucksack und ging unter kreisenden Raubvögeln über die Felder Richtung Norden.[10]

10 *Vielleicht wird es ein Raubvogel sein, der am Ende meiner Reise steht,* notierte ich mir, angesichts der scheinbar allein wegen ihrer Mühelosigkeit und nicht wegen möglicher Beute kreisenden Tiere, in mein Notizbuch, *oder ein Vogel, den es gar nicht gibt.*

Krieg

Drei Tage bevor ich im Ultraschall zum ersten Mal mein Kind gesehen hatte, war mein Großvater gestorben. Er hatte von seinem Leben fast nichts mehr gewusst; umso klarer war ihm gewesen, dass es nicht mehr weitergehen durfte:

Ich gehöre, so hatte er immer wieder gesagt, längst nicht mehr in mein Leben. Ich gehöre schon längst in mein Grab. Dass sein ältester Sohn seit 2001 tot im Schnee des höchsten Berges der Welt saß, hatte er ebenso vergessen wie die Tatsache, dass vor vier Jahren seine Frau gestorben war. Weder erinnerte er sich an den Namen seiner Ortschaft, in der er fünfundzwanzig Jahre lang Bürgermeister gewesen war, noch daran, dass sich die Räume, in denen er wohnte, in seinem eigenen Haus befanden.

Mich hielt der Sechsundneunzigjährige oft für einen seiner Söhne, selbst den Namen meiner Mutter wusste er nicht immer, erstaunlich oft erkannte er meinen Vater, seinen Schwiegersohn. Sein eigenes Alter aber konnte er sich nur mehr ausrechnen, wenn man ihm die aktuelle Jahreszahl und sein Geburtsdatum nannte. Während seiner letzten Wochen war ihm selbst dieses Vermögen verloren gegangen.

Sogar zu dem Zeitpunkt aber fürchtete ich noch, der Tod sei für ihn längst ebenso unerreichbar wie all die Erinnerungen an sein Leben. Spätestens seit er den eigenen Sohn überlebt hatte und seit den von manchen geäußerten Vorwürfen, er trage Mitschuld daran.

Das ist die erste gefährliche Stelle, dachte ich, als ich nachmittags den steil abfallenden Waldhang in den Talkessel von Idrija hinunterstieg. Ich muss, sagte ich mir vor, immer auf den nächsten Schritt achten, immer auf den nächsten Schritt und darf nur ja kein Übergewicht bekommen. Dabei wusste ich, dass ich selbst bei größter Konzentration immer wieder unaufmerksam werde, an etwas anderes denke, oder an nichts.

Ich war auf dem Weg in die alte Quecksilberstadt Idrija, die nach dem Ende des Quecksilberabbaus zu einer kleinen Expertenmetropole in Sachen Bergwerksschließung und Quecksilberendlagerung geworden war, und wusste angesichts meiner trotz des steilen Abstiegs da- und dorthin fliegenden Gedanken wieder einmal sehr genau, warum ich mir einen Sport wie Klettern seit jeher verbieten musste.

Dennoch erreichte ich, vorbei an Schildern, die mit *Pozor! Območje medveda* vor Bären warnten, nach einer Dreiviertelstunde ohne größeren Rutscher die Idrijca, überquerte sie und ging entlang der Rake talauswärts – einer in Beton gefassten Wasserrille, wie ich sie im Hochsommer, in ihrer urtümlichen Form als Suonen, zur Bewässerung der Südhänge des Wallis noch kennenlernen sollte.

Die Sonne schien, und je näher ich der im Talkessel gelegenen Kleinstadt kam, desto mehr Radfahrer, Fußgänger und Inline-Skater kamen mir entgegen, allesamt in topmodernem Sport- und Freizeit-Outfit.

Es stimmte also, was ich in einer der Reportagen des ein paar Monate vor meiner Abreise erschienenen *Alpenreport* der Commission Internationale pour la Protection des Alpes CIPRA gelesen hatte: Die Bewohner Idrijas schauten auf sich. Genauso wie auch die Industriellen der Stadt auf ihre Mitarbeiter achteten und großzügige Sport- und Freizeitanlagen rund um die Firmen gebaut hätten, wie es sie kaum woanders gebe. Hinzu kam die geringe Arbeitslosigkeit sowie eine funktionierende Nahversorgung. Auch für die Zukunft musste sich die Stadt keine Sorgen machen, würde ihr Know-how mit dem EU-weiten Quecksilberverbot doch nur noch wichtiger und damit auch einträglicher werden.

Ein Paradies. Dennoch, je näher ich der Stadt kam, desto seltsamer wurde mir zumute. Den mir Entgegenkommenden schien jegliche Beiläufigkeit zu fehlen. Sicher, sie kannten als Einheimische ihre Strecke, doch was bleibt einem im Alltag, wenn einem jegliche Neugierde aus dem Gesicht verschwunden ist? Nichts, und ganz gleich, ob sie radelten, liefen oder mir mit ihren gummigepolsterten Nordic-Walking-Stöcken entgegenkamen, nichts schien sich in ihren Bewegungen, ihren Mienen und Blicken gegen den Leerlauf zu wehren, der einem als einzige Bewegung noch blieb, wenn Freizeit nichts anderes mehr bedeutete als Abschalten.

Gleichrichter, Kommutatoren genannt, erzeugte die Firma Kollektor als weltweiter Marktführer für die Autoindustrie und beschäftigte damit allein am Stammsitz in Idrija 1200 Mitarbeiter. Ich schaute auf die Sportplätze auf dem Firmengelände: Gleichrichter, dachte ich und wusste, dass das ungerecht war. Ebenso wie mein Eindruck, als ich über die Stiegen zum Busbahnhof hinunter in die Stadt kam, dass die dort wartenden Schüler viel zu brav aussähen. Dennoch hatte ich keine Lust mehr, mit dem Bürgermeister darüber zu sprechen, warum der Strukturwandel vom Bergbau zur verarbeitenden Industrie gerade hier so gut gelungen war, noch mit irgendeinem Firmenleiter darüber, dass dank Praktika die Schüler des örtlichen Realgymnasiums frühzeitig an die Firmen gebunden würden.

Lieber trank ich ein Bier, mehr wollte ich an dem Tag nicht, meine Ruhe und ein großes Bier. Deshalb ging ich im Gastgarten eines Cafés oberhalb des Hauptplatzes auch nicht auf die fragenden Blicke einer Runde deutscher Facharbeiter ein, die unübersehbar meinem tischhohen Rucksack galten, sondern saß in der Nachmittagssonne zuerst eine Zeit lang zufrieden da, las danach in meinem Communicator Schlagzeilen wie *Finanzkrise trifft Commerzbank* oder *BayernLB schreibt tiefrote Zahlen*, bestellte bald ein zweites Bier und weiß nicht mehr, ob ich auch noch ein drittes trank, stattdessen aber, dass sich die Frage nach Unterkunft und Zimmer gleichsam von selbst erledigt hatte. Denn die bulgarische Kellnerin hatte mich gefragt, ob ich noch ein Quartier bräuchte, und mir dann nicht nur einen entsprechenden Tipp gegeben, sondern gleich auch bei der Fleischerei angerufen, die am Fluss kleine Appartements vermietete.

Von Bier stieg ich, kaum war ich dort angekommen, auf Wein um, der im selben Gebäude, nur eine Tür neben meinem Eingang, von einem Weinbauern aus dem Vipavatal verkauft wurde. Der halbe Liter kostete neunzig Cent, ich nahm einen ganzen, direkt abgefüllt in einer Plastikflasche, die er mir schenkte. Das erste Glas schenkte ich mir noch vor dem Duschen ein, und nahm es nur deshalb nicht in die Duschkabine mit, da dort unweigerlich Wasser in den pfeffrigfrischen Wein gekommen wäre.

Und Wasser – wie der gerade auf dieser Reise zutreffende Spruch meines Großvaters lautete – wollte ich nicht einmal in meinen Schuhen.

Im Gegensatz zu meinem Großvater hatte meine Großmutter den Tod alles andere als herbeigesehnt, sie hatte ihn gefürchtet, bis wenige Tage davor. Sie, die im Winter zuvor mit den Langlaufskiern noch in der Wiese vor ihrem Haus auf und ab gegangen war. *Ski wie Stöcke*, so hatte ich den ersten Text meiner Österreich-Bildgeschichte im *Standard* drei Jahre danach begonnen, *liegen immer noch in der Garage des Hauses meiner Großeltern, als warteten sie. Genauso die damals von ihr noch neu gekauften leuchtend roten Langlaufschuhe.*

Denn die Frau auf den alten Österreich-Tourismus-Plakaten, die mir die Zeitung als Vorlage für die Geschichte geschickt hatte, war meine Großmutter für mich. Die aufgeweckt aus der Nähe winkende Skiläuferin wie auch die für den Augenblick einer Rast auf ihre eigenen Spuren zurückschauende Tourengeherin. Nicht als Erinnerung, denn zur Zeit dieser Aufnahmen war ich noch lange nicht auf der Welt gewesen, doch als Vorstellung, die mich unweigerlich in alte Fotoalben geführt hatte. Und zu einer Fremden.

Aufgefallen war mir das erst nach einiger Zeit gebannten Blätterns. Als könnte die im Alter so schalkhafte, jedoch oft in unverblümt ironischer Schärfe formulierende Dame als junge Skiläuferin nicht anders als unternehmungslustig ausgesehen haben. Vor dem Gipfelhang des Göller etwa, auf einer kleinen Kuppe. In Pluderhosen, die Jacke am Rucksack festgebunden, im Sonnenschein. Oder unter dunklem Himmel vor dem Dachstein-Gipfelkreuz, an dessen Querbalken unzählige kleine Eiszapfen, vom Wind geformt, wie Wimpern wegstanden. Und auf noch vielen anderen Bildern und Bergen, die allein im Winter 1937/38 Riesner Krischpen, Mörsbachalm, Bärneck, Seekarspitz oder Donnersbachwald hießen. Anstiege und Abfahrten. Steilhänge, Gipfelaussichten und Rastplätze auf Grasflecken, die einem auch in Schwarz-Weiß jenen starken ersten Geruch von Frühling nahe rückten, den diese aperen Stellen dabei trocken und warm ausatmeten. Jahre, letztlich Jahrzehnte, zwischen Vormittagsfirn und Nachmittagssulz.

Erst als aus den Touren Urlaube wurden und aus den Bergen Ortschaften, begann mich beim Durchsehen der Fotoalben ihr Blick, ihre Kopfhaltung zu befremden. Ganz gleich, ob sie in die Kamera schaute oder ganz woandershin. Gesenkt, stets ein wenig vorgebeugt, als befände sie sich gleichzeitig vor und nach einem Schrecken. Erst da wurde mir klar, dass dies auch auf früheren Fotografien bereits so gewesen war. Damals vielleicht noch verdeckt von größerer Unabhängigkeit, von einer spürbaren Kraft, die auf den Familienurlaubsbildern immer notwendiger lediglich eine Schutzhaltung aufrechtzuerhalten schien: neben ihr die Kinder, und sie seltsam für sich.

Ein Leben ohne Kinder, ohne Familie – vielleicht hätte allein das ihr genügend Spielraum für ihre Launen, ihren Eigensinn gegeben. Typischen Nachkriegsmutter-Rollenbildern hatte sie in vielen Belangen nie gerecht zu werden versucht. Zu dieser Zeit aber war meine Großmutter – nachdem sie vor dem Krieg jahrelang diejenige mit einer Anstellung gewesen war – im Ort neben ihrem Mann anstatt der Deutschlehrerin Klara Ganner längst nur mehr die Frau Direktor, Frau Bezirksschulinspektor, Frau Bürgermeister. Für Jahrzehnte eine kleine Königin, in Lilienfeld.

Eine Rolle, in der sie, anfangs vielleicht nur unbewusst, das Spiel einer Lebenskunst des Komplizierten begann. Und darin den Alltag in vielen Augenblicken mit nichts weniger als mit seinen eigenen

Waffen schlug: Welche Schuhe für welches Wetter? Welchen Schal, welche Kappe, welchen Mantel? Und was bräuchte sie für den Spaziergang danach? Dass ihr die Antworten dabei meist ziemlich egal waren, merkte kaum jemand. Oft nicht einmal sie selbst. Während sie diese Brille suchte oder jene, verlegte Schlüssel, Perlenketten oder Ohrstecker. Als müsste sie sich die dahinter unmerklich und doch immer kräftiger funkelnde Ironie aufheben. Was sie gleichzeitig nicht daran hinderte, sie manchmal umso übermütiger aufblitzen zu lassen.

So war es höchstens fünf, sechs Jahre her, dass sie und ich auf der vielleicht größten Jagd nach ihren Schlüsseln ihr Zimmer komplett auf den Kopf gestellt hatten. Bett, Boden und Schreibtisch waren übersät mit Tüchlein, Strümpfen, Schals, Haarreifen und dergleichen mehr. Bis sie mich angesichts der erreichten Aussichtslosigkeit jeglicher Ordnung schließlich mit dem jungen Lächeln einer schönen Frau nach einem besonders koketten Schachzug ansah.

Ich trank noch ein Glas und pfiff auf den Bürgermeister, ebenso auf den Geologen, den Manager und den Schuldirektor, suchte stattdessen erfolglos ein Gasthaus mit regionaler Küche, bevor ich Sabine aus einer Pizzeria, die mir im Gegensatz zu den übrigen Take-away-Läden einigermaßen vertrauenswürdig erschien, schrieb, dass ich zum Telefonieren auch heute zu müde sei. Zu müde, aber vielleicht auch bereits zu betrunken, jedenfalls nicht mehr in der Lage, auch nur einigermaßen auf das vorwurfsvolle Mail Sabines zu antworten, vor allem nicht aufgrund seines Anhangs.[11]

11 Es war einer der Kurztexte zum Geschehen in den einzelnen Schwangerschaftswochen, die Sabine sich bereits seit Februar aus einem sogenannten SSW-Kalender im Internet lud und mir jeweils weiterschickte. Nun war es der Text zur 20. Schwangerschaftswoche: *Einige Frauen, besonders Zweit- und Drittgebärende, können jetzt ihr Kind spüren. Zehennägel bilden sich. Der Haarwuchs am restlichen Körper setzt ein. Die Haut wird dicker. Ihr Baby entwickelt nun auch einen eigenen Schlaf- und Wachrhythmus. Dieser stimmt nicht immer mit Ihrem eigenen überein. Obwohl das Herz im vorigen Monat eine Trennwand mit zwei Kammern und zwei Vorhöfen bildete, bleibt eine ovale Öffnung in der Trennwand zwischen den Vorhöfen bestehen. Dadurch kann das Blut von einer in die andere Vorkammer fließen, ohne in die Lungen zu geraten. Erst bei der Geburt schließt sich diese Öffnung. Ihr Kind misst jetzt im Sitzen ca. 16 Zentimeter und wiegt etwa 300 Gramm.*

Kurz vor Mitternacht landete ich in jener Café-Bar, in deren Gastgarten ich bereits mein Bier nach dem Ankommen getrunken hatte. Am Ausschank ein noch weit Betrunkenerer und dahinter die Kellnerin vom Nachmittag. Der Betrunkene redete auf mich ein, er tat es auf Slowenisch, ich verstand kein Wort, doch solange er keine Erwiderungen oder Antworten wollte, war mir das nur recht. Hin und wieder erklärte mir die Kellnerin, während sie abrechnete, in kurzen englischen Sätzen, was der Betrunkene erzählte. Wobei er jedes Mal äußerst unwirsch reagierte, denn wovon er sprach, war das Slowenische: Die Schönheit und Außergewöhnlichkeit der slowenischen Sprache, die in jedem Tal des Landes anders gesprochen werde und hier in Idrija am reinsten und schönsten.

Bestimmt hatte er bereits eine gute halbe Stunde, vermutlich sogar länger, mit mir gesprochen beziehungsweise auf mich eingeredet, als er mich plötzlich anstarrte wie einen gerade erst aufgetauchten Fremdling. Er musterte mich von oben bis unten und fragte mich wie ein Grenzpolizist, was ich denn hier mache. Ich erinnere mich nicht an meine Antwort, dafür habe ich seine Geste noch genau vor mir, mit der er mir aufgrund des von mir Erklärten sogleich Grenzübertritt gewährte – und fortan lupenreines Englisch mit mir sprach.

Dass meine Antwort jedoch meine Reise erwähnt haben musste, weiß ich selbst, ohne mich daran zu erinnern, denn mein Grenzpolizist erzählte mir nun in größter Eindringlichkeit alles, was sich an Gutem über Idrija sagen ließ. Und das war einiges, wie ich ohnedies nur zu genau wusste.

Bis er wieder innehielt und mir den ausgestreckten Zeigefinger seiner zur Pistole geformten Hand an die Stirn hielt: *Schreib auf, mich legst du nicht hinein, du musst das alles aufschreiben, jetzt sofort.*

Ich dachte nicht daran, merkte aber, dass es langsam brenzlig wurde. Und wäre nicht plötzlich Urin aus seinen Hosenenden geflossen, hätte ich tatsächlich beginnen müssen zu schreiben.

Nächtelang hatte ich damals die Fotoalben meiner Großeltern für den *Standard*-Text durchgeblättert. *Vergnügt*, so las ich als Bildunterschrift gleich unter der ersten Fotografie meiner Großmutter in dem kleinen alten Album aus dem Jahr 1935. Auf dem Bild daneben mein Großvater, wie viele Menschen auf Bildern aus dieser Zeit älter wirkend als junge Leute heute, doch mit einem Strahlen, wie man es in unserer Zeit kaum sieht, einem Strahlen, das nicht nur vom Gesicht, sondern von der Gestalt des ganzen Menschen ausgeht.

Frecher die Großmutter, fast aufmüpfig froh. Auf immer neuen Wanderungen und Touren, auf nah gelegenen Bergen oder hohen Alpengipfeln, sommers wie winters. So unablässig unterwegs, als hätten sie gespürt, dass ihre glückliche Zeit kurz bemessen sein würde.

Denn so nahtlos die Ausflüge, die Bergtouren auch nach dem Krieg und der Heimkehr des Großvaters aus der Gefangenschaft weitergingen, das davor so innige, leichte Glück war verschwunden, tauchte auf keiner der immer zahlreicheren Fotografien der fünfziger und sechziger Jahre wieder auf. Vor allem nicht an meiner Großmutter, wie mir bei Recherchen für die *Standard*-Geschichte zum ersten Mal deutlich geworden war.

Diese Veränderung gleich nach dem Krieg hatte ich damals, im Gegensatz zu jenen Stunden, die ich nach dem Tod des Großvaters in diesem Frühling erneut mit den Alben verbrachte, nicht bemerkt. Doch vielleicht hatte mir das auch erst auffallen können, nachdem mir beim Leichenschmaus so ausführlich wie nie zuvor Geschichten erzählt worden waren, wie er offenbar gleich nach der Heimkehr begonnen hatte, seinen 1944 geborenen Sohn mit ständigen Abhärtungsmaßnahmen zu traktieren.

Gewusst hatte ich davon. Auch, dass meine Großmutter von ihm wie eine Fremde behandelt worden war und ernsthaft überlegt hatte, sich scheiden zu lassen. Worauf sie vermutlich verzichtete, weil sie zu genau wusste, wie inständig er sich im Lager die Chance auf einen Neubeginn gewünscht hatte. In Briefen, die sie vorerst monatelang nicht erreicht hatten.

Hello Martin! Weather report is good until Friday next week. Saturday and Sunday windy up in the mountains. Snow conditions: Kobla, Črna prst, Vogel – half a meter of snow. Around Triglav up to two meters. It's perfect for skiing. Cable car on Vogel is not working till end of may. Mountain huts are still closed except Petrovo brdo hut (between Porezen and Črna prst/Kobla), Komna hut (between Vogel and Seven Triglav Lakes) and Kredarica hut below the Triglav. If you will go with skis it might be useful having a guide…

Als ich das las, war das Kopfweh des Morgens in Idrija schnell weg. Nun ging es endgültig in die Berge. Zuerst auf den Porezen, der mit 1630 Metern der höchste Gipfel des Cerkljanske-Hügellandes war, bevor dahinter die Kette der Unteren Bohinjske Berge begann, und damit die Julischen Alpen.

Mit der Antwort von Marko Lenarčič von der Slovenian Hiking Association, dem ich am Vortag mit der Bitte um nähere Informationen zur Schneesituation geschrieben hatte, sah es für die am Kobla beginnende Bohinjske-Kammstrecke nicht gut aus. Noch viel weniger für den Teil jenes L-förmig um den Triglav liegenden Gebirgszugs, der oberhalb des Sočatals in Richtung Norden zum Vršič-Pass führt.

Die Informationen von Jože Mihelič, dem Leiter des Triglav-Nationalparks, waren nicht besser: Auf den Nordseiten lag noch bis auf 1500 Meter herunter Schnee, gleichzeitig verlor die Schneedecke aufgrund der stärkeren Sonneneinstrahlung an Halt, sodass auch die Lawinengefahr stieg.

Deshalb schrieb ich Lenarčič, dass ich für eine Skitourenvariante nicht nur einen Bergführer und Ausrüstung bräuchte, sondern ein solcher Ausflug ohnedies nur in Frage käme, wenn ich den Rucksack in einer Hütte lassen könnte. Denn für steile oder gar ausgesetzte Passagen war das Risiko mit Gepäck auf dem Rücken, das fast halb so viel wie ich selbst wog, viel zu groß.

Offene Türen hatte er mit seiner Idee aber in jedem Fall eingerannt. Auch wenn ich aufgrund des Skilanglauftrainings in den letzten Jahren nicht mehr auf Alpinskiern gestanden hatte, so gern fuhr ich Ski, und hatte es, nachdem ich meine ersten Bögen bereits als Dreijähriger probiert hatte, bestimmt nicht verlernt.

Nur wenige Minuten später hatte ich eine Antwort. Er kümmere sich bei der Fremdenverkehrs-Organisation um die Ausrüstung. Und wenn wir Sonntag gingen, bräuchte ich keinen Führer, da er ohnedies eine Tour vorhabe. Er hole mich in Petrovo Brdo ab.

Ich war begeistert. Am liebsten wäre ich auf der Stelle in Richtung des drei Tagesetappen entfernt liegenden Petrovo Brdo losgegangen. Doch es war bereits Mittag, und ich hatte am Nachmittag einen Gesprächstermin mit der Kellnerin, um aus ihrer Sicht über Idrija etwas zu erfahren. Außerdem war für die zweite Nacht bereits bezahlt, da es mir nach der Lauf-Etappe nach Črni Vrh guttat, einen ersten Ruhetag einzulegen.

Während ich mir jedoch gestern noch vorgestellt hatte, wie ich an diesem Tag mit meinem weißen Leinenhemd, das ich mir eigens für solche Gelegenheiten als Extragepäck erlaubt hatte, durch die Stadt flanieren würde, die Sonnenbrille vor den Augen, ein kleiner Aperitif in Griffweite am Cafétisch, so wäre mir nun ein möglichst ungestörter Dauerschlaf weit lieber gewesen, um den Kater vom Vortag loszuwerden – oder eben eine möglichst schweißtreibende Tagesetappe.

So sehr mir aber das leicht gläserne Gefühl von Restalkohol die Freude auf Leinenhemd und Aperitif verdarb, dem Plan für die nächsten Tage konnte der Kater nichts anhaben. Um rechtzeitig nach Petrovo Brdo zu kommen, hatte ich vor, die beiden Hügeletappen nach Novaki mithilfe einer Busfahrt nach Cerkno zu verkürzen und übermorgen von Novaki aus über den Porezen zur Hütte in Petrovo Brdo zu gehen, von der mir Hans Diem bereits ausführlich erzählt hatte, da der Hüttenwirt selbst Weitwanderer war und deshalb *Via-Alpina*-Geher als Ehrengäste behandelte.

Ich wollte gerade den Communicator zuklappen, als mich ein weiteres Mail erreichte. Von Bojan Sever, dem Bürgermeister Idrijas, dem ich gestern auf dem Weg in die Stadt noch voller Recherche-Tatendrang mit der Frage um einen Gesprächstermin geschrieben hatte.

Dear Mr. Prinz, I got your message today in the morning, because I was in Skopje. If you are still here, please call me on the number… Best regards, Mayor Bojan Sever

Nein, Mr. Mayor, dachte ich mir schnell, machte den Communicator zu, setzte mir die Sonnenbrille auf und ging in die Stadt, ich bin leider nicht mehr da.

Das ganze Jahr 1945 nach dem Kriegsende im Mai war mein Großvater im Ungewissen geblieben, ob seine Frau und ihr bald zwei Jahre alter gemeinsamer Sohn noch lebten. Schon ihren angstvollen Brief vom 7. März hatte er, wie sie befürchtet hatte, nicht mehr erhalten. Doch hatte sie nicht aufgehört, ihm zu schreiben. Auch in den letzten Tagen vor Kriegsende nicht:

Mein liebster Sepp! Mein Brief wird Dich kaum mehr erreichen, aber vielleicht doch. Die Ereignisse kamen so schnell u. überstürzend, daß ich mit Burli von hier nicht mehr wegkam. Die Bahn ist vielfach unterbrochen, dann setzte ein Flüchtlingsstrom ein, so daß Peterl und ich umgekommen wären allein. Nun sind wir hier u. ich bin oft ganz kopflos. Frieda ist seit 2 Tagen weg. Die Großen von hier natürlich auch im eigenen Wagen. Ich habe schreckliche Angst, weine oft den ganzen Tag, denn ich bin ganz allein. Da sieht man erst, daß jeder sich selbst der nächste ist. Sollte es zu Kampfhandlungen kommen, dann gehen wir im Tal weiter zu einem Bauern… aber bei diesem Bauer sind dann mindestens 50 Leute oder noch mehr. Überfüllt! Dann heißt es wieder… gehen, wie sie in einer Eilschrift stenografierte, die ich selbst mit Übersetzungshilfe nur bruchstückhaft lesen konnte. *Ich bin nicht gern allein mit den… es ist ganz schrecklich, sage ich Dir. Dazu kommt noch die Sorge um…, nachdem… in H. … das Kampfende ist. … Sollten wir uns nochmals wiedersehen… Mir tut heute das Herz schon weh, wenn ich…, Einige Sachen räumte ich… aus. Von dir habe ich seit 1. März keine Nachricht mehr. Ich konnte nach B. nichts schicken, weil meine paar… mein allerliebster Sepp, wenn wir uns in diesem Leben nicht mehr sehen, danke ich Dir für all Deine Fürsorge aus Liebe und wünsche Dir das Allerbeste. Es ist sehr schwer, dies alles zu schreiben, und ich weine die ganze Zeit dabei… Es ist auch sehr schwer, …, von dem Leben Abschied zu nehmen, wie viele Jahre es auch noch vorhat, wenn man von seinem Liebsten Abschied nehmen soll. Mein einziger Liebling, alles, alles Gute! Tausend liebe Busserl u. innig umarmen u. küssen Dich Dein Peterl u. Deine Klara*

Vier Monate später, am 16. August, konnte ihr mein Großvater die erste, froh über das Kriegsende klingende Karte aus dem Kriegsgefangenenlager schreiben:

Meine liebste Kläre! Ich freue mich ungemein, daß ich Dir ein Lebenszeichen geben kann, denn ich kann mir wohl denken, wie sehr Du Dich sorgst. Ebenso quält mich die Sorge um Euer Schicksal. Deine letzte Nachricht war vom Februar. Hoffentlich seid Ihr gesund. Ich bin gesund und wohlauf. Ich freue mich auf Euch und küsse Euch herzlichst! Euer Sepp

Doch diese Karte kam genauso wenig bei seiner Frau an, wie zwei Briefe von Ende November und Ende Dezember 1945. Erst Anfang Jänner gelang es ihm, mithilfe bereits entlassener Kameraden, Nachrichten an meine Großmutter nach Lilienfeld zu übermitteln. Antworten konnte sie ihm aus dem in der russischen Besatzungszone liegenden Traisental nicht.

Am Wochenende nach dem Begräbnis meines Großvaters hatte ich die Briefe und Karten der beiden zum ersten Mal gelesen. Gebannt. Von ihrem Mut, von seinem Bangen, von der Zärtlichkeit der beiden und ihrer Hoffnung. Aber auch von der Angst und der immer verzweifelteren Sehnsucht und Ungewissheit, nachdem ihre Briefe ihn vor Kriegsende nicht mehr erreicht hatten, genauso wenig wie seine Nachrichten aus der Kriegsgefangenschaft.

So schrieb er ihr am 20. November 1945:

Meine liebste Kläre! Nach längerer Pause kann ich Dir wieder schreiben. Ich hoffe zwar immer noch, daß Du schon Nachricht von mir hast, entweder direkt oder indirekt, aber es kann sein, daß dies die erste Nachricht ist, die Dich erreicht. Verzeih daher, wenn ich mich immer wiederhole, aber es erscheint mir notwendig. (…) Während der ganzen Gefangenschaft habe ich mich immer an den Gedanken geklammert, wenigstens zu Weihnachten bei Euch zu sein. Ich glaube noch immer daran, aber ich fürchte!! (…) Mir geht es gut und ich bin gesund. Nur die Ungewißheit über Euch richtet mich auf die Dauer zu Grunde.

So steht es in seinem Brief vom 20. November 1945, der mit der intimsten Verabschiedung aller drei Schreiben endet: *Hoffentlich kann ich Dich recht bald umarmen und küssen Dein Sepp.*

Gleichzeitig aber heißt es in einer Bitterkeit, in der selbst Gott nur mehr der Konjunktiv Irrealis eingeräumt wird: *Am 22.12. sind wir 4 Jahre verheiratet und was haben wir gehabt? Gott gäbe es, daß es nun anders wird, daß wir glücklich uns wiederfinden und alles gut wird.*

Er musste gespürt haben, dass ein Wiederfinden notwendig sein würde; nichts anderes wird er versucht haben. Warum aber war es nicht gelungen, fragte ich mich angesichts dessen, wie verhärmt ich sie miteinander erlebt hatte.

Ich wusste nicht, ob ich ihnen diese Frage jemals hätte stellen können. Nun waren sie tot. Und ich saß in ihrem Haus vor der Postkarte und den beiden auf bereits zerfallendem, hauchdünnen Papier mit feiner Bleistiftschrift geschriebenen Briefen des *Prisoner of War A 4882 247, Lt. Sepp Ganner*, des britischen *P. o. W. CAMP 2221* – und hatte einen Verdacht.

Vielleicht war es die Angst gewesen. Die Angst, die mein Großvater in der Gefangenschaft und viel mehr im Krieg empfunden hatte. Eine Angst, die ihn als ranghöchsten Soldaten einer kleinen, umstellten Einheit bei Bremen gegen den Oberbefehl die weiße Fahne hatte zücken lassen. Eine mutige, und doch letztlich viel zu große Angst, gegen die er sich irgendwann nicht mehr wehren konnte, der er nicht mehr beikam, ganz im Gegenteil, die ihm unkontrollierbar wurde, irgendwann in diesen Wochen, in diesen Monaten, in diesen Jahren, in denen sie weiterhin als Schock in ihm saß.

Wenn er danach seinen kleinen Sohn Peter als Drei-, Vier- oder Fünfjährigen unentwegt mit bloßen Füßen über spitzes Gestein laufen ließ oder ihm befahl, auf die Startblöcke des Schwimmbads zu steigen, den Kopf immer wieder aufs Wasser gerichtet, um endlich den ersten Kopfsprung zu machen, war er womöglich von dem Wunsch beseelt, sein Sohn solle sich später einmal vor nichts mehr fürchten: Paradoxerweise hatte er ihm genau damit eine vor allem von Angst geprägte Kindheit und Jugend bereitet. Nicht zuletzt dort, wo sie schließlich, wie ein anderes Fotoalbum zeigt, die meiste Zeit miteinander verbracht hatten, in den Bergen, in den Alpen, bis hinauf auf deren höchsten Gipfel.

In Cerkno regnete es leicht, und ich hatte Hunger, also erkundigte ich mich nach einem Wirtshaus. Ich war zwar noch keinen einzigen Schritt gegangen, und es war mittlerweile fast zwei Uhr, doch hatte ich es an dem Tag ohnedies nicht weit, wollte nur über den Berghang weiter ins Tal hinein bis Novaki, wo laut *Via-Alpina*-Wegbeschreibung das Partisanenkrankenhaus Franja stehen sollte:

Eine kleine Siedlung von Spitalshütten, die im Kampf gegen die Nazis errichtet worden war. Insgesamt elf größere Gebäude, vor allem Holzbaracken mit Satteldach, die zur Tarnung mit Moos und Zweigen gedeckt und gefleckt gestrichen gewesen seien. Sogar einen Operations- und einen Röntgenraum habe es in der versteckten Wildschlucht Police gegeben, Bunker für die Verwundeten sowie befestigte Stationen für die Wächter. In Novaki, so hieß es, habe natürlich jeder Bescheid gewusst. Dennoch sei das Krankenhaus nie verraten worden.

In Österreich wäre so etwas undenkbar gewesen, dessen war ich mir sicher und wollte das als Museum instand gehaltene Krankenhaus unbedingt sehen. Allein deshalb musste ich in das nur wenige Kilometer entfernte Novaki, hätte dorthin einfach auf der Bundesstraße gehen können, hatte mir aber eine Route am Berg gesucht, damit der Tag nicht bloß aus einem kurzen Spaziergang bestand.

Zeit zu essen war dennoch genug. Kurz vor vier Uhr machte ich mich schließlich auf den Weg hinauf in das knapp dreihundert Höhenmeter oberhalb Cerknos gelegene Bergdorf Labinje, von wo aus nur mehr ein kleines Stück Anstieg fehlte, bevor der Weg oberhalb einiger Steilabhänge weiter ins Tal hinein und schließlich hinunter nach Novaki führte.

Dass ich mir wieder zu lange Zeit gelassen hatte, dachte ich mir jedoch nicht einmal, als mich bereits nach einem ersten Stück des Anstiegs ein kräftiger Regenschauer erwischte. Zu deutlich war angesichts des rundum blauen Himmels, dass es sich nur um einen einzelnen Guss handelte. Tatsächlich strahlte die Nachmittagssonne gleich wieder, vielleicht sogar noch kräftiger als davor. Alles glitzerte, fast unwirklich sahen die weiß blühenden Obstbäume in der rundum funkelnden Landschaft aus.

Als ich kurz vor Labinje an einem alten, steinernen Gehöft vorbeikam, das inmitten solcher Obstbäume beinahe zu idyllisch aussah, um wirklich zu sein, fotografierte ich es und ging schnell den letzten Wiesenhang Richtung Labinje hinauf. Ein alter Turm aus Stein stand an der Kuppe, die Sonne strahlte auf die hoch stehenden, regenglitzernden Wiesen.

Eigentlich müsste man an einem solchen Ort stehen bleiben, den Rucksack abstellen, jausnen, in die Gegend schauen und geflissentlich den immer stärkeren Autolärm der Tagespendler unten im Tal überhören. Stattdessen ging ich am Turm vorbei über die flache Wiese nach Labinje hinüber, überquerte die Straße, an der die vier Bauernhöfe des Weilers lagen, stieg den nächsten Hang hinauf und überlegte mir einen Weblog-Eintrag. Er sollte davon erzählen, wie ich langsam verstand, warum es die Industrialisierung gewesen war, die einen neuen Begriff des Schönen erzeugt hatte. Davon, wie der Mensch von der Landschaft aufgrund von Arbeitsteilung und Mechanisierung seiner Arbeit unabhängiger geworden war, zum Überleben nicht mehr auf die Nutzung jedes verfügbaren Fleckens angewiesen und sich auf intensive Bewirtschaftung der produktivsten Flächen hatte konzentrieren können. Erst als sich die Arbeitsstätten mehr und mehr von den Wohnorten der Menschen entfernten, sie von ihrer Arbeit entfremdeten, entwickelte sich damit das Bedürfnis nach jenem Ausgleich, den wir Freizeit nennen. Und mit den allerorts nicht mehr bewirtschafteten Flächen fanden sich in der so genannten Natur auch die geeigneten Orte: Ruhe abseits des Maschinenlärms, Ursprünglichkeit anstelle von Technisierung.

Den Weg nach Poljane gab es nicht, nur den Steilhang. Darin kletterte ich auf der Suche nach dem Weg zwar kreuz und quer herum, glaubte auch mehrmals, die Stelle gefunden zu haben, wo der Weg laut Karte im steilen Zickzack neben einem Bach in den kleinen Weiler führen sollte, verlor ihn aber jedes Mal aufs Neue und hörte die Kirchenglocken Poljanes bald zum zweiten Mal.

Wovon solch verschwindende Wege erzählten, ging mir erst viel später während der Reise auf. Im Tessin, als mir, auf dem Weg nach

Biasca, etwas Ähnliches passierte und ich mich an den verlorenen Steig nach Poljane erinnerte, wie an etliche andere scheinbar ausradierte Wege zwischen Bergbauerndörfern und darüber liegenden Almen. – Während ich mich an diesem Abend nur ärgerte und gleichzeitig merkte, wie schwer es mir fiel, aufzugeben.

Warum ich nach dem Ende des Suchens jedoch einfach kehrtmachte und nach Labinje zurückging, ist mir bis heute ein Rätsel. Durch ein-, zweihundert zusätzliche Höhenmeter Richtung Porezen hätte ich die Strecke des nächsten Tags um einiges verkürzt, hätte dort auf einer der um diese Jahrezeit noch unbewirtschafteten Almen wunderbar zelten können.

Richtung Labinje aber, und das hätte ich bereits vom Herweg wissen können, gab es nur bis auf den letzten Zentimeter genutzte Hänge und Terrassen, abgezäunte Weideflächen und bereits in Saft stehende Futterwiesen. Jene kleinbäuerliche Berglandwirtschaft, wie sie auf solchen Südhängen seit unzähligen Generationen betrieben wurde. Acht- oder neunhundert Jahre, vermutlich sogar länger. Nichts schien darauf hinzudeuten, welch stilles, zähes Rückzugsgefecht seit Beginn der Industrialisierung in solchen Gebieten der Überlebenskampf der täglichen Arbeit für die Bauern geworden war.

Angesichts stets möglicher Missernten, von Kriegen und wechselnden Abhängigkeitsverhältnissen prägte der Kampf ums Überleben die Existenz der Bauern jedoch bereits davor, wie John Berger im Nachwort seiner *SauErde*, dem wohl radikalsten, bedrückendsten Text über das Verschwinden bäuerlicher Kultur schrieb. Dieser Kampf sei im Grunde *das einzige typische Merkmal, das Bauern überall gemeinsam haben. Ihr Arbeitsgerät, ihre Ernten, ihr Land, ihre Herren mögen verschieden sein, aber ob sie in einer kapitalistischen Gesellschaft arbeiten, in einer feudalen oder in anderen, die sich nicht so leicht definieren lassen, ob sie Reis anbauen in Java, Weizen in Skandinavien oder Mais in Südamerika, worin auch immer die Unterschiede in Klima, Religion und Sozialgeschichte bestehen, überall kann der Stand der Bauern als eine Klasse von Überlebenden definiert werden.*

Doch obwohl man bis heute sagen könne, *dass die Bauern die*

Mehrheit in der Welt darstellen, verschleiere diese Tatsache, dass sogar *eine Klasse von Überlebenden vielleicht nicht überlebt.*

Denn mit Beginn der industriellen Produktion änderten sich die Voraussetzungen ihres bisherigen Überlebens auf grundlegende Weise. Das geschah nicht nur aufgrund der Mechanisierung der bäuerlichen Arbeit und bislang ungekannter Transportmöglichkeiten von Gütern und Waren. Es entstand durch einen grundsätzlichen Wandel der Anschauung von Landschaft und Natur. Dabei entwickelten sich zwischen Stadt und Land zwei nur scheinbar gegensätzliche Bewegungen: Jene der Alpenbegeisterung und jene der Landflucht, die unter anderen Namen, aber im Wesentlichen unverändert als jene des Tourismus und der Suburbanisierung bis heute andauern.

Um das zu durchschauen, war ich auf meiner Reise jedoch noch längst nicht weit genug gekommen. Trotz aller vorangegangenen Recherchelektüren, im Zuge derer ich etwa bei Werner Bätzing über die Alpenbegeisterung des 18. Jahrhunderts gelesen hatte, dass diese vor 1760 vor allem von Forschern und Wissenschaftern außeralpiner Städte getragen worden war. Die Pionierzeit zwischen 1760 und 1880 sei danach stark durch Besucher aus England, dem Mutterland der Industriellen Revolution, geprägt gewesen, die ersten *echten* Touristen seien ab 1880 aus den europäischen Industriestädten in die Alpen gekommen und der ländlichen Bevölkerung sehr eigenartig vorgekommen. Bätzing beschreibt, wie *fassungslos* die Einheimischen diesem ästhetischen Interesse an ihren Alpen zuerst gegenüberstehen, weil es für sie etwas Nutzloses ist. Sie halten die neuen Alpenbesucher *schlicht für verrückt, passen sich dann aber an und versuchen als Bergführer, Zimmervermieter u.ä. davon zu profitieren.*

Die zahlenmäßig weit massivere Bewegung aber verlief vom Land in die Stadt. Ihre Auswirkungen beschreibt John Berger für das Frankreich nach der Revolution mit Zahlen, die eigentlich ein weit rasanteres Aussterben ländlicher Besiedelung nahe legen würden:

1789 betrug die Bevölkerungszahl siebenundzwanzig Millionen, von denen zweiundzwanzig Millionen der Landbevölkerung zuzurechnen waren. Die Revolution und der wissenschaftliche Fortschritt des neunzehnten Jahrhunderts gaben dem Bauern Land und physischen Schutz, wie er ihn zuvor nicht gekannt hatte; zur gleichen Zeit setzten sie ihn dem Kapital und der Marktwirtschaft aus; um 1848 hatte die große Landflucht in die Städte eingesetzt, und um 1900 gab es nur noch acht Millionen französische Bauern.

Dass heute immer noch Bauern existieren, obwohl ihre aufs Überleben ausgerichtete Ökonomie der Selbsterhaltung – eine *Ökonomie innerhalb einer Ökonomie*[12], wie Berger sie bezeichnet – im neoliberalen Wirtschaftssystem der postindustriellen Gesellschaft eigentlich keinen Platz habe, stifte nun seit über eineinhalb Jahrhunderten Verwirrung: *Aber innerhalb der letzten zwanzig Jahre hat das Monopolkapital mittels seiner multinationalen Gesellschaften eine neue profitträchtige Struktur im Agrargeschäft geschaffen, mittels derer es, wenn auch nicht unbedingt die Produktion, so doch den Markt für landwirtschaftlichen Input und Output und die Verarbeitung, Verpackung und den Verkauf jeglicher Art von Nahrungsmitteln beherrscht. Das Vordringen dieses Marktes bis in die letzten Winkel der Erdkugel führt zur Eliminierung des Bauern. In den entwickelten Ländern durch mehr oder weniger geplanten Wandel, in den unterentwickelten Ländern auf katastrophale Weise.*[13]

In den Alpen hat das Aussterben der Bauern zwar ebenfalls längst

12 *Die kapitalistische Produktionsweise,* hieß es, *wird die kleinbäuerliche Produktion abschaffen, »wie eine Dampfmaschine eine Schubkarre zermalmt«. Derartige Prophezeiungen haben die Flexibilität bäuerlicher Ökonomie unterschätzt und die Anziehungskraft der Landwirtschaft für das Kapital überschätzt. Einerseits konnte die Bauernfamilie überleben, ohne rentabel zu sein (eine Kosten-Nutzen-Analyse war auf die bäuerliche Ökonomie nicht anwendbar); und was das Kapital betrifft, so ist der Boden, anders als andere Vermögensgüter, nicht endlos reproduzierbar, und die Investition in landwirtschaftliche Produkte trifft irgendwo auf eine Grenze und bringt schließlich immer weniger Rendite.*

13 *Schlangen vor Armenküchen, Schlägereien vor Bäckereien, Generalstreiks – seit Wochen beherrschen die Revolten gegen steigende Lebensmittelpreise von Haiti bis Ägypten die Schlagzeilen. Hunderttausende könnten diesem »neuen« Hunger zum Opfer fallen, warnt die Weltbank. Und verkündet im gleichen Atemzug, wie dem zu entkommen sei: durch finanzielle Hilfe, durch Steigerung der Produktivität und der Anbauflächen in der Landwirtschaft sowie durch die weitere Liberalisierung des Weltagrarmarkts. Kurz: die Fortsetzung einer Politik der letzten Jahrzehnte. Dabei ist genau diese Politik die tieferliegende Ursache des derzeitigen Hungerdramas. es ist weltmarktgemacht …* wie Pia Eberhardt von attac schrieb.

begonnen, ist jedoch, vor allem in den Ostalpen, vielerorts erst in jenem Stadium des Rückzugs, in dem, wie auch in Labinje, noch kaum Spuren erkennbar waren. Dennoch musste beim ersten internationalen Treffen der Plattform Alpwirtschaft 2007 der slowenische Vertreter Davorin Koren einräumen, ein großer Teil der Almen in Slowenien sei in den vergangenen Jahrzehnten aus dem Landschaftsbild verschwunden. Lediglich im Triglav-Nationalpark gebe es noch intakte Almwirtschaft, da deren Erhaltung eines der Nationalpark-Ziele sei. – Kein Wunder, dass ich oberhalb von Labinje den Weg verloren hatte.

Eine vergleichbare Situation wie das sich beschleunigende Verschwinden der bäuerlichen Landwirtschaft hatte es in den Alpen bereits einmal gegeben. Allerdings dauerte der Übergang von der Wildbeuter- zur Agrargesellschaft nicht Jahrhunderte, in denen zwei völlig unterschiedliche Welten nebeneinander existierten, sondern weit länger.

Es war, nach Werner Bätzing, etwa um 6000 v. Chr., als aus dem Vorderen Orient die ersten Bauerngesellschaften nach Europa kamen, über das Mittelmeer um 5500 den Südwestrand der Alpen erreichten, und um 4500 über die Donau den Ost- bzw. Südostrand. Dabei verdrängten sie die Jäger- und Sammlergesellschaften aus den fruchtbaren Alpen-Becken in höher gelegene Regionen, wo diese Jahrtausende lang weiter lebten. Und während Bätzing diese Parallelexistenz als Entstehungsgrund vieler Alpensagen nennt, frage ich mich, ob und welche Sagen aus der Welt der Bauern in der postindustrialisierten Welt einmal übrig bleiben.

In der Nacht kamen wieder Schritte. Und diesmal war es ein Mensch. Bereits beim Zeltaufstellen hatte ich ein seltsames Gefühl gehabt. So erleichtert ich auch gewesen war, dass mir gleich der erste Bauer in Labinje erlaubt hatte, mein Zelt am Rand seiner Wiesen neben dem Turm aufzustellen. Spätestens als die Kinder des Bauernweilers mich bei meiner Suche nach einem nicht von allen Seiten einsehbaren Platz ausgemacht hatten, war es egal gewesen, ob ich mein Zelt vor oder hinter dem Turm aufschlug. Wahrscheinlich lockte ich sie, wenn ich mich versteckte, sogar noch an.

Die Schritte versteckten sich nicht und waren weit schwerer als die eines Kindes. Je näher sie kamen, desto weniger versuchten sie sich anzuschleichen. Ein einziger der rund um den Turm liegenden Mauersteine würde reichen, hatte ich mir im Einschlafen noch vorgestellt. Man müsste ihn nur am Kopfende des Zelts über mir fallen lassen. Ich würde es kaum spüren. Gefürchtet hatte ich mich jedoch nicht. Stattdessen überlegt, ob ich nach dem Sterben über mein Leben mit ebenso viel Scheu und Unheimlichkeit rätseln würde wie als Lebender über den Tod.

Nur ein Schritt hätte gefehlt. Dann hörte ich nichts mehr. Ich war hellwach, traute mich nicht, mich zu rühren und lag stundenlang da, bis das Morgenlicht kam. So früh ich aber aufstand, mein Rucksack war erst gepackt, als die Bauern auf den Wiesen rundum längst mähten. Dann aber, mit dem Gewicht des Gepäcks auf dem Rücken, war nicht nur die zittrige Langsamkeit des Frühstückens und Zusammenpackens schnell verschwunden sondern auch die Fragen der Nacht.

Ich ging den Hang hinter Labinje zum zweiten Mal hinauf, ließ die am Vorabend vergeblich nach einem Weg abgesuchten Waldhänge rechts liegen und erreichte bald einen Anstieg, der mir bereits in der Karte mit seinen engen Höhenschichtlinien aufgefallen war.

Der Weg ging in steilen Kehren bergauf, steiler, viel steiler als jeder der Wege, die ich bislang gegangen war. Steigen, nicht mehr Gehen, so hieß die Bewegung nun. Vielmehr: die Bewegungen.

Während in solchem Steigen aber zu jedem Schritt eine ganz bestimmte Kraftanstrengung gehört, lässt sich im Gehen die Anstrengung genauso wenig mit einem einzigen Schritt verbinden, wie einem auch im Alltag kaum je auffällt, was einen Schritt oft so mühsam und schwer macht.

In der Meter für Meter notwendigen Anstrengung des Steigens aber geschah etwas, das mir bereits am Pleša und in anderen steileren Anstiegen aufgefallen war. Es schien, als veränderte sich, je mehr

Kraft ich in den Beinen für jeden Schritt und in den Armen für jeden Stockeinsatz brauchte, das Gewichtsverhältnis zwischen meinem Körper und dem Rucksack. Je schwerer mein grüner Begleiter mir vorkam, desto gewichtsloser empfand ich mich selbst. So als würde ich, je mehr Kraft für die Kehren bergauf notwendig war, zumindest als physische Masse gänzlich in meinem Rucksack verschwinden.

Eine Pilzesucherin kam mir entgegen. Wohin ich gehe, wollte sie wissen, und danach, wie schwer mein Rucksack sei. – Fünfundzwanzig Kilogramm, sagte ich in einem Ton, als könnte ich doppelt so viel tragen, mindestens. Und hinterher kam ich, als hätte mir die unverfrorene Angeberei noch geholfen, tatsächlich immer besser in Schwung, je länger der Anstieg dauerte. Ich passierte die Almen von Berkovce, wo etliche Wagen parkten, und auf der langen, mit Gras bewachsenen Flanke des Porezen hinauf begann ich die Spaziergänger und Wanderer bereits so schnell zu überholen, dass sie sich, wie mir Hans Diem erzählt hatte, tatsächlich schreckten, wenn ich mit meinem Rucksack an ihnen vorbeizog.

Aus purem Übermut erhöhte ich dabei nicht nur das Tempo, sondern vergrößerte auch die Schrittlänge, um den Zurückgelassenen die Geschwindigkeit des Rucksackträgers noch unwirklicher erscheinen zu lassen. Ein Spiel, das ich in den nächsten Wochen und Monaten gerade auf steilen Anstiegen mit Mountainbikern besonders gern betrieb. Ich nannte es Mountainbiker-demütigen. Doch so perfekt ich die Anstrengung im raumgreifenden Gehen versteckte, die Strafe folgte stets aufs Neue, wenn ich beim Dahindonnern wieder einmal eine Abzweigung übersehen hatte.

Vom Gipfel aus sah ich das Gebiet rund um den Triglav zum ersten Mal in greifbarer Nähe. Und den Schnee. Nicht nur auf dem Triglav selbst, sondern auch auf dem Bogen der Bohinjsker Alpen rund um ihn. Dabei waren das erst die Südseiten. Wie viel auf den Nordseiten noch liegen könnte, machte mir hingegen bereits der Porezen deutlich, an dessen Südhängen kein einziger Flecken Schnee mehr gelegen hatte, während die Wächten rund um die ein kleines

Stück unterhalb des Gipfels gelegene Hütte gut zwei Meter hoch waren.

Heiße Suppe und Tee unterbrachen alle Gedanken, ob in den Karnischen Alpen oder Dolomiten wohl genauso viel Schnee liegen würde, sehr rasch. Und als am Nebentisch angesichts der mitten im Raum hängenden *Via-Alpina*-Übersichtskarte eine Diskussion darüber begann, ob sich eine derartige Strecke tatsächlich gehen ließ, hätte ich trotz der immer augenscheinlicheren Schneesituation keine Zweifel erkennen lassen. Doch hatte mich niemand gefragt.

Auch nicht der Hüttenwirt. Als ich ihn beim Zahlen auf das Partisanenkrankenhaus ansprach, meinte er, ich hätte ohnedies nichts gesehen. Fast zur Gänze sei es im letzten Jahr von Überschwemmungen zerstört worden. Nun baue man es wieder auf. – Unübersehbar konnte er dem nicht viel abgewinnen. Und genauso wenig dem aufgrund meiner Beschreibung der letzten und der bevorstehenden Etappen kaum zu übersehenden Hinweis, dass ich auf der *Via Alpina* unterwegs war.

Draußen war es immer noch grau. Der Hüttenwirt und sein Koch sahen mir durch die Küchenfenster nach, dann war ich um die nächste Kuppe verschwunden und ging auf einen jener Bunker zu, über die ich in der Wegbeschreibung der *Via Alpina* am Ruhetag in Idrija gelesen hatte, dass sie zur Sicherung der sogenannten Rapallo-Grenze errichtet worden waren, die nach dem Ersten Weltkrieg fast mitten durch Slowenien verlief, nachdem man Italien große Teile des Landes zugesprochen hatte.

Wasser tropfte von den schweren Betondecken, jeder Schritt im Inneren des Betonquaders war ein klatschendes Geräusch. Am Boden Bierdosen, leere Zigarettenschachteln. Ich starrte zu den Schießscharten hinaus. Wolken zogen über das Sočatal (italienisch: Isonzotal) in die Bohinjsker Alpen Richtung Triglav.

Geschichte hatte mich bereits als Kind magnetisch angezogen, Kriege, Erbfolgen sowie Aufstieg und Fall von Staaten. Vor allem auf den Urlaubsfahrten ins Ausland hatte ich kaum genug bekommen können von dem, was mir meine Eltern über die Geschichte der letzten Jahrhunderte erzählten. Längst vergangene Ereignisse hatten dabei eine Spannung für mich besessen, als wäre ihr Ausgang noch immer offen. Zehn Jahre vor Beginn des Jugoslawien-Kriegs war das zwar nicht so falsch, meine Perspektive war jedoch eher die einer Fußballmatch-Illusion gewesen. Ein Blick, den ich auch später nie ganz losgeworden war.

Der Wind ging leise. Von irgendwoher hörte ich eine Eisenbahn, in meinem Ausschnitt der Landschaft sah ich sie nicht, auch keine Häuser, keine Straßen, nur Berge, Täler und Wolken. Das Wasser tropfte, und in den Augenblicken hatte ich eine Ahnung von Krieg.

Ich wollte hinunter. Zwei Tage lang hatte ich mit niemandem mehr gesprochen und wusste nicht, ob ich es mir überhaupt noch wünschen sollte. Immerhin aber wünschte ich mir ein Bier in der vielleicht doch hinter den Wolken noch hervorkommenden Sonne und einen Gastgarten samt Blick auf den Porezen, über dessen Hänge ich nun hinunterlief – so schnell wie einer, auf den jemand wartete.

Es wartete niemand. Doch die Abendsonne schien tatsächlich auf die Terrasse der Hütte in Petrovo Brdo. Der Wirt brachte mir, kaum hatte er meinen Rucksack gesehen, sogleich einen Schnaps, auf das Bier wurde ich vom Nebentisch eingeladen, der mir zuprostete, während ich mir eine Liste jener Dinge notierte, die ich mir im nächsten größeren Ort besorgen wollte.

In der Hütte spielten Nancy Sinatra und Lee Hazelwood im Radio. Und ich schaute, während vor mir am Tisch das Bild der ersten Ultraschalluntersuchung lag, das ich genauso wie die Totenbilder meines Großvaters in der Innentasche meines Notizbuches immer bei mir hatte, in die letzte Sonne, schloss die Augen und hatte den Abend in Ramsau wieder vor mir, zwei Wochen bevor ich mein Kind zum ersten Mal im flimmernden Schwarz-Weiß des Ultraschalls gesehen hatte.

Ich hatte Sabine gesagt, dass ich unbedingt ein ganzer Vater werden wolle, nicht bloß ein Besuchs- oder Sonntagsvater, ohne jeden Bezug zu seinem Kind, wie sie es viel zu oft gab; und das nicht nur, wenn die Eltern getrennt waren. Ich wolle Verantwortung übernehmen, gemeinsam Entscheidungen treffen, auf Augenhöhe, und deshalb – damals kannte ich mich in rechtlichen Fragen noch in keiner Weise aus – als Vater auch erziehungsberechtigt sein.

Sabine antwortete nicht. Und dann erzählte sie, mit Freundinnen über das Thema der Erziehungsberechtigung gesprochen zu haben. Dabei sei sie gewarnt worden, da wir in keiner Beziehung lebten, nur ja kein Risiko einzugehen. Ich fragte sie, ob sie mir nicht vertraue. Denn ohne solches Vertrauen könnten wir doch nicht gemeinsam Eltern werden. Und nichts anderes wollten wir doch von Beginn an, oder? – Sie weinte und sagte nur, sie könne jetzt nicht mehr weiterreden.

Mir war, als fiele etwas in mir ins Leere. Etwas, das ich noch gar nicht gut kannte, doch bereits mit solcher Kraft liebte. Im Skilanglauf-Rennen am nächsten Tag konnte ich mich nur kurze Zeit in jener zweiten Spitzengruppe halten, die mir in den Wettbewerben dieses Winters schon zur Gewohnheit geworden war, und gab den Lauf bei der Hälfte auf. Danach konnte ich es kaum erwarten, bis wir nach einem Mittagessen mit Freunden im Auto weiterreden konnten. Das machten wir auch und sollten für die Fahrt nach Salzburg, wohin ich sie zum Zug brachte, bis in die Nacht benötigen, da wir vor lauter Aufregung und Traurigkeit immer wieder stehen bleiben mussten.

Zum ersten Mal erzählten wir uns dabei unsere Ängste. Es tat gut. Ich erinnere mich an den sternenklaren Nachthimmel, unter dem wir dabei an Bushaltestellen oder Abzweigungen von Feldwegen neben der Bundesstraße vor dem Auto standen, redeten, weinten oder schwiegen, und uns irgendwann beinahe wieder geküsst hätten.

Nicht hinunter

Ich schaute nicht hinunter. Wie steil es war, hatte ich bereits am Beginn des Gipfelhanges gesehen, als sich der Steig noch in sicherer Entfernung zu den tief abfallenden Südhängen des Kobla gehalten hatte. Jetzt führte er direkt am Abhang entlang, und selbst wenn ich mich nur auf den Steig und meine Schritte konzentrierte, sah ich das tausend Höhenmeter unter mir liegende Podbrdo fast unmittelbar daneben.

Etwa hundert Höhenmeter fehlten mir noch zum Gipfel. Danach ging es erst richtig los, denn im Unterschied zum Črna Prst waren die Abhänge des Kobla harmlos. Dass ich über die 1498 Meter des Kobla heute ohnedies nicht hinauskommen würde, konnte ich zu dem Zeitpunkt noch nicht wissen, da dessen Gipfelhang mir die Aussicht auf die Nordhänge des Črna Prst und auf den Schnee versperrte.

Hätte ich schon am Vortag gewusst, dass ich heute Richtung Bohinjska Bistrica unterwegs sein sollte, hätte ich mich natürlich besser über die Schneeverhältnisse informiert. In der Früh war ich dem Hüttenwirt zwar kurz begegnet; doch er hatte mir nur sagen können, dass er sich zur aktuellen Schneesituation und zu eventuellen Trittspuren am Črna Prst erst erkundigen müsse, vor ein paar Tagen hätte er mir jedoch bestimmt noch abgeraten. Während sich Marko Lenarčič am Telefon sicher gewesen war, dass ich keine Probleme haben sollte.

Marko Lenarčič – mit ihm hatte ich für den Tag eigentlich eine Skitour ins Jalovec-Gebiet verabredet. Doch wir hatten einander verfehlt.

Um sechs vor der Hütte, so hatten wir ausgemacht. Offenbar war er bereits zehn Minuten vorher angekommen, hatte aber nur bis fünf vor sechs gewartet. Vermutlich hatte ich sein Auto noch gehört, während ich vom Schlaflager im ersten Stock der Hütte die Stiegen zum Hinterausgang heruntergekommen war. Denn als ich an der Straße vor der Hütte zu warten begann, war es immer noch kurz vor sechs.

Die ersten zehn Minuten genoss ich einfach den hellen Morgen. Nach einer halben Stunde hatte ich mir bereits Jacke und Überhose ausgezogen. Immer mehr Ausflügler kamen an mir vorbei, und langsam spürte ich Ärger aufsteigen. Nach einer Stunde versuchte ich ihn zum ersten Mal telefonisch zu erreichen. Lenarčič hob nicht ab. Nun mischte sich das Bild eines womöglich im Wrack seines Wagen Hängenden in den Ärger. Gleich darauf überwog wieder Ungeduld.

Als ich ihn um acht erreichte, konnte er nicht glauben, dass ich seit zwei Stunden vor der Hütte stand. Ebenso wenig wie ich begriff, warum er fünf Minuten vor sechs wieder abgefahren war. Sein Angebot einer kostenlosen Übernachtung in einem Hotel in Bohinjska Bistrica nahm ich dennoch an, und auch einen zweiten Versuch der Abholung morgen. Denn zu Fuß bestand aufgrund des Schnees keine Chance, durch das Triglav-Gebiet weiterzukommen.

In Podbrdo verließ ein Zug den Bahnhof. Ich blieb stehen und sah ihm nach, wie er unter mir in dem seit 1906 durch den Kobla führenden Tunnel verschwand. In dem Moment tauchten ein Mann und eine Frau unter mir am Beginn des Gipfelhanges auf. Ich setzte mich wieder in Bewegung, und spätestens als ich mich zu wundern begann, dass ich die beiden nicht genauso mühelos wie bislang alle anderen Wanderer abschüttelte, spürte ich nichts mehr von dem, angesichts des Tiefblicks, aufgetauchten Schwindels. Nichts, keine Spur von Höhenangst, selbst an den nun direkt am Abhang entlangführenden Abschnitten. Vielleicht durfte ich nur einfach nicht stehen bleiben.

Als in Podbrdo die Kirchenglocken läuteten, und kurz darauf, nur wenig leiser, auch die in Bohinjska Bistrica, fürchtete ich mich nicht einmal mehr vor dem Anhalten. Vielmehr stand ich ruhig da und sah, wie mir das Paar mit starr auf den Steig gerichteten Blicken nachhetzte. Als sie an mir vorbeigingen, erschraken sie kurz. Ich wollte sie nach dem Črna Prst und ihrer Route fragen, aber da waren sie auch schon weg.

Ich ließ sie davonziehen, spürte im Weitergehen zwar das Zucken der Rennmaschine in mir, doch genügte mir die Möglichkeit. Jeder Muskel, jedes Gelenk wusste, was im Augenblick eines plötzlichen Loslaufens zu tun wäre, und allein das bloße Zucken erzeugte weit mehr als nur eine Ahnung davon: Ich musste nicht dahinbrausen; es war auch so alles da – das Adrenalin, in dem selbst die müdesten Wettkampfmeter zu Beginn anstrengungslos waren, genauso die daraufhin stets so desillusionierenden Momente, wenn die Atmung sich erst widerwillig auf den tatsächlichen Sauerstoffbedarf des Körpers einstellte, bis die Maschinerie aus Luft, Blut und Muskelfleisch in jenen Schwung kam, in dem sie tatsächlich an ihre Grenzen gehen konnte.

Gemächlich stieg ich diese letzten Höhenmeter bergauf, während das Zucken einmal hier, einmal dort in mir auftauchte und kaum zu unterscheiden war, ob es von bereits erlebten Wettkampf- oder Trainingsaugenblicken erzählte, oder sich einfach alle möglichen Arten sofortigen Loslaufens vorzustellen versuchte.

Das nächste Mal, dachte ich mir, während die beiden, ohne Halt zu machen, bereits hinter dem Gipfel verschwunden waren, fresse ich euch, und ging vor lauter Vorfreude gleich noch um eine Spur langsamer. Dann sah ich den Schnee.

Mit Schnee am Črna Prst hatte ich gerechnet, nicht aber mit einer bereits am Nordwesthang des Kobla geschlossenen Decke. Anhand der Bergstation des Sessellifts von Bohinjska Bistrica konnte ich mich immerhin orientieren. Der Lift war nicht in Betrieb. Doch es gab Trittspuren. Und irgendwo mussten auch die beiden Überholer sein.

Ich begann mit dem Abstieg. So steil war der Hang nicht. Außerdem hatte ich zu Schnee seit jeher ein schönes, seltsames Vertrauen. Wie oft ich es auf dieser Reise noch benötigen würde, ahnte ich in jenen Augenblicken nicht, in denen ich mir neben den aufgefrorenen Trittspuren zum ersten Mal eigene zu treten begann. Noch viel weniger, in welche Gefahren mich dieses Vertrauen während der nächsten beiden Monate bringen sollte.

Ein Zurück gab es bereits hier nicht mehr, nur immer einen nächsten Schritt, einen nächsten, einen nächsten – und immer nur einen – einen, nicht drei, nicht einmal zwei. Dennoch hatte ich weder Angst vor dem Hang, noch davor, wie ausgeliefert ich selbst beim kleinsten Ausrutscher der Beschleunigung meines Rucksacks wäre, stattdessen umso genauere Vorstellungen davon, welch feinsäuberliche Schwünge sich hier über die stabile Harschdecke ziehen ließen. Ich spürte sie richtig, diese Schwünge, während ich mühsam meine Tritte in den gefrorenen Schnee schlug. Ich spürte sie Schritt für Schritt.

Und ich spürte ein Zucken.

Davor fürchtete ich mich. Doch nichts geschah. Ohne den geringsten Rutscher gelangte ich zu dem zwischen Kobla, der Bergstation Na Kalu und den Felswänden des Črna Prst gelegenen Almboden, überquerte ihn, brach stellenweise einen halben Meter und mehr im firnigen Schnee ein und fand am gegenüberliegenden Waldrand zum Glück bald die auf meiner Karte etwas undeutlich eingezeichnete Wegkreuzung nach Bohinjska Bistrica.

Erst jetzt blieb ich stehen, zog mich um, aß die mir vom Hüttenwirt bereits am Vorabend für die Skitour zurechtgemachten Brote und trank heißen Tee. Langsam spürte ich, wie durchgefroren ich war. Nicht einmal Tee half, und erst im Weitergehen erwärmte ich mich wieder.

Im Tal tauchte Bohinjska Bistrica vor mir auf; ich hörte Autoverkehr, wenig später kamen Hunde, Hähne und Mopeds hinzu. Ich überquerte Skipisten, ging an fest verschlossenen Ferienhütten vorbei, kurz vor dem Ort an einem Kriegerfriedhof, brauchte bis Bohinjska Bistrica weit länger, als ich angesichts der Talgeräusche gedacht hatte.

Zwei Tage nach dem Abstieg nach Bohinjska Bistrica saß ich am späten Vormittag im Gastgarten eines Cafés in Kranjska Gora, fühlte mich kränklich und fragte mich, was ich mit dem mir verbleibenden Tag in einer Ortschaft anfangen sollte, die ich meiner Meinung nach bereits zur Genüge kannte. Mit Ausnahme eines Treffens mit einem Bergführer, um erneut eine Skitour zu planen, hatte ich bis zum Abend nichts zu tun. Dann jedoch, und das war auch der einzige Grund für den zusätzlichen Tag, sollte ich Domen Žerjav treffen, den einzigen Jungbauern Kranjska Goras.

Der Espresso schmeckte gut, es war noch nicht Mittag, die Idee, ein erstes Glas Wein zu trinken, wollte mir nicht aus dem Kopf. Vernünftig, so viel wusste ich, war es nicht. Ganz gleich, ob meine brennenden Augen und die verstopfte Nase tatsächlich von einer Verkühlung oder nur von den ersten Gräserpollen stammten. Ein Bett wäre besser gewesen.

Vermutlich hätte ich nur Mirjam Žerjav anrufen müssen, und sie hätte auch dafür eine Lösung wie für meinen Rucksack gefunden, der den Tag sicher verwahrt im noblen Wanderhotel Lek verbrachte. Doch hatte ich Žerjav ohnedies schon einiges zu verdanken. Weit mehr, als ich von der Tourismusmanagerin erwartet hätte, bevor uns Marko Lenarčič – nachdem der zweite Abholungsversuch besser als der erste geklappt hatte – gestern Vormittag vorgestellt hatte.

Aufgetaucht war er auch an diesem Morgen in meinem Hotel in Bohinjska Bistrica nicht wie ausgemacht um acht, sondern ganze zwanzig Minuten davor. Diesmal war ich allerdings vorgewarnt gewesen und hatte den Eingangsbereich vom Frühstückssaal aus im Blick gehabt. Erkannt hatte ich den vor Energie schier platzenden Lenarčič gleich. Danach hatte er nicht einmal die wenigen Minuten, die ich noch auf meinem Zimmer brauchte, am Tisch ausgehalten, sondern bereits mit laufendem Motor gewartet.

Wie ich auf der Fahrt erfuhr, leitete Lenarčič die Slovenian Hiking Association erst seit Kurzem und betrachtete die *Via Alpina* als Möglichkeit, Slowenien auch im Ausland als Wanderland zu bewerben. Deshalb hatte er den Termin in Kranjska Gora organisiert – während ich ganz andere Fragen an die Tourismusmanagerin im Kopf gehabt hatte.

Dass Mirjam Žerjav aber auf der sonnigen Terrasse des Wanderhotels Lek von den üblichen Tourismusthemen so schnell zur Russenkapelle gekommen war, konnte ich nicht ahnen. Vermutlich hätte sie mir davon nichts erzählt, berührte die Geschichte nicht bis heute auch ihr eigenes Leben. Denn die 1916 von russischen Kriegsgefangenen in Erinnerung an jene vierhundert Toten errichtete Kapelle, die beim Bau der am Hotel vorbei führenden Vršič-Pass-Straße einer Lawine zum Opfer gefallen waren, war in all den seither vergangenen Jahrzehnten von Einheimischen wie ihrem Großvater oder später ihrem Vater gepflegt worden. Vor einigen Jahren aber sei in Ljubljana ein Erhalterverein gegründet worden, dessen Mitglieder weder etwas mit den damaligen Ereignissen zu tun hätten, noch aus der Gegend kämen. Dafür veranstalteten sie nun jedes Jahr eine große Gedenkveranstaltung mit russischen Geistlichen, Politikern und Wirtschaftsleuten beider Länder. Das Volumen der nach dem obligaten Gottesdienst und einem das ganze Wochenende lang andauernden Fest abgeschlossenen Handels- und Wirtschaftsverträge übertreffe mittlerweile sogar jenes offizieller Staatsbesuche.

Bei einer Runde durch den Ort zeigte sie mir die letzten zwischen den Appartementblocks noch verbliebenen alten Bauernhöfe. Wie etwa, mitten im Ortskern, den einer mittlerweile siebenundneunzigjährigen Frau, die gerade ihre Hühner fütterte.

Ihre Felder, sagte Žerjav, habe die Alte längst verpachtet. Dass sie aber aus ihrem Haus nicht ausziehen wolle, sei einigen ein Dorn im Auge.

Wem?, fragte ich.

Žerjav wich aus, meinte nur, dass deren Neffe vermutlich keine Sekunde lang mit dem Verkauf an eine der Immobiliengesellschaften zögern würde, denen auch die übrigen neuen Appartementhäuser ringsum gehörten.

Weiter fragte ich nicht nach, merkte jedoch, dass sie mit dem Erzählen noch nicht zu Ende war, während sie mich durch eine Seitengasse zum Hof ihres Großcousins führte, der als knapp Dreißigjähriger der einzige und vermutlich letzte Jungbauer im Ort war.

Domen Žerjav hatte selbst erlebt, wie er mir später noch erzählen sollte, dass einen sogar die Gemeinde zum Verkauf drängte. Als wir gestern zum Hof kamen, war nur Maja, Žerjavs junge Frau, mit den Kindern da, die wenig Englisch sprach. Erst am heutigen Abend sollte ich Domen Žerjav treffen.

Darauf, und auf den mir ebenfalls von Mirjam Žerjav organisierten Termin mit einem Bergführer, wartete ich nun. Denn ihr Vater, so hatte sie mir am Morgen gesagt, wollte tatsächlich kein Wort mehr über die Russenkapelle sagen.

Ich hatte noch einen Espresso bestellt und meine E-Mails abgerufen: *Einladung zum Bergfest* war im Betreff des Mails der Produktionskoordinatorin der *Räuber*-Verfilmung gestanden. Und im Nachrichtentext, dass sie gerade meine Auftaktgeschichte im *Standard* gelesen habe: *Mit Autor Martin Prinz durch die Alpen* – so habe es bereits auf der Titelseite gestanden. Die Einladung zum Abschlussfest des ersten Drehteils schicke sie mir trotz meiner Abwesenheit, damit ich sehe, dass *mein Kind*, wie sie den Film nannte, *bis jetzt gut geschaukelt* worden sei.

Daraufhin trank ich tatsächlich ein Glas Wein, cremte meine Nase ein und wusste plötzlich, woran mich die Fußgängerzone Kranjska Goras erinnerte: An Magdeburg, eine Stadt, in der ich nur ein einziges Mal gewesen war, um im Landestheater aus meinem ersten Roman zu lesen.

Damals waren mir auf dem Weg vom Hotel zum Theater auf den breiten Gehsteigen der boulevardartigen Einkaufsstraßen kaum mehr als drei Menschen begegnet. Leere Geschäftsfassaden und leere Fensterreihen in den Büros und Wohnungen darüber. – Eine andere Chance, als die kurz vor der Wende modernisierte Stadt zurückzubauen, gebe es nicht, wurde mir nach der Lesung erzählt. Da die Leere nicht nur gespenstisch sei, sondern immer mehr Kriminalität erzeuge.

Kranjska Gora hingegen müsste man Jahr für Jahr aufs Neue rückbauen. Denn die Fußgängerzone mit ihren Geschäften, die Restaurants, Cafés und Parkplätze und die Ferienwohnblöcke wurde nur im Winter gebraucht. Und auch da nur während der sechs bis acht

Wochen Hauptsaison. Deshalb wurde in St. Moritz bereits überlegt, neue Eigentumswohnungen mit der Einschränkung zu belegen, sie während der ungenutzten Zeit einer Vermietungszentrale zur Verfügung zu stellen.

Als ich Mirjam Žerjav davon erzählte, lächelte sie nur. Dass sich wie im Engadin auch hier die Politik für solche Ideen interessierte, davon war nicht einmal zu träumen. Obwohl man längst auf eine ganz ähnliche Problematik zusteuerte: ein überhitzter Immobilienmarkt, Einheimische, die sich Wohnraum nur mehr am Rand der Ortschaft oder außerhalb leisten konnten, sowie viel zu hohe Kosten für eine Infrastruktur, die man nur für die Spitzenzeiten im Jahr benötigte. Deshalb versuche sie auch, die übrigen Tourismussaisonen zu stärken; doch sei das leider nur ein Tropfen auf den heißen Stein.

Stattdessen regierten hier ganz andere Interessen. Zum Beispiel, obwohl sie deren Namen natürlich nie erwähnte, auch die einer damals noch Kärntner Bank namens Hypo Alpe-Adria, die sicher nicht zufällig Hauptsponsor des jährlichen Weltcuprennens und des Casinos in Kranjska Gora war und deren Immobiliengeschäfte zuletzt auch in Istrien für einige Aufregung gesorgt hatten.

Neben mir hatte eine Gruppe Motorradfahrer drei Tische zusammengestellt. Wie schwer zu überhören war, ging es um die Route der nächsten Tage, besonders aufregende Streckenabschnitte, Entfernungen und mögliche Durchschnittsgeschwindigkeiten. Nichts davon wollte ich hören und hatte mir bereits überlegt, den Wein stehen zu lassen und mir einen stilleren Schanigarten zu suchen, als ich mitbekam, mit welcher Gesamtdistanz sie der Kellnerin gegenüber prahlten. Es war nicht einmal halb so weit wie die Länge meiner Strecke.

Erstaunlicherweise genügte das, um meinen Ärger sofort wieder verschwinden zu lassen. Ich zog mein Notizbuch heraus und fügte der in Petrovo Brdo begonnenen Erledigungsliste Einträge hinzu wie *Aspirin, Speisesoda* (als Deo-Ersatz) und *Kugelschreiber*.

Dass ich jene beiden Bücher, für die ich mich in Muggia als Reiselektüre entschieden hatte, Bergers *SauErde* und ein kleines Italienisch-Phrasenlexikon, zurückschicken würde, brauchte ich mir nicht zu notieren. Ich räumte die beiden Bücher immer nur ein und aus, gelesen hatte ich seit der Abreise kein einziges Mal darin. Besorgen wollte ich mir hingegen ein weiteres Merino-Leibchen, als Ersatz für die beiden Sport-Shirts aus irgendeinem topmodernen Funktionswäsche-Material, die viel zu schnell zu stinken begannen.

Dann machte ich mir ein paar Notizen für die erste *Standard*-Geschichte und sah den im Schatten der Kirche bereits Mittagspause haltenden Verkäuferinnen des Sportgeschäfts zu, in deren Laden ich zwar keine Merino-Wäsche bekommen hatte, mit dem Kauf eines Strohhuts jedoch in dem gut sortierten Laden vermutlich der einzige Kunde des Vormittags gewesen war.

Die Motorradfahrer bestellten eine weitere Runde Bier, und während die Kirchenglocken zu Mittag läuteten, rief ich meine E-Mails ab. Seit ein paar Tagen wartete ich schon auf eine Antwort der *Via-Alpina*-Zuständigen des Alpenvereins auf meine Fragen zur Schneesituation am Karnischen Kamm, nachdem ich letzte Woche nur eine Abwesenheitsnotiz erhalten hatte. Zudem hatte mir Sabine vielleicht bereits die 21. Woche jener Schwangerschaftsnachrichten geschickt, die sie Woche für Woche aus dem Internet lud.

Nachrichten von dem kleinen Menschen, der auf den Ultraschallbildern, die ich in meinem Notizbuch immer zwischen die nächsten freien Seiten steckte, wie ein kleiner Mond aussah. Ein Mond, über den ich aus der am Weg nach Idrija erhaltenen 20. Schwangerschaftswoche wusste, dass er im Sitzen sechzehn Zentimeter maß und dreihundert Gramm wog und dass ihm Zehennägel und Haare wuchsen: Die Haut, so hatte es darin geheißen, werde bereits dicker, der Herzschlag sei hörbar, das Geschlecht sichtbar.

Ihr Kind, so stand in der kurzen Beschreibung der tatsächlich bereits eingetroffenen 21. Schwangerschaftswoche, *ist im Sitzen 17 Zentimeter lang und wiegt ca. 350 Gramm. Das Kind nimmt rasch an Gewicht zu. Das Geburtsdatum kann bis auf eine Woche anhand der Kopfgröße festgelegt werden, die jetzt ca. fünf Zentimeter im Durchmesser beträgt. Bei den Mädchen wird die Scheide ausgebildet, und die Eierstöcke enthalten bereits über sechs Millionen Eier. Vor Eintritt der Ge-*

schlechtsreife wird die Anzahl der Eier auf 300 bis 400 reduziert. Bei den Jungen bildet sich allerdings noch kein Samen.

Ob Bub oder Mädchen wollten wir uns bei den Untersuchungen aber nicht sagen lassen. Wir hatten bereits Namen für beide Fälle und wollten erst bei der Geburt entscheiden, ob Friederike, Clara, Lilli oder Fritz.

Weit war es noch bis dahin. Gleichzeitig unheimlich nah. Ich freute und ich fürchtete mich. Ich dachte an das Flimmern am Bildschirm, ich dachte an Sabines Bauch, den ich nicht mehr berühren wollte, und wünschte mir, es wäre anders.

Ich schloss die Datei. Sabines Mail überflog ich nur, konnte dennoch jeden Satz, wie sich ihr Bauch für sie anfühlte, auf der Stelle wiederholen … *das Herzchen blubbert wieder mal so vor sich hin. Ein sehr eigenes Gefühl ist das – einfach mal da, dann wieder zeichenlose Stille, unkontrollierbar, was sich da tut, und wunderlich schön.*

Beim Lesen solcher Mails, die vom Kind in ihrem Bauch erzählten, wurde mir immer deutlicher, dass mein Vaterwerden, trotz unseres gegenseitigen und gegenteiligen Versprechens tatsächlich vom Überleben unserer Beziehung abhängen würde. Es war eine Ahnung, in der gerade in der Stummheit zwischen uns beiden eine Leere wuchs, vor der ich mich noch weniger retten konnte als vor jeglicher Angst.

Ich versuchte mich abzulenken, indem ich Christina Schwanns Mail über die Schneehöhen am Karnischen Kamm las:

Hallo Martin, ich hab grad mit einem Bergretter aus Kartitsch telefoniert. Es liegen 2 bis 2,5 m Schnee auf den Wegen der Via Alpina am Karnischen Kamm. Ohne Hochtourenausrüstung (Tourenschi) ist es unmöglich, dort zu gehen. Außerdem ist die Lawinensituation sehr, sehr gefährlich – man kann überhaupt nur bis max. 10.00–11.00 Uhr gehen.

Gegen Obertilliach – also Richtung Osten – liegt etwas weniger Schnee, aber es ist dennoch gefährlich. Auch die Hütten öffnen heuer erst gegen Ende Juni!

Bitte gehe entlang des Lesachtales am Fuße des Karnischen Kamms! Für Detailinifos kannst du dich an Anton Goller, Bergretter und Amtsleiter in Kartitsch, wenden. – Alles Gute und sei vorsichtig!

Das klang nicht gut. Ich antwortete ihr mit der Frage, ob die Schneesituation auch auf den Etappen zwischen dem Dreiländereck und dem Karnischen Kamm so gefährlich wäre. Von meinem kurzen Abstecher ins Sočatal, gestern nach dem Treffen mit Mirjam Žerjav, kannte ich die Lage am Vršič-Pass zwischen Trenta und Kranjska Gora und war zumindest für das Dreiländereck, das ich vom Pass gesehen hatte, bereits zuversichtlicher gewesen.

Kaum fünf Minuten später schrieb mir Christina Schwann, dass auch sie nicht glaube, dass das Dreiländereck noch ein Problem darstelle. Aufs Nassfeld habe sie vorgestern selbst vom Monte Lussari geblickt … *da scheint es schon recht grün zu sein*, riet mir aber dennoch, bei Anton Goller in Kartitsch genauer nachzufragen.

Das tat ich auch, war mir aber für die Etappen zwischen Thörl-Maglern, Egger- beziehungsweise Feistritzer Alm bis zum Nassfeld schon recht sicher. Bis die Antwort Anton Gollers zwei Tage später kam:

Lieber Herr Prinz! Darf auf Ihre Frage eingehen und nach gründlichen Recherchen mitteilen, dass auch in dem von Ihnen angefragten Gebiet in den nächsten 2 bis 3 Wochen eine Begehung der original Via-Alpina-Route auf Grund der Schneelage unmöglich erscheint. Selbst mit Schi ist die nun vorherrschende Situation ab 9–10 Uhr vormittags nicht mehr begehbar. Tut mir leid, dass ich Ihnen keine erfreulicheren Informationen geben kann, aber die Situation ist momentan so …

Es war halb acht Uhr abends, als ich in Planica aus dem Taxi stieg und mich auf den Weg ins Tamartal zur gleichnamigen Hütte machte. Während ich mittags nach dem Glas Wein in Kranjska Gora bereits überzeugt gewesen war, die nächsten Tage wohl mit Fieber im Bett zu verbringen, erschien es mir nun wieder wahrscheinlicher, dass aus der mit dem Bergführer Klemen Gričar geplanten Tour auf den Jalovec etwas werden könnte. Wie ausgewechselt fühlte ich mich, seit ich den Rucksack wieder auf meinen Schultern hatte.

Viel wusste ich über den Jalovec, den Gričar im Rahmen der Skitour mit mir besteigen wollte, zu dem Zeitpunkt nicht. Eigentlich nur, dass es der zweithöchste Berg Sloweniens ist und dass ihn Hans Diem das *Matterhorn Sloweniens* nannte. Genauer hatte ich ihn mir auf Gričars detaillierter 25 000er-Karte während unseres Treffens am Nachmittag nicht angesehen, da ich die Tour aufgrund meines Kränkelns bereits abgeschrieben hatte.

Nun aber, mit dem schroff aufragenden Berg vor mir, vor allem mit der unübersehbar steilen Schneerinne neben der Nordwand des Jalovec, die ich mir auch ohne genaueren Blick in die Karte gemerkt hatte, spürte ich zum ersten Mal ein mulmiges Gefühl.

Vielleicht hätte ich ihm doch deutlicher sagen sollen, wie wenig Erfahrung ich mit Pickel und Steigeisen hatte. Oder dass ich zum ersten Mal auf Carving-Skiern stehen würde. Wegen meines skifahrerischen Könnens machte ich mir zwar keine Sorgen, fürchtete aber umso mehr, der braungebrannte Höhenbergsteiger Gričar könnte meine alpinistischen Defizite zu wenig in Betracht gezogen haben.

Langsam wurde mir klar, dass es sich angesichts der diesjährigen Schneeverhältnisse selbst jetzt im Mai um eine klassische Winterbesteigung eines Berges handeln würde, der selbst im Sommer keineswegs als einfach galt. Trotzdem, noch hatte ich keine Angst, zumindest nicht an diesem Abend.

Das Tal lag bereits zur Gänze im Schatten. Doch der Himmel strahlte noch in jenem unwirklichen Hellblau, das in dieser Stunde vor Sonnenuntergang aussah, als träumt der vergangene Tag sich selbst. Immer wieder donnerte Steinschlag von den steilen Felswänden links und rechts. Nah genug, um ihn deutlich zu hören, während man auf dem in der Mitte des Talbodens verlaufenden Weg sicher war.

Ich war spät unterwegs. Das Gespräch mit Domen Žerjav hatte länger gedauert. Das lag an der Ungenauigkeit meiner Fragen, während Žerjav seine Geschichte in so präziser Trockenheit erzählt hatte, dass ich erst recht ins Stocken gekommen war.

Ohne den Brand, so hatte er berichtet, stünde sein Hof vermutlich nicht mehr zwischen all den Appartementblocks, die in den letzten Jahren ringsum aus dem Boden geschossen waren. Ein besonders klobiges Exemplar hatte man aus Žerjavs Stube direkt vor Augen: geschlossene Fensterläden auf allen Stockwerken. Und hätten nicht Žerjavs Kinder in der Gasse davor Ball gespielt, wähnte man sich schnell in einer leeren Welt.

Ohne den Brand hätte sich sein Vater mit der Hofübergabe noch länger Zeit gelassen. Zu lange, wie die meisten Bauern der älteren Generation. Und er, Domen Žerjav, hätte wie viele andere seines Alters nicht länger warten wollen. Auch wenn er damit hätte in Kauf nehmen müssen, ganz aus Kranjska Gora wegzuziehen, da man sich selbst Wohnungen hier nicht mehr leisten konnte.

Doch zum Glück hatte der Vater, nachdem der Brand sowohl das Wohnhaus wie auch den Stall zerstört hatte, vom Hof endgültig genug gehabt. – Der Wiederaufbau sei bereits seine Sache gewesen. Žerjav versteckte den Stolz darüber gut hinter seinem Jack-Nicholson-Bart, dafür tauchte er an anderen Stellen umso vehementer auf. Etwa in der offenbar nicht ganz realistischen Aussage, er bräuchte seine Mechanikerstelle nicht mehr, da sie bereits vom Hof leben könnten. Spätestens wenn die Fremdenzimmer wieder aufgebaut seien, schwächte er nach dem überraschten Blick seiner Frau gleich ab, würde er das Autoreparieren sicherlich aufgeben.

Seine Kühe hatten sich jedenfalls bereits als tourismustauglich erwiesen. Denn damals, als sie während des Brandes aus den Ställen herausgeführt worden waren, hatte sich natürlich niemand um die Kühe kümmern können. Deshalb waren sie einfach dorthin marschiert, wohin sie immer gingen, wenn sie nach der langen Stallperiode der Wintermonate wieder hinaus durften: auf die Skipisten. Und so hatten an diesem Jännermorgen zuerst Liftmitarbeiter und schließlich auch die ersten Skifahrer dreißig Kühe im Abschwungbereich des Talhanges vorgefunden.

Nach einer knappen Stunde Gehzeit durch niedrige Laubwälder erreichte ich die Tamar-Hütte. Immer noch donnerte da und dort der Steinschlag durchs Tal, während mir vom Talende die schmale Schneerinne neben der Jalovec-Nordflanke entgegenleuchtete, die in meinen Augen bereits ebenso steil zu sein schien wie die Felswände links und rechts davon.

Auch beim Einschlafen hatte ich sie wieder vor mir. Im Mondlicht im Fenster so hoch über mir, als hinge sie im Himmel. In der Früh war ich mir sicher, dass ich die ganze Nacht nicht aufgehört hatte zu schauen, Kopf und Augen keinen Moment lang von dem Schneeband abgewandt.

... out of question, except for experts, sei der Aufstieg über die Ozebnik-Rinne, konnte ich im Nachhinein auf einer englischsprachigen Bergsteiger-Website lesen. Letzten Mai hatte ich nur gewusst, dass Hans Diem 2002, wenn ihn nicht Schlechtwetter und Schneefall abgehalten hätten, eine Variante aus dem Sočatal gegangen wäre. Eine leichtere Variante, die im September auch eine Sommerbesteigung gewesen wäre, während es über die Ozebnik-Route selbst unter sommerlichen Bedingungen hieß: *... although it offers the most direct route, the way is not recommended due to constant stonefall. The view downward Tamar is excellent though.*

Am Tag vor der Tour auf den Jalovec hatte ich glücklicherweise von derartigen Beschreibungen keine Ahnung. Auch wenn ich mir angesichts der Notwendigkeit von Steigeisen und Pickel einiges ausmalen konnte. Lieber wusch ich meine Kleidung, legte das Zelt in die Sonne, aß und trank ausgiebig.

Als ich Gričar nachmittags anrief, da der Schnupfen tatsächlich völlig verschwunden war, hatte ich zum ersten Mal Angst. Zumindest glaubte ich, dass es Angst war. Bis ich am Abend ins Tal hinein an den Beginn der Schneehänge ging, über die wir am nächsten Tag in Richtung Rinne aufsteigen sollten, und mir die Angst als etwas anderes bewusst wurde. Als der leichte Windzug und das fast nicht hörbare Krachen des schmelzenden Schnees, als das Vogelflattern oder als das Geräusch meiner immer langsamer und ruhiger werdenden Schritte.

Beim Läuten des Weckers war es noch finster gewesen. Der Hüttenwirt hatte mir Tee in der Thermoskanne und Brot, Wurst, Butter und Marmelade fürs Frühstück sowie Sandwiches als Proviant vorbereitet. Draußen war alles still. Nicht einmal Steinschlag war zu hören.

Gričar kam, parkte hinter der Hütte, räumte das benötigte Material aus dem Kofferraum. Das Befestigen von Skiern und Pickel erklärte er mir erst auf Nachfrage. Als ich mir den Lawinen-Pieps nicht richtig umhing, lächelte er, wie man es nur Idioten gegenüber tut – ohne jede Scheu.

Sicherlich bestätigte sich ihm nun, was er sich schon bei unserem Treffen aufgrund meines kurz davor neu erworbenen Strohhutes gedacht hatte: Hier habe ich mir wieder einen dieser verkopften Angeber eingefangen! – Dass ich in zehn Tagen von Muggia bis hierher gegangen war, tat dem keinen Abbruch. Im Gegenteil, es forderte ihn offensichtlich dazu heraus, mir möglichst schnell meine Grenzen zu zeigen.

Na warte!, dachte ich, schulterte den mir trotz der Skier fast gewichtslos erscheinenden Rucksack und eilte Gričar hinterher, der mit seinen langen, in elastisch-engen Bergsteigerhosen steckenden Beinen bereits davongegangen war. Als ich aufgeschlossen hatte, ließ ich mir keinerlei Ärger oder gar Anstrengung anmerken, sondern begann ihn gleich nach seinem Beruf, den Bergen und seinen Kunden zu fragen. Gričar reagierte einsilbig, dachte vermutlich auch nichts anderes als na warte! und wurde noch schneller. Ich fragte weiter.

Nach einiger Zeit begann Gričar doch mit mir zu reden. Damit hatte ich ihn zumindest so weit, dass auch er zeigen wollte, wie wenig ihm unsere Geschwindigkeit ausmachte. Er war richtig freundlich. Und wir waren alles andere als langsam.

Dass Gričar bis in die letzte Faser durchtrainiert war, hatte ich schon bei unserem ersten Treffen gesehen. Er hatte ein Leistungssportlergesicht. Eines, das im Gegensatz zu den Gesichtern ebenso fettloser Hobbysportler nicht ausgezehrt wirkte, sondern sich immer noch jene feine Verschmitztheit bewahrt hatte, die überehrgeizigen Hobbyathleten oft fehlte.

Nun beschleunigte ich. Und Gričar redete, verglichen mit dem Weggehen, beinahe wie ein Wasserfall. Dass ihm das Tempo wehtat, glaubte ich nicht. Schneller wurde er jedoch nicht mehr. Und das war gut, immerhin hatten wir noch tausendsechshundert Höhenmeter vor uns, von denen ich mit der Steilrinne erst jenen Teil gesehen hatte, der womöglich noch der harmloseste war.

Was, so fragte ich mich später, hätte er eigentlich mit mir getan, wenn er mir jetzt schon alle Reserven für weiter oben abgefordert hätte? Oder hätte er es, wäre dies der Fall gewesen, bereits nach den ersten Metern bemerkt? Und was war mit dem technischen Können? Spätestens in der Steigeisen- und Pickelkletterei die steile Schneeflanke zum Gipfelgrat hinauf konnte ein Fehler des Kunden auch für ihn den Tod bedeuten.

Noch dachte ich nur an die Ozebnik-Rinne. Doch auch diese kamen vermutlich nicht viele auf Skiern hinunter. Gričar hatte mich in Kranjska Gora zwar gefragt, ob ich Ski fahren könne, mehr als mein Ja hatte er jedoch nicht bekommen. Auch nicht, als er beim Kleben der Felle und Anschnallen der Skier noch einmal zur Rinne hinaufgedeutet und mich gefragt hatte, ob ich sie mir zutraue.

Auf den Skiern wiederholte sich das Spiel vom Fußweg. Wieder war er in schnellem Tempo gestartet, diesmal war ich gleichzeitig aufbruchsbereit, und so gingen wir das erste Stück nebeneinander. Da ich aber auf Schnee noch weniger nachgeben konnte, ordnete sich Gričar nach einiger Zeit hinter mir ein, blieb mir jedoch knapp an den Skienden.

Schnell hatten wir an Höhe gewonnen. Über den östlichen Gipfeln kamen die ersten Sonnenstrahlen ins Tal, und bald lagen die Westhänge zur Hälfte in der Morgensonne, während wir unterhalb der Jalovec-Nordflanke in Lawinen sicherem Schatten die Hänge zur Ozebnik-Rinne querten. Ich hörte Gričars Atem, ich war zufrieden.

Auf halber Höhe zur Rinne wurde es deutlich steiler. Wir kamen an der Abzweigung zum Kotovo Sedlo vorbei, der zweiten Jalovec-Route vom Tamartal aus – ein besonders schöner Hang zum Abfahren, wie mir Gričar bereits vorgestern im Café erzählt hatte.

Wir gingen in Spitzkehren, Gričar jetzt voran. Als Kind hatte ich die Wendetechnik auf den selbst getretenen Wiesen rund um

Lilienfeld gelernt, jedoch nie gebraucht. Zum Glück gelangen mir die Kehren rasch wieder. Zwar hatte Gričar sie mir vor dem ersten steileren Hang gezeigt. Doch war die Flüchtigkeit seiner Ausführungen aufgrund meiner bisher gezeigten Kondition nun offenbar einer, im Vergleich zum Weggehen, gegenteiligen Einschätzung geschuldet. Als Tourengeher kam ich damit durch, doch ganz sicher nicht als Bergsteiger.

Ein Stück vor uns, am Fuß der Rinne, ragte ein hoher Felsblock – ein Boulder, wie Kletterer ihn nannten – aus dem Schneehang. Einmal unter ihm angekommen, so sagte mir Gričar, wären wir auf der Abfahrt vor Schneebrettern oder Lawinen sicher. Dass die Warnstufe an einem sonnigen Tag ab Mittag auf vier steige, sagte er mir erst später. Die Spuren kleinerer und größerer Abgänge sah ich in der Rinne bereits jetzt.

Beim Felsblock schnallten wir ab, trugen die Skier ab hier am Rucksack. Davor machten wir Pause, packten unseren Proviant aus, tranken Tee und schauten ins Tal hinaus, in das die Sonnenstrahlen immer schräger einfielen. Es war ein grobkörniges, flirrendes Licht, das selbst den schattigen Teil mit einem Leuchten überzog, als käme es aus der Landschaft selbst.

Im ganzen Tal gab es nur eine einzige, kleine Wolke. Und die hatte sich an der Turmspitze der Jalovška Škrbina über uns verfangen. Einzelne Fetzen lösten sich zwar im leichten Südostwind, doch die Wolke wurde nicht kleiner, sollte auch auf dem Rückweg noch über dem Felsturm hängen.

Wir gingen los, Gričar voran. Bald wurde es so steil, dass ich mich im Nachhinein nicht wunderte, manche dieser Passagen als im Sommer mit Fixseilen gesichert beschrieben zu finden. Im Schnee genügten uns immer noch die Stöcke. Wie steil es werden sollte, bis wir den Pickel brauchten, wollte ich nicht denken.

Langsam kam die Sonne der Rinne näher. Ab wann sie wohl an der Jalovška Škrbina vorbei auf das Schneeband scheinen würde, fragte ich mich. Und: wie lange? Dass sie diese Nordhänge schon seit einigen Tagen, wenn nicht Wochen, erreichte, stand angesichts der grobkörnigen Kristallstruktur des Harsches außer Frage.

Ich hörte Gričars Atem. Zum ersten Mal freute ich mich über seine Anstrengung nicht. Die Sonne würde uns nicht ewig Zeit lassen. Und nach der Ozebnik-Rinne standen uns noch gut fünfhundert Höhenmeter auf den Gipfelgrat bevor, für die offenbar die Pickel gedacht waren.

Ich setzte meine Schritte fest, Tritt um Tritt, und hielt mich, wie ich es als Kind von meinem Großvater gelernt hatte, immer an drei Punkten im Hang: linker Stock, rechter Stock und Standbein, während der andere Fuß den nächsten Halt im Schnee suchte.

Wie lange wir für die Rinne brauchten, weiß ich nicht mehr. Dafür jedoch, wie unvorstellbar mir die Abfahrt über das zwischen den Felsen am Ende immer schmalere Schneeband mittlerweile erschien.

Ich kannte das, hatte das Staunen des Berggehers im Sommer über die im Winter mit größter Selbstverständlichkeit befahrenen Hänge bereits als Kind erlebt. Wusste aber seitdem auch um die Sicherheit, die einen umfängt, sobald man sich den kurzen Druckpunkten der Schwünge und der Leichtigkeit der Falllinie überlässt.

Deshalb zweifelte ich selbst im nur meterbreiten Schlussteil der Ozebnik-Rinne nicht daran, dass ich keinen Augenblick nach dem ersten Kanteneinsatz zögern würde. Ein Abstoßen, zwei Kurzschwünge, dann gab die Bewegung Halt. Auch wenn die letzten Augenblicke nur durch Atemanhalten zu überstehen waren. Zumindest aber, so viel war nach der Scharte klar, hatte ich auf dem Hang davor Zeit für eine Handvoll Schwünge im Flachen, um eine erste Ahnung vom Verhalten dieser kurzen Carving-Stummel zu bekommen.

Am Ozebnik-Sattel ließen wir die Skier zurück und begannen die Südflanke zu queren. Wir gingen am Seil, Gričar voran, alten Trittspuren folgend. Der von der Sonne aufgeweichte Schnee ging uns bis über die Knie. Anfangs lief der Hang noch in einer flachen Mulde aus, doch nach einem Drittel der Querung brach der Jalovec fast senkrecht in einen schwindelerregend tiefen Talschluss ab.

Ich versuchte, nicht hinunterzublicken, folgte Gričar konzentriert. Hier, so dachte ich mir, könnte er mich vermutlich noch halten. Hier, wo wir noch nicht an der Pickelspitze und den Vordersporen der Steigeisen in der Wand hingen.

Denn zum Gipfelgrat kam man nur kletternd. Dabei ging es nicht um das Vermeiden von Fehltritten und Flüchtigkeitsfehlern, sondern um bloßen Halt. Um Halt bei jedem neuen Schlag des Pickels in die Wand, bei jedem neuen Tritt mit den Steigeisen.

Ich durfte keine Angst bekommen – und hatte Angst. Gleichzeitig aber war ich ruhig und spürte nichts von dem Sog der Tiefe, den ich in den Jahren meiner Höhenangst selbst vor Fenstern höhergeschossiger Wiener Wohnungen erlebt hatte. So arbeitete ich mich hinter Gričar die Schneewand hinauf, die Handschuhe längst nass vom nun in Rinnsalen schmelzenden Schnee, und empfand wachsende Lust an der notwendigen Genauigkeit jeder Bewegung, an der abenteuerlichen Ruhe darin.

Nun wusste ich, dass ich mich vor meiner Angst nicht fürchten musste. Selbst wenn die Welt nur mehr aus zwei steilen Quadratmetern Berg direkt vor mir bestand, war sie immer noch groß genug, dass nichts, kein flüchtiger Gedanke, keine hastige Bewegung über sie hinausreichte, nicht einmal der Blick durch die eigenen Beine in achthundert Meter fast senkrechte Tiefe.

Flacher wurde es erst am Gipfelgrat. Gleichzeitig aber auch gefährlicher, da die Nordwestseite des Grats gut tausend Meter abbrach. Am Grat wechselten Schnee und Fels. Und während ich mich auf den Schneepassagen mit den Steigeisen leichtgetan hatte, fehlte mir am Fels jegliches Gefühl. Immer wieder drohte ich zu stolpern, musste mich erst daran gewöhnen, nach dem Aufsetzen keinen Bewegungsspielraum mehr zu haben, richtig zu kleben.

Gričar hatte mich davor nicht gewarnt. Und auch jetzt sagte er kein Wort. Gefährlich blieb es, selbst als ich meine Gehweise einigermaßen angepasst hatte. Denn immer deutlicher zeigte sich, dass ich mit einer für Steigeisen viel zu weiten Hose unterwegs war. Dabei hatte ich Gričar in der Früh noch zur Tauglichkeit meiner Kleidung befragt. Kein Problem, hatte er gemeint. Doch während er enge elastische Hosen trug, blieb ich mit den Steigeisen an meinen hängen. Das erste Mal passierte es direkt am Grat. Zum Glück riss die Hose sofort. Für einen kurzen Augenblick aber hatte ich ins Leere geblickt.

So blitzschnell dies gegangen war, die Panik hatte etwas Zeitlupenartiges, wie ein Nebelfetzen, so langsam und leicht. Es war nichts geschehen, doch ich fühlte den seltsamen Luftzug das ganze letzte Stück hindurch in mir und wusste, ich durfte jetzt nur nicht innehalten.

Auch am Gipfel hielt ich es kaum aus, obwohl wir uns an einem Fixhaken sicherten, bevor wir einander gratulierten und fotografierten. Unter uns eine weißfleckige Gipfel- und Wolkenwelt, wie ich es nur von Bildern oder aus dem Flugzeug kannte. Ich wollte nichts wie weg. Auch wenn ich mir immer weniger vorstellen konnte, die steilen Schneewände hinunterzukommen.

Das jedoch war weit einfacher als gedacht. Längere Stücke stiegen wir sogar vorwärts ab, die Fersen tief im Schnee. Erst vor jener halb vereisten Stelle, an der Gričar mich auch beim Hinaufklettern von oben gesichert hatte, drehten wir uns zum Hang, und Gričar sicherte erneut. Dennoch waren die ersten Schritte in der Wand aus Eis und Schnee, die ich mit dem Rücken zum Abgrund ins fast senkrecht abfallende Eis setzen musste, die unsichersten und gleichzeitig die genauesten meines Lebens.

Beim Skidepot fragte mich Gričar, ob ich nach der Rinne noch auf den Kotovo Sedlo hinüber wollte. Ich zögerte, obwohl ich wusste, dass die dortigen Hänge sicherlich schon zwei, drei Stunden lang in der prallen Sonne lagen. Immerhin wäre es eine Abfahrt mehr. Letztlich entschied ich mich dagegen. Gričar lächelte, und kurz war, so schien mir, sein geringschätziger Blick wieder da.

Er fuhr als Erster los. Ich wartete ein wenig, sah ihm bei den ersten Schwüngen zu. Gričar fuhr gut, doch nicht außergewöhnlich, schien der bessere Bergsteiger zu sein. Ich stieß mich ab. Der erste Schwung ging automatisch.

Beidbeinig und mit breiter Skiführung solle man fahren, hieß es vom Carven. Wirklich weit davon entfernt schien mir der Rennschwung, den es bereits Ende der achtziger Jahre gegeben hatte, nicht zu sein. Nur ging es mit diesen Spielzeugskiern bedeutend leichter.

Gričar wartete an der Scharte. Ich schwang neben ihm ab. Die Rinne lag noch im Schatten. Gričar fuhr. Ich wartete gespannt auf die ersten Bögen; doch er rutschte nur, während ich trotz der Enge automatisch mit Schwüngen begonnen hätte. Diese Automatik war nun dahin, auch ich rutschte lediglich ab. Aber nur ein paar Meter, so sehr juckte es mich, den ersten Kanteneinsatz und das Leichtwerden des Körpers vor dem nächsten Aufkanten zu spüren.

Ein erster Schwung, ein zweiter – es war tatsächlich eng, die Felsen links und rechts kamen so nah, als schwinge man über die nackten Steinwände hinunter. Doch es ging sich aus. Und wie es sich ausging. Der Innenski dirigierte, der Außenski kurvte, immer elastischer flog mein Körper von einem Schwungansatz in den nächsten. Denn nichts anderes war Skifahren im Steilen als ein Fliegen, das einzige Fliegen mit regelmäßigem Bodenkontakt.

Unterhalb des Felsblocks machte Gričar halt. Er habe nicht gewusst, wie ich fahre, sagte er, darum sei er gerutscht. – Kein Problem, antwortete ich.

Ganz deutlich waren auf den Hängen des Kotovo Sedlo frische Lawinenabgänge zu sehen. Er schaute hinüber, sagte nichts. Ich sah ihn an, sagte ebenfalls nichts.

Bei den Talbewohnern

Ich war erleichtert, als mir meine Mutter an jenem Morgen im Mai 2001 endlich gesagt hatte, dass ihr Bruder abgestürzt war. Ich hatte sie am Telefon bereits angeschrien, so groß war meine Furcht aufgrund ihres haltlosen Weinens am anderen Ende der Leitung, mein Vater könnte gestorben sein, meine Schwester, oder beide. Der Tod meines Onkels, der seit knapp zwei Monaten im Mount-Everest-Basislager auf eine Besteigungsmöglichkeit gewartet hatte, berührte mich in dem Augenblick nicht.

Zu meinem Onkel hätte mir auch ohne die Furcht vor anderen Toten die Nähe gefehlt, die einen angesichts einer Todesnachricht weinen lässt. Er war seltsam fern gewesen, selbst der zeitweilige Bubenstolz auf ihn als Bergsteiger war mir stets wie etwas Erfundenes vorgekommen. Trotz aller bestiegenen Berge – ganz gleich, ob sie Kilimandscharo, Aconcagua, Huarascaran, Elbrus oder Quo Oyu hießen – war er mir so unnahbar, so geisterhaft bedacht erschienen, dass sich auch die spannendsten Geschichten an ihm selbst und seinem in irgendeine Weite zielenden Lächeln sofort wieder auflösten.

Nun stand sein Tod sogar im Teletext. Fünfhundert Meter tief, so hieß es, sei er abgestürzt, in der Nähe des Südgipfels auf etwa 8500 Meter Höhe. Immer wieder schaute ich an diesem Tag in die Unglücksnachrichten in Fernsehen und Internet. Irgendwann verschwand die Höhenangabe seines Todessturzes, dafür wurde über die von ihm bestiegenen Gipfel berichtet.

Mein Onkel war tot. Und ich war auf eine Weise traurig, in der ich stolz auf ihn war. Warum, damit wollte ich mich an dem Tag nicht beschäftigen und lenkte mich mit der Suche nach weiteren Informationen zu seinem Absturz ab. Bis ich davon so erschlagen war, dass ich nur mehr in die Innenstadt fahren, mich in Cafés setzten konnte, die Stadt in ihren Bewegungen, ihrem Getöse und ihren ständig fremden Menschen an mir vorbeirauschen ließ und in die Luft schaute – die einzige Möglichkeit, nicht an der Leere zu ersticken.

Als die Abendzeitungen verkauft wurden, las ich in jeder einzelnen die Todesnachricht nach, obwohl ich alle Informationen seit Stunden in- und auswendig kannte. Was wirklich geschehen war, wusste man zu dem Zeitpunkt erst im Basislager. Doch das Zittern, in dem mich, angesichts der tatsächlichen Todesumstände, in den Wochen danach immer wieder das Gefühl beschleichen sollte, der Untote wache direkt neben mir auf, spürte ich schon an dem Abend.

Obwohl ich aber in dieser Nacht im Internet noch stundenlang wahllos auf Detailfotografien jenes Abschnitts zwischen Balcony und South Summit starrte, in dem er angeblich fünfhundert Meter tief abgestürzt war, begegneten mir keine Nachrichten darüber, dass sein Tod länger gedauert hatte, als es bei einem solchen Absturz anzunehmen war.

Stattdessen leuchtete mir auf der Seite mit den besten Bildern gleich die Frage *So, you want to climb the Everest?* entgegen. Abwechselnd mit der sich immer wieder groß aufblasenden Antwort *Do it!* All das unterlegt mit Aussichtspanoramen vom Everest, aktuellen Temperaturangaben, Wetterberichten sowie einer Bilderserie, die den Blick eines Bergsteigers im Gipfelgang fingieren sollte:

You are at the Balcony. A ridge lay ahead, and just above you, not far at all, is the South Summit. You begin to enjoy the view, and the possible near success. Finally you step onto the small plateau of the South Summit, and there – just around the corner – is the Everest Summit…

In dieser Nacht wusste ich noch nicht, dass mein Onkel vor seinem Absturz den Gipfelversuch bereits abgebrochen hatte und nur mehr den Südgipfel erreichen wollte, um den Everest einmal ganz aus der Nähe zu sehen. Dafür erinnerte ich mich plötzlich daran, wie er zwei Jahre davor beim Wien-Marathon eine Zeit lang vor mir gelaufen war. Er trug ein weißes Leibchen. Er war nicht sehr groß. Ich wäre damals gern mit ihm gelaufen, nachdem wir uns am Start zufällig getroffen hatten, hatte aber bald das Gefühl gehabt, er erhöhte das Tempo nur, um allein zu sein.

Ein kleines weißes Leibchen – kilometerlang war er vor mir gelaufen. Während es mir in der Erinnerung vorkam, ich schaute direkt in sein Gesicht, als ich am Bildschirm las: *... and suddenly it is so strangely close. Just right there, only 95 meters/310ft. away. You can almost touch the white tail of snow.*

Als ich am Tag nach dem Jalovec die grünen Pisten des Dreiländerecks hinunterging, erinnerte ich mich an einen seiner letzten Besuche in Lilienfeld. Im Unterschied zu sonst war er nach dem gemeinsamen Mittagessen mit den Großeltern noch bis zum Abend geblieben. Wir tranken Tee, aßen später Würstel und versuchten mühsam, das Gespräch in Gang zu halten. Selbst sagte er kaum etwas, schien sich jedoch wohlzufühlen.

Als mein Vater und ich ihm von unserer bevorstehenden Teilnahme am Vasaloppet erzählten, stellte er sogar Fragen. Kein Wort jedoch gab er preis von seinem, zu dem Zeitpunkt sicherlich feststehenden Entschluss, im Frühling doch noch einen Versuch am Everest zu wagen, nachdem er seiner Frau und seinen Kindern zuliebe bislang darauf verzichtet hatte. Während wir, nachdem er sich so herzlich wie vielleicht noch nie verabschiedet hatte, wieder einmal nur feststellten, dass er aus seiner Haut einfach nicht mehr herauskönne.

Vielleicht aber hatte er uns an dem Nachmittag weit mehr erzählt, als wir angesichts der Unsicherheit, ob sein Schweigen Nähe oder unerreichbare Entfernung bedeutete, geglaubt hatten. In der Erinnerung hatte dieser Nachmittag irgendwann begonnen, sich mehr und mehr mit Reden zu füllen, gerade in den am stillsten empfundenen Augenblicken seines letzten Besuches.

Abendsonne strahlte ins Gailtal, und die Dächer von Villach glitzerten unter den aufziehenden Wolken der angekündigten Südfront goldgelb. – Bergsteiger brauchten offenbar immer einen Berg, damit sie reden konnten. Zu meiner Überraschung hatte auch Klemen Gričar am Vortag nach der Rückkehr vom Jalovec nicht nur meiner Einladung auf einen Kaffee zugestimmt, sondern sogar mit mir geplaudert. Etwa über seine Firma, die er in den nächsten Jahren erweitern müsse, da es als Ein-Mann-Betrieb gerade in einem solchen Beruf schlicht und einfach ein Alterslimit gebe.

Noch schaffe er es allein, hatte er erzählt, Sommer wie Winter mit seiner vor allem russischen Klientel in den gesamten Alpen unterwegs zu sein – wie in der letzten Woche erst am Matterhorn. Doch reichten seine Kräfte bestimmt nicht ewig, weder am Berg noch für die vielen Autofahrten, am Berg womöglich länger.

Mit der Selbständigkeit aber, so hatte er hinzugefügt, nachdem wir uns noch ein Bier bestellten, habe er sich in jedem Fall einen Traum erfüllt. Nie hätte er etwas lieber gemacht, als in die Berge zu gehen. Jetzt würde er für seinen Traum sogar bezahlt. – Und er nickte ernsthaft, als ich meinte, dass unsere Berufe darin nicht so unterschiedlich seien.

Eigentlich hatte ich mir am Dreiländereck einen Zeltplatz für die Nacht suchen wollen, um noch einmal in Ruhe am Berg zu zelten, bis ich auf meiner Ausweichroute durch Gail-, Lesach- und vermutlich auch Pustertal mangels gut versteckter Zeltplätze auf Pensionen angewiesen sein würde. Ein erster Schauer der angekündigten Regen- und Kaltfront aus dem Süden vertrieb mich jedoch schnell von den ebenen Flächen oben am Berg. Und auf der steilen Skipiste hinunter gab es nicht einmal ansatzweise brauchbare Grasmulden. Lediglich rund um eine Jagdhütte am Waldrand wäre Platz gewesen. Doch bei Jägern wusste man nie. Womöglich tauchte mitten in der Nacht ein dicker grüner Mann in seinem Jeep vor dem Zelt auf und jagte mich nackt aus meinem Schlafsack.

Gričar wäre gestern vermutlich sogar noch länger sitzen geblieben, aber mit dem Bier hatte sich bei mir die Anspannung der Stunden davor gelöst, sodass ich bald kein Wort mehr herausgebracht und mich so schnell wie möglich in mein Zimmer in der Hütte zurückgezogen hatte.

Beim Aufwachen war alles grau und der Berg verschwunden, selbst die Rinne war durchs Fenster nicht mehr zu sehen. Ich horchte. Es war still, nicht einmal der lungenkranke Hüttenwirt hustete. Kurz wusste ich nicht, ob es Morgen oder früher Abend war; da aber das Filmteam noch erwartet wurde, konnte die Nacht keinesfalls vergangen sein. Nur das Wetter hatte gewechselt.

Dennoch, irgendetwas hatte sich verändert. Etwas, das sich nicht durch Tageszeit, Wetter oder meine Verschlafenheit erklären ließ.

Immer stärker fuhr der Wind in die Bäume rund um mich. Erst jetzt, nach dem steilen Bergab der Skipisten, merkte ich, wie müde meine Beine waren. Hier auf der in weiten Kehren hinunterführenden Forststraße, ohne den Ansporn eines weiteren Anstiegs, ohne die Notwendigkeit zu besonderer Vorsicht, waren sie plötzlich müde, weich und schwer.

Selbst als ich längst mehr Kehren der Forststraße hinter mir hatte, als für den gesamten Abstieg in der Karte eingezeichnet waren, lag das Gailtal immer noch tief unter mir. Ob ich vor dem Regen des Adriatiefs so weit hinunterkam, war zu bezweifeln. Dafür sah ich auf einer Zwischenebene, nicht ganz so unerreichbar, eine kleine Ortschaft. Seltschach, wie ich meiner Karte entnahm. Den Namen kannte ich, also musste es dort, so sagte mir die Logik meiner Österreich-Kenntnis, auch Fremdenzimmer geben. Denn an die Möglichkeit zu zelten, dachte ich angesichts der sich immer bedrohlicher biegenden Baumstämme nicht mehr.

Ich wechselte die SIM-Karte und googelte im wieder roamingfreien Inlandsnetz nach Frühstückspensionen. Schnell hatte ich ein Gästehaus Anita gefunden, rief an, reservierte und ließ mit meiner Antwort auf die Frage, wie lange ich noch zu fahren habe, eine über meine Anreise zu Fuß nicht nur erstaunte, sondern hörbar missbilligende Zimmerwirtin zurück.

Ich war zurück in Österreich. Ein Anruf reichte, um das festzustellen. Man brauchte weder Karte noch Grenzstein. Nirgendwo sonst begegnete man dem Ungewohnten oder gar Fremden mit so überzeugtem Misstrauen. Und nirgendwo wurde das so deutlich wie in Kärnten. Vermutlich, weil das Fremde, das Nicht-Deutschsprachige hier so sehr Teil des Eigenen war und in der Familie oft nur ein oder zwei Generationen entfernt, dass die Deutschtümelei nicht selten vor allem eine Scham überdeckte.

Wie anders man damit auch umgehen konnte, erlebte man bei jenen Österreichern, deren Muttersprache nicht Deutsch war. Dieses andere Österreichische begegnete dem Filmteam und mir in einem Wirtshaus in Rateče. Wir waren erst wenige Kilometer von der Tamar-Hütte unterwegs, hatten nicht nur die gut sechshundert Höhenmeter zum Dreiländereck hinauf noch vor uns, sondern mussten auch die gleiche Strecke wieder hinunter: ich im Norden ins Gailtal, das Filmteam zurück nach Rateče.

Es war Mittag. Über die Gipfel von Jalovec und Mangart schwappten bereits Wolken in großen Wellen. An Rateče konnten wir jedoch allein deshalb nicht vorbeigehen, da es hier, im Gegensatz zum benachbarten Kranjska Gora, noch Bauernhöfe im Ort gab. Und eine Ortsstraße, die sich entlang der Hofmauern Richtung Kirche schlängelte, gegenüber der das Wirtshaus genau am richtigen Platz stand.

Mindestens ebenso unmöglich, wie einer solchen Einkehr auszuweichen, war es dann, von dem ungleichen und dennoch sich so ähnlichen Paar am Nebentisch nicht auf der Stelle fasziniert zu sein. Die beiden gehörten zusammen, das war trotz ihres Altersunterschieds unübersehbar: An einer Direktheit und einem gleichzeitigen Versteckspiel, wie es so unbekümmert nur zwischen Menschen funktionierte, die sich bereits eine Ewigkeit kannten oder einander erst vor Kurzem für eine noch wartende Ewigkeit begegnet waren.

Dass sie Nichte und Onkel waren, erfuhren wir erst später. Er – so viel ließ sich aus seiner Geschichte bald erschließen, war weit über achtzig, sie vielleicht in den späten Fünfzigern, vielleicht auch bereits über sechzig. Eine Rolle spielte ihr Alter jedoch nicht, denn etwas anderes zog einen binnen weniger Augenblicke in Bann: Es war ihre Sprache, es waren ihre Sprachen und die sofort auftauchende Frage, ob das im vorwarnungslos abrupten Wechsel auf Slowenisch und Deutsch, in Hochsprache oder Dialekt Gesprochene entweder aus weit mehr als den beiden Sprachen oder immer nur aus einer einzigen bestand.

Es ging um ein Geheimnis. Um welches, war im bloßen Mithören nicht durchschaubar. Nur, wie vergeblich sie sich darum bemühte, ihm auf Fragen Antworten zu entlocken, die sie offenbar seit derart langer Zeit stellte, dass sie, auch ohne formuliert zu werden, an allen Ecken und Enden ihrer Unterhaltung deutlich wurden.

Es war eine Nachkriegsgeschichte, wie sie uns erzählten, nachdem sich aufgrund einer Frage nach unserem TV-Equipment ein Gespräch ergeben hatte. Er war ein junger Partisan gewesen und hatte sich nach dem Krieg mithilfe seiner Englischkenntnisse in Geheimdienstkreisen bewegt. Offenbar hatte er dabei auch seine Finger bei Planung und Bau des Hafens von Koper im Spiel gehabt. Selbst nannte er sich sogar den Gründer des Hafens. Vielleicht stimmte das, vielleicht war es aber auch einfach toll erfunden.

Darum ging es jedoch nicht, sondern um das dabei verdiente Geld – angeblich eine Unsumme, wie sie von ihrer Mutter wisse. Auch das bestätigte er gerne. Nur gegen den Vorwurf, er habe es verprasst oder gar an seine allzu zahlreichen Freundinnen verschenkt, wehrte er sich. Die Geschichte, die er zu seiner Verteidigung vorbrachte, schien er jedoch selbst nicht ernst zu nehmen. Zumindest verwendete er keinerlei Ehrgeiz darauf, glaubwürdig zu erzählen, dass er lange vor dem Bau des Panama-Kanals im späteren Baugebiet Land gekauft habe. Gleichzeitig wirkte sein Schmunzeln so vorsätzlich, dass man sich noch bei weit abstruseren Geschichten nicht hätte sicher sein können, ob sie vielleicht doch stimmten.

Immerhin hatte ich auch die Erzählung von seinem Großneffen, der Skisprung-Olympiasieger geworden und vom ORF durch einen fingierten Senderausfall gehindert worden sei, seine Verwandten am Ende des Siegerinterviews auf Slowenisch zu grüßen, so lange für erfunden gehalten, bis er uns beim Abschied seine Visitenkarte mit dem Namen Šnabl gegeben hatte.

Zu dem Zeitpunkt standen auch über Rateče längst dunkle Wolken, und wir waren überzeugt, noch im Aufstieg zum Dreiländereck nass zu werden. Doch ich schaffte es, bis auf den kurzen Schauer am Gipfel, sogar trocken bis Seltschach.

Mit einem Abendessen schien ich dennoch Pech zu haben. Denn im Wirtshaus, sagte mir die Zimmerwirtin, gebe es um diese Uhrzeit nichts mehr. Als sei es etwas Außergewöhnliches, um acht Uhr abends in einem Wirtshaus zu essen.

Ich versuchte es trotzdem, war im Gasthaus aber tatsächlich der Einzige, der an einem Tisch saß. Ob das der Grund war, dass ich seit meinem Hereinkommen und Grüßen von den Gästen an der Schank so unverhohlen angestarrt wurde, wollte ich gar nicht genauer wissen.

Nur der Wirt tat so, als hätte er mich nicht wahrgenommen, und blieb verschwunden. Als er gut fünf Minuten später doch hervorkam, schwenkte er die Speisekarte in der Hand und posaunte lautstark, dass alles aus sei:

Nur Pizza gebe es, Pizza gebe es immer. Und zählte die gesamte Auswahl an Pizzen in einer irrwitzigen, für Nicht-Deutschsprachige bestimmt unverständlichen Geschwindigkeit auf.

Ich hörte ihm nicht weiter zu, bestellte ein Bier – womit ich der Versammlung an der Theke offenbar gleich weitaus weniger verdächtig vorkam – und eine scharfe Siciliana.

Bist du vor einer guten Stunde dort draußen vorbei? – Ich bejahte.

Mit Zimmer, Kuchl, Kabinett, oder wie? – Ich nickte. Mehr sagte ich nicht, sollte er mich doch richtig fragen.

Und, wie weit kommt man mit solcher Beladung?

Vielleicht bis Monaco, antwortete ich ihm. Er starrte mich an, wollte gerade auflachen, als ich hinzufügte, dass ich in Triest weggegangen sei.

Und, bis wann willst dort sein, in Monaco?, erkundigte er sich schnell.

Mitte September.

Mitte September, wiederholte er, bis September ist es aber ein breiter Weg, und klopfte mit dem Bleistift gegen den Block.

Ein breiter Weg, das galt vor allem in den nächsten beiden Wochen. Für die Täler, durch die ich nun, kaum hatte ich zwischen Triglav und Jalovec die Alpen erreicht, aufgrund der Schneelage ausweichen musste. Zumindest das ganze Stück des Karnischen Höhenwegs, vermutlich aber auch den Abschnitt rund um die Drei Zinnen sowie die Strecke nördlich des Pustertals vorbei am Hochfeiler musste ich durch Talpassagen ersetzen.

Dass mir aber die große Menge späten Schnees auch in den Tälern zum Problem werden sollte, hätte ich mir nicht träumen lassen, wurde jedoch bereits im Gailtal eines Besseren belehrt. In Watschig, einer kleinen Ortschaft westlich von Hermagor.

Denn Schnee musste kein Schnee sein, um einem den Weg zu versperren. Ich hatte gerade wieder schweren Herzens in Richtung der weißen Höhen des Karnischen Kamms hinauf geschaut und war in südlicher Richtung aus dem Ort hinausgegangen, um dem breiten, brettelebenen Talboden der Gail zumindest stückweise am Fuß der Waldhänge auszuweichen. Doch selbst als das Donnern schon nicht mehr zu überhören war, wäre ich nicht auf die Idee gekommen, dass es Schnee sein könnte, der mich gleich wieder umkehren ließe.

Das glaubte ich erst, als die Schneewassermengen direkt vor meiner Nase in mehreren reißenden Bächen neben dem eigentlichen Wildbach durch den Wald strömten. Und ich eine erste, deutliche Ahnung bekam, was ich nun wochenlang hören sollte, in jedem neuen Bergtal oder Tobel.

Nach Brücken oder anderen passierbaren Übergängen brauchte ich erst gar nicht zu suchen. Der Bach floss durch den halben Wald und blitzte und funkelte dabei in den zwischen den Buchenstämmen durchscheinenden Sonnenstrahlen so übermütig, als sagte er einem trotz aller Unmöglichkeit: Trau dich, trau dich nur!

Ich traute mich nicht. Auch ein Höhersteigen nützte nichts. Denn selbst wenn sich der Rudnig-Bach über eine der Almzufahrten tatsächlich hätte überqueren lassen, wären den fünf- bis sechshundert zusätzlichen Höhenmetern höchstens dreihundert Meter an Weg den Hang entlang gegenübergestanden, führte der einzige auf der Karte eingezeichnete Wanderweg von der Alm auf der anderen Seite des Baches doch gleich wieder herunter.

So war ich wieder nach Watschig zurückgegangen, bis mir, kaum einen halben Kilometer entlang der breit und braun angeschwollenen Gail flussaufwärts, der Rudnig-Bach den Weg erneut versperrte.

Im ersten Moment war ich überzeugt, dass mir in dem ganzen breiten Tal tatsächlich nur mehr die Bundesstraße auf der anderen Flussseite übrig blieb. Dann sah ich einen Läufer, der angesichts der übermäßigen Breite des sonst über eine seichte Furt zu durchquerenden Bächleins ebenfalls zögerte, anstatt umzudrehen jedoch seine Schuhe aufschnürte und den offensichtlich immer noch seichten Wasserlauf mit vorsichtig staksigen Schritten überquerte.

Ungefährlich war es nicht, denn nur ein, zwei Meter nach dem Radweg, über den der Bach offensichtlich am seichtesten floss, brach die Böschung zur mächtig vorbeiströmenden Gail hinunter ab. Das sei ihm, sagte er mir danach, aber erst im Wasser aufgefallen. Mit meinem schweren Rucksack besäßen meine Schritte über die Furt jedoch sicherlich genügend Gewicht, fügte er hinzu. Und so fachsimpelten wir weiter, bis wir auf der anderen Seite drei kleine Mädchen auftauchen sahen.

Sie stellten ihre Räder ab und überquerten, mit der Kleinsten in ihrer Mitte, die Furt ohne jede Verrenkung in einer Selbstverständlichkeit, dass wir gar nicht dazukamen, uns Sorgen zu machen oder gar zu fragen, ob wir als Erwachsene dagegen einschreiten sollten.

Erstaunlicher noch als deren leichte Sicherheit aber war, wie schnell man offenbar vergaß, was in der eigenen Kindheit noch an Gefahr, Übermut und fast traumtänzerischer Sicherheit zum Alltag dazugehört hatte! All die Verletzungen, Unfälle und missachteten Ge- und Verbote, ganz gleich, ob in Bächen, Bäumen, auf Bergwiesen oder in Kanalrohren! Ich zog mir die Bergschuhe aus, schlüpfte in die ohnehin für solche Überquerungen gekauften Sandalen und ging kopfschüttelnd durch das wunderbar prickelnde Wasser.

Die nächste Ortschaft, Tröpolach, erreichte ich in weniger als einer halben Stunde. Am Ortsbeginn ein überdimensioniertes Gasthaus mit ebensolcher Sonnenterrasse, auf der eine Handvoll Leute saßen. Schon auf dem Herweg hatte ich mich gewundert, warum Tröpolach wie der Nachbarort Rattendorf auf der Schattseite lag, fast ängstlich gegen die Waldhänge gepresst, während am Südhang des Tals die Ortschaften auf ihren Schwemmkegelterrassen regelrecht thronten.

Zwar dämmerte mir, dass es mit dem Skigebiet Nassfeld zumindest in den letzten Jahrzehnten einen Grund für die Lage der beiden Ortschaften gab, historisch begründete jedoch auch das nichts. Im Gegensatz zum weit länger existierenden Passübergang. Doch der fiel mir erst ein, als ich in meiner Routenbeschreibung über den von Kötschach-Mauthen nach Italien führenden Plöckenpass las, dass es diesen als Übergang der Venetianer bereits vor der Zeit der Römer gegeben habe, und dass die damaligen Felsinschriften bis heute als eines der ältesten Schriftdenkmäler des Landes gelten. – Dass über das Nassfeld nur ein schlecht ausgebauter Saumweg geführt hatte, wusste ich nicht.

Kein Mensch war mir in Rattendorf begegnet, mit Ausnahme der verloren herumsitzenden Wirtshausterrassengäste. Deshalb stellte ich meinen Rucksack kurzerhand an der örtlichen Bushaltestelle ab, um mir zumindest an der Anschlagtafel der Ortsvereine bestätigen zu lassen, dass es noch ein Ortsleben gab.

Gleich danach kam mir an dem Feldweg, den ich für den restlichen, durch Wiesen und Äcker führenden Streckenteil dieses Tages nahm, ein Traktor entgegen. Doch angesichts der davor erlebten Leere war ich mir nicht sicher, ob ich ihn mir, samt dem darauf sitzenden Alten und seinem Gruß, nicht nur eingebildet hatte. Einfach, da für mich so ein Bild zu Ortschaften wie Rattenberg automatisch dazugehörte.

Über den Südhängen standen taleinwärts bereits Wolken, auch

Regenstriche waren zu sehen. Ich hatte an dem Tag kein Ziel. Ich wollte nur gehen, so lange gehen, bis es Abend wurde oder die Regenstriche mich erreichten. Eine der an der anderen Talseite aufgefädelten Ortschaften würde dann schon in der Nähe sein.

Ihre Namen brachte ich ständig durcheinander, obwohl – oder gerade weil – ich immer wieder aufs Neue in die Karte schaute. Noch viel weniger aber konnte ich sie auseinanderhalten, während ich sie vor mir im Tal sah. Allein aufgrund ihrer stets ähnlichen Anordnung von Kirchturm, Feuerwehrhaus, Tankstelle, Bahnhof und Autowerkstätte waren sie kaum voneinander zu unterscheiden.

Im Ortskern die alten Bauernhöfe und am Rand die in den letzten Jahrzehnten wuchernden Einfamilienhaussiedlungen, die einander viel zu ähnlich sahen und aus der Ferne wie Notunterkünfte oder Wohnwagenslums wirkten.

Die Regenstriche bewegten sich nicht. Ich ging vorbei an Weiden, Wiesen und Äckern, passierte ein Fischereimuseum, folgte dem Feldweg entlang eines der Bewässerungskanäle und sah in der Landkarte über diese unbewohnte Seite des Tals zweimal die Bezeichnung *Essbare Landschaft – Naturspielplatz.*

Und ein Naturspielplatz, das war ein solch harmlos wirkendes U-Tal wie das der Gail die längste Zeit gewesen, wie ich aus meinen Recherchen im Frühling wusste. Auch wenn die Bezeichnung Naturspielplatz dabei eine andere Bedeutung gehabt hatte als in der Landkarte.

Denn gerade diese nun so fruchtbar und harmlos wirkenden Täler hatten die Menschen als regelmäßig verwüstete Überschwemmungsgebiete bei der Besiedlung der Alpen am längsten gefordert. Erst die Technik des Industriezeitalters ermöglichte jenes Begradigen und Tieferlegen der Flüsse, das Werner Bätzing das 19. Jahrhundert in den Alpen das Jahrhundert der Wasserbauten nennen ließ. Diese Bezeichnung rührte aber nicht nur von der Zähmung der Täler her. Gleichzeitig seien seit dem 19. Jahrhundert in allen Höhenstockwerken zahlreiche kleinere Seen und Feuchtgebiete trockengelegt und in Wiesen und Weiden umgewandelt worden:

Auf diese Weise wird das Kulturland in den tief gelegenen und leicht erreichbaren Alpengebieten im 19. Jahrhundert noch einmal wesentlich vergrößert, schreibt Bätzing. Dies sei erst Voraussetzung für die moderne Verkehrserschließung der Alpen gewesen. Während die alten Saumwege die Talauen mieden und auf den Hängen entlangführten, seien die Straßen und Eisenbahnlinien des 19. Jahrhunderts direkt auf den breiten Talböden gelegt worden.

Für die Eisenbahn stimmte das im Gailtal, für die Bundesstraße nur bedingt, da sie entlang der Südhänge durch die dort erhöht gelegenen Dörfer führte, von denen ich bis auf Kötschach-Mauthen nur Dellach dem Namen nach kannte. Ein Name, der (*Doljah* für: *bei den Talbewohnern*) aus der Zeit der slawischen Besiedlung stammte und auch für eine Ortschaft im nördlicheren Drautal existierte. Dellach im Gailtal war davor die erste römische Stadtanlage in Österreich gewesen und als Gurina, noch etwas oberhalb des heutigen Dellach, schon zur Hallstatt-Zeit besiedelt.

Berechnungen nach Ausgrabungen des von den Römern planierten Opferplatzes haben ergeben, dass Opfergaben von insgesamt sieben Tonnen dargebracht worden waren. Damals war Gurina als Handelsplatz zwischen dem italienischen und ostalpinen Raum wichtig, später römischer Verwaltungssitz; um 600 v. Chr. wurde die Siedlung aufgegeben und hat nach der Volkszählung von 2001 lediglich acht Einwohner.

Bei den Talbewohnern, vielleicht erzählte ein solcher Ortsname etwas davon, wie verkehrt die Welt vor dem 19. Jahrhundert aus unserer Sicht noch gewesen ist. Die Talbewohner wurden als eine Ausnahme in den Alpen wahrgenommen. Eine, die man sogar extra benannte.

Doch so sicher die Orte auf der anderen Talseite vor der Gail und ihren Überschwemmungen zu liegen schienen und so fruchtbar die Böden der Schwemmkegelterrassen aufgrund des von den Seitenbächen abgelagerten Materials auch waren, so wenig änderte das daran, dass gerade solche Ortschaften, wenn die Wildbäche Hochwasser führten, regelmäßig vermurt wurden. Weshalb auch schwer zu sagen ist, ob die Slawen *bei den Talbewohnern* eher mitleidig oder bewundernd gemeint hatten.

Eines wusste ich aber sicher: dass es *bei den Talbewohnern* längst regnete, sich die Wolken aber so wenig von der Stelle bewegten wie die hellen Regenstriche im letzten Licht der Sonnenstrahlen. Doch nicht nur die Wolken und die Regenstriche, auch ich schien in diesem Tal nicht mehr voranzukommen.

Wiesen und Wälder folgten auf Wiesen und Felder. Ich ging, die Gail rauschte. Regen fiel nur *bei den Talbewohnern*, während eine Ortschaft nach der anderen aus wieder nichts anderem als Kirchturm, Feuerwehrhaus, Tankstelle, Autowerkstätte und einem nahe der Gail gelegenen Bahnhof bestand.

Erst als drüben die Kirchenglocken zu läuten begannen, zuerst ein paar Dörfer weiter, dann gegenüber, dann zwei Dörfer dahinter, kam wieder Bewegung in die Landschaft des Tals. Und sie flog, als hätte sie etwas aufzuholen, regelrecht an mir vorbei. Es war, wie ich in meinem Weblog zur Etappe von Watschig nach Treßdorf schrieb, als müsste ich dafür gar nicht mehr selbst gehen, müsste nur den Kopf zur Seite drehen.

Bis heute findet sich neben diesem Eintrag ein Bild, das ich an diesem Nachmittag von der Mitte des Talbodens aus gemacht hatte. Vor mir, gehockt fotografiert, die dunkelbraunen, tief gefurchten Äcker, die voller Löwenzahn stehenden Wiesen, als wäre das ganze Bild ein randvoll gefülltes Gefäß, in dem, nachdem die Sonne nicht mehr ins Tal strahlte, nur mehr die darüber hängenden Wolken Platz fanden.

Ein richtig versierter Naturmensch, hieß es darüber im Weblog, *könnte all die Blumen, Bäume und Tiere ja problemlos benennen, die einem an einem Tag wie diesem begegnen. Mir bleiben nur Gänseblümchen und Löwenzahn. Letzterer ist in manchen Gebieten schon verblüht und steht stolz mit weißgrauen Kopfgespinsten in satten Maiwiesen. – Als ich wieder auf eine Bundesstraße komme, merke ich, dass ich nicht nur die Wegstrecken der Läufer und Walker längst belächle, sondern auch die der Motorrad- und Autofahrer.*

Die nächsten beiden Stunden war ich offenbar tatsächlich in einem solcher Selbstüberschätzung entsprechenden Tempo gegangen und abends so müde, dass mich selbst das Elfmeterschießen des Champions-League-Finales nicht hatte wach halten können.

Im Gegensatz zu einer anderen Müdigkeit, von der mir zuvor in einer Stube erzählt worden war, die vor gar nicht langer Zeit noch als richtige Wirtsstube genutzt wurde. Einer Müdigkeit, die nicht nur daher rührte, wie wenig Schlaf einem blieb, wenn man jahre- oder jahrzehntelang jeden Abend bis nach Mitternacht hinter der Schank stand und am Morgen in den Stall musste – wie die immer noch jung und drahtig wirkende Frau Bachlechner, in deren Bauernhofpension mitten in Treßdorf ich gelandet war, nachdem ich kurz vor den ersten Regentropfen an der Gailbrücke das Schild *Jause aus eigener Erzeugung gelesen hatte.*

Früher, so erzählte sie mir, nachdem sie mir eine Bretteljause für mindestens zwei Personen gerichtet hatte, habe es ganze vier Wirtshäuser in Treßdorf gegeben. Jetzt sei nur der Wirt vorne an der Kreuzung übrig geblieben. Und das liege bestimmt nicht allein an den niedrigeren Promillegrenzen oder schärferen Kontrollen, sondern daran, dass die meisten nicht mehr im Ort arbeiteten und zur Arbeitszeit oft noch eineinhalb, zwei Autostunden pro Tag kämen.

Aber auch jene Urlaubsgäste, die früher oft zwei, drei Wochen geblieben seien, im Sommer meist länger, gebe es nicht mehr.

Ganz ähnlich sollte ich es noch in anderen Orten hören. Im Unterschied dazu klang Frau Bachlechner jedoch nicht verbittert, stattdessen war in ihrem Erzählen etwas Waches, Hellhöriges. Ein Moment, der sich vielleicht darin fassen lässt, dass jemand wie sie aufgrund des selbst Erlebten eben nicht längst schon alles weiß, vielmehr eine Ahnung davon bekommt, dass die Rätsel anhand der gesammelten Erfahrungen immer nur größer werden.

All das hatte ich mir danach in meinem Notizbuch notiert, genauso wie die unweigerlichen Zusammenhänge zwischen dem Auspendeln der Leute und dem Sterben der Wirtshäuser in einem Ort wie Treßdorf, in dem es Arbeitsplätze außer der Landwirtschaft nur im Winter am Nassfeld gab.

Nicht aufgeschrieben hatte ich mir, wie beim Reden über das frühere Leben in dieser Stube plötzlich auf unheimliche Weise deutlich wurde, wie sehr sie immer noch einem Wirtsraum glich und Frau Bachlechner darin auch jetzt noch mit jeder Bewegung Wirtin war. Und das, obwohl die Stube nur mehr von Pensionsgästen genutzt wurde.

Sie hatte mir ein Bier gezapft und war danach an meinem Tisch, an dem wir davor bereits gemeinsam gesessen hatten, so stehen geblieben, wie man eben in einem Wirtshaus vor einem Tisch stehen bleibt, selbst im lebendigsten Gespräch immer hellhörig für irgendeine Bestellung, einen Wunsch rundum.

Ringsum saß niemand. Trotzdem sah sie sich der alten Automatik folgend um. Und meinte fast trotzig, dass sie jetzt einfach mehr Freizeit habe. Sie gehe etwa viel öfter in die Berge, sagte sie, und schaute sich noch einmal in ihrer Stube um.

Am nächsten Morgen schien die Sonne, ihr Mann machte mir das Frühstück und war mindestens so neugierig wie sie. Und nachdem ich eine Stunde später als geplant aufbrach, kam sie mir im Ort in ihrer Gailtaler Tracht mit einer Freundin entgegen und sah, wie ich in meiner Geschichte schreiben sollte, regelrecht aristokratisch aus.

So und nicht anders sollte man durchs Leben gehen, dachte ich, und bog auf einem Feldweg Richtung Gail ab, sollte über den Stolz dieser Augenblicke in meiner ersten *Standard*-Geschichte von der Reise zu lesen sein. Den Moment am Abend zuvor, in dem sie sich, von ihrer Freizeit sprechend, beinahe Hilfe suchend umgesehen hatte, unterschlug ich darin.

In Wirklichkeit war ich auf dem Gehsteig der Bundesstraße weiter Richtung Kirchbach gegangen, wo mir noch eine ganze Reihe ähnlich gekleideter Frauen entgegenkam. Dann erst bog ich in die Felder ab.

Kein Mensch war darin unterwegs gewesen. Keine Nordic-Walker, keine Radfahrer, keine Jogger, nicht einmal Leute mit Hunden. Nur ein weißer Mercedes kam mir nach einiger Zeit entgegen. Darin türkische Jugendliche, die mit allerlei Tröten, Fahnen und Schals durch die offenen Fenster bereits für die Fußball-Europameisterschaft probten.

Dann war alles wieder still, und ich hatte die frühmorgendliche SMS von Sabine noch immer nicht beantwortet. Gerade weil ich wusste, dass ich ihr den Wunsch, ein Stück des Wegs nach Kötschach-Mauthen mit mir zu gehen, weder ausschlagen konnte noch wollte. Nicht nur, da sie gerade am nahe gelegenen Weißensee bei ihren Eltern auf Besuch war, sondern vor allem auch, da es mehr als genug zu besprechen gab.

Am Vormittag, so hatten wir abgemacht, würden wir einen Treffpunkt vereinbaren. Dann war ihre SMS bereits beim Aufstehen da gewesen. Ich hatte ihr zuerst allein wegen ihrer Überpünktlichkeit nicht geantwortet. Doch schon der Ärger darüber, dass sie nun von Viertelstunde zu Viertelstunde erboster und enttäuschter sein würde, war nur ein Ersatzärger, und er wurde nicht kleiner, als ich ihr schließlich genau schrieb, wann ich wo sein würde und welcher Ort als Treffpunkt wohl am besten wäre, um gemeinsam nach Kötschach-Mauthen zu gehen.

Dass ich eigentlich keinen Augenblick der Reise mit ihr teilen wollte, und auch sonst nichts im Leben, weder als Paar noch als Eltern eines Kindes – und wie stumm es mich machte, dass unsere Elternschaft zumindest Letzteres zeitlebens unumkehrbar werden ließ –, traute ich mich zu dem Zeitpunkt noch nicht einmal in mein Notizbuch zu schreiben.

Stattdessen blieb ich bei der nächsten Bank stehen, nahm den Rucksack ab, setzte mich und starrte minutenlang vor mich hin. Schließlich fotografierte ich meinen Rucksack, schickte das Bild als MMS an irgendeine Nummer in meinem Telefonspeicher und schrieb dazu Sätze, wie man sie sich von einem Schriftsteller, für den es nichts anderes als seine Reise gab, wohl vorstellte: *Weiter drüben, auf der anderen Flussseite, bellt ein Hund. Der Hof, zu dem er gehört, ist hinter den Wäldern nicht zu sehen, doch sein Bellen hallt, als wäre er in einen Blechschuppen gesperrt.*

In Gundersheim wartete ich auf Sabines Zug aus Kötschach. Als sie ausstieg, lächelte sie, froh sah sie nicht aus. Mir ging es nicht anders, ich lächelte ebenfalls, wir küssten uns flüchtig.

Wie es ihr gehe, fragte ich sie, die mit kleinem Rucksack und schon deutlich vergrößertem Bauch neben mir und meinem grünen Freund auf dem Rücken die Asphaltstraße zum Gail-Radweg hinunter unterwegs war. Meine Stöcke klackten am Straßenbelag.

Wie es mir gehe, fragte sie mich.

Ich konnte das metallische Geräusch kaum ertragen. Es klang fehl am Platz. Ich erzählte vom Jalovec, ich erzählte vom Wirtshaus in Rateče, von der Pizzeria in Seltschach. Sabine nickte, nickte zu allem in einer Ernsthaftigkeit, als handelte es sich um Offenbarungen, während ich mir immer läppischer vorkam.

Neben uns Felder und Wiesen, Windstille, warme, diesige Luft. Ich fragte sie erneut, wie es ihr gehe. Und sie wiederholte mit verkniffenem Gesicht, was sie mir während der Telefonate der letzten drei Wochen auf diese Frage bereits gesagt hatte.

Wir kamen zur Gail. Wir schwiegen.

Ich sagte: Du sagst nichts.

Sie sagte: Du sagst seit drei Wochen nichts.

Ich sagte: So geht es nicht weiter.

Sie fragte: Was geht so nicht weiter?

Sie sagte: Was soll ich denn noch alles machen, was wünschst du dir?

Ich sagte: Darum geht es nicht.

Sie sagte: Worum geht es denn, was mache ich falsch?

Ich sagte: Nichts.

Und das stimmte auch. Dass ich allein das Bemühen, alles richtig zu machen, nicht aushielt, sagte ich ihr nicht.

Auch die Zeitung habe ich dir mitgenommen, sagte sie.

Ich hatte sie nicht angesehen, ich wusste, dass ich auf dem Titelblatt stand. Stattdessen fragte ich mich, was der noch so kleine Mensch in ihrem Bauch einmal über uns denken würde. Über uns in diesem Augenblick. Über uns in den letzten Wochen und Monaten, über uns in den erst kommenden. Irgendwann, in zehn, in fünfzehn Jahren.

Auch darüber sagte ich nichts.

In Kötschach schafften wir es nicht einmal mehr, darüber zu reden, ob sie über Nacht bliebe. Ursprünglich hatten wir es in den Gesprächen über meine Reise geplant gehabt. Doch schon vor meiner Abreise hatten wir es nicht mehr erwähnt. Und nach den vergangenen beiden Stunden wusste ich nur, dass es nicht ging, brachte jedoch kein Wort darüber heraus.

Nicht einmal, als ich in Kötschach in ihrem Auto die mitgebrachte Reisetasche auf der Rückbank stehen sah. Und so tat, als hätte ich sie nicht bemerkt.

Stattdessen schrieb ich in meinem Wirtshauspensionszimmer einen Weblog-Eintrag. Darin erzählte ich zwar kein Wort über den Nachmittag. Dennoch, so schien mir, öffnete sich darin zumindest eine erste Lücke zu jenem Teil meiner Reise, der mir in diesen ersten Wochen noch viel zu nahe war, um darüber etwas erzählen zu können. Eine erste, winzige Lücke – gerade groß genug für ein Geräusch. Für das Tosen der Wälder, von dem ich an diesem Abend erzählte:

Natürlich lässt sich erklären, warum gerade dieses Geräusch die Reise seit ihrem Beginn am auffälligsten begleitet. Es ist in den Bergen genauso hörbar wie in den Tälern, und in der Nacht genauso wie untertags. Zudem ist es auf einprägsame Weise das letzte Geräusch in der Landschaft vor der Gewitterstille – so lange der Wind geht, ist noch Zeit, eine schützende Mulde für das schnell aufgeschlagene Zelt zu suchen. Ist es in solchen Augenblicken bereits still, wird man meistens nass. Bislang ist es sich noch jedes Mal davor ausgegangen. Und die Nachmittagsgewitter habe ich dann, müde genug von den Gehstunden, auf der aufgeblasenen Unterlegmatte immer verschlafen. Seit ich aber beim ersten fast zu spät munter geworden war, um das eigentliche Etappenziel zu erreichen, stelle ich mir nun den Wecker vorsorglich auf eine Dreiviertelstunde.

Das Tosen der Wälder als Grundgeräusch ist aber nicht nur etwas Lautes, Entferntes, dem jedes Mal Gewitter folgen, sondern mindestens ebenso etwas Stilles und Nahes. So als verberge sich darin das zu Fuß allein nicht erreichbare Ziel der Reise. Eine Sehnsucht hinter den Orten und Anstrengungen, hinter den Tagen und Nächten dieser Reise. – Etwas, von dem man irgendwann wissen wird, dass es die ganze Zeit hier war.

Was ich jetzt schon weiß: dass ich, seit ich unterwegs bin, ungern telefoniere. Ich schreibe SMS, E-Mails. Doch sobald ich telefonieren soll, fällt mir auf, dass ich von der Reise nichts in einem Zug erzählen kann. Nur in Brocken, wie im Notizbuch, kristallisieren sich Grundmotive, Wiederholungen und Zusammenhänge heraus. Genau an diesen Stellen beginne ich am Telefon dann zu stocken. Und frage mich, wann Lehrer und Schüler endlich das Lehrplan-Verbrechen namens »Erlebnisaufsatz« zu bestreiken beginnen.

Ein für sich erzählbarer Brocken der Reise ist die ständige Bedächtigkeit: beim Packen, beim Anziehen, beim Schuheschnüren, beim Kartenlesen etc. – eigentlich das genaue Gegenteil jeglichen Abenteurertums. Oder vielleicht auch nicht. Weil auch das Abenteuer, ob groß oder klein, immer nur in den Bruchstücken von Zeit zu Hause ist, in denen man mit der Genauigkeit des Schlafwandlers weiß, was man tut. Und gleichzeitig längst viel zu weit gegangen ist, um daran noch etwas zu ändern. – Vorstellbar, und völlig unvorstellbar gleichzeitig, wie jene letzten Tagebucheinträge des erfrierenden Südpol-Abenteurers R. F. Scott, in denen er bat, die Aufzeichnungen seiner Frau zu übergeben. Und »Frau«, im Manuskript sichtbar, durch den Begriff »Witwe« ersetzte.

Von solchen Extremsituationen bin ich weit entfernt. Ich bin am Ende eines Gehtags höchstens müde. Am Abend des Champions-League-Finales etwa derart, dass ich es zwar bis zur Verlängerung vor dem TV-Apparat aushielt. In der Pause vor dem Elferschießen aber gab ich auf. Obwohl ich Elfmeterschießen liebe. Schaltete den Fernseher ab, das Licht und schlief auf der Stelle ein.

Was fehlte

Draußen flatterte die Wäsche. Der Himmel war im Gegensatz zu den Vortagen fast wolkenlos. Auf den Südhängen lag Schnee nur mehr auf den Gipfelspitzen. Der böige Wind trug immer wieder Fetzen von Gesang aus dem auf der anderen Talseite gelegenen Kloster Maria Luggau herüber. Stimmen, die selbst durch die gekippten Fenster so greifbar schienen, als klängen sie in meinem Kopf. Dann war es wieder nur der Wind.

Ich saß in meinem Pensionszimmer am Schreibtisch, sah aus dem Fenster hinaus und war mir mit einem Mal sicher, der durchs Tal wehende Wind trage nicht nur das Singen an mein Fenster, sondern schaute mir schon die längste Zeit zu. Immer wieder, ganz gleich, ob es hier das Singen aus dem Kloster war oder unterwegs das Rascheln der Blätter, das Knacken der Äste, vorbeifahrende Autos, ein tosender Fluss oder die Tritte meiner Schuhe. Manchmal tippte mich der Wind nur lautlos an, dann wieder hörte ich ihn umso deutlicher, als das atemlose Auge meiner Reise.

Am Tag nach Sabines Besuch war ich ins Lesachtal gegangen und hatte mich schon im Vorhinein gefreut, dass es hier keine flachen Wiesen und Äcker mehr gab, keine endlosen Feldwege vorbei an den immergleichen Ortschaften, und das monotone Dahingehen der letzten Tage zu Ende war.

Bereits beim Weggehen hatte es wieder zu regnen begonnen. Im Niemandsland der Supermärkte, Autohäuser und Waschanlagen, das zwischen den beiden von der Gail getrennten Orten der Doppelgemeinde Kötschach und Mauthen lag, hatte ich mir darüber jedoch keine großen Gedanken gemacht.[14]

Auch nicht, als der Regen stärker wurde, während ich von Mauthen Richtung Taleingang gegangen war. Selbst die LKWs, die mir auf den Kehren der Forststraße den Wald hinauf nach Nischlwitz mit Baumstämmen in so aberwitzigem Tempo entgegengekommen waren, dass ich jedes Mal wieder in den Straßengraben ausweichen musste, hatten mich nicht gestört.

Denn kaum ging es bergauf, geschah etwas, das ich an mir nur zu gut kannte: Ich ging nicht mehr, ich trainierte. Wie früher, als ich beim Trockentraining als jugendlicher Skilangläufer in den Bergen noch verspottet worden war, wenn ich im Laufschritt mit meinen Stöcken auftauchte. Während das Gehen mit Stöcken in den letzten Jahren regelrecht zum Breitensport geworden ist. Mich als Skilangläufer im Training kümmerten weder die Steine spritzend entgegenkommenden LKWs noch der Regen.

Stattdessen fragte ich mich, mit welchen Puls- und Laktatwerten ich solche Anstiege mit dem Rucksack wohl ginge. Beziehungsweise ob und wie viele dieser Stunden ich tatsächlich als Training werten konnte. Denn womöglich machte ich, als Nebeneffekt der Reise, im Hinblick auf die nächste Wintersaison noch einen Leistungssprung, wie ich ihn mir seit meinen Tagen als jugendlicher Wettkampfsportler nicht mehr hatte träumen lassen – auch wenn die Wunschziele damals noch ganz anders geheißen hatten: Weltcup, Olympia …

Angesichts des Regens hätte mich allerdings viel mehr beschäftigen sollen, wie ich an einem solchen Tag den hinter den Gehöften von Nischlwitz zur Gail hinunterführenden Weg schaffen sollte. Schon aufgrund der Karte hätte mir an den eng aneinander liegenden Höhenschichtlinien und dem punktiert anstatt gestrichelt eingezeichneten Steig klar sein müssen, dass es sich um alles andere als

14 Sondern war vor allem erleichtert gewesen und hatte mir notiert: *Zuerst am Friedhof, dann noch an einer Reihe neuer Einfamilienhäuser vorbei. Aufgehängte Wäsche und ein spielendes Kind, vor mir Wiesen, dann der Wald. Schon ist man weg, schon ist man da.*

leichtes Terrain handelte. Womöglich sogar um ein angesichts der Regennässe viel zu riskantes.

Tatsächlich ging es, kaum war ich am Ende des kleinen, auf 962 Meter gelegenen Weilers von der Forststraße in den bergab führenden Waldhang abgebogen, so steil hinunter, wie noch nie während der gesamten Reise. Kaum Kehren, zumindest keine, zwischen denen der Weg etwas flacher als in der bloßen Direttissima hinunter ging. Wobei dies an der Hangneigung nichts geändert hätte und seitlich zum Hang zu gehen mit dem Gewicht des Rucksacks – und dem bei jedem Schritt drohenden Übergewicht – ohnedies nicht viel gefahrloser gewesen wäre.

Daran zu denken, ob es den an der Gail entlangführenden Weg nach den Regenfällen der vergangenen Nacht und dem Adriatief von letzter Woche überhaupt noch gab, war schon zu spät. Genauso die Frage, ob ich nicht besser gleich umkehren sollte. Vielleicht aber wollte ich es einfach so, musste schlicht ausprobieren, wie weit ich gehen konnte. So hielt ich mich auf allen vieren im Hang, Stöcke voran, Beine hinterher, der Rest irgendwo in der Mitte samt Rucksack. Einziger Halt war bald nur mehr die Bewegung selbst. Nun gab es kaum mehr eine Stelle, an der ich mich länger, als für das bloße Aufsetzen des jeweils nächsten Schritts nötig war, im glitschig aufgeweichten Erdreich halten konnte – oder das glitschig aufgeweichte Erdreich mich. Vom Manöver des Umdrehens ganz zu schweigen.

Die ganze Zeit hörte ich die rauschende Gail unter mir und wusste, dass ich bis dort hinunterfiele, sollte ich ausrutschen oder stürzen. Es gäbe für mich kein Halten, so schnell würde es gehen.

Am gefährlichsten war es schließlich ganz unten. An vielen Stellen hatte der Fluss den, einen halben Kilometer entlang der Gail bis zur Hängebrücke führenden, Steig unterspült, an manchen Stellen war das Ufer bereits gebrochen, an anderen war der Hang von oben abgerutscht. Obwohl mit den Wassermassen neben und an etlichen felsigen Stellen direkt unter mir, auf dem steilen Hang kaum Platz zum Ausweichen war, drehte ich nicht um. Ich dachte nicht einmal daran.

Es ging gut. Es ging so gut, dass ich abends in Birnbaum hätte erleichtert sein können. Doch ich war es nicht, mir war kalt. Ins Notizbuch schrieb ich mir Sätze über eine Ruhe auf, die ich mir *so laut wie die Nachtgeräusche der Gail* im engen Lesachtal vorstellte. Mehr wusste ich darüber nicht zu sagen, notierte mir allerdings: *Ich sollte mehr über meinen Körper schreiben.*

Doch der war leer. Nicht einmal jene volle, pulsierende Müdigkeit, in der einem die Muskulatur noch einmal von der absolvierten Strecke erzählte, während sie ihre verletzten Zellen reparierte. Nichts.

Abends hingen lose Nebelfetzen über dem bereits dunklen Tal. Wolken einer Welt, deren Himmel – hellblau, so hellblau wie nach dem Regen nun über den Bergspitzen – in so unerreichbare Ferne gerückt war, dass ich mit einem Mal wusste: So würde die Welt untergehen.

Warum hatte ich nicht umgedreht? Und warum war ich beinahe froh gewesen, als ich den Hang von Nischlwitz bereits so weit zur Gail hinuntergestiegen war, dass ein Umkehren nicht mehr möglich gewesen war? Diese Angst vor dem Zurück – immer wieder sollte sie auf der Reise auftauchen, doch sollte ich sie spät durchschauen, fast zu spät, nachdem sie mich in immer gefährlichere Situationen gebracht hatte.

Vielleicht ist die Angst vor dem Zurück vor allem eine Angst vor der Wiederholung. Eine ganz andere Angst als jene angesichts der Gefahr, die man dabei eingeht. Eine Angst davor, sich dort zu begegnen, wo die Erlebnisse bereits zu Erinnerungen geworden sind, und man auf sich selbst als jemanden träfe, den es auf diese Weise womöglich gar nicht mehr gibt. Eine Todesangst.

Im nächsten Notizbuch-Eintrag des Tages ist zu lesen: *Eine Schnecke quert die nasse Straße. Ich bleibe nicht stehen.*

Erst als ich vor dem Schlafengehen bemerkte, dass die seit wenigen Tagen am Oberschenkel meiner Wanderhose befestigte Alpenvereins-Ehrennadel meines Großvaters fehlte, die er in den achtziger Jahren für seine sechzigjährige Mitgliedschaft überreicht bekommen hatte, fiel mir ein, dass mein Onkel auf den Tag genau vor sieben

Jahren abgestürzt war. Ich schaute auf das Datum im Display des Communicators, es war so.

Am 23. Mai war es gewesen, fünfhundert Meter, so hatte es am Tag danach, dem 24. Mai, nicht nur in der ersten Todesnachricht im Internet unter *everestnews.com* geheißen, sondern auch in der, nicht nur in ihrem Englisch ungenauen, Pressemitteilung des zuständigen nepalesischen Ministeriums: *Mr. Peter Gerfried Ganner (1944) Broadcast Engineer from Klosterneuburg Austria fell 500 meter (approximately) down from the height of 8500 meter (near South Summit), reported died on 23rd May 2001 while he was going to the summit of Mt. Sagarmatha.*

In Wirklichkeit hatte er aber am Tag dieser Pressemitteilungen, achtzehn Stunden nach seinem Absturz, noch gelebt, als um sieben Uhr in der Früh der Sherpa Pasang Gelu vom Gipfel zurück zum South Summit kam. Im Kanchungface, hundert Meter unter dem Standplatz, an dem Pasang Gelu sich gerade die Steigeisen richtete, sah er eine Person winken. Er seilte sich zu dem Mann ab, der bei seinem Sturz den Rucksack und einen Handschuh verloren sowie schwere Erfrierungen und Verbrennungen an der Hand und im Gesicht erlitten hatte. Sonst schien er unverletzt.

Pasang Gelu nahm meinen Onkel auf den Schoß und rieb ihm den Rücken. Nach einer halben Stunde starb Peter in seinen Armen. Pasang Gelu planierte um Peter eine Fläche, setzte ihn auf, drehte ihn zum Gipfel des Everest und befestigte das Fixseil, an dem er sich zu ihm abgeseilt hatte, am Sicherheitsgurt meines Onkels, damit dieser nicht abrutschen konnte. Dann stieg er zur Route zurück, wo ein spanischer Bergsteiger bereits wartete, ihn mit Sauerstoff, Tee und Nahrung versorgte, und Peter noch einmal im Schnee des Kanchungface fotografierte.

Gestern vor sieben Jahren war mein Onkel Richtung Gipfel gestiegen. Dann war er, bereits im Abstieg, in ein Schneefeld des Kanchungface gestürzt. Dort hatte er gesessen, den Nachmittag, den Abend, die Nacht, dort hatte man ihn vom tibetischen Basislager, wie Tage später gemeldet worden war, noch winken gesehen, immer wieder, während man ihn im Basislager auf der anderen, der nepalesischen Seite des Berges bereits tot geglaubt hatte.

Sieben Jahre später war ich nach Obergail gegangen. Draußen flatterte die Wäsche. Ich schaute zum Fenster hinaus.

Einen Tag nachdem wir von Peters Tod erfahren hatten, entdeckte mein Vater die ersten Informationen darüber, dass er am Tag der offiziellen Todesmeldung noch gelebt hatte. Ich war damals erleichtert, dass wir aufgrund von Übermittlungsschwierigkeiten weder die Todesnachricht aus dem Basislager am 23. noch die offizielle Pressemitteilung am 24. rechtzeitig erhalten hatten. So war mein Onkel, als wir von seinem Tod erfuhren, tatsächlich bereits gestorben.

Bis alle Fakten zu Peters Tod gesammelt waren, hatte es zwei Jahre gedauert. Doch die entscheidenden Fragen blieben, trotz annähernd lückenloser Kenntnis aller Absturztatsachen unbeantwortet: Ob er früher hätte umdrehen müssen, ob er zu alt war und ob er tatsächlich, wie in manchen Augenzeugenberichten (etwa jenem der später berühmt gewordenen Edurne Pasaban) durchschimmerte, Fehler nicht mehr bemerkt hatte – Fehler, die gerade ihm, dem bedachten Perfektionisten, nicht hätten passieren dürfen.

Angeblich sei er von Mitgliedern der damals von Tibet aus erfolgreichen chinesischen Frauenexpedition gefragt worden, ob er nicht lieber umdrehen wolle. Nein, habe er geantwortet, schließlich sei er Alpinist und wisse, was er tue. – Vielleicht war es so gewesen, vielleicht auch nicht. Das ist nicht entscheidend. Denn es gibt keine Auskunft auf die Frage, was er dort oben gesucht hat.

Meine Großmutter hatte sich diese Frage in den Tagen danach immer wieder gestellt. Antworten darauf hatte sie jedoch nicht gelten lassen. Vielleicht hatte sie auch als Einzige keine gebraucht. Allen anderen aber blieb diese Frage, was ihm in der Welt gefehlt habe. Ob es, wie in solchen Fällen schnell gesagt wird, Glück gewesen sei?

Doch so traurig es klingt: Wie jemand, der Glück suchte, hatte ich ihn nie erlebt. Noch viel weniger als jemanden, der sich beweisen wollte oder vor etwas davonlief.

Das Singen hatte aufgehört, der Wind ging noch immer durchs Tal. Ich musste an die Geschichte denken, die mir der Wirt in Birnbaum vorgestern erzählt hatte. Es war, nachdem er mich beim Zahlen auf meine Berufsbezeichnung am Meldezettel angesprochen hatte, ums Lesen gegangen.

Früher habe er viel gelesen. Doch wenn es, so wie in der letzten Nacht, drei Uhr morgens werde, bevor er ins Bett komme, könne er sich beim besten Willen keine Sekunde mehr länger wach halten. Früher wäre es selbst um diese Zeit noch gegangen, meinte er, doch damit sei es vorbei.

Im Urlaub vielleicht – etwas anderes war mir darauf nicht eingefallen.

Im Urlaub, ja, vielleicht. Doch in Wirklichkeit könne er sich schon die längste Zeit keinen mehr leisten. Stattdessen mache er zwei-, dreimal im Jahr einfach alle Läden zu, um sein Haus zumindest für ein paar Tage für sich allein zu haben.

Meine Antwort hatte ich bald vergessen. Das Bild des Wirts aber, der seinen großen Gasthof zusperrte, um Urlaub bei sich selbst zu machen, sollte mich lange begleiten. Angesichts seiner Erzählung stellten sich Fragen an den Alltag, an die Arbeit und die sogenannte Freizeit, denen ich auf dieser Reise genauso nachgehen wollte und musste wie der Geschichte meines Onkels.

Auch die Frau, die ich später an diesem Montagnachmittag in Maria Luggau traf, erinnerte mich an den Wirt. Obwohl sie sich doch auf den ersten Blick in keiner Weise wie er einbunkerte.

Ich war gerade vor dem ADEG-Geschäft Maria Luggaus gestanden, in dem es mehr Wallfahrtsdevotionalien als Lebensmittel zu kaufen gab, und hatte ein E-Mail in meinen Communicator getippt, als ich sie die Straße herauf kommen sah: mit bloßen Füßen unterwegs und einem Pony an der Leine.

Ich ließ meinen Communicator schnell in der Beckentasche verschwinden, um auch von einer solchen, bereits aus der Entfernung unverkennbar alternativ Reisenden einigermaßen ernst genommen zu werden.

Sie erkundigte sich nach einem Zeltplatz, und der staunend aus seinem Geschäft herausgekommene Ortsgreissler empfahl ihr einen Bauern hinter der Kirche, da es, wie fast im ganzen Tal, auch in Maria Luggau kaum ebene Stellen gab.

Ich fragte sie, wohin sie gehe. Sie sagte, sie gehe nach Westen. Denn im Vorjahr sei sie, wie sie hinzufügte, als wäre das bereits die ganze Erklärung, nach Osten gegangen.

Bei einem Eis erzählte sie mir von dieser Reise nach Rumänien, dem Land, vor dem man sie am meisten gewarnt habe. Dort sei es zumeist sogar besonders sicher gewesen, da sie manche Orte entweder mit Polizeischutz passiert habe oder unter dem Schutz örtlicher Patrone oder Gangchefs gestanden sei. Am Ende sei sie dennoch überfallen worden und habe zwei Wochen im Krankenhaus verbracht. Heuer sei ihr Vorhaben im Vergleich dazu fast ein Spaziergang.

Wir machten aus, am nächsten Tag das Stück Weg, das wir durchs Lesachtal gemeinsam hatten, miteinander zu gehen. Denn so wenig sie anfangs von meiner Reise wissen hatte wollen, änderte sich das schließlich anhand einer einzigen Frage – jener, wie lange ich für meine Reise gespart habe, und meiner Antwort, dass die Reise Teil meiner Arbeit sei. Da staunte auch sie, mindestens so sehr wie ich über ihre bloßen Füße oder Rumänien. Sogar meinen Communicator als Teil meines reisenden Arbeitsplatzes zeigte ich ihr.

Eine Stunde später sah ich ihr von der anderen Talseite aus meinem Bauernhofpensionszimmer beim Zeltaufstellen zu. Um neun, halb zehn Uhr morgens ginge sie meist los, hatte sie gemeint. Da sie jedoch keine Uhr hatte und sich offensichtlich auch nach keiner richten wollte, hatten wir ausgemacht, dass ich mich auf den Weg mache, sobald ich sähe, dass sie mit dem Beladen ihres Zwergponys begänne.

Am nächsten Morgen musste ich mich in meinem Bett nur aufsetzen, schon sah ich sie drüben vor ihrem Zelt. Fast drei Stunden brauche sie jeden Tag, hatte sie mir vor dem Devotionalien-ADEG noch erzählt, bis sie gefrühstückt und zusammengepackt habe.

Ich stellte mich unter die Dusche. Zwei, zweieinhalb Stunden dauerte es oft auch bei mir. Obwohl ich, da die Zeltnächte in letzter Zeit selten geworden waren, meist keine Behausung abzubauen und einzupacken hatte.

Während bei ihr alles so planvoll aussah, musste mit mir wohl jeder verzweifeln, der mir bei meinen schneckenartigen Aufbrüchen zuschaute. Und nicht erst dabei. Bereits beim Ankommen im Abendquartier breitete ich all meine Sachen aus, als zöge ich im jeweiligen Fremdenzimmer für Wochen oder Monate ein. Auch im Zelt war es nicht anders. Ganz gleich, ob es die wichtigen Utensilien meiner Beckentasche wie Brille, Notizbuch oder Communicator betraf, meine Mittel gegen Pollen- und Hausstaubmilbenallergie, die aktuelle Wanderkarte sowie die Alpenüberblickskarte der *Via Alpina.* Und das war noch lange nicht alles.

Denn alles, buchstäblich alles brauchte seinen Platz, musste sichtbar, musste greifbar sein oder einfach nur ausgelüftet werden, wie die tagsüber getragene Kleidung, die ich im Zelt in der Apsis nur aushing, in Pensionen aber fast täglich auch auswusch. Außerdem musste Platz zum Trocknen und Lüften des Wanderhandtuchs gefunden werden, nicht selten war die Regenpelerine nass, auch der überraschend strapazierfähige Strohhut brauchte seinen Platz. Genauso wie ich den Daunenschlafsack in Pensionszimmern immer wieder über Nacht aufhing, damit er nicht zu muffeln begann oder die Trinkwasserflaschen ausgeleert und ausgewaschen wurden. Während bei Zeltnächten zudem noch die Unterlegmatte ausgepackt und aufgeblasen werden musste, der Gaskocher seinen Platz vor dem Innenzelt brauchte, ebenso die Stöcke.

Aber auch Reserve- oder Zusatzkleidung wie der Kapuzenpulli, die lange Wanderhose und das Gilet für die kühleren Abendstunden durften nicht im Rucksack versteckt bleiben, ebenso wenig Überhose, Allwetterjacke und Haube. Ganz abgesehen von dem größeren Notizbuch, das ich zum Abschreiben der Notizbucheinträge für den Weblog oder die Arbeit an den monatlichen Zeitungsgeschichten benötigte, sowie neben den Karten die Routenbeschreibung der vor mir liegenden Tage.

Weshalb ich seit Wochen den Rucksack jeden Abend aufs Neue ausräumte, während ich vor der Abreise nach Triest noch gedacht hatte, ihn ein für alle Mal gepackt zu haben.

Die Frau mit dem Pony hatte bereits mit dem Abbau ihres Zelts begonnen. Ich musste mich beeilen, wurde jedoch nach einem schnellen Frühstück von der Pensionswirtin noch in ein Gespräch über meine Strecke verwickelt, das ich weder abbrechen konnte noch wollte.

Eine knappe Dreiviertelstunde später hatte die Ponyfrau ihr Tragetier fertig beladen, während ich nicht nur den längeren Weg zur Bundesstraße hatte, sondern mit Zähneputzen, Bergschuheschnüren und dem Fertigeinpacken noch einiges zu tun übrig war. Als ich schließlich mit meinem Toilettbeutel aus dem Badezimmer kam, setzte sie sich gerade in Bewegung.

Dass ich sie trotzdem einholen würde, bezweifelte ich jedoch selbst dann nicht, als ich sie nach meinem Aufbruch auf der aus dem Ort führenden Bundesstraße nicht mehr sah. Weit konnte sie nicht vor mir sein, wie ich auch später noch an den Blicken mir entgegenkommender Autofahrer bemerkte:

Schau, schon wieder so ein Verrückter! So als habe man gerade noch über die Frau mit dem Pony gestaunt, während man sich spätestens nun über gar nichts mehr wunderte, da ich in meiner Aufholjagd, mithilfe kraftvoller Stockeinsätze von einem schnellen und langen Schritt in den nächsten wippend, zu einer immer seltsameren Mischung aus Geher, Läufer und Skilangläufer wurde.

So sicher ich mir in Maria Luggau aber noch gewesen war, dass die fünf, sechs Kilometer bis Untertilliach trotz des Abstandes zum Aufholen bei Weitem reichen müssten und ihr Auftauchen bei jeder längeren Geraden immer sicherer erwartete, die Ponyfrau blieb verschwunden.

Dabei hatten auch die Straßenarbeiter auf halber Strecke noch so getan, als wäre sie gerade erst vorbeigekommen. Ich hätte sie nicht einmal fragen müssen, so offensichtlich war gewesen, wie unmittelbar sie mich mit Fragen zu meiner Strecke und Reise überhäuften. Woher ich komme, wohin ich gehe, erkundigten sie sich in einer so lebhaften Neugier, als müssten sie nun mich all das fragen, was sie zuvor versäumt hatten. Während mir wieder einmal deutlich wurde, dass es weder die Orte Triest oder Monaco waren, noch die Alpen als solche, die von meiner Strecke und ihrer Länge etwas erzählten, sondern die Zeitspanne meines Gehens:

Von Mai bis September!

Denn dabei richtete sich, wie ich bei dieser Begegnung zum ersten Mal begriff, im Gegensatz zu jeder Beschreibung der überquerten Pässe und Höhenzüge, der staunende Blick vielmehr darauf, was man als Nicht-Reisender in der Zeit alles zu tun hatte.

Immer wieder sollte ich das von nun an bemerken. Nannte ich die Zeitspanne meiner Reise, wandten sich die Blicke weder in die Richtung, aus der ich herkam, noch in jene, in die ich ging. Nie – ganz gleich, wer mich fragte, und wo. Stattdessen waren die Leute in ihrem Staunen in solchen Momenten ganz bei sich.

Es war ein wolkenloser Tag. Am Weg vom Bauernhof zur Gail hinunter war mir ohne Gilet im kurzärmligen Leibchen noch etwas kühl gewesen, doch schon im Anstieg hatte sich mein Körper so erwärmt, dass mir die frische Luft nichts mehr anhaben konnte.

In Untertilliach zweigte ich von der Bundesstraße ab. Die Wahrscheinlichkeit, dass auch die Ponyfrau den entlang der Gail talaufwärts führenden Feldweg genommen hatte, war zwar gering, da sich ihr Zwergpony offenbar vor Waldwegen fürchtete, doch mir hatten bereits die wenigen Kilometer auf der Asphaltstraße mit seinen immer wieder in höchster Geschwindigkeit vorbeibrausenden Motorradfahrern gereicht.

Ich kannte die Strecke, nicht als Wanderweg, doch als Loipe. Deshalb wurde ich – obwohl ich nicht mehr glaubte, sie hier noch einzuholen – auch nicht langsamer. Mein Eilzugstempo galt mir als Skilangläufer. Und einem Zustand, den ich auch ohne Träume von Weltmeisterschaften oder Olympischen Spielen nie vergessen hatte. Gerade weil ich ihm als Jugendlicher nur als Versprechen nahe gekommen war, doch ihn nie wirklich erlebt hatte, zumindest nicht bei tatsächlich großen, entscheidenden Rennen, den Zustand des In-Form-Seins.

Am nächsten war ich ihm vielleicht im letzten Winter gekommen. Bei einem Rennen, das ich gar nicht als Wettkampf gelaufen war. Hier, zwischen Unter- und Obertilliach und dem Kartitscher Sattel, beim zum Worldloppet zählenden Dolomitenlauf, als eine Art Lotse für meinen Freund Jürgen, der an dem Tag den zwanzig-Kilometer-Bewerb als sein erstes Skilanglaufrennen absolvierte.

Ich hatte ihn durch die Startdrängeleien zu bringen versucht und danach für ein gleichmäßiges Tempo gesorgt. Kurz vor der Abbiegung ins zwanzig-Kilometer-Ziel war ich jedoch die vierzig-Kilometer-Strecke weitergelaufen, zu der ich mich zu Trainingszwecken angemeldet hatte.

In dem Augenblick aber konnte ich, auf jede Trainingsvernunft pfeifend, nicht anders, als in höchstem Tempo loszulaufen. Auf den Schleifen den Obertilliacher Schwemmkegel bergab Richtung Untertilliach war das auch kein Problem, danach wollte ich mich eigentlich wieder einbremsen. Einerseits, damit das Training tatsächlich Sinn hatte, andererseits, da ich von den zwanzig Kilometern mit Jürgen auch im vierzig-Kilometer-Bewerb längst zu viel Rückstand hatte, um auch nur im Traum daran zu denken, einigermaßen in die Nähe meiner üblichen Ergebnisse zu gelangen.

Doch ich musste. Bereits Kilometer vor dem Abzweigen hatte ich dieses Loslaufen in mir gespürt, bis in die letzte Muskelfaser des nach einem in den beiden Wochen davor absolvierten Ausdauertrainingsblocks müden Körpers. Und nicht nur dort. Denn was ich während der folgenden zwanzig Kilometer erlebte, ließ sich durch die Physis nur zu einem Teil erklären.

Als Bewegung war es in jedem Fall nichts anderes als ein Tanz, in dem ich an diesem Jännervormittag durch das halbe Feld gelaufen war. Anstatt an irgendeine Platzierung zu denken, war es ein Rennen, in dem es für mich allein darum ging, den angeschlagenen Rhythmus beizubehalten, die Leichtigkeit, die pure Schönheit der Bewegungen, den Stolz, während ich einen Läuferpulk um den anderen überholte, meist mit nur wenig Platz am Rand der Loipe und, hier an der Gail, die ich nun mit meinem Rucksack entlangging, ständig der Gefahr ausgesetzt, an einem der am Wegrand gepflanzten Jungbäume oder im Ufergebüsch einzufädeln und im nächsten Moment als lächerlich übereifrige Figur dazuliegen.

Nach den Überholmanövern genoss ich die freie Loipe umso mehr, musste mich nur zurückhalten, nicht noch weiter zu beschleunigen, kam den hinteren Läufergruppen sicherlich wie ein Außerirdischer vor. Oder als Angeber, weshalb ich mir die Blöße, zurückzustecken oder gar einzubrechen, noch viel weniger erlauben durfte. Keinen einzigen Zentimeter, keine einzige Sekunde dieses Schwungs wollte ich an die Leere der Erschöpfung verlieren und versuchte, die gesamte verbleibende Strecke bis ins Ziel mit meiner Bewegung zu überziehen.

Das ging gut, bis ich nach einer weiteren Start/Ziel-Passage auf der Schleife Richtung Kartitscher Sattel die letzten zehn Kilometer in Angriff nahm. Nachdem ich einige kleinere Anstiege mühelos passiert hatte, beschleunigte ich vor einem kurzen Anstieg zum Überholen einer weiteren Gruppe, wobei ich bereits in deutlich schnellere Läuferbereiche des Starterfeldes gekommen war. Ich musste deshalb um einiges mehr Kraft investieren, wollte aber zumindest im Bergaufstück das Tempo noch halten, bevor ich mich in der folgenden Abfahrt erholen könnte. Doch anstatt bergab drehte die Wettkampfloipe nach der Kuppe plötzlich nach links Richtung Hang hinauf.

Ich dosierte leicht, und zum ersten Mal verloren die Läufer hinter mir nicht sofort den Anschluss, zum ersten Mal hörte ich sie. Ich lief am Limit. Eine Zeit lang konnte das gut gehen. Etwa bis zum Waldbeginn, in dessen Richtung die Loipe führte. Ich drehte mich nicht um, doch ich hörte die Läufer noch hinter mir. Ich hielt mein Tempo. Mehr war nicht möglich.

Zwischen den ersten Bäumen drehte die Loipe erneut, ging noch steiler hinauf. Nicht viel, doch genug. Jetzt reichte auch leichtes Dosieren nicht mehr. Noch funktionierte die Muskulatur zwar, doch ich spürte bereits jenes leicht seekranke Gefühl, mit dem einem der Körper anzeigte, dass die Muskulatur nicht mehr genug Sauerstoff bekam.

Eine Zeit lang konnte selbst das noch gut gehen. Ein gewisses Quantum Milchsäure hielt man aus, bis irgendwann der Körper so randvoll mit Laktat war, dass alles blockierte, selbst das langsamste Tempo zu schnell war und man auf die schwarze, haltlose Seite der davor erlebten Leichtigkeit fiel.

Noch lief ich, noch hatte ich nicht nachgegeben. Und ich wollte es auch nicht. Die Frage war, wie weit ich von jener Grenze entfernt war, ab der das pumpende Herz nicht mehr genug Sauerstoff tragende Blutblättchen in Richtung der Muskelzellen transportieren konnte. Und die Frage war, wann der Anstieg zu Ende war, wann es wieder bergab ging.

Ich sah kaum noch etwas. Nur mich. Und hatte auch das Tal, in das wir in der Zwischenzeit hinein gelaufen waren, nicht mehr bemerkt. Erst als ich rechter Hand, zwischen den Baumstämmen, auf der anderen Seite des schmal gewordenen Seitentals, Läufer in die Hocke gehen sah, nahm ich es wahr. Es konnte nicht mehr weit sein. Und ich bewegte mich noch. Nur wusste ich nicht mehr, wie schnell.

Ich sah mich dennoch nicht um. Ich wusste, wie es war, eingeholt zu werden. Jeder wusste das. Ich sah die Kehre am Talschluss. Und die Läufer, die dort bereits lange Skatingschritte in Richtung Abfahrt machten, noch zwei-, dreimal anschoben und in die Hocke sackten. Gleich würden mich auch meine Verfolger so vor sich haben. Ich kam zur Kehre und beschleunigte. Niemand war zu sehen, niemand.

Wie ich am Vibrieren in meinem Beckengurt spürte, war eine SMS angekommen: Ob ich schon nach Obertilliach gekommen sei, wollten meine Eltern wissen, und ob ich die entfernten Verwandten des Großvaters dort besucht habe.

Das hatte ich nicht, hatte es auch nicht vorgehabt, schließlich kannte ich sie kaum, hatte sie erst einmal gesehen. Doch selbst wenn ich je in engerem Kontakt mit ihnen gestanden wäre, hätte ich sie an diesem Nachmittag nicht besucht. Genauso wie ich froh war, dass ich die Ponyfrau nicht eingeholt hatte und auch sonst niemandem begegnet war, mit dem ich hätte reden müssen.

Warum? Ich wusste es nicht. Auch nicht am nächsten Tag. Am nächsten Tag bemerkte ich allerdings etwas, das mir in den sonnendurchschienenen Laubwäldern Richtung Kartitscher Sattel mangels Fernsicht noch nicht hatte auffallen können, mir spätestens am Sattel aber hätte ins Auge springen müssen:

Afrika. Und zwar in der Luft, ganz deutlich. Doch dachte ich nur an mein Gehen, an mich und meine Kraft, und war auch am Wirtshaus nach dem Sattel einfach vorbei und gleich wieder in den Wald verschwunden. So, als würde es für mich nie mehr Müdigkeit geben.

Sie kam dann sehr schnell. Und das als völlige Erschöpfung, mitten im Wald, irgendwo im Wald. Ich hatte gerade bemerkt, dass ich nach dem Wirtshaus am Sattel die falsche Abzweigung genommen hatte.

Glauben konnte ich auch das erst, als der Pfad tatsächlich an einer Lichtung endete, vor mir, beziehungsweise über mir hoch aufragend, der Gipfelbogen der Porze, der Roßkarspitze, der Großen Filmoorhöhe und des Kinigat. Schnee glänzte herunter, ich sah in die letzten Sonnenstrahlen und drehte um. Den richtigen Weg fand ich zwar bald, doch konnte ich kaum mehr gehen, stolperte der Ortschaft Kartitsch selbst auf der flachen Forststraße nur mehr entgegen.

Von der Veränderung in der Luft, die am nächsten Tag spätestens ab Mittag in aller Munde war, hätte ich zu dem Zeitpunkt nicht einmal etwas mitbekommen, wenn man mich lauthals darauf aufmerksam gemacht hätte. Obwohl die weißlichen Schleier, die mich auch am nächsten Morgen noch glauben ließen, es wäre bloß besonders diesig, im Abendlicht bestimmt nicht zu übersehen gewesen waren.

Oder vielleicht doch. Vielleicht gerade, weil ich sie mittags schon hätte bemerken müssen. Mittags, als ich in Obertilliach am Bankomat der Raiffeisenbank am Ortseingang gestanden war, kaum zweihundert Meter von der Pension Ganner entfernt, dem Haus meiner

Verwandten, und offenbar etwas zu lange oder umständlich an meinem Rucksack hantiert hatte. Plötzlich war die Tür der im selben Gebäude untergebrachten Polizeistation aufgegangen und ein Beamter hatte mich mit einem Blick gemustert, als würde ich jeden Augenblick die zu Mittag ohnedies geschlossene Bank überfallen wollen, und fragte mich schließlich, ob mit dem Gerät alles in Ordnung sei.

Ja, ich denke schon, antwortete ich, während ich meine Karte einsteckte, woraufhin er, so schnell er gekommen war, wieder verschwand. Ich verstaute das Geld, zog mir noch ein frisches Leibchen an und fotografierte eines der alten Bauernhäuser, da kam er wieder. Diesmal jedoch mit Jacke und Kappe, vor allem aber weitaus gemächlicher, sodass wir, während ich weitere Fotos machte und er immer wieder Leute links und rechts in den Bauerngärten grüßte, eine richtige kleine Prozession durch den Ort bildeten, bis wir auch im Gasthaus an den einzigen beiden Tischen neben dem der Wirtsfamilie Platz nahmen und zu Mittag aßen.

Spätestens danach hätte mir die diesige Luft, die im Rückblick so deutlich zu diesem Tag gehörte, auffallen müssen. Auf der Bundesstraße zum Ort hinaus – und auf den dabei gemachten Fotografien, etwa von einem mir entgegenkommenden Schulbus, ist sie deutlich über den Wiesen zu sehen, ebenso wie auf Bildern vom Start- und Zielgelände des jährlich hier ausgetragenen Dolomitenlaufes.

Doch vermutlich waren in meinem Kopf zu dem Zeitpunkt bereits zu viele Bilder vom Rennen des letzten Winters, um noch irgendetwas anderes zu bemerken. Während mich vom Kartitscher Sattel in den Ort hinunter Müdigkeit und Erschöpfung der kaum anders als ein Rennen gegangenen Strecke nur noch meine eigenen Bewegungen wahrnehmen ließen.

So war mir weder aufgefallen, dass der Berggasthof Kristall am Ortsbeginn nicht nur mitten in der schattigen Talenge lag, durch die man aus dieser Richtung nach Kartitsch kam, noch wie heruntergekommen dieses Haus wirkte. Obwohl ein schönes, helles Zimmer gerade in einem solchen Zustand wichtiger als an allen anderen

Tagen war. Doch die Beine waren dagegen, und nicht nur die Beine, der ganze Körper, sodass der Kopf noch unzählige andere Vorteile von ein paar hundert Metern mehr an Fußweg ins Feld hätte führen können, gutes Essen, eine saubere Dusche, duftende Bettwäsche sowie eine Aussicht bis fast nach Silian hinunter, dem Körper wäre es egal gewesen – ihm war selbst Auftreten und Erscheinungsbild der Wirtin einerlei.

Zuerst hatte ich sie gar nicht verstanden. Entweder war sie betrunken, oder ihr Dialekt hörte sich so an. Dabei war nicht einmal klar, um welchen Dialekt es sich handeln könnte. Manche Wörter klangen Steirisch, andere waren höchstens als Folge von Lauten erkennbar. Sodass ich ihre Antworten nur aufgrund ihrer Mimik und Gestik einigermaßen deuten konnte.

Sie hatte eine verdreckte Kittelschürze umgebunden, wischte sich im Reden immer wieder die Hände daran ab. Nach und nach verstand ich, dass der Berggasthof eigentlich nicht geöffnet hatte; Zweifel wollte ich dennoch nicht zulassen.

Doch spätestens in dem Augenblick, als sie sich umdrehte, um einen Zimmerschlüssel von der Schlüsselwand zu nehmen, hätte ich dem deutlichen Impuls folgen sollen, mich mit Dank zu verabschieden und die paar hundert Meter in den Ort hineinzugehen.

Stattdessen stapfte ich hinter ihr die Stiegen hinauf und wollte in dem miefigen Zimmer nur mehr, dass sie möglichst schnell verschwand, nickte deshalb sowohl zum Preis von fünfunddreißig Euro wie zur Frage nach einem Abendessen, konnte dabei beides artikulatorisch bereits verstehen und freute mich sogar, als sie von einem Schnitzel sprach, obwohl ich mir im Moment davor noch sicher gewesen war, in jedem Fall woanders essen zu gehen.

Ein Vorhaben, das mehr als nur richtig gewesen wäre, wie mir schon ein flüchtiger Blick in die Küche zeigte, als ich eine halbe Stunde später zum Essen hinunterging. Dass man darin überhaupt kochen konnte, war mir ein Rätsel. Gleichzeitig wollte ich es gar nicht so genau wissen. Zumindest aber die Unmengen an Illustriertenstapeln und die offensichtlich verschmutzten Gläser hatte ich zweifelsfrei gesehen. Mit welchem Fett sie kochte, roch und sah ich bald am Teller vor mir.

Das Schnitzel aß ich trotzdem. Mein Körper aß es, mein Hunger. Und so hart und vollgesogen mit Fett es auch war, meinem Magen und Darm schien es nichts auszumachen, weder gleich nach dem Essen noch in der Nacht oder am Morgen. So als hätte mich meine Erschöpfung gegen das Abendessen immun gemacht. Als Ausgleich dafür, dass ich meinen Körper an dem Abend zu keinem einzigen Schritt mehr außer dem Rückweg ins Zimmer mitsamt zwei Flaschen Bier gezwungen hatte.

Phantomschmerzen

Am nächsten Abend hatte ich mich im ehemaligen Kinderzimmer eines alten Ehepaares in Arnbach, unweit der Staatsgrenze, eingemietet. Nahe der Bundesstraße, auf der anderen Hausseite mit Blick auf die hoch stehenden Wiesen des Drautals. Zwei Zimmer hatten sie zu vergeben, das andere war vermutlich einmal ihr Schlafzimmer gewesen, jetzt brauchten sie es nicht mehr, da der alte Mann höchstens mit größter Mühe noch die Wendeltreppe ins Dachgeschoss hinaufkam.

Doch das wurde mir erst am nächsten Morgen klar, als ich neben ihm in der Küche frühstückte. Ich am Tisch, er mit dem Rollstuhl an der Arbeitsfläche neben der Abwasch, wo er mit starrem Blick zum Fenster hinaus zwei-, dreimal so ungerührt vor sich hin rülpste, als hätte er mich, obwohl er beim Hereinkommen gegrüßt hatte, gleich wieder vergessen.

Dann aber, nach dem bislang größten Rülpser, drehte er sich mit einem neuen Bissen von der eingetunkten Marmeladesemmel im Mund zu mir her und wollte etwas über meine Reise wissen. Dabei ging ihm im Reden ein Stück Semmel verloren und flog in hohem Bogen zu mir. Er blickte mich wartend an, ich schaute auf das glitschige Stück Semmel vor mir und fing zu erzählen an.

An das, was ich sagte, erinnere ich mich nicht. Umso mehr an das feuchte Stück Semmel, an die knarrenden Balken des Obergeschosses und an das puppenhausartige Zimmer, in dem neben meinem Rucksack kaum Platz gewesen war. Deshalb hatte ich mich am Vorabend auf den Balkon gesetzt, auf dem ich es trotz der Pollen zum Glück weit länger als gedacht aushielt, mir Einträge ins Notizbuch machte und über die Wiesen schaute.

In der Nachmittagssonne hatte sich das milchige Weiß der Luft langsam gelb gefärbt. Irgendwann brannten mir zwar die Augen, doch war ich so lange sitzen geblieben, bis mich der Hunger nach einem Wirtshaus suchen ließ, ich im ganzen Ort neben einer Imbissbude jedoch wieder nur eine Pizzeria fand.

Davor war ich erneut den ganzen Tag auf Ausweichrouten unterwegs gewesen, auf Neben- und Forststraßen, auf Waldwegen oder Radwegen, und hatte mich gefragt, wie atemberaubend der Blick wohl sein musste, den man auf den letzten Passagen des Karnischen Höhenwegs auf die Drei Zinnen und den Dürrenstein hatte. Nach einem weniger schneereichen Frühling wäre ich dort in den nächsten Tagen auf teils ausgesetzten Steigen durch die Sextner Dolomiten gestiegen, bevor es Richtung Norden ins Gsiesertal beziehungsweise nach Nordwesten Richtung Hochfeiler in die noch in Südtirol gelegenen Zillertaler Alpen hätte gehen sollen.

Von all den Gedanken an die nicht begangenen Strecken war ich den ganzen Vormittag so abgelenkt gewesen, dass mich selbst beim Fotografieren des Blicks zurück Richtung Kartitscher Sattel die weißlich verschwommene Luft noch immer nicht an jene Lichtverhältnisse erinnerte, die ich eigentlich nur von meinem Afrikaaufenthalt eineinhalb Jahre zuvor kannte.

Gespürt hatte ich nur die Gräserpollen, nun, kurz vor dem ersten Mähen, umso deutlicher, je weiter ich Richtung Talboden hinuntergekommen war. Und hatte mich erst recht in jene Höhen über tausendsechshundert Meter hinauf gewünscht, wo man es als Allergiker selbst bei intensivstem Pollenflug aushalten konnte.

Dem Gewerbegebiet vor Silian wich ich über einen Sattel aus, auf dem drei stolze Bauernhöfe standen. In einem Miniatursägewerk wurden vor dem ersten gerade Bretter hergestellt. Ich grüßte im Vorbeigehen, und aus dem Grüßen wurde schnell eine kleine Plauderei übers Wetter. Wir redeten über den späten Schnee in diesem Jahr, ich deutete hinauf auf die Berge, von denen ich gern nach Silian heruntergekommen wäre, und erwähnte eigentlich nur in einem Nebensatz das Wetter dieses Tages, die diesige Schwüle, die mir fast schon wie Nebel vorkomme.

Da schauten sie mich an: Nebel? – Sand sei das! Wüstensand! Das sei doch bereits seit Tagen im Radio angekündigt gewesen, der Sand aus der Sahara!

Senner, die ihre Almen reparieren, Bauern, die ihre Wälder aufräumen, und ein Mountainbiker, sonst begegne ich niemandem, schrieb ich im Laufe des nächsten Tags in mein Notizbuch, nachdem ich bei Winnebach den Drautal-Radweg verlassen hatte und am Ortsrand in die Berge oberhalb des Pustertals gestiegen war.

Dennoch war mir das Tal weit leerer vorgekommen. Ganz gleich, ob auf dem von Ausflüglern und Urlaubern bevölkerten Radweg oder in dem an diesem Vormittag, bis auf die Stimmen der Schulkinder im Pausenhof, fast ausgestorben wirkenden Winnebach. Keine Cafés, kein Wirtshaus, nicht einmal eine Pizzeria hatte es hier gegeben, ganz zu schweigen von Handwerksbetrieben oder Geschäften. Dafür war ich an Ferienwohnungen vorbeigegangen, an Appartementhäusern und einer gefängnisartig eingezäunten Station der Guardia Financia und war einer Leere begegnet, die ich auf dieser Reise noch oft erleben sollte, bis ich sie verstand.

Zwei Kehren den Berghang hinauf, vorbei an der über Winnebach thronenden Kirche, dem kleinen Friedhof und zwei großen Bauernhöfen am Waldrand, betrat ich eine andere Welt. Eine, die weit weniger leer war, obwohl der Bauer, der mir weiter oben im Silvestertal mit einer Fuhre Holz entgegenkam, neben dem Mountainbiker der einzige Mensch war, dem ich während der ersten beiden Gehstunden begegnete.

Der später an seiner Hütte hämmernde Senner auf der Silvesteralm oder der Altbauer kurz vor Kandellen, der mit einer am Mopedanhänger angebrachten Holzschneidemaschine jenes Fallholz des Winters zurechtschnitt, das ich während der gesamten Strecke gegen Baumstämme geschichtet gesehen hatte, erzählten aber vom Gegenteil jener Leere, die mir Winnebach wie eine Gegend aus dem Roman eines Freundes erscheinen ließ. Hier stieß selbst ein Laie in Sachen Wald- oder Almwirtschaft wie ich überall auf Spuren einer Landschaft aus Arbeit, auf Lebensalltag. – Der Mountainbiker hingegen, der mir kurz vor dem höchsten Punkt des Silvestertalwegs entgegengebraust gekommen war, hatte etwas so Einsames und Marsmenschenhaftes an sich wie die allein auf der Welt übrig gebliebene Romanfigur aus der *Arbeit der Nacht*.

Das Verschwinden aller anderen Menschen, im Buch war mir das unheimlich schnell selbstverständlich gewesen. Um jedoch den Arbeitsalltag dieser Wälder zu entziffern, fehlte mir Wissen, Erfahrung – im Grunde das ganze Alphabet. Das war mir nicht neu. Bereits auf der Reportagefahrt durch Niederösterreich, die mich in diesem Winter auch in die Wälder meines Kindheitstals gebracht hatte, war mir klar geworden, wie wenig ich von den ersten Buchstaben eines Alphabets wusste, das man getrost als das ABC des Waldes bezeichnen konnte. Etwa, dass Fichten sich gegenseitig zwar hielten, doch auch zu dicht stehen konnten. Dann bildeten sie erst weiter oben richtige Äste, wurden kopfschwer und waren bei jedem Sturm vom Wipfelbruch bedroht.

Ein lautloser Kampf zwischen den Bäumen um Halt und Platz sei das, hatte mir unterwegs einer der beiden Bauern erklärt, bevor ich im nächsten Waldstück lernte, dass eine mit Z markierte Buche ein Zukunftsbaum sei, der deshalb vor rundum aufgehenden Bäumen geschützt werden müsse, um mit genügend Platz zu jenem vollen und gleichmäßigen Wuchs zu kommen, der ihn dann zum Vermögen mache – zwei Bauerngenerationen später. In meinem damaligen Staunen hatte ich aber noch nicht einmal geahnt, dass langfristiges Wirtschaften und Kultivieren in den Wäldern des Alpenraumes vor allem deshalb von so existenzieller Bedeutung war, weil die Alpen ursprünglich bis in große Höhen aus kaum etwas anderem als Wald bestanden hatten, aus kaum zu durchdringendem Wald.

Erst Werner Bätzings Alpenbuch hatte mir die Landschaft meiner Reise, weit über jede Geografie hinaus, neu buchstabiert. Dies war umso notwendiger, als ich sie seit meiner Kindheit zu kennen glaubte. Denn erst als ich sie als Fremdsprache zu begreifen begann, wurde mir Bätzings Band tatsächlich zum Wörterbuch. Und das ABC des Waldes eine der ersten Lektionen.

Denn die Alpen konnten erst dadurch nutzbar gemacht werden, dass sie, abgesehen von den Gebieten der alpinen Urrasen oberhalb der Waldgrenze, gerodet werden mussten.

Da der Wald in den Alpen als Erosions- und Lawinenschutz jedoch der, wie Bätzing ihn nennt, wirksamste Stabilisator der labilen alpinen Naturdynamiken gewesen war, hatte der Mensch gleichsam an seine Stelle treten und eine Kulturlandschaft mit einer neuen ökologischen Stabilität herstellen müssen. In der ihm eigenen Zähigkeit, Ausdauer – und im Grunde auch Vermessenheit – war ihm das mithilfe von Neugierde, Erfahrung und Weitblick gelungen. So wandelte sich über die Jahrhunderte und Jahrtausende die Dynamik der alpinen Naturprozesse von einer sprunghaften, wie Werner Bätzing sie nennt, in eine gleich- und regelmäßigere.

Gerodet worden war sowohl auf den Almen wie auch im Talbereich. Hier jedoch aufgrund der Sümpfe und der bis ins 19. Jahrhundert unkontrollierbaren Flüsse die längste Zeit nicht auf den Talböden, sondern entlang der südexponierten Talflanken. Dort entstanden bereits zur Römerzeit teilweise geschlossene Kulturlandschaftsbänder entlang der Haupttalflanken und, wie Bätzing schreibt, bis in viele Nebentäler hinein.

Bei diesen Rodungen nun hätte man irgendwann mit den Rodungen talwärts zusammenstoßen müssen. Aber die Bergbauern merken früh, dass dann die Lawinengefahr stark zunimmt und das Kulturland bedroht. Zwischen den beiden Rodungsräumen wird daher ein mehr oder weniger breiter Streifen Wald als Lawinenschutz stehen gelassen, der »Bannwald«, der bereits in mittelalterlichen Dokumenten als unbedingt schützenswert beschrieben wird.

Doch nicht nur in ihrer Funktion als Lawinenschutz bleiben die

Wälder existenziell, weshalb der Mensch im Laufe der Jahrhunderte die Rodungen *sehr gezielt und kleinräumig auf die bestehende Naturlandschaft ausrichtet, indem er gezielt nur Flächen mit ausreichender Bodenmächtigkeit, geeigneter Sonneneinstrahlung, geringer Beeinträchtigung durch kalte Lokalwinde und nicht zu steilem Relief in Kulturland umwandelt.*

Solange der Mensch den Alpenraum und *seinen kleinräumigen Wechsel von steilen und flachen Hangpartien, von Flächen mit fehlendem und solchen mit mächtigem Boden, von windexponierten und windgeschützten, von sonnigen und schattigen Plätzen* noch nicht einschätzen hatte können, sei er schlicht und einfach auf ein Probierverfahren angewiesen gewesen: *Mit der immer besseren Kenntnis der alpinen Ökosysteme und ihrer Eigenschaften lernt er dann aus charakteristischen Leitpflanzen der natürlichen Vegetation zu erkennen, wo er sinnvoll roden kann und wo nicht.*

Alphabet und Bedeutung – zumindest so viel hatte ich in der Recherche davor, wie auch in den ersten Wochen meiner Reise gelernt – gerade für Kulturlandschaften reicht bloßes Buchstabieren nicht, hier geht es um Wortbedeutung, Grammatik und Satzbau, hier geht es ums Ganze.[15]

Die so genutzte Landschaft hatte der Mensch im Alpenraum tatsächlich erfunden. Dass sie, kontinuierliche Nutzung und Pflege entsprechend der von ihm selbst entwickelten Regeln vorausgesetzt, ökologisch sogar stabiler als die davor existierende Naturlandschaft war, bannte mich nicht nur, sondern hatte mich zum ersten Mal eine Art Ehrfurcht verspüren lassen, wie sie sonst vielleicht nur ein gläubiger Mensch den Traditionen seiner Religion gegenüber empfindet. Doch neben aller Begeisterung auch Trauer. Darüber, dass der Stolz auf Kulturleistungen wie diese heute immer mehr verloren ging. Und

15 So heißt es in der Nutzungsdeklination etwa: *Bei der bäuerlichen Waldnutzung auf steilen Hängen werden nie größere Waldstücke auf einmal geschlagen, sondern nur einzelne Stämme entnommen (»Einzelstammentnahme«), damit der Wald seine Schutzfunktion bewahren kann. Auf diese Weise sorgt der Mensch aktiv für einen stufigen, ungleichmäßigen Waldaufbau, in dem alle Baumaltersklassen vertreten sind.*

wie schnell nicht nur Alphabet und Welt wieder zu verschwinden drohten.

So las ich gerade an dem Tag in der Online-Ausgabe der *Dolomiten* zwar wieder einmal, wie man versuchte, dieses Verschwinden aufzuhalten. Unter dem Titel *Charakterlandschaft bleibt erhalten* wurde darin etwa von einem Projekt in der Nähe von Brixen berichtet, bei dem durch verschiedene Landschaftspflege-Maßnahmen die Verbuschung früher als Weiden genutzter Flächen wieder zurückgedrängt werden sollte. Damit sollte einerseits der Lebensraum vieler besonderer Pflanzen und Tierarten zurückgewonnen werden wie auch eine beliebte Spaziergänger-Landschaft.

Doch so notwendig derartige Maßnahmen längst waren, um die in Jahrhunderten vom Mensch und seiner Bewirtschaftung geformte Kulturlandschaft zu erhalten, hatte ich angesichts solcher Nachrichten immer mehr das Gefühl der bloßen Behübschung, wenn ich etwa, wie über ein anderes *Umweltschutz*-Projekt weitab der Alpen als einzige Erfolgsmeldung in der *Süddeutschen Zeitung* las: *Den Bürgern gefalle es viel besser, wenn sie, begleitet vom Vogelgezwitscher, durch eine abwechslungsreiche Landschaft spazieren können.*

Denn obwohl derartige Spaziergangs-Landschaften sicherlich weit intensiver wahrgenommen wurden, als ein Wirtschaftswald von einem durchbrausenden Mountainbiker, so ging es in beiden Fällen nur mehr um Freizeitnutzung. Um eine Auszeit, in der die sogenannte Natur auf ihren Beruhigungs- und Unterhaltungswert reduziert wurde.

Viel besser als der blicklose Mountainbiker war ich jedoch auch nicht. Denn abends notierte ich mir neben einer Besorgungsliste (*Senf, Brot, Dauerwurst, Keks, Studentenfutter*) und einem Zeitplan für die nächsten Tage lediglich: *Am Ende des heutigen Tags ging es zum Quartier noch einmal steil die Straße hinauf: Ich beschleunige, setzte die Stöcke ein und warte, bis die Beine brennen. Die Welt, schon ist sie nicht viel mehr als der eigene Körper. Und Anstrengung, Erschöpfung, vor allem aber Ehrgeiz, werden als Formen von Platzangst kenntlich.*

Und, offenbar etwas später: *Wieder einmal wird mir abends kalt, wieder einmal ziehe ich im Zimmer, mit Ausnahme der Allwetterjacke und der Regenhose, alles an.*

In der Nacht sirrte das Telefon. Ich war sofort wach, doch ich hob nicht ab, da ich die Nummer nicht kannte. Mir war immer noch kalt. Während ich Stunden davor aus purer Erschöpfung sofort eingeschlafen war, fand ich nun kaum mehr in den Schlaf zurück, sondern träumte mich halb wach selbst, träumte, ich läge im Freien, während ich gleichzeitig wusste, wie fest ich in die Decke gewickelt im Bett lag.

Das Zittern der Nacht hörte auch am nächsten Tag nicht auf, als ich auf dem Weg nach Taisten unter der Regenpelerine längst schwitzte. Bald nach dem Aufbruch hatte es zu regnen begonnen. In Frondeigen, dem Übergang zum Gsiesertal, trieben mich Gewitter in eine winzig kleine Kirche, in deren Innerem ein historischer Kurzabriss erklärte, sie stehe hier an einem wichtigen Übergang. Früher sei man noch über die Berge von Tal zu Tal gegangen, da diese leichter passierbar gewesen seien als versumpfte Talböden wie etwa jener des Pustertals.

Draußen blitzte und donnerte es. Ich kniete in der vordersten der drei Bankreihen und schrieb den historischen Kurzabriss über die kleine Kirche ab, fotografierte die unheimlich hellblaue, fast durchsichtig scheinende Marienstatue, fotografierte mich und schrieb eine Notiz über mein tägliches Schreiben. Zeilen, denen ich, gerade weil sie viel mehr Rätsel als Erklärung sind, bis heute nichts hinzuzufügen habe:

Das Beschreiben des Gesehenen und der Erlebnisse ist unheimlich. So, als wäre es ein fortgesetzter Abschied. Zuerst dachte ich mir noch, es wäre die Zeitform des Notizbuches, das Präsens, in der man nie auf sich selbst zurückblickt, sondern scheinbar deckungsgleich wird und verschwindet. Doch es ist nicht die bloße Zeitform, und schon gar kein Verschwinden darin. Es ist das Tagebuch, das Notizbuch selbst. Denn in der fertigen Erzählung, im fertigen Roman behauptet jeder Satz über das Erzählte hinaus immer auch einen Erzählort, in den sich der Erzähler, ob aus ei-

nem gefährlichen Erlebnis oder einem nur unaushaltbar langweiligen, letztlich doch retten konnte. Ein Ort, der zumindest gegenwärtig sicher genug zu sein scheint, um an ihm vom Erlebten zu berichten. Das Tage- oder Notizbuch kennt diesen Ort nie, es birgt immer den Tod als mögliches Ende.

Vielleicht fehlen auch deshalb über die Stunden danach jegliche Aufzeichnungen im Notizbuch, selbst die Erinnerungen davon sind verschwunden. Vielleicht hatte ich über meine Reise nachgedacht, vielleicht über meinen Onkel, vielleicht auch nur über das nächste Geschäft für meinen Einkaufszettel.

Ich weiß es nicht, ich weiß nur, dass ich von der kleinen Kirche in Frondeigen trotz der Gewitter weiterging, dass der Regen im Gsiesertal irgendwann aufhörte, ich auf ebenen Feldwegen durchs Tal nach Taisten kam, doch das Vorhaben, weiter als bis Taisten zu gelangen, ohnedies bereits nach dem Gewitterhalt in Frondeigen aufgegeben hatte. Womit für den nächsten Tag zwar eine unverhältnismäßig lange Strecke bis Bruneck übrig blieb, doch auch das würde irgendwie zu schaffen sein.

Auf den frisch gemähten Wiesen vor Taisten brachten zwei Bauern Gülle aus. Im Ort selbst fragte ich mich, ob es womöglich die einzig übrig gebliebenen Bauern gewesen waren, da es hier anstatt Höfe fast nur mehr Einfamilienhäuser gab.

Ob deren Bewohner wussten, dass die Wiesen rund um den Ort gerade in ihrem Artenreichtum weder selbstverständlich und schon gar nicht natürlich waren? Auch wenn im Zuge der Intensivierung der Landwirtschaft heute die Artenvielfalt auf gut gedüngten und häufig gemähten Wiesen gegenüber früher, als Dung noch teuer und deshalb nicht in größerer Menge zur Verfügung gestanden hatte, längst wieder abnahm. Dennoch sorgt bis heute die Arbeit der Bauern für eine lichtere, offenere Landschaft, als es in verbuschtem, verwaldetem Zustand der Fall wäre.

Eine Landschaft aus Arbeit und Erfahrungswissen, über die mir trotz meiner Kindheit am Land nur ein Bruchteil bekannt gewesen war. Denn bis zur Vorbereitung auf die Reise hatte ich selten darüber nachgedacht, wie entscheidend etwa der richtige Zeitpunkt des Schnitts für das Aussehen der Wiesen war. Mähte man zu früh, waren die Samen noch nicht reif, und es blieben nur die Pflanzen übrig, die sich vegetativ vermehrten. Mähte man zu spät, war das Heu als Futter weniger reichhaltig.

Um wie viel komplizierter die Bewirtschaftung von Alpweiden war, wie viel dabei allein mit der Anzahl der Tiere, Überbesatz oder Unterbesatz, falsch gemacht werden konnte, hatte ich tatsächlich nicht gewusst. Schon gar nicht, dass deshalb auf Gemeinschaftsalpen Buch geführt wird, nicht nur über die genaue Anzahl der jeweiligen Tiere, sondern auch über Beginn und Ende des Weidegangs, um die Weiden in möglichst gutem Zustand zu erhalten.

Meist geht es in diesen *Alpbriefen* oder *Alpsatzungen*, von denen die ältesten überlieferten aus dem Mittelalter stammten, um die Gefahr der Übernutzung. In Gegenden mit großen Alpen jedoch gab es sogar Alpzwang, um das Gegenteil zu verhindern; hatten die Bauern zu wenig Tiere, musste Vieh aus benachbarten Regionen geliehen werden. Weshalb diese Alpsatzungen auch zu den wichtigsten Beispielen einer Bewirtschaftung von Grund und Böden zählen, bei der es kaum einen höheren Wert als die langfristige Erhaltung und Stabilität des Kulturlandes gab.

Nachhaltigkeit, so würde man es heute mit jenem Modewort nennen, dessen inflationäre Verwendung noch lange nichts daran ändert, dass Reproduktion und ökologische Stabilität der Nutzungsflächen in den Preisen des Marktes nicht zur Geltung kommen. Denn im Maßstab der herrschenden Warenökonomie existieren solche Werte nicht.

Es war Heimkommenszeit. Mütter stiegen mit ihren Kindern in den Hauseinfahrten aus kleinen, schicken Autos. Riesige Einkaufssäcke wurden Richtung Haustür geschleppt, deren Aufschriften für Supermärkte warben, wie es sie in den Gewerbeparks im Pustertal draußen gab. Ein Lebensmittelgeschäft im Ort, wo ich mich um meinen Einkaufszettel hätte kümmern können, fand ich hingegen nicht.

Vielleicht aber war ich auch nur zu unaufmerksam gewesen, zu abgelenkt davon, wie gut ich aus meiner Heimatortschaft ähnliche Kleinfamilien kannte. Szenen, die mir die alltäglichen Vorgänge eines solchen Spätnachmittags selbst für Ortschaften vorspielten, durch die ich zum ersten Mal kam. Ich musste nur die dazugehörigen, tagsüber meist leeren Einfamilienhäuser sehen, schon wusste ich, wie es aussehen würde, wenn ein, zwei Stunden nach den Müttern und Kindern die Väter in ihren großen Wägen folgten.

Wie war dein Tag?, wird die gegenseitige Frage wohl in vielen Hausfluren lauten.

Und wie war deiner?, in nicht wenigen Fällen die einzige, ebenso gegenseitige Antwort. Oder gleich: Lass uns besser nicht darüber reden … Während in dem ausnahmsweise doch Erzählten einzig die heutige Trennung von Job und Zuhause zur Sprache kommt, wenn es heißt, du kannst dir gar nicht vorstellen …, bevor der jeweils aktuelle Ärger herausplatzte.

So war ich bei Weitem nicht allein wegen meiner Gräserpollen-Allergie froh, dass ich mir am Vorabend nur Übernachtungsmöglichkeiten in der Karte eingezeichnet hatte, die ein gutes Stück oberhalb von Taisten lagen. Ganz abgesehen davon, dass ich an der Alltagsleere solcher Dörfer auf meiner Reise ohnedies nicht vorbeikam, erzählten sie doch deutlicher als jede Statistik, jede wissenschaftliche Analyse, wie viel plötzlich fehlte, wenn die Arbeit aus den Orten verschwand: die Bauern, die Handwerker, die Gewerbetreibenden und Geschäftsleute. Und wie unwirtschaftlich das Leben wurde, wenn in solchen auf die bloße Wohnfunktion reduzierten Ortschaften irgendwann allein die Umweltkosten des Schadstoffausstoßes jener täglichen Fahrten zu Arbeit und Einkauf in Rechnung gestellt würden, die nicht nur hier, am Rand des Pustertals, sondern auch in Gegenden wie etwa dem Inntal zur Schadstoff- und Lärmbelastung mehr beitrugen als der viel gescholtene Transit.

Knapp dreihundert Höhenmeter über Taisten, auf einem Hangplateau, von dem aus der Blick ins Gsiesertal hinein und ins Pustertal reichte, waren die Hintners auf ihrem Erbhof gerade bei der Stallarbeit, als ich, verschwitzt von dem mehr als nur zügig absolvierten Bergaufstück, am Hof ankam.

Eine Stunde später saß ich mit der Familie am Küchentisch beim Abendessen. Der Bauer an der Langseite des Tisches, mit dem Rücken zum Fenster, mir gegenüber seine Mutter, rechts die Bäuerin sowie die Schwester des Bauern. Einige Augenblicke war es, nachdem sich alle bei Tisch versammelt hatten, still, dann das Gebet, dann die Suppe. Wie der Tag gewesen sei, war hier keine Frage, schließlich hatten sie ihn gemeinsam erlebt. Vielmehr ging es bereits um den nächsten. Nicht wie er sein würde, sondern was es zu tun gab.

Seit etlichen Jahrhunderten bewirtschaftete die Familie Hintner den hoch über der Tälerkreuzung liegenden Hof. Und es war der Stolz des Erbhofbauern, der Herrn Hintner mit Verachtung vom Papierkrieg um Förderungen erzählen ließ und von der Nötigung, die es für ihn, den Herrn von Grund und Boden bedeutete, wenn er bei jedem Baum, bei jeder Planierung, um behördliche Erlaubnis fragen muss.

Was sei das noch für ein Hof, den er hier übergebe, auf dem man nicht mehr sein eigener Herr sei? Man könne es, fügte er hinzu, den Jungen nicht verdenken, wenn sie sich etwas anderes suchten. Er jedenfalls verstünde seinen Sohn, wenn er doch wegginge, auch wenn er derzeit gern und kräftig mitarbeite, er verstünde ihn mehr als nur gut.

2015 liefen die Milchquoten aus, bereits jetzt würden sie ein Prozent pro Jahr erhöht. Und sein Nachbar glaube tatsächlich, er könne mit den Großbetrieben im Flachland mithalten, und baue bereits neue Laufställe, um seinen Betrieb zu erweitern. Dabei könnten derzeit nicht einmal die industriell wirtschaftenden Flachland-Bauern von den gezahlten Milchpreisen leben.

Anstatt sich jedoch in der Region gemeinsam zu wehren, schaue jeder nur auf seinen Vorteil, unterbiete den anderen, bis der aufgebe, ohne zu merken, dass man dabei vor allem mit sich selbst konkurriere. Davon aber, wie viele Molkereien im Grunde Bauerngenossenschaften waren, merke man nichts. Zumindest am heimischen Markt könnte man gemeinsam etwas erreichen, es müssten nur etliche der Genossenschaften zusammenarbeiten. Stattdessen rede man vom Weltmarkt, von Absatzchancen für Milchpulver und liefere sich immer mehr aus.

Erst heute sei wieder in den *Dolomiten* gestanden, die EU-Kommission verteidige die Erhöhung der Milchquoten mit der gestiegenen weltweiten Nachfrage. Aber Hauptsache, der Nachbar glaube, er könne mit den neuen Ställen in Zukunft billiger produzieren.

Ich dachte an einen erst gestern im *Standard* gelesenen Zeitungskommentar über den Milchboykott der deutschen Bauern, in dem die Journalistin die hohen Summen der europäischen Agrarsubventionen und das Unverständnis der Konsumenten gegen die Forderungen nach einem kostendeckenden Preis ins Feld geführt hatte. Und das, obwohl sie einräumte, *dass die Bauern eingeklemmt sind, zwischen hohen Energiepreisen, die sich auf Dünger- und Futtermittel direkt durchschlagen, und straff rechnenden Handelsketten.*

Doch: *Beim Konsumenten, dem in letzter Zeit bei jedem Einkauf auffällt, dass er tiefer in die Geldbörse greifen muss, wird eine Aktion nicht gut ankommen, bei der die Milch im besten Fall verfüttert, im schlechtesten Fall einfach weggeschüttet wird.*

So sehr ich mich angesichts der treffenden Beschreibung der verzwickten Situation der Bauern noch gewundert hatte, um wie viel stärker die bloße Preis-Perspektive der Konsumenten zählte, so deutlich war mir am Ende des Textes geworden, dass es einer solchen Gesellschaftssicht nicht mehr um Analyse und argumentative Durchdringung ging, sondern letztlich allein um das Aufrechterhalten von Oberflächen und Fassaden.

Weshalb der Kommentar auch mit der Feststellung schloss: *Was stattdessen mit einer solchen Aktion sicher herauskommt, ist ein weiterer Imageschaden für die Bauern. Denn der Stadtbewohner hat aufgrund der Agrarförderungen wenig Verständnis für deren Situation.*

Es war kein Einzelfall, wenn mithilfe der Begriffe Markt, Preis und

Subvention nicht nur Stadtbewohner gegen Bauern in Stellung gebracht wurden:

52 Milliarden Euro pumpen Steuerzahler in der EU jährlich in die gemeinsame Landwirtschaft, so ein anderer *Standard*-Artikel, den ich mir als Beispiel für die Argumentationsmacht der gängigen marktwirtschaftlichen Stereotypen aufgehoben hatte. *Das Ergebnis: verkrustete Strukturen, keine Anreize zu marktadäquaterer Produktion und beschädigte Märkte in den Ländern der Dritten Welt, die gegen die gestützten Produkte keine Chance haben.*

Dabei war mir in meiner ersten, bloß instinktiven Abwehr dagegen, wie mit solchen Argumenten die Hungerkrise gegen die EU-Agrarpolitik ausgespielt wurde, vorerst nur klar, dass der Hunger wieder einmal als Schreckgespenst missbraucht wurde. Als Schreckgespenst, das nur in weiter Entfernung ein solches sein darf, da es ansonsten Teil der eigenen Wirklichkeit wäre.

Während mir nach und nach dämmerte, dass die Hungerkrise gerade dort, wo angesichts europäischer Regulierungen und Subventionen laut nach dem Markt, nach Mengen- und nach Preisfreigaben gerufen wird, ebenso wie die Probleme der deutschen Milchbauern mit kostendeckenden Preisen grundsätzlich zu einer Wirklichkeit gehörten. Zu einer Krise, die weit umfassender war als jede durch Schlagzeilen benennbare.

Denn Landwirtschaft, so kann als Grundvoraussetzung gelten, funktioniert zu Weltmarktpreisen nicht. Zu unterschiedlich sind die Produktionsbedingungen. Solange sie sich an möglichst billigen Preisen für den Weltmarkt orientiert, wird ihr das durch Intensivierung und Industrialisierung nur über kurze Frist auch in ökonomisch positiv bilanzierender Weise gelingen. So lange eben, bis man in den dafür genutzten Gunstregionen bemerkt, dass es ohne jene Arbeit, die sie dauerhaft nutzbar bleiben lässt, nicht mehr weitergeht.

Bis dahin übersieht man jedoch gern, wie teuer das Billige ist, wenn in Zeitungsartikeln einerseits der Aufhebung der EU-Milchquoten das Wort geredet wird, oder die gestiegenen Lebensmittelpreise am Weltmarkt, ungeachtet der Hungerkrise, als beste Gelegenheit für die Streichung von EU-Fördergeldern angepriesen werden. Schließlich ist es auch nur ein weit entferntes Schreckgespenst, wie viele Menschen an diesen Preisen verhungern. Und ein noch größeres und nicht minder verdrängtes, dass die Spirale solcher Preisentwicklungen auch eine andere Welt als die Dritte je in eine existenzielle Krise stürzen könnte. Unsere Erste zum Beispiel.

Dass jedoch die Öffentlichkeit, und eben nicht nur die städtische, bei Bauern besonders heikel reagiert, sobald sich diese gegen die herrschende Waren- und Preislogik wenden, war mir vor allem in Zeitungstexten aufgefallen. Ob es sich dabei um nicht weniger als eine allergische Abwehrreaktion aufgrund eines doch noch existierenden Wissens über andere Ökonomien als jene der Waren- und Dienstleistungswelt handelte, hatte ich mich zu dem Zeitpunkt nicht gefragt. Gerade weil sich hinter den Fassaden der Konsum- und Dienstleistungsgesellschaft nicht nur immer mehr Leere, sondern angesichts der näher rückenden ökologischen Bedrohungen schlicht und einfach Endzeitstimmung breitmachte. Und eine Angststarre, in der auch jene Veränderungen abgewehrt werden, die Lösungen sein könnten.

Hintner hatte mir in der Zwischenzeit von der Geschichte des Erbhofes erzählt. Mit einem Stolz, in dem keine Spur der davor unverkennbaren Resignation sichtbar gewesen war. Stolz auf die Arbeit und Stolz auf das Leben. Alles, nur kein Image.

Draußen waren die Nebelschwaden ins Gsiesertal gezogen, es hatte zu regnen begonnen. Frau Hintner war am Herd gestanden, hatte Schlutzkrapfen für mich gemacht, während die anderen kalt zu Abend essen würden. Und Herr Hintner hatte von den aufgegebenen Höfen in Taisten erzählt. Noch, so hatte er gemeint, habe es keine Auswirkungen auf die Landschaft, da jene, die weitermachten, die Weiden und Wiesen der anderen pachteten.

Während in Corvara, wie ich im Weblog das Gespräch mit ihm beschrieb, *nur mehr so wenige Betriebe übrig geblieben seien, dass die*

Wiesen mehr und mehr verbuschten. Weshalb die großen Hoteliers bereits Bauern aus dem Pustertal bezahlten, um nach Corvara zum Mähen zu kommen, da die Natur plötzlich nicht mehr nach jener Natur aussehe, die von den Gästen in einem solchen Alpental erwartet würde.

Draußen war es in der Zwischenzeit finster geworden, schrieb ich, *Hintner entschuldigte sich zur Musikprobe unten im Ort.*

Die Probe hatte es zwar, obwohl er fast sitzen geblieben wäre, tatsächlich gegeben. Die Finsternis aber hatte ich für den Weblog nur erfunden, da sie mir, fälschlicherweise, besser zu meiner Erzählung zu passen schien.

In Wirklichkeit war es draußen immer noch hell gewesen, der Regen hatte aufgehört, und die Nebel hatten über dem Tal so weiß gestrahlt, dass in der Küche der Hintners plötzlich ein Zwielicht herrschte, wie ich es sonst nur in den Straßenbahnen Wiens kannte, wenn sie mit eingeschaltetem Neonlicht kurz vor Sonnenuntergang im letzten, manchmal für kurze Zeit noch grellen Sonnenlicht die Ausfallsstraßen in den Westen Wiens hinausfuhren.

Wie Watteschiffe sahen die Nebelschwaden im weißen Strahlen dieses Abends aus.

Was, fragte mich Frau Hintner, würde ich am Weg alles sehen?

Noch nie hatte mich bis dahin jemand auf so einfache Weise so genau nach meiner Reise gefragt. Ohne dass sie das in ihrer Frage extra hinzufügen musste, galt ihre Frage nicht allein dem tatsächlich Gesehenen, sondern ebenso all dem, was das Unterwegssein erst zu sehen möglich machte. Etwas, das viel zu weitläufig und nicht selten auch zu alltäglich war, um bloß Einsicht zu heißen. Dass jemand wie Herr Hintner oder seine Frau über meine Reise viel mehr wussten als die am weitesten in der Welt Herumgekommenen meiner Freunde oder Bekannten, wunderte mich deshalb kaum. Allein ein Abend in ihrer Küche reichte, um eine Ahnung von einem Leben zu bekommen, dessen Glück nicht allein dort zu finden war, wo man weit von seinem eigenen Alltag entfernt war, sondern dort, wo man jeden Tag weiter daran arbeiten konnte.

Ihren Mann nicht täglich bei der Arbeit zu sehen, und dabei

sich selbst, könne sie sich nicht vorstellen, hatte die Bäuerin gesagt. Müsste einer von ihnen woanders arbeiten, wäre ihnen ein derart großer Teil ihres Lebens genommen, dass er auch mit noch so viel gemeinsamer Freizeit nicht aufgewogen werden könnte. Sie würde ihren Mann nicht kennen, sähe sie ihn immer nur ohne seine Arbeit – und ebenso wenig sich selbst.

Wie wenige Menschen können das von ihrem Leben, ihrer Ehe sagen? Und wie selten Arbeit und Leben noch auf solche Weise zusammengehörten. Was aber blieb allen anderen? Was blieb, wenn die eigene Arbeit den Menschen nicht mehr definierte? Nur mehr Freizeit, jene Zeit, über die man doch nur sagte, man schalte in ihr ab?

Welche besondere Bedeutung das Weitergeben der Arbeit an die nächste Generation auf einem solchen Hof hatte, verstand ich neben all diesen Fragen erst, als sie mir von ihrem Sohn erzählte. Dabei war das, was sie mir beschrieb, nichts Neues. Vom Problem der Hofübergabe hatte ich nicht nur gelesen, sondern auch auf der Reise immer wieder erfahren. Genauso wusste ich, wie viele Höfe deshalb verschwanden.

Doch nie hatte ich dabei an meine eigene Arbeit gedacht. Auch nicht, als sie davon erzählt hatte, dass sie ihre Arbeit nie von ihrem Leben getrennt wissen wolle. Denn obwohl sich auch meine Arbeit nicht von meinem Leben trennen ließ, konnte ich, im Gegensatz zur Arbeit der Bauern, das Schreiben nicht teilen. Und da ich sie meinen Nachkommen auch nicht übergeben konnte, war der Zeitpunkt, wann ich Kinder zeugte, für die Frage, wie lange ich meiner Arbeit nachginge, ohne Bedeutung. Deshalb verstand ich diesen Grundcode einer Sehnsucht der Weitergabe, der vermutlich in jedem angelegt war, auch erst, als mir klar wurde, dass die Weitergabe im Leben der Bauern eine existenzielle Konstante bedeutete, die weit über ihre eigenen Leben hinausreichte, und sie gleichzeitig darin aufhob.

Im Leben ihres Sohnes, so hatte mir Frau Hintner weiter erzählt, gebe es keine Frau. Immerhin sei er bereits dreißig und angeblich, wie sie im Ort öfters höre, auch begehrt. Doch junge Leute bräuchten heute offenbar länger. An den Notwendigkeiten eines Bauernhofes ändere das jedoch nichts. Sie erlebe es gerade an ihrem Mann; so stark er auch sei, seine Knie machten trotzdem nicht mehr lange mit.

Ich nickte, hatte den Zusammenhang mit ihrem Sohn jedoch immer noch nicht durchschaut, lediglich an ihren Mann oder an mein eigenes Vaterwerden gedacht. Je länger ihr Sohn zuwarte, schloss sie, desto älter würde er bis zu seiner eigenen Übergabe werden müssen.

Am nächsten Tag strahlte die Sonne in einen klaren, vom Nachtregen frischen Morgen, als ich mit den Arbeitsgeräuschen am Hof munter wurde. Fast alles am Frühstückstisch war selbst gemacht, und als ich mich verabschiedete, kam mir vor, ich wäre weit länger als nur über Nacht geblieben.

Kaum war ich um die Ecke des Stallgebäudes gebogen, beschäftigte mich vorerst allein die Strecke des Tages. Bis Bruneck hatte ich insgesamt drei Anstiege vor mir. Denn da die Route vorbei an der Kreuzspitze Richtung Pfitscher Joch aufgrund des Schnees noch wochenlang unpassierbar sein würde, wollte ich am nächsten Tag mit dem Zug nach Sterzing fahren und ins Pfitschertal gehen, wo ich am Pfitscher Joch nach gut zwei Wochen wieder auf die Originalroute gelangen würde.

Eine Stunde später war alle Planung jedoch bereits durcheinandergeworfen, nachdem mich zwei Mountainbiker am Ende des Tschochenwaldes überholt hatten. Sie waren nicht besonders schnell gewesen. Doch auf der flach dahinführenden Forststraße schnell genug, um mich, zumindest im ersten Augenblick, nicht im Entferntesten an Verfolgung denken zu lassen.

Nach einer Biegung mündete die Forststraße in eine schmale asphaltierte Bergstraße Richtung Mudlerhof, den ich mir für gestern als weitere Übernachtungsmöglichkeit angezeichnet hatte. Und vor mir, in sich nun kaum mehr vergrößerndem Abstand, die beiden Mountainbiker – so heftig kurbelnd, dass es im Vergleich zu ihrem kaum merklichen Vorankommen wie in einem Zeichentrickfilm aussah.

Noch immer beschleunigte ich nicht. Ich schaute den beiden vor mir zu und fragte mich, worin der Reiz solcher Vergeblichkeit liegen könnte. Natürlich: im Bergabfahren. Da konnten auch sie Geschwindigkeit, Fahrtwind und Gefahr erleben. Doch war es der kurze Rausch des Bergabschießens allein wirklich wert, sich in verspiegelten Sonnenbrillen, windschlüpfrigem Sturzhelm und kanarienfarbenen Trikots bergauf noch lächerlicher zu machen, als man es angesichts von Bergen ohnedies immer war? Wo man auf einem sündhaft teuren Vollcarbon-Rad doch nur ein Musterbeispiel dahinwackelnder Vergeblichkeit darstellte?

Ich beschleunigte. Weiter oben würde es, wie ich von der Karte wusste, zwar wieder flacher werden. Doch selbst wenn ich sie nicht einholte, ich kam ihnen näher; und auf dem Asphalt hörten sie das an meinen klackenden Stockeinsätzen auch.

Es sei zum Verrücktwerden, sollten mir zwei Mountainbiker im Karwendel die Wirkung des unaufhörlichen Geräuschs meiner Stöcke beschreiben, als wir nach hartem Duell im Schachenhaus ein Bier miteinander tranken. Doch die beiden waren andere Kaliber gewesen, hatten mich mit ihren gut achttausend Mountainbike-Kilometern in den Beinen selbst im steilsten Gelände noch einigermaßen auf Distanz gehalten.

Die zwei hier hatten nun die erste Kehre zum Mudlerhof hinter sich, kamen mir eine Etage höher entgegen, blickten nicht zu mir herunter, versuchten zu beschleunigen. Doch auch ich war noch einmal schneller geworden, um die paar Meter, die sie in der flacheren Kehre gewonnen hatten, aufzuholen. Den Rhythmus meiner Stockeinsätze ließ ich gleich, verlängerte nur meine Schritte.

Genauso sollte ich es in den nächsten Monaten oft machen, gerade dann, wenn ich den von mir gejagten Mountainbikern näher kam, sie manchmal sogar überholte. In einem penetrant gleichbleibenden Geh-Rhythmus, dem man die Geschwindigkeit möglichst nicht anmerkte, ebenso wenig die Anstrengung. Als ginge ich mit meinem grünen Freund auf dem Rücken immer in solchem Tempo über die Berge.

Mountainbiker-demütigen, so nannte ich für mich das zwischen Taisten und Antholz gefundene Spiel. Und spielte es nun bei jeder

Gelegenheit. Obwohl es mir am Weg zum Mudlerhof eineinhalb Stunden Verspätung einbrachte. Denn so lange sollte ich auf einer Kuhweide, kaum dreihundert Meter vom Mudlerhof entfernt, für die Suche nach der dort oben vermuteten Wegabzweigung brauchen. Unzähligen Kuhsteigen folgte ich von der Bergstraße aus über den steilen Hang, doch keiner von ihnen führte durch den Wald ins Antholzertal hinunter. Auch wenn mich Wildwechsel oder Zustiege von Forstarbeitern immer wieder hoffen ließen, einen Übergang von der Weide in die noch um einiges steilere Waldflanke gefunden zu haben. Der Weg *Nummer 10* war nicht zu finden, zumindest nicht hier, und irgendwann, nach dem hundertsten Blick in die Wanderkarte, sah ich, dass er womöglich bereits um ein Stück früher abgezweigt war. Noch vor der asphaltierten Bergstraße zum Mudlerhof herauf, auf der Forststraße, etwa dort, wo ich beschleunigt hatte.

Nach Bruneck zu kommen, war damit unmöglich geworden. So entschloss ich mich, nur mehr bis Olang ins Pustertal hinauszugehen, und ohne in Bruneck zu übernachten gleich nach Sterzing, an den Beginn des Pfitschertals zu fahren. Damit gewänne ich einen zusätzlichen Arbeitstag für die bald abzuliefernde *Standard*-Geschichte, bevor ich am Pfitscher Joch wieder auf der ursprünglichen Route unterwegs sein würde.

Eile hatte ich nun keine mehr, und so ging ich den Weg *Nummer 10* fast wie ein Spaziergänger nach Antholz hinunter, freute mich auf den Ruhetag und ließ mich auch nicht aus der Ruhe bringen, als mich ein von meinem Rucksack erschreckter Hund am Ortsrand von Antholz kräftig verbellte. Umso mehr schreckte mich die Geisterhaftigkeit des Tals. Und das, obwohl ich bereits seit dem Zurechtschneiden der Wanderkarten vor Reisebeginn wusste, dass es Antholz, wie ich es als Antholz im Antholzertal aus unzähligen Fernsehübertragungen von Biathlon-Weltcuprennen und Weltmeisterschaften kannte, nicht gab. Stattdessen Antholz-Obertal, Antholz-Mittertal und Antholz-Niedertal, alles eigene und voneinander entfernt im Tal liegende Orte, genauso Rasen-Antholz, das wiederum aus Oberrasen und Niederrasen bestand, wobei jeder dieser Ortsnamen zusätzlich noch sein italienisches Pendant angehängt hatte.

Doch abgesehen davon, dass jene einzelne Ortschaft Antholz aus dem Sportfernsehen in Wirklichkeit nicht existierte, auch die auf meiner Wanderkarte eingezeichneten Orte gab es in Wirklichkeit nicht oder nicht mehr. Zum Beispiel Rasen, in das ich, nachdem ich den Hund umrundet hatte, an diesem Frühsommersamstag schließlich kam.

Denn das, was ich auf meinem Weg von Oberrasen nach Unterrasen sah, konnte kein Ort sein, war irgendetwas anderes, eine Erfindung, ein Bühnenbild, ein schlechter Traum. Ein Traum in Weiß, denn weiß war hier fast alles: Gartenzäune, Gipsfiguren, Terrassen und Haustüren, Fassaden und Fensterrahmen. Weiß und unberührt. Auch wenn in den bis auf das letzte Grasbüschel gepflegten Gärten da und dort zweifelsohne echte Menschen an Gartentischen oder in Lehnstühlen saßen, sogar Grillgeruch lag in der Luft, Gartensprenger liefen, Sonnendächer flatterten.

Doch wovon all diese Einfamilienhaus-Idyllen mit den in der Sonne vor den Garagentoren glänzenden SUVs erzählten, war längst nicht mehr der Alltag einer lebendigen Ortschaft. Es war, wie spätestens angesichts der Bozner, Meraner oder Trentiner Nummernschilder unübersehbar wurde, die Wirklichkeit eines Rückzugs, einer Wochenend- oder bestenfalls noch Feierabendortschaft, in der es folgerichtig keinen Bäcker, keine Gemischtwarenhandlung für den täglichen Einkauf mehr brauchte, sondern nur Supermärkte, wie sie draußen im Pustertal verkehrsgünstig am Weg lagen. Im Ort selbst gab es nur noch eine Bank und zwei Immobilienmakler.

Phantomschmerzen – mehr hatte ich mir über Antholz nicht notiert. Welche Schmerzen daraus in solchen Orten tatsächlich wurden, hätte ich zu dem Zeitpunkt noch nicht sagen können. Nur, dass es sich vermutlich, wie bei Menschen, um Schmerzen handelte, die nicht nur von unwiederbringlich Verlorenem ausgelöst werden, sondern auch von verdrängten Sehnsüchten, verdrängtem Leben. Schmerzen, die man sich meist selbst zufügt. Wie rettungslos verloren man sich angesichts solcher Schmerzen fühlen konnte, wie sehr man sich an sie kettete, gerade wenn sie von einem noch unnennbar schweren Verlust herrührten, erlebte ich zwei Tage später. Als die Geschichte eines Vaters, die mich auf unheimliche Weise bereits berührte, als ich von ihr noch nichts hatte wissen können.

Ich hatte mit dem Filmteam, das mich bis Ginzling begleiten sollte, an diesem Tag am Pfitscher Joch den Alpenhauptkamm überquert. In teilweise noch tiefem Schnee, doch aufgrund der flachen Hänge im Gebiet des Jochs ohne größere Lawinengefahr.

Spätnachmittags, bereits unterhalb des Schlegeis-Stausees, am Beginn des hinteren Zillertals, war uns ein Läufer entgegengekommen. Die Sonne war gerade über dem Olperer verschwunden. Dass wir es nach den langen Filmaufnahmen am Joch nicht mehr bis nach Ginzling schaffen würden, war uns klar; doch um den auf halber Strecke in der Karte eingezeichneten Berggasthof Breitlahner zu erreichen, war es noch hell genug.

So waren wir, nach einem Bier an der Stauseeparkplatz-Imbissstube, mit müden Beinen den steilen Hang neben der Staumauer in Kehren hinuntergegangen, hatten von unten die imposante Mauer bestaunt und im Weitergehen gemutmaßt, dass wir hier deshalb keinem Menschen mehr begegneten, da alle bis zum Parkplatz am Stausee mit dem Auto fuhren.

Einer war uns doch entgegengekommen. Kein Wanderer, kein Spaziergänger, sondern der Läufer. Und irgendetwas an ihm war mir sofort bekannt vorgekommen. Womöglich hatte ich ihn bereits einmal gesehen, etwa bei einer Laufveranstaltung. Oder er war mir allein als Läufer besonders aufgefallen, da mich mein Rucksack bereits seit einem Monat aufs bloße Gehen beschränkte. Dass es in Zusammenhang mit seinem Sohn im Fernsehen gewesen sein könnte, darauf wäre ich zu diesem Zeitpunkt nicht gekommen. Ebenso wenig hatte ich, wie mir angesichts der Bilder seines Sohnes später auffiel, von Anfang an den Toten in seinem Gesicht gesehen.

Sehr wohl aufgefallen waren mir aber seine Beine. Die viel zu dicken Beine eines alten Läufers, mit denen selbst der schnellste Laufschritt nur schwer und trostlos sein konnte. Beine, denen man nicht entkommt und die mich im Weitergehen an eine Geschichte erinnert hatten, die ich kurz vor dem Tod meines Lilienfelder Großvaters in diesem Frühling noch über ihn und meinen anderen Großvater, den Vater meines Vaters, geschrieben hatte.

Die Geschichte war für eine Lesereise durch die Schweiz gedacht gewesen. Drei Monate vor dem Beginn der Fußball-EM sollten Franzobel, Ferdinand Schmatz und ich in Basel, Zürich, Bern und Solothurn Geschichten über Fußball vorlesen, während Schweizer Autoren mit ähnlicher Vorgabe in Österreich unterwegs waren. Der einzige Text, den ich je über Fußball geschrieben hatte, war jedoch viel zu kurz für Lesungen. Deshalb hatte ich in den Wochen davor eine andere Fußballgeschichte geschrieben. Eine über meine beiden Großväter, die damit begann, dass ich mir damals, als der Vater meines Vaters 1980 gestorben war, jahrelang gedacht hatte, er könne jederzeit wieder auftauchen:

Vor allem nachts, so hieß es darin, *und ich fürchtete mich davor, denn ich war ein kleiner Bub, und die Vorstellung eines gespensternden Toten war eine schaurige, auch wenn es sich um den eigenen Großvater handelte. Bei meinem Lilienfelder Großvater* – und das hatte ich kurz vor seinem Tod geschrieben – *werde ich eine solche Angst nie haben.* Bei ihm hatte ich eher befürchtet, der Tod sei für ihn noch weniger erreichbar als die Erinnerungen an sein Leben.

Mein anderer Großvater hingegen hatte immer gewusst, dass er früher als die anderen sterben wird: *Denn meinen Traisner-Opa schmerzten die Zehen. Und immer, wenn mir im Winter die Zehen in der Kälte wehtun, denke ich mit Schrecken an die Arterienverkalkung, die ihn in den letzten Jahren schon bei der kleinsten Berührung aufstöhnen hatte lassen. Zu dem Zeitpunkt waren seine Schuhe vorne bereits aufgeschnitten und daran, einen Ball zu spielen, war nicht mehr zu denken. Dennoch wünschte ich es mir gerade von ihm, der einmal Fußballer gewesen war und sogar Torschützenkönig. Während er sich längst nichts mehr wünschte, nur trank und traurig war, im Gegensatz zu anderen Trinkern aber nicht einmal aggressiv wurde, nur manchmal weinte und mir hin und wieder, ganz vorsichtig mit dem Innenrist, einen Ball zuspielte.*

Dass meinem Großvater in Traisen damals noch ganz andere Schmerzen als jene in den Zehen zugesetzt haben mussten, hatte ich als Kind zwar gespürt, doch hätte ich das in keiner Weise benennen können, geschweige denn begreifen. Stattdessen war er mir bereits zu Lebzeiten mehr als ein Gespenst denn als greifbarer Mensch vorgekommen. Nicht nur, wenn er in unseren Kinderspielen, *nachdem wir ihn in den Keller gesperrt hatten, zu unserer Überraschung fünf Minuten später wieder auftauchte, da er es mit seinen schmerzenden Füßen doch irgendwie über den Kohlenhaufen zum Kellerfenster hinaus geschafft hatte. Sondern eigentlich in allem, was er sagte, tat oder eben nicht tat.*

Noch weniger hatte ich gewusst – und hätte es damals auch nicht verstanden–, dass diese anderen Schmerzen mit Fußball weit mehr zu tun hatten als jene in den Zehen. Denn erst jetzt wird mir bewusst, so hatte ich geschrieben, *warum mein Traisner-Opa nach dem Krieg auch als Zuschauer nie mehr auf den mit Pappeln gesäumten Werkssportplatz gegangen war, auf dem ich ein paar Jahre später in der zusammengelegten Lilienfelder und Traisener Schülermannschaft gespielt hatte. Ich, mit mäßigem Talent, nicht als örtlicher Star wie er, der deshalb auch, im Gegensatz zu den meisten anderen, nicht zur Wehrmacht eingezogen worden war, sondern erst am Schluss, im sogenannten Volkssturm, in den Krieg musste. Bis dahin aber hatte er für die Nazis Fußball gespielt und deshalb im Ort auch als solcher gegolten.*

Ob er tatsächlich Nazi gewesen war, so schrieb ich am Ende der Geschichte, *weiß ich nicht. Möglich ist es, gleichzeitig habe ich aber undeutlich in Erinnerung, dass er böse reagierte, als mir meine Oma als Kind einmal ein Lied beigebracht hatte, in dem der Reim »Juden hatschen, Schuach verlatschen« davon erzählte, dass Juden allein im Gehen ihre Schuhe ruinierten. Sicher sagen kann ich nur, dass er spätestens in den Jahren meiner Kindheit an nichts mehr glaubte. Nicht an die Sozialistische Partei, obwohl er Arbeiter gewesen war, auch nicht an Gott und schon gar nicht an die Kommunisten, wie es sein wuchtiger älterer Bru-*

der bis in die neunziger Jahre getan hatte, während der mittlere bald in die USA ausgewandert und einigermaßen reich geworden war.

Vermutlich hatte mein Traisner-Opa aber mit dem Glauben schon vor den Nazis aufgehört, als sein nächstälterer Bruder, von dessen Existenz ich erst kurz vor dem Schreiben dieser Geschichte erfahren hatte, in den frühen dreißiger Jahren in Moskau verschwunden war:

Insofern könnte es auch stimmen, dass mein Traisner-Opa nicht zuletzt deshalb für die Nazis Fußball gespielt hat, da er damit, wie mir mein Vater erzählt hat, während des Kriegs seine blinde und bettlägerige Mutter pflegen hatte können. Selbst darüber geredet hat er jedoch nie. Nur von seinen Schmerzen in den Zehen. Doch so wirklich die waren, er selbst erschien mir immer nur als Phantom. Als jemand, dem selbst die kleinste Berührung nur wehtat. Oder eben das ganze Leben.

Kleiner Vater Tod, so hatte ich die zuerst mit *Phantomschmerzen* betitelte Geschichte über die Zehen meines Großvaters schließlich benannt. Dass ich meinen Geburtstag ein Dreivierteljahr später nicht mehr nur mit ihm, sondern auch mit meinem kurz nach dieser Reise auf die Welt gekommenen Sohn teilen sollte, ahnte ich nicht. Ebenso wenig, dass auch Vorfreude Phantomschmerzen erzeugen konnte. Dass man sie weder durch Laufen noch durch Gehen loswurde, hätte mir aber bewusst sein müssen. Wenn schon nicht an mir, so vielleicht anhand der Geschichte des Läufers vom Schlegeis-Stausee.

Kurz hatte er im Vorbeilaufen mit erhobener Hand gegrüßt und, wie ich mich später erst erinnerte, momentlang sogar seinen Blick verändert. Gelächelt hatte er nicht. Später am Abend war nicht einmal eine solche Regung mehr an ihm sichtbar geworden.

Er musste fast bis zum Joch gelaufen sein, zumindest bis zu den ersten Schneefeldern. Denn er kam erst zurück, als wir beim Breitlahner bereits beim ersten Bier saßen und mir klar geworden war, wer noch zu diesem Haus gehörte, mindestens ebenso untrennbar wie sein Vater – der tote Weltcup-Skirennläufer Richard Kröll.

Denn nur im Wohn- oder Elternhaus eines Skirennläufers konnte es eine derartige Ansammlung von Pokalvitrinen geben, von Postern, Medaillen und Zeitungsausschnitten. Skier hingen in Schaukästen,

Poster und Autogrammkarten. Beim Schlafengehen kam ich sogar am Hochzeitsbild vorbei. Nur war der Skifahrer, der auf all den Bildern so jung aussah, seit zwölf Jahren tot.

Seinen Unfalltod hatte ich 1996 nur am Rande mitbekommen, konnte mich womöglich allein deshalb noch daran erinnern, da Richard Kröll seine besten Rennen bis zu seinem Comeback-Sieg im Frühling desselben Jahres zu einer Zeit gefahren war, da es noch einen anderen Skifahrer gegeben hatte, dessen so rückhaltloses wie selbstverständliches Genie mich fasziniert hatte. Nach dem Unfalltod des mehrfachen Weltmeisters Rudi Nierlich aber war dies nie mehr der Fall gewesen. Und so hatte ich Richard Krölls Tod im Auto im Herbst 1996 möglicherweise auch nur mehr aufgrund der Parallele in der Unglücksursache registriert.

Ganz sicher nicht mehr gewusst hatte ich bis zu der Begegnung mit all den Vitrinen, Pokalen und Ergebnislisten im Berggasthof Breitlahner, dass er gerade im Winter vor seinem frühen Tod wieder an seine Leistungen als ganz junger Skifahrer hatte anschließen können. Jung sah er auf den Bildern im Berggasthof aus, so jung, als wäre es gestern gewesen. Nur die längst aus der Mode gekommenen Farben und Muster der Rennanzüge erzählten etwas anderes.

Sicher über seinen Tod war ich mir dennoch erst, als sein Vater zurückgekommen war. Ohne dass wir darüber geredet hätten. Vielmehr hatte es genügt zu sehen, wie gespensterhaft er in dem Haus lebte. Wobei nicht ausschlaggebend war, dass er es an jemand anderen verpachtet hatte, selbst nur mehr die kostenpflichtigen Parkplätze vor dem Haus betreute. Denn das galt ja auch für seine Frau, die weiterhin Bestellungen aufnahm. Nur füllte sie dabei jeden Raum, den sie betrat, mit Gegenwart. Während ihrem Mann nur sein Körper geblieben war, seine kräftigen, dicken Beine.

Nebel und kein Ende

Seit dem Pustertal war ich mit jedem Erzählversuch gescheitert, einen Bogen von den Kühen auf den Skipisten von Kranjska Gora zu den Erlebnissen in den Wochen danach zu spannen, hatte aber während des Ruhetags in Ginzling zumindest eine Rohfassung der ersten Reisegeschichte für den *Standard* zustande gebracht. Ein Aufbruch am nächsten Morgen war trotzdem nicht möglich. Zu lange brauchte die Feinarbeit am Text sowie die Suche nach geeigneten Bildern und die Erstellung der Infobox über den aktuellen Rucksackinhalt.

Der Plan, am Vormittag ins äußere Zillertal hinauszugehen und nachmittags, mit dem Abschnitt in die Tuxer Alpen hinauf, gleich eine weitere, lange Etappe anzuschließen, war somit hinfällig. Ich musste froh sein, wenn ich den Mittagsbus nach Mayrhofen erreichte und sich von dort die Sieben-Stunden-Etappe zur Rastkogelhütte vor dem Finsterwerden noch irgendwie ausging.

Beim Losgehen in Mayrhofen war es bereits nach ein Uhr. Vorerst aber atmete ich auf, endlich wieder unterwegs zu sein. Sodass mir, trotz des auf den ersten steilen Waldhängen einsetzenden Regens, vorkam, als ginge ich in einen immer noch unabsehbar langen Tag hinein. In einen Tag, der an diesem Donnerstagnachmittag auch tatsächlich nicht enden, sondern weit in den Freitag und einen Gutteil des Samstags reichen sollte. Mit dem in der Nebelstille bald lautlos gewordenen Regen rundum, den Tropf- und Spritzgeräuschen auf meiner Pelerine. Ohne Tageszeiten, ohne Menschen. Nur das Rascheln der Schritte, das Klacken der Stöcke, Atem, Anstrengung und Nebel im Körper.

Zuerst waren mir im Anstieg Richtung Penken noch Leute entgegengekommen. Aufgeregte Wanderer in Turnschuhen, von den ersten Tropfen regelrecht vom Berg heruntergetrieben. Bis der Regen kräftig einsetzte, dauerte es jedoch eine Weile. So als wollte er den Berg für sich alleine haben. Seine großen Tropfen ließ er vorerst noch in meterweiten Abständen fallen, trotzdem schlitterten alle paar Minuten Urlauber in für sie viel zu schnellem Tempo die Waldwege herunter, bei jedem Rutscher wurden spitze Schreie losgelassen; im Tal würden sie sicher stolz auf ihr Abenteuer sein. Dann war es im Wald wieder still, bis der Regen wirklich kam.

Ich hatte gerade die Schneise der Penkenbahn erreicht. Über mir die vollen, mit beschlagenen Scheiben talwärts gleitenden Gondeln. Plötzlich zischte es rund um mich.

Noch nie hatte ich so deutlich miterlebt, dass Regen zuerst vor allem ein Geräusch war. Ein Geräusch, das vom Augenblicke davor einsetzenden Wind kaum zu unterscheiden war, da sich der Wind im beginnenden Regen regelrecht auflöste. In einem ruhigen, sich Erleichterung verschaffenden Fließen, nachdem man in den Momenten davor, genauso wie die Landschaft rundum, unweigerlich den Atem angehalten hatte. Kurz darauf war schon nicht mehr zu sagen, ob das Nebelgrau, das mir mit einem Mal bis an Knie und Nasenspitze reichte, bereits die sich tief ins Tal legende Bewölkung war oder noch das Zurückdampfen der vorher mittagsheißen Landschaft. Jetzt ließ der Regen es plätschern, und die Landschaft glitzerte selbst im Nebel hell.

Ich kam am Leonhard-Stock-Weg vorbei, nahm ihn nicht und fragte mich, ob auch der immer noch in Finkenberg lebende Olympiasieger von Lake Placid dem Weg lieber auswich.

Den letzten Ausflüglern begegnete ich oben an der Endstation der Gondelbahn. Woher die zwei Frauen um die Zeit noch kamen, war mir ein Rätsel, denn die Bahn stand still, und es war bereits nach vier Uhr. Sie umrundeten die geschlossene Hütte, schauten bei allen Fenstern hinein und liefen dann erleichtert dem Jeep eines Liftmitarbeiters entgegen.

Danach begegnete ich lange niemandem mehr. Nur Leere, eine seltsame, nach fluchtartigem Aufbruch aussehende Leere, vor allem an den Skihängen und Liftanlagen, an denen ich auf dem Höhenweg nach Mösl, dem letzten Weiler vor dem Rastkogel-Anstieg, vorbeikam: Nicht nur die verloren auf den Wiesenhängen stehenden Pistengeräte, auch die Pistenschilder, Anstellschleusen und Ticketautomaten, alles wirkte so wahllos und unfertig hinterlassen, als handelte es sich um ein blitzartig verlassenes Kriegsgebiet.

Wie spät es war, als ich schließlich in Mösl eine kurze Rast in einem Berggasthof machte, weiß ich nicht mehr. Nur, dass ich noch achthundert Höhenmeter vor mir hatte und es hinter dem Nebelgrau langsam finster wurde. Dennoch war ich in diesen Augenblicken weitaus zuversichtlicher als noch am Morgen, die Rastkogel-Hütte am selben Abend zu erreichen. Selbst im Bus von Ginzling nach Mayrhofen hatte ich noch gezweifelt und war mit dem Kopf ganz woanders gewesen. Denn in Ginzling hatte es keinen Netzempfang gegeben. Daher musste ich das Mail an die Reiseredaktion buchstäblich ins äußere Zillertal hinausbringen. Kaum war der Bus durch den Tunnel, drückte ich auf Senden und wunderte mich zuerst nicht, dass es um einiges langsamer als sonst ging, schließlich war das Gerät nun mit einigen Megabytes beschäftigt.

Am Bahnhof von Mayrhofen war der Communicator immer noch mit Senden befasst. In einer unseligen Mischung aus Ungeduld und Neugier versuchte ich daraufhin, auch die in den letzten Tagen eingegangenen Mails zu öffnen, worauf der Communicator sofort abstürzte.

Davor hatte ich mich die ganze Zeit gefürchtet. Vor dem Verlust oder dem Absturz meines Wunderdings. Kaum ein anderer Gegenstand war mir auf meiner Reise so unersetzlich geworden. Denn so wenig ich vorgehabt hatte, mich mit meinem Rucksack auf die Suche nach der unberührten, menschenleeren Landschaft zu machen, so wenig hatte ich auf Informationen, Nachrichten aus der Welt verzichten wollen.

Keine Auszeit sollte diese Reise werden, sondern eine andere Form von Alltag meiner Arbeit. Dieser andere Alltag unterschied sich von dem Zuhause nur dadurch, dass ich nun meine Wohnung samt Kleiderschrank, Küche, Schreibtisch mit mir trug, jeden Tag woanders ankam, am Morgen oft noch nicht wusste, wo – und meine Notizen im Stehen machte anstatt im Sitzen.

Dieser Arbeitsplatz im Ungewissen brachte zum Vorschein, was diese Arbeit auch daheim kennzeichnete: nicht zuletzt die oft völlige Unabsehbarkeit, wohin sie mich im Laufe eines Tages – manchmal allein durch die Änderung eines einzigen Satzes – führte. Wobei selbst kleinste Details nicht nur ästhetische Abzweigungen bedeuten konnten, sondern buchstäblich Existenzielles.

Doch das merkte man zu Hause oft spät oder gar nicht. Zu sehr suggerierte einem die scheinbare Sicherheit des Alltags, die Wohnung, samt all der immer gleichen Wege darin, der immer gleichen Handgriffe, eine nahezu unverrückbare Beständigkeit, Schutz und Geborgenheit, selbst wenn sie einen längst erstickte.

Je länger ich nun aber unterwegs war, desto bewusster war mir geworden, dass der Alltag meiner Arbeit im Unterwegssein erst anzeigte, wie ausgesetzt man als Schriftsteller der Welt notwendigerweise war. Von der eigenen Haut zwar zusammengehalten, doch nicht geschützt, sondern mit ihren Sinnen dem Leben erst recht als unverbesserlich gieriger Saugnapf entgegengestreckt.

Ohne Communicator aber fehlte mir nicht bloß ein Teil meines Schreibtisches, ein Teil meines Archivs; es schlössen sich auch all jene Fenster in den Alltag meiner Freunde, meiner Familie, ohne die mir auch zu Hause die Arbeit an einem Buch gar nicht möglich wäre: E-Mail, SMS, Telefon. Fenster aus der Welt in die Welt.

Ein Fenster, das sich aufgrund fehlenden Netzempfangs zwar bereits im hinteren Zillertal ausnahmsweise geschlossen hatte, doch mithilfe des Zeitungsangebots in der Ginzlinger Wirtshauspension hatte ich auch ohne Communicator mitverfolgt, was sich in der Welt tat: Der deutsche Milchboykott dauerte weiterhin an, die ersten Regale blieben leer, und auch in Österreich solidarisierten sich weit mehr Bauern als erwartet. Anstatt jedoch gemeinsam über eine Spirale nachzudenken, in der im weltweiten Handel kurzfristig hohe Renditen dazu führten, dass langfristig gewachsene Strukturen, Ernährungssicherheit und Böden zerstört werden, schoben sich in Deutschland nun bereits seit Tagen Molkereien, Bauern und Einzelhandel gegenseitig die Verantwortung zu.

Natürlich hätte ich derartige Diskussionen seit Jahren auch zu Hause lesen können. Und manchmal hatte ich es auch getan. Daheim aber verschwand das Gelesene meist allzu rasch wieder aus dem Gedächtnis. Nun stachen mir selbst einzelne Begriffe bereits so ins Auge, dass mir allmählich klar wurde, wie wenig die ständige Rede von der fehlenden Konsumlust noch als Auswirkung der steigenden Ölpreise auftauchte, sondern deren Problematik vielmehr verdeckte. – Während auch die auf den Weltmärkten erzielten Preise offenbar weit weniger transparent und gerecht waren, als behauptet wurde, wenn ein Analyst der Commerzbank in einem Zeitungsartikel mit folgender Begründung zitiert wurde: *Der Ölpreis steigt, weil er steigt, weil er steigt …*

Kein Wort hatte die Geheimwissenschaft darüber zu sagen, dass der ansteigende Ölpreis vor allem Lebensmittel und ihre Erzeugung verteuerte. Und das in Entwicklungsländern genauso wie in Europa. Angesichts solcher Zusammenhänge beschäftigte mich auf meiner Reise auch längst keine kleinere Frage als jene riesengroße, wie es mit der Welt weiterginge. Zuhause hätte ich eine solche Frage verworfen, zu unbeantwortbar und abstrakt wäre sie mir gewesen. Unterwegs aber schienen gerade die größten Fragen etwas Alltägliches zu bekommen, wurden umso begreifbarer, je mehr ich ihren Fährten dabei folgte.

Dafür brauchte ich den Communicator. Doch in dem Apparat rührte sich nichts mehr, egal, welche Taste ich drückte. Das Display leuchtete in einförmigem Grau, nicht einmal Ausschalten war möglich.

Ich saß da, auf einer Wartebank des in seiner Gepflegtheit fast wie die historische Imitation eines Sommerfrischebahnhofs wirkenden Bahnhofs von Mayrhofen, und wusste nicht, was ich machen sollte. Ich starrte auf das Display, es leuchtete ungerührt und ergrimmte mich so dermaßen, dass ich, anstatt Jürgen, den in solchen Dingen kundigeren Freund, anzurufen, tat, was laut Betriebsanleitung verboten war: Ich nahm den Akku aus dem laufenden Gerät.

Das Grau war weg. Das Gerät reagierte noch. Und danach funktionierte es auch wieder.

Suppe und Würste, dazu zwei große Apfelsäfte mit Leitungswasser. – Mehr war sich während der kaum halbstündigen Rast im Berggasthof nicht ausgegangen. Dann wieder unter die Pelerine, hinein in die nassen Handschuhe, hinauf und hinein ins stetig sich verengende Tal, hinauf über glitschige Steige, vorbei an den Kühen der ersten bewirtschafteten Almen. Und vorbei auch, zum Glück ohne behelligt zu werden, an einem vor lauter Aufregung über die rote, von ihrem Rucksack um einiges überragte, Regengestalt verständlicherweise bellenden Hund.

Erst als die großen Gebäude der Sidan-Alm in Regen und Nebel über mir auftauchten, dreihundert Höhenmeter unterhalb der Rastkogel-Hütte, begann ich ans Ankommen zu denken. Glücklicherweise erst jetzt; hätte ich mir vorher Gedanken gemacht, hätte ich es vermutlich gar nicht bis hierher geschafft, geschweige denn mir im Berggasthof Zeit für Suppe und Würstel genommen. Es war bereits 13:29 – wie ich aufgrund meines gebannten Starrens auf den kollabierten Communicator auf die Minute genau wusste –, als ich am Bahnhof von Mayrhofen endlich das Mail an die Redaktion hinausbrachte. Und spätestens als ich unterhalb des Penken wegen einer vom Schmelzwasser zerstörten Brücke auf einem Umweg, der gut eine Dreiviertelstunde kostete, nach Mösl gehen musste, war es endgültig unmöglich geworden, die Strecke zur Rastkogelhütte unter sieben Stunden zu schaffen.

Das war mir jedoch vor dem Berggasthof in Mösl ebenso gleichgültig gewesen wie die Tatsache, dass selbst hier, während es unverkennbar dämmerte, noch zweieinhalb Stunden Wegzeit angeschrieben waren. Anstatt mich notgedrungen damit abzufinden, bestenfalls im Finstern oben anzukommen, hatte ich, in großspuriger Einschätzung des mir möglichen Tempos, der Prognose kurzerhand eine der angegebenen Stunden abgezogen: die Hälfte als Vorsprung vor der Finsternis, die andere für Suppe, Apfelsaft und Würstel.

Schließlich schaffte ich es sogar noch in der letzten Nebelhelle. Aus den Hüttenfenstern leuchtete zwar kein Licht mehr, nur die von der Wirtin für die Nacht eingeschaltete Lampe über dem Eingang. Doch aus dem hinteren Trakt, dem Küchen- und Privatbereich, strahlte es noch hell heraus. So überrascht sich die Hüttenwirtin mit den beiden riesigen Hunden über den einzigen Gast des Tages zeigte, finster war es noch immer nicht, zumindest nicht ganz und nicht im Nebel.

Richtig finster sollte es erst wieder werden, als sich der Nebel einen Tag später lichtete. Und das mitten in der Nacht, am Loas-Sattel, in einem Berggasthof unterhalb des Kellerjochs.

Spätnachmittags kam ich nach einer fast nur bergab führenden Strecke auf den auf 1600 Meter Höhe gelegenen Sattel. Davor wieder kein Mensch, stattdessen Nebel, Regen, leere Almen. Zuerst noch über größere Schneefelder auf den Nordhängen hinter dem Sidanjoch hinunter, doch bald nur mehr entlang kleiner weißer Flecken auf ungefährlich flachem Terrain.

Im schneelosen Hochfügen stieß ich wieder auf die bereits am Vortag am Penken erlebte Mondlandschaftsleere: wie auf der Flucht stehen gelassene Pistengeräte und Ski-Doos, mitten auf den Wiesen gestrandete Boote und Schiffe. Der gleiche Eindruck beim Blick auf die neonfarbenen Glaskonstruktionen der Gondelbahnstationen. Ein Warten auf die Flut, im zwischenzeitlichen Dornröschenschlaf.

Irrwitzigerweise hatte ich geglaubt, ich würde in eine richtige Ortschaft kommen, und hatte extra einen Abstecher von der eigentlich zweihundert Höhenmeter oberhalb Hochfügens die Skipisten Richtung Loas-Sattel querenden Route gemacht. Mit dem Bild von Cafés, Terrassen oder Wintergärten vor mir. Stattdessen landete ich an einem Ort, wo man sich alle paar Schritte nach einer Gefahr umsah, so hastig schien er verlassen worden zu sein.

Ich fotografierte die in der Wiese neben der Talstation liegenden Gondeln, Pistenabsperrungen sowie die geschlossenen Lokale aus Glas und stieg zwischen verlorenen Fäustlingen und Skistöcken die Skipiste wieder hinauf.

Der Berggasthof am Loas-Sattel hatte zwar geöffnet, doch, während es in Hochfügen außer der Wintersaison keine andere Jahreszeit mehr zu geben schien, war ich hier der einzige Gast, weil am Loas-Sattel die Sommersaison noch nicht begonnen hatte. Dass die Speisekarte sich aufgrund der Vorbereitungsarbeiten für den Saisonstart am Wochenende auf ein mir vom Koch schnell herausgebackenes Wiener Schnitzel mit Petersilerdäpfeln beschränkte, machte mir nichts aus. Vermutlich hätte ich auch bei größerer Auswahl nichts anderes als heißen Tee, Schnitzel, Apfelsaft mit Leitungswasser und dann Bier bestellt.

Rund um mich die Karten der bevorstehenden Etappen durchs Karwendel, durch das Wetterstein-Gebirge, die Lechtaler sowie Allgäuer Alpen. Mit der Frage, welcher Abschnitt sich für einen Besuch der Eltern eignen würde. Dazu noch ein Bier. Und draußen weiterhin Regen und Nebel.

Dass ich überhaupt bemerkte, wie sich Letzterer in der Nacht eine Zeit lang hob, hatte ich in meinem mit rot-weiß-roter Bettwäsche ausgestatteten Zimmer einer mitternächtlichen Singer-Songwriter-Session des Gastwirtsohns und seines Freundes zu verdanken. Gitarrenmusik, wie ich sie in dem knarrenden alten Haus nicht vermutete hätte. – Ob aus all den Wiederholungen, Abbrüchen und Variationen, die sie teilweise summend, teilweise murmelnd begleiteten, in dieser Nacht tatsächlich ein Song wurde, erlebte ich nicht mehr. Dafür aber sah ich beim Blick aus dem Fenster, wie klar es nachts geworden war. Tief unten im Inntal die Lichter von Wattens, vermutlich auch die ersten Innsbrucks. Ein Blick wie aus einem Flugzeug im Anflug.

Dass mich den ganzen nächsten Tag Flugzeuge begleiten sollten, hatte jedoch nichts mit dem Blick der Nacht zu tun. Der Grund dafür war die am Kellerjoch vorbeiführende Einflugschneise des Innsbrucker Flughafens. So hörte ich während des Aufstiegs zum Kuhmesser (2264 Meter), dem Hintergipfel des Kellerjochs, im nun wieder dicken Nebel nichts anderes als Flugzeuge und Kühe:

Flugzeuge über mir und Kühe auf den Almen unter mir. So als wären sie in gleicher Distanz zu mir. Doch auch den Nebel hörte ich. Im fast zeitlupenartigen Tropfen im Wald zum Loas-Sattel hinauf. Gleichzeitig aber auch, so unmöglich das war, wie in einer schattenhaften Bewegung zwischen den Stämmen. Und, später, auf der steilen Grasflanke, als leises Platzen im Gesicht.

Ich stieg die steilen Kehren zügig hinauf. Alles, was in der Nebelsuppe rund um mich von der Außenwelt übrig geblieben war, bestand aus den Geräuschen von Tropfen, Kuhglocken und Flugzeugen, die in fast pausenlosen Intervallen über mir ins Inntal hinunter abbremsten, während ich die gerade hier bei klarem Wetter wunderbaren Fern- und Tiefblicke nicht im Geringsten vermisste.

Und so waren es zwischen Kuhglocken und dem nahen Dahindonnern der Flugzeuge nicht die ersten hellen Stellen im Nebelgrau, in denen mir etwas aufging, das mit keiner Fernsicht vergleichbar war, etwas, für das ich weder Namen noch eine genauere Beschreibung hatte. Nur die Gewissheit, dass mich, zumindest für Augenblicke, nicht mehr allein der schottrig-steile Steig die Flanke des Kellerjochs hinaufführte. Vielmehr eine Art nebelglitzernd helle Traumlinie aus Atem und Wind, Flugzeugen und Kühen – sowie eine längst nicht nur physische Leichtigkeit: Ein Sog, wie der von Musik, tonlos, aber unüberhörbar. Eine Musik, in der diese Reise weiterging, immer weiter, als gäbe es keinen anderen Weg.

Auf der Querung vom Kuhmesser zur Kellerjochhütte klangen die Kühe zwar weiter entfernt, schienen nun aber senkrecht unter meinem Gehen zu bimmeln. Der durch die steile Kellerjoch-Westflanke querende Steig war glitschig, schmal, führte immer wieder über Felsvorsprünge und -stufen, die zum Teil nur mithilfe der Stöcke in Balanceakten auf allen vieren, oder einfach am Hosenboden, zu absolvieren waren. Auf dem nassen Hang wäre hunderte Meter weit kein Halten gewesen, so viel sah ich auch im Nebel.

Dass die Kellerjoch-Hütte bereits offen haben könnte, hatte ich weder erwartet, noch war es mir aufgefallen. Kein Licht in den Fenstern, keine Stöcke vor der Tür. Nach der steilen Querung verschafften mir allein die Konturen der Hütte sowie die Aussicht, dass es Richtung Schwaz weniger gefährlich weiterginge, Erleichterung.

Denn so sehr ich mich an die Einsamkeit und Monotonie der letzten beiden Tage gewöhnt hatte, so angreifbar war ich darin für eine Angst geworden, für die ich noch keinen Namen hatte, nur wusste, dass Begriffe wie Einsamkeit, Leere, Abgrund oder Gefahr sie nicht beschrieben. Eine Angst, die dort am stärksten auftauchte, wo ich ein Glück zu spüren begann, das so nah am Alltäglichen, an Atem, Anstrengung und Herzschlag lag, dass seine Nähe mir unheimlich war.

In solchen Momenten wäre ich selbst während der Querung an jeder noch so einladend hell aus ihren Fenstern leuchtenden Hütte nur vorbeigegangen. So einsam ich mich dabei auch gefühlt haben mochte, so viel Angst vor der wachsenden Bodenlosigkeit ich bereits empfunden hatte. Mich trieb etwas an, das mir sagte, ich wäre allein am sichersten. Weshalb ich mich über die Hütte zwar freute, genauso aber auch, dass niemand hier war. Sonst hätte ich weder meinen Rucksack an die Hüttenmauer gelehnt noch mir Zeit für ein paar Schlucke Tee genommen.

Als ich von drinnen jedoch leise Musik hörte, war es zum Weggehen zu spät. Eine Frau, wie ich sie in dem Augenblick nicht erwartet hätte, zumindest nicht hier in einer solchen Hütte, öffnete mir.

Am Vortag sei Saisoneröffnung gewesen, sagte sie, und es habe etwas länger gedauert. Natürlich gebe es zu essen, fügte sie hinzu und musterte dabei so interessiert meinen Rucksack, wie ich das seit Slowenien kaum je wieder erlebt hatte. So sehr mich jeder andere

Mensch davor noch erschreckt hätte, so gern trat ich nun ein und wünschte mir zumindest im ersten Sitzen, ich könnte meinen restlichen Gehtag bereits hier mit Plaudern und Erzählen beenden, anstatt weiter Richtung Schwaz hinunterzugehen.

Als kurz darauf, während ich bereits mit der Suppe begonnen hatte, die ersten Gäste kamen, relativierte sich mein Wunsch nach dem Bleiben bald wieder. Wenngleich es mir zuerst noch gefiel, mitten in einer Runde von Leuten zu sitzen, die mir Rotwein spendierten und mich mit Fragen eindeckten:

Wie das Wetter bisher gewesen sei? Das Gewicht meines Rucksacks? Der lange Winter und ob überall die Hütten-Eröffnungen und Almauftriebe später seien? – All das wollten sie wissen, ob ich viel trainiert hätte, wie viel es koste und was ich als Schriftsteller schriebe.

So erzählte ich von meinem Rucksack, von der Strecke, von Slowenien, vom Blick auf den ersten Schnee, dem letzten aufs Meer, von der Lawinengefahr am Karnischen Kamm, von der gelungenen Alpenhauptkamm-Überquerung, vom Nebel aus dem Zillertal bis hierher und von meiner Arbeit. Selbst Kleinigkeiten waren plötzlich spannend, vor mir stand ein zweites Glas, und mir kam der doch etwas verstiegene Gedanke, dass es Boten früher immer wieder so gegangen sein könnte. Ähnlich wie diese musste auch ich, obwohl mir keine wertvolle Fracht zur sicheren Übermittlung übergeben war, gerade in gemütlichen Runden aufpassen – zumindest was den Wein betraf.

So sehr ich das Erzählen genoss, in Wirklichkeit war ich keinen Augenblick in Gefahr, inmitten der rund um den Kachelofen längst voll gewordenen Stammtischrunde bis in den Spätnachmittag oder gar Abend sitzen zu bleiben. Irgendetwas in mir war immer noch, oder schon wieder, draußen. Draußen auf den Steigen im Nebel, der langsam zu reißen begann, zwischen dem Gebimmel der Kühe und dem Donnern der Flugzeuge. Dort, wo jede Faser in mir wusste, dass es zum Ankommen noch zu früh war, nicht nur an diesem Tag.

Und so wenig ich mir meine Unruhe anmerken zu lassen versuchte, mit den üblichen Scherzen und Verabschiedungen bald darauf zahlte – ich war mir sicher: Hätte ich in den Augenblicken etwas auf der Ofenbank vergessen, es hätte mich selbst für den Communicator einige Überwindung gekostet, noch einmal zurückzukehren; so erleichtert war ich draußen.

Wind war aufgekommen. Ich stieg auf steinigen Kehren die Westschulter des Kellerjochs hinunter. Im Nordhang unter mir lag noch Schnee, die Spuren der letzten Schwünge waren kaum älter als ein paar Tage. Für Momente öffnete der Nebel große Fenster ins sonnige Inntal hinunter, gleich danach war alles wieder grau.

Nach dem ersten Steilhang blieb ich stehen und schaute in die Karte, um mir während der nächsten Nebellücke im gegenüber beginnenden Karwendel anzusehen, wo mein Weg nach dem Kurzbesuch bei Sabine in Rosenheim weiterführen würde. Hinter mir tauchten aus dem Nebel drei junge Leute mit einem kleinen Hund auf, die ich bereits in der Hütte gesehen hatte. Sie hatten einige Tische weiter gesessen, jedoch offenbar mitgehört, denn sie fragten mich gleich, wohin es heute auf meiner Tour noch gehe, und empfahlen mir ein Quartier weit oberhalb von Schwaz.

Die drei waren schnell unterwegs, schneller als ich auf den ersten Metern von der Hütte die gerölligen Kehren hinunter. Und wäre in mir ein ähnliches Gefühl der Fremdheit wie in der Hütte aufgetaucht, ich hätte sie, da das Quartier ohnedies nicht zu verfehlen war, einfach gehen lassen. Hier heraußen aber war ich, im Gegensatz zur Hütte, zu Hause, und jeder, der neben mir ging, war mein Gast.

So lief ich mit den dreien den restlichen Weg die Hänge hinunter; über die Berge, über unsere Berufe und die am nächsten Tag bevorstehenden Landtagswahlen in Tirol plaudernd. Und das in einem Tempo, das ich alleine unterwegs erst etliche Wochen später in derartiger Selbstverständlichkeit an den Tag legen konnte.

Zwei Stunden später lag ich im Bett des mir von den dreien empfohlenen Berggasthauses Pirchner Aste und verschlief das Auftaktspiel zur Fußball-EM. Hinter mir ein Tag, an dem mich die Höhenmeter am allerwenigsten ermüdet hatten. Für das zweite Spiel des Abends hatte ich mir den Wecker gestellt. Denn ganz durfte ich den Beginn der EM nicht versäumen, nachdem sie mich bereits den ganzen Tag mit erhöhtem Flugverkehr Richtung Innsbruck begleitet hatte.

Empört hatten mir die drei beim Herunterlaufen die auf den Schneefeldern deutlich sichtbaren Kerosinspuren jener Tank-Entleerungen gezeigt, die Piloten vor allem bei schwierigen Föhn-Bedingungen im Anflug auf den Innsbrucker Flughafen oft vornahmen.

Eine Frechheit sei das, schimpften sie im Weitergehen, doch mit dem Inntal könne man offenbar, wie auch der Transit zeige, alles machen. Dass daran vor allem die EU Schuld trage, stand für sie außer Frage, ebenso die Tatsache, dass Tirol von Wien zumeist betrogen werde. Als ich daraufhin die ungefähre Prozentzahl erwähnte, mit der, meiner Erinnerung nach, der Orts-, Einkaufs- und Pendelverkehr der Einheimischen am Schadstoffvolumen beteiligt war, wehrten sie sofort ab. Und da schon davor klar geworden war, dass auch die drei pendelten, redeten wir während der letzten halben Stunde nur mehr über die Berge.

Die zwei Gläser Wein wären zu dem Zeitpunkt längst verdampft gewesen. Und hätte ich mich in der Pirchner Aste gleich in mein Zimmer zurückgezogen und für eine Stunde niedergelegt, wären sich auch beide Europameisterschaftsspiele ausgegangen. Doch mit dem Betreten der Gaststube stand ich erneut vor einer Stammtischrunde, der ich mein Abenteurertum sofort mit der Bestellung eines großen Bieres beweisen musste.

Das allein hätte das Eröffnungsspiel aber nicht gefährdet, hätte ich nicht, nachdem angesichts meines Rucksacks auch hier meine Strecke schnell Thema geworden war, mit einem zweiten und dritten Bier zu unterstreichen versucht, dass ich alles andere als ein typischer Sportler oder gar Ehrgeizling war.

Nun strahlte die Abendsonne durch die Vorhänge in mein Zimmer, sodass es immer unwirklicher in Orange- und Rottönen leuchtete. Ich lag da, hörte unten die letzten aufbrechenden Tagesgäste, einen bellenden Hund sowie Rufe nach den rings um das Haus spielenden Kindern – und ärgerte mich über meine Blödheit.

Am kleinen Parkplatz schnappten die Zentralverriegelungen der Autos mit dem in den letzten Jahren zur Gewohnheit gewordenen Geräusch der Fernbedienungsschlüssel auf. Dann das leise Schnurren der gestarteten Motoren. Morgen musste ich nach Rosenheim. Ich hatte es versprochen, und es war notwendig.

Als ich Sonntagfrüh schließlich die weiten Kehren Richtung Schwaz hinunterging, überholten mich zuerst noch die letzten Kirchgänger in ihren Wägen, dann war alles still, kein Auto, kein Mensch mehr zu sehen, selbst das Verkehrsrauschen der Inntalautobahn schien eingeschlafen zu sein.

Ich hörte lediglich das Klacken meiner Stöcke, die Geräusche meiner Schritte, in den Wiesen summte es, ein Zug fuhr durchs Tal. Ich rief einen Freund an, fragte ihn nach den ersten Berichten zu möglichen Aufstellungen der Österreichischen Nationalmannschaft im abendlichen Spiel gegen Kroatien und erreichte die ersten Gassen von Schwaz.

In dem Augenblick läuteten die Glocken einer Kirche, gleich darauf die der nächsten, eine dritte kam noch hinzu, und sie alle erzählten davon, dass diese Stadt zur Blütezeit des Silberbergbaus im 15. und 16. Jahrhundert mit zwanzigtausend Einwohnern die größte Bergbaumetropole Europas gewesen war und, nach Wien, die zweitgrößte Ortschaft im Habsburger Reich.

Zwei Ecken weiter setzte Frühschoppenmusik ein. Ich spazierte durch die Fußgängerzone und versuchte mir einzureden, Sabines Kurznachrichten und Mails hätten in den letzten Tagen anders geklungen, weniger klammernd, doch es gelang mir nicht. Ich wusste zu genau, dass es an mir lag, ihr klarzumachen, dass die heile Welt zwischen uns längst keine mehr war.

Immer wieder kam ich an aufgegebenen Geschäften vorbei, ein Sportgeschäft mit bereits halb leeren Auslagen sowie einem Zettel an der Tür, auf dem sich die Geschäftsinhaber bei ihren langjährigen

Kunden bedankten. Nicht weit davon wieder ein solcher Zettel, der wohl schon länger hing, denn die Scheiben wie die Innenräume waren verstaubt und verdreckt, während die ehemaligen Besitzer offenbar nach der Schließung nicht einmal mehr zurückgekommen waren, um den Zettel zu entfernen.

Dennoch gab es gerade in Regionen wie dem Inntal heute wieder mehr Einwohner und mehr Arbeitsplätze als früher. Dieses Wachstum fand jedoch nicht mehr in Stadt- oder Ortskernen statt, sondern außerhalb. Ganz deutlich hatte ich es bereits gestern am Weg vom Kellerjoch herunter gesehen. Was hier wuchs, war ein Band, das sich längst durch das ganze Tal zog. Von Innsbruck bis Rosenheim. Ein Band, in dem die Unterschiede von Stadt und Land verschwanden, zwischen Gewerbe-, Industrie- und Siedlungsgebieten: *Bei diesen Strukturen handelt es sich nicht um Städte,* stellt Werner Bätzing fest, *sondern um vorstadtähnliche Verlängerungen der Stadt, um suburban geprägte Entwicklungsachsen, die mit den Städten funktional enger verflochten sind als mit dem ländlichen Raum, der unmittelbar am Hangfuß beginnt, aber eine ganz andere Welt darstellt.*

Als gestern am Kellerjoch die Nebel aufrissen und ich zum ersten Mal freie Sicht ins Inntal hatte, war der Zauber des Lichterstroms der Nacht am Loas-Sattel zwar schnell verflogen, doch dauerte es eine ganze Weile, bis mir auffiel, mit welcher Selbstverständlichkeit sich dieser Wildwuchs ausgebreitet hatte. Es schien kaum eine Rolle zu spielen, wie schnell diese Täler, vor allem in den letzten beiden Jahrzehnten, zugewachsen waren. Offenbar reichte allein das Faktum der Flächendeckung aus, um den Anschein zu erwecken, die Bebauung dieser Talböden gehorche irgendeiner Ordnung, irgendeinem System.

Dass dieser Wildwuchs vielmehr jeglicher Ökonomie von Räumen und Strecken Hohn sprach, zeigten allein die Kurven, Ecken und beinahe mutwillig wirkenden Umwege der Straßen durch diese Niemandsgebiete. Kaum zu glauben, dass gerade die gute Erreichbarkeit für die Nutzung dieser Orte entlang der Transitachsen gesprochen hatte.

Damit haben sich die Alpen längst ursprünglich typisch städtische Umweltprobleme wie Luft- und Wasserverschmutzung, Bodenversiegelung und Lärmbelastung eingehandelt und geben ihnen zudem einen Rahmen, in dem sie besonders deutlich hervortreten: Vor allem in Tal- und Beckenlagen, aus denen die verschmutzte Luft bei Temperaturinversion nicht abfließen kann, sind die ökologischen Belastungen, wie Werner Bätzing schreibt, oft genauso stark *wie in europäischen Ballungsräumen, deren Bevölkerung zehnmal so groß ist.*

Ab dem Inntal sollte meine Route nun regelmäßig auf solche verstädterten Talbänder treffen. Immer mit bester Aussicht, wie etwa von den Drei Schwestern direkt oberhalb Feldkirchs auf die Rheintal-Region, in der zwischen Bregenz, Bludenz und Buchs mittlerweile 350 000 Menschen lebten. Oder entlang der sogenannten Gotthard-Linie Richtung Bellinzona, Lugano und Como, die ich bei Biasca queren würde. Genauso wie später entlang der Südhänge des Rhonetals mit Blick auf die Simplon-Linie – jene Region zwischen Brig und dem Genfer See, die der Einfachheit halber gleich nach dem Verkehrszugang benannt war, der sie mit außeralpinen Metropolen wie Mailand und Turin verband.

Alle diese Urbanisationszonen – zu denen auf meiner Strecke auch noch das Tarentaise zählte, in das ich nach dem Aostatal vom Col du Mont schauen sollte, bevor ich oberhalb des Isèretals in Richtung einer der größten Skistationen Frankreichs und damit der Alpen, nach Tignes/Val d'Isère ginge – waren den Städten, die früher einmal die Zentren ihrer Täler und Regionen gewesen waren, längst über den Kopf gewachsen: Grenoble etwa, das in der Kernstadt 150 000 Einwohner zählte, als verstädterter Großraum jedoch über 520 000 Einwohner.

Doch wie viele andere europäische Großstädte verschwinden auch die Alpenstädte nicht allein im Prozess ihrer eigenen Suburbanisierung. Vielmehr verlieren Städte wie Grenoble, Innsbruck, Bozen und Trient gerade durch ihre starke ökonomische Verflechtung mit außeralpinen Städten und Metropolen ihre Funktion als zentraler Ort der Region. Was etwa in der größten Stadt der Alpen, Grenoble, laut Studien bereits dazu geführt hat, *dass ihre Bewohner mehrheitlich der Ansicht sind, ihre Stadt würde am Rande der Alpen liegen, obwohl sie auf allen Seiten von hohen Bergen umgeben ist.*

Zwar seien, so Bätzing weiter, die kleineren Alpenstädte noch stärker durch ihre lokalen Funktionen geprägt und in regionale Wirtschaftskreisläufe eingebunden, doch liege es auf der Hand, dass durch weiteren Ausbau des Verkehrsnetzes, wie längere Tunnelstrecken, vor allem aber aufgrund neuer Kommunikationsmöglichkeiten durch elektronische Breitband-Verbindungen auch die Alpenstädte von zehntausend bis dreißigtausend Einwohnern in Leben und Arbeit mehr und mehr mit außeralpinen Städten und Urbanisationszonen zusammenhingen. Wofür nicht zuletzt mein eigener wandernder UMTS-Internet-Arbeitsplatz ein prägnantes Beispiel war, dessen Produkte als Geschichten im Lifestylemagazin einer Wiener Tageszeitung erschienen.

Dieser Strukturwandel wirke sich, schrieb Werner Bätzing, auf den ersten Blick zwar positiv für die Alpen aus, da Einwohnerzahlen und Arbeitsplätze anstiegen, wie man, trotz aller Hässlichkeit der Verbauung, selbst bei nur flüchtigem Blick aufs Inntal schwer bestreiten konnte. Gleichzeitig vollziehe sich jedoch ein ganz anderer, empirisch bereits nachgewiesener Verlust oder vielmehr Austausch, indem *wichtige wirtschaftliche Leitungs- und Kontrollfunktionen aus den Alpenstädten in die außeralpinen Kernstädte verlegt werden, während arbeits- und flächenintensive Wirtschaftsfunktionen, Freizeitfunktionen und die Funktion Wohnen aus der Großstadt in die Alpenstadt ausgelagert werden.*

Dies ergebe trotz steigender Arbeitsplätze einen wirtschaftlichen Bedeutungsverlust, der die Eigenständigkeit der Alpenstädte langsam aufhebe. Weshalb das, was ich gestern beim Abstieg vom Kellerjoch mit dem zugepflasterten Inntal und den leeren Auslagescheiben der Schwazer Altstadt vor Augen hatte, längst keine punktuelle Suburbanisierung mehr war, sondern die Vervorstädterung der Alpen schlechthin.

Der Morgen nach dem Besuch in Rosenheim begann schön. Auf der Stallenalm, unterhalb des Lamsenjochs, erkundigte ich mich zwar sicherheitshalber nach einer Übernachtungsmöglichkeit, da, zu den im beginnenden Sommer nun täglich möglichen Nachmittagsgewittern, eine Folge von Regen- und Kaltluftfronten angekündigt war. An ein Ende dieses Gehtags wollte ich, während ich das immer engere Hochtal Richtung Lamsenjoch hinaufging, jedoch längst nicht denken.

Ich musste jetzt gehen. Ich musste weitergehen. Doch bald nach der Stallenalm lag das Hochtal unter einer geschlossenen Schneedecke. Zum Glück war es jedoch weder steil noch ausgesetzt. Solche Verhältnisse warteten erst während der Querung vom Ostsattel des Lamsenjochs zum Westsattel, dem für mich einzigen Übergang ins Karwendel.

Zumindest Trittspuren sollte es geben. Das wusste ich von drei Gehern, die kurz vor meinem Aufbruch auf der Stallenalm eingetroffen waren. Sie hatten gespurt. Auf die Frage nach den Verhältnissen auf der Querung hatten sie kurz meine Schuhe gemustert und dann gemeint, es würde schon einigermaßen gehen: Man müsse nur aufpassen. Wie groß mein Rucksack war, bemerkten sie erst in dem Augenblick und fügten hinzu: Man müsse einfach sehr aufpassen.

Es war kurz nach ein Uhr. Am Nachmittag sollte es wieder Gewitter geben. Auch in den nächsten Tagen sollte sich das nicht ändern. Noch war es aufgelockert, ich musste nur übers Joch kommen. Gelegenheiten, mich unterzustellen, gab es auf der Bins-Alm bereits wenige hundert Höhenmeter tiefer. Und unten in der Eng, in den Gebäuden des gleichnamigen Almdorfs auch genügend Übernachtungsmöglichkeiten.

In der Lamsenjoch-Hütte trank ich als einziger Gast inmitten der letzten Instandsetzungsarbeiten für die ersten Saisonübernachtungen heißen Tee, setzte mich jedoch nicht einmal nieder, sondern ging mit der Tasse in der Hand die leere Stube auf und ab. Draußen die steilen Schneehänge und die Trittspuren entlang jener Querung, für die es selbst im Sommer laut Routenbeschreibung Trittsicherheit brauchte – und konnte es kaum mehr erwarten.

Es war kurz vor drei Uhr. Obwohl die Hälfte des Wegs von der Stallenalm über Schnee geführt hatte, war ich schneller als die angegebenen zwei Stunden gewesen. Ich blies in den heißen Tee, um ihn schneller austrinken zu können. Ich hatte mich nicht umgezogen, und mich fröstelte in der noch unbeheizten Hüttenstube.

Ich musste weiter. Ich musste gehen. Ich ließ den halb ausgetrunkenen Tee stehen, bevor mich das Frösteln endgültig lähmte. Kühl und feucht klebte das Shirt an meinem Rücken und durch die Hüttenfenster sah ich viel zu genau die Felsstufe unterhalb des steilen Schneefeldes, dessen Querung mir nun bevor stand.

Doch ich konnte nicht anders, ich musste weiter. Und genauso wenig wie ich mich fragte, wie weit ich an dem Tag überhaupt wollte, kümmerten mich auch die angesagten Gewitter trotz zunehmender Bewölkung. Nur die beiden vor mir liegenden Kilometer vom östlichen zum westlichen Lamsenjoch: eine halbe Stunde Konzentration, Vorsicht und Ruhe. Eine halbe Stunde, in der es keine falsche Bewegung geben durfte.

Zuerst ging es über Felsen ein Stück bergab, dann in den ersten Schneehang. Hinter mir war der Hüttenwirt vor die Tür getreten und beobachtete mich. Ob er wusste, wie unerfahren ich im hochalpinen Gelände war? Ob er es sah? Ich durfte mir solche Fragen jetzt nicht stellen. Und schon gar nicht an jemand anderen denken. Ich musste bei mir bleiben. Ich dachte an den Jalovec und stieg in den Schneehang. Die Tritte waren gut. Doch es dauerte nicht lange, bis ich jenes Zucken in mir spürte, das ich in solchen Augenblicken am meisten fürchtete. Der Drang nach dem nächsten, dem übernächsten Schritt, der jedoch nicht allein in der darin liegenden Unkonzentriertheit gefährlich war, sondern in einer Lähmung, wie sie sonst nur jene Hast kannte, die Pascal in der Geschichte eines Mannes erzählte, der seinen Schlüssel bereits im Haustor stecken hatte, ihn jedoch nicht weiter drehen konnte, da jemand, auch wenn noch weit genug entfernt, hinter ihm aufgetaucht war.

Zum Glück rutschte ich bereits bei einem der ersten Schritte aus und fand mich deshalb schnell in einem Gehen wieder, in dem die Strecke tatsächlich nur aus dem jeweils nächsten Schritt bestand. Kaum war ich aber in Sicherheit und ging die fünfhundert Höhenmeter zur Binsalm hinunter, hatte ich dafür ein umso entfernteres Ziel. Jetzt wollte ich nicht nur ins Tal hinunter; ich wollte auch den darauf folgenden Anstieg und somit an dem Tag gleich die zweite Karwendel-Etappe schaffen. Denn aufzuholen hatte ich ohnedies.

Es war zwanzig vor vier. Auf der Etappe zur Rastkogel-Hütte hatte ich um diese Zeit laut offizieller Routenbeschreibung noch fünfeinhalb Stunden vor mir gehabt, nun waren es viereinhalb bis zur Falkenhütte. Die Binsalm, vier Kilometer vom Lamsenjoch, erreichte ich bereits in knapp vierzig Minuten, anstatt in einer Stunde, hatte demnach in einer Stunde zwanzig Minuten gewonnen, insgesamt sollte ich damit um gut eine Stunde schneller als angegeben sein. Siebenhundert Höhenmeter hatte ich noch. Eigentlich nicht mehr viel. Ich musste das Tempo nur halten.

Wie schwer das werden sollte, merkte ich schon auf der ersten Wiese von der Engalm bergauf; nun spürte ich die tausendvierhundert Höhenmeter der letzten Stunden bei jedem Schritt. Sicher hatte ich auch zu wenig gegessen. Die Suppe mit Fleisch- und Nudeleinlage auf der Stallenalm reichte für eine solche Tour nicht aus, ebenso wenig die während des Abstiegs gegessenen Nüsse.

An den Beinen allein wäre es dennoch nicht gescheitert. Was mich am Ende so kämpfen ließ wie nie auf der Reise, war das Wetter, waren der Regen und der Wind.[16] Und eine Hast, die mich vor dem Hohljoch unvernünftigerweise darauf verzichten ließ, mir unter der Pelerine ein trockenes, langärmliges Leibchen anzuziehen.

Als ich das Joch erreichte, hatte es bestenfalls noch fünf Grad. Bald darauf sicher noch weniger, denn auf den letzten beiden Kilometern entlang der in Wolken steckenden Laliderer Wände zur

16 Auf der Wanderkarte ist die Nässe dieser letzten eineinhalb Stunden bis heute zu erkennen. Sie hat aufgewetzte Löcher und abgerubbelte Stellen, auf denen kein Berg, kein Tal, kein Bach und kein Weg mehr zu sehen ist.

Hütte hinüber begann es batzig und dicht zu schneien. Ich sah nur mehr den Pfad vor mir im Schneefall, sah ihn im Nebel verschwinden. Den Pfad. Doch ebenso verschwand bald auch jedes Gefühl in den Fingern, in den Armen. Auch das für die Müdigkeit.

Erzähl, sagte sie

Draußen wehten Polsterüberzüge und Geschirrtücher leicht im Wind. Weiter sah ich durchs Hüttenfenster beim Aufwachen nicht, so dicht war der Nebel. Dennoch leuchtete etwas sehr hell. Ich setzte mich im Bett meines Einzelzimmers auf. Schnee konnte es nicht sein, hatte ich es doch nachts bereits wieder regnen gehört.

Mit Schnee hatte das seltsame Strahlen aber zu tun. Es war das hellbraune Modern des Winters, das nach dem Verschwinden der Schneedecke oft noch tagelang leuchtete.

In der Hütte rumorte es, doch nur leise. Für das sonst um diese Uhrzeit übliche Getrampel Richtung Speisesaal waren an diesem ersten Morgen nach Saisoneröffnung noch zu wenig Leute hier.

Ich war gestern als Letzter angekommen. Und zwar derart durchgefroren, dass ich auf den letzten, über einen schmalen Güterweg zur Hütte hinaufführenden, Kehren trotz aller Müdigkeit froh gewesen war, mich bergauf anstrengen zu müssen. Denn ohne die dabei in Arme, Beine, aber auch in mein Gesicht zurückkehrende Wärme hätte ich nicht einmal die Frage nach einem Schlaflager oder Zimmer herausgebracht.

Nach einem typischen Hüttenfrühstück mit Brot, Butter, Marmelade und Kaffee stand ich gut zwei Stunden später weggehbereit in der unveränderten Nebelhelle. Man sah keine fünfzig Meter weit, doch alles leuchtete. Das regelmäßige Fallen der Tropfen vom

Hüttendach als das einzige Geräusch und der Nebel als Berührung, während ringsum die Welt verschluckt war.

Solche Nähe und dennoch ein unerreichbares Nichts. Vielleicht aber musste die Welt – und alles, was einem darin nah war – in manchen Augenblicken verschluckt sein, da man sonst in ein Dahinter sähe, in dem es keinen Halt mehr gäbe. Vermutlich stiegen die Menschen auch deshalb auf die Berge – um dem nahe zu kommen.

Vor mir lag eine lange und eigenartige Etappe. Bis auf die vierhundert Höhenmeter vom Kleinen Ahornboden zum Jochkreuz hinauf, von dem es an den Felsabhängen des Birkkar-Massivs entlang nur ein knapper Kilometer zum Karwendelhaus war, ging es an diesem Tag ständig bergab. Insgesamt dreißig Kilometer, wobei die letzten achtzehn Kilometer vom Karwendelhaus nach Scharnitz zur Gänze auf einer Forststraße verliefen.

Siebeneinhalb Stunden, so war die Etappe auf der Routenbeschreibung angegeben. Vorerst kümmerten mich Zeitangaben genauso wenig wie das abends bevorstehende Spiel der Österreichischen Fußball-Nationalmannschaft gegen Polen. Weit wirklicher als alle Distanzen oder Termine schien das Gefühl, im Nebel dieser Almhänge ewig weitergehen zu können, ohne dass sich auch nur das Geringste veränderte. Nicht am Nebel, nicht an der Landschaft und ebenso wenig an mir.

Gleichzeitig wusste ich genau, dass vermutlich nicht erst in Wochen, sondern bereits in Tagen hier überall Kuhglocken läuteten und noch ein ganz anderer, vor allem aufs Wochenende konzentrierter Almauftrieb stattfände, sobald in München und Umgebung die Wanderschuhe ausgepackt wurden. – Ins Karwendel, ins Wetterstein-Gebirge, auf die Zugspitze oder in die Allgäuer Alpen zog es die Städter dann. Zum Ausspannen, Abschalten, in Gefahr, Abenteuer, Training oder Erholung strömten sie in die Alpen; der Paragleiter in andere als der Mountainbiker, der Skifahrer in andere als der Rafting- oder Kajakfahrer, der Bolder-Kletterer in andere als der Wellness-Gast, der Wanderer in andere als der Bungee-Jumper.

Auch deshalb heißt es bei Werner Bätzing bereits in der Einleitung seines großen Alpenbuches: *Seit 1980 verschwindet ein einheitliches, gesellschaftlich breit abgestütztes Alpenbild aus der europäischen Geschichte, es wird ersetzt durch zahllose, partikuläre Alpenbilder der jeweiligen Alpennutzer.* – Und es entspricht dem klaren, der Wirklichkeit und ihrer Wertschätzung verpflichteten Gestus seiner Arbeit, wenn Bätzing den Verlust der früher geprägten Alpenbilder nicht betrauert, sondern vielmehr feststellt: *Die Alpen werden zu einer »normalen« Region in Europa.*

Doch dieser Verlust betrifft – im Gegensatz zum Verschwinden der Arbeit und der Kulturlandschaft aus den Alpen – nur jene Fremd- und Außenwahrnehmung der Alpen, die die Besonderheit dieses bergigen Lebensraumes in ihrer Stilisierung seit jeher überdeckt hat. Auch eine Entzerrung dieses Klischees wird an der Idyllisierung der Alpen nichts mehr ändern. Denn zu glauben, das Zersplittern der Alpenklischees in die Einzelbilder der jeweiligen Alpennutzer könnte nun gleichsam in letzter Sekunde den Blick auf eine Welt freigeben, die nicht als Freizeit- sondern als Arbeitslandschaft so geworden ist, wie wir sie kennen, wäre nicht nur Illusion, sondern vielmehr eine erstaunliche, wenn auch bezeichnende Verdrängungsleistung. Immerhin beschleunigt sich das Verschwinden einer lediglich durch beständige Arbeit in Balance gehaltenen Kulturlandschaft wie jene der Alpen nicht zuletzt durch genau diese Wahrnehmung und Benutzung, in der sie nur als vielgestaltiges Sportgerät, als Freizeit-, Erholungs-, Rückzugsraum gesehen und in jeder freien Minute dementsprechend in Beschlag genommen wird.

Trotzdem war für die nächsten eineinhalb bis zwei Wochen vorstellbar, dass ich trotz der beginnenden Wandersaison diesen Teil meiner Route, den man, statt mit Karwendel, Wetterstein-Gebirge oder Allgäuer Alpen, einfach den Münchner Abschnitt nennen konnte, gerade noch vor dem Ansturm passierte.

Vermutlich war gerade in diesem Jahr, in dem die große Menge späten Schnees dafür gesorgt hatte, dass selbst Städter die Verschiebung sowohl von Almauftrieb wie Hütten-Saisoneröffnung mitbekommen hatten, ein erstes Wochenende mit auch in größeren Höhen geöffneten Hütten nötig, bevor die Tages- oder Wochenendrucksäcke gepackt und die Wanderschuhe in Stuttgart, Ulm, Augsburg oder

München wieder geschnürt werden würden. Ob ich mit dieser Vermutung richtig lag, sollte sich bereits dieses Wochenende im Wetterstein-Gebirge zeigen, sowie am Wochenende danach, wenn meine letzten Tage in den Allgäuer Alpen womöglich genau mit der ersten großen Ausflüglerwelle zusammenfielen.

Langsam riss es auf. Besser gesagt, der Nebel rückte so von den Bergen weg, dass sich direkt über den schneeglänzenden Schrofen des Birkkar-Massivs ein erstes größeres Fenster in den blauen Himmel öffnete. Kaum sah ich in das strahlende Blau, war ich mir sicher, dass die hellbraunen Almwiesen rund um die Falkenhütte ihr Leuchten nicht nur vom Moder des Winters haben konnten, sondern auch schon vom Licht dieses Blaus.

Im Karwendelhaus wurde noch an den letzten Reparaturen für die beginnende Wandersaison gearbeitet. Am Abend, sagte der Hüttenwirt, würde alles fertig sein. Ich saß als einziger Gast im noblen Speisesaal, aß eine warme Suppe und staunte. Nicht, dass mich die holzgetäfelte Gediegenheit hier so überraschte. Doch kannte ich einen derartigen Schutzhütten-Innenraum bislang nur von einem Bild der 1879 eröffneten und heute denkmalgeschützten Berliner Hütte.

Ich hatte das Bild während der Recherche für die Reise in der großartigen Alpenvereinsausstellung *Berge, eine unverständliche Leidenschaft* in der Innsbrucker Hofburg gesehen. Und ich war von den Fotografien so fasziniert gewesen, dass ich mir sogar überlegt hatte, beim Abstieg vom Pfitscher Joch einen Abstecher zur Berliner Hütte hinauf zu machen. Doch diesem Vorhaben war der lange Winter samt der späten Schneemengen dazwischengekommen, sodass die über zweitausend Meter hoch gelegene Hütte Anfang Juni, wie alle anderen auch, noch geschlossen gewesen war.

Vom Karwendelhaus hingegen, das 1908 nach fünfjähriger Bauzeit fertiggestellt worden war, nachdem viertausend Quadratmeter Fels weggehackt und weggesprengt werden mussten, um am Fuß des Birkkars in so exponierter Lage hoch über dem Schluss des Karwendeltals zu thronen, hatte ich keine Bilder gekannt. Umso unverhoffter saß ich nun in einem Speisesaal, der mir, in seinem Stolz, in seiner

Eleganz die Geschichte einer Zeit erzählte, in der Alpinismus noch ein rein städtisches, vor allem aber ein sehr englisches Phänomen gewesen war. Eine elegante Erkundung, eine wissenschaftliche Forschung, doch beileibe keine Schinderei, wie es Paul Veyne in seinem amüsanten Essay *Bergsteigen* im Katalog der Alpenvereinsausstellung pointiert beschreibt:

Der feine Herr hatte sehr wohl einen Pickel, der ihm als Gehstock oder Anker diente, ließ diesen aber bis gegen 1900 von einem seiner Führer tragen, denn für einen feinen Herrn gehört es sich nicht, etwas zu tragen. Nur ausnahmsweise geht der Herr ganz allein in die Berge; normalerweise nimmt er stets Führer mit. Weil diese kräftiger sind als er? Das behauptet er, denn er hat keineswegs den Ehrgeiz, Muskeln wie ein Schwerarbeiter zu entwickeln. In Wahrheit tut er es deshalb, weil zu einem Herrn Diener gehören.

Wie wenig dieser Alpinismus mit Sport zu tun hatte, und von Arbeit ganz zu schweigen, illustriert Veyne mittels folgender, von Armand Charlet in der *Vocation alpine* berichteten Begebenheit, nach der *Mumery, der Erstbesteiger des Grépon (1881), als er am Montvert nach einer anstrengenden Tour ankam, mit starkem englischen Akzent ausgerufen habe: »Kellner bringen Sie Tee für Madame, Tschämpägn für Messieu und einen Schluck Wein für den Führer.«*

Erst als ab 1920 manche Formen der körperlichen Betätigung, die davor nichts anderes als Arbeit gewesen wären, als Sport gelten konnten, entwickelten die feinen englischen Alpinisten auch sportlichen Ehrgeiz. Nun wurden Steigeisen eingesetzt, während der Führer bis dahin für die Gents Stufen ins Eis hacken musste. So hatte etwa Michel Croz, der Führer von Whymper, dem 1865 die Erstbesteigung des Matterhorns gelang, am Col du Mont Dolent noch beinahe unvorstellbare Arbeit leisten müssen, um mit Whymper *von diesem Pass über einen Eishang, der höher als der Eiffelturm und fast genauso steil wie das Profil von dessen Pfeilern war, abzusteigen und dabei mit dem Pickel Kerben für Finger und Füße ins Eis zu schlagen.*

Vermutlich gerade weil ich so sehr Sportler war, gefiel mir – abgesehen von der Ausbeutung ihrer Führer natürlich – die grundsätzliche Anmaßung, mit der diese englischen Alpinisten, wie Paul Veyne es beschreibt, sich den Bergen näherten:

Der viktorianische Alpinist hat nichts von einem Techniker an sich: Er ist ein trittsicherer Geher, was als vornehm gilt, und er hat Mut, was als ehrenhaft angesehen wird. Daher ist der Alpinismus auch nicht als genau definierte Sportart entstanden, sondern als etwas spezielle Form der Erkundungstätigkeit oder des Reisens. Ein Viktorianer besteigt die Berge weniger, als dass er sie durchstreift (so glaubt er wenigstens) oder sie entdeckt: Zur selben Zeit erforschten seine Landsleute ja auch Zentralasien, Äquatorialafrika oder den Oberlauf des Nil, unter Mithilfe eingeborener Führer.

Man durchstreifte die Gebirgsmassive, um die Beschreibung der Natur und die Weltkarte zu vollenden (bis zum Beginn des 20. Jahrhunderts hatte die Montblancgruppe ihre eigenen alpinistischen Topografen). Von diesem Standpunkt aus wollte man die Gipfel nur als charakteristische Punkte erreichen und ließ es sich ebenfalls angelegen sein, Übergänge ausfindig zu machen, die die Überschreitung der Gebirgsmassive möglich machten: Die Passüberschreitungen, die inzwischen aus der Mode gekommen sind, galten lange Zeit genauso viel wie die Gipfelbesteigungen. Eine der schönsten Veröffentlichungen des viktorianischen Alpinismus trägt den Titel: »Peaks, passes and glaciers« und ist die reine Geografie. Die leichteste Route auf den Gipfel zu finden, war das Ideal dieser Art von Alpinismus: Was suchte ein Forschungsreisender, wenn nicht den besten Weg? Der Alpinismus fiel unter jene »Kunst des Reisens«, die im 18. Jahrhundert entwickelt worden war und deren Höhepunkt mit den Werken »Voyages dans les Alpes« von Saussure selbst und der »Description de l'Égypte« durch die Gelehrten, die Napoleon Bonaparte dorthin begleitet hatten, erreicht wurde.

Aus etwas späterer Zeit, doch als Konsequenz solcher Entdeckungen und Eroberungen, kann natürlich auch das Maurische Zimmer gelten, das der bayerische König Ludwig II. sich in seinem Jagdschloss neben der Schachenhütte im Wetterstein-Gebirge hatte einrichten lassen. Die Chuzpe dieser Annäherung sollte mich ebenso faszinieren wie die bürgerlichen Interieurs in Alpenvereinshütten oder die Eisstufen für den englischen Alpenspaziergänger, der am Gipfel Champagner trank.

Eine solche Annäherung konnte tatsächlich für sich verbuchen, den Alpen zu einer Zeit, in der große Teile ihres Gebietes noch weiße Flecken auf der europäischen Landkarte waren, mit dementsprechender Fremdheit zu begegnen. Ein erst zu entdeckender Kontinent im Kontinent, dessen heutiges Schicksal sich zwar graduell deutlich, doch strukturell bei Weitem nicht so sehr von dem anderer damals entdeckter Kontinente unterscheidet, wenn man an die zurückgedrängten Agrargesellschaften dachte.

Mit der Eleganz englischer Gents jedenfalls konnte ich mich, nicht nur aufgrund meines Sportlerseins, nicht messen. Zwar schleppte auch ich Zimmer, Küche und Kabinett in meinem Rucksack durch die Berge, trank gern den besten Schnaps oder Weißwein, genoss warme Duschen und die wohlige Wärme der trockenen und möglichst frisch gehaltenen Abendkleidung. Doch weder der in Kranjska Gora gekaufte Strohhut noch der Versuch, auf die meist sportlich schreienden Kleiderfarben zu verzichten, änderte etwas daran, dass ich in meinen Merino-Shirts, den Wanderhosen und meinem Windstopper-Gilet in der gleichen Uniform wie alle anderen daherkam.

Das weiße Leinenhemd hatte ich bereits Mitte Mai nach Hause zurückgeschickt, auch meine italienischen Persol-Sonnenbrillen musste ich aus funktionalen Gründen wohl oder übel bald ersetzen. Und anstatt eines weißen Seidenhalstuchs, das mir zunächst vorgeschwebt war, hatte auch ich mir bereits in Slowenien eines jener topmodernen Tunnel-Halstücher zugelegt, die man sich auf unbestreitbar praktische Weise als Stirnbänder wie auch als dünne Hauben aufsetzen oder um den Hals wickeln konnte.

Am allerwenigsten elegant aber waren jene plötzlichen Geschwindigkeitsrappel wie jener des Mountainbiker-Jagens, den ich bereits seit Taisten Mountainbiker-demütigen nannte, oder Wahnwitzigkeiten wie das auf den knapp neunzehn Kilometern vom Karwendelhaus nach Scharnitz hinaus angeschlagene Tempo.

Denn dafür, die zehn Kilometer vom Karwendelhaus zur Larchet Alm in 1:25 zu gehen und die verbleibenden neun Kilometer sogar in fünfundfünfzig Minuten, hatte es im wörtlichen Sinn keinerlei Beweggründe gegeben. Weder hatte ich Hilfe holen noch vor jemandem davonlaufen müssen. Trotzdem war aus meinem Gehen auf diesen neunzehn Kilometern etwas geworden, das mit Gehen sicher nichts mehr zu tun hatte, aber auch noch kein Laufen war. Dementsprechend grauenhaft musste es ausgesehen haben, weit schlimmer noch als das Zappeln der olympischen Geher, vor allem sinnloser.

Zum Glück aber waren auch im Karwendeltal noch keine Leute unterwegs. Denn einen Skilangläufer im Diagonalschritt, dem Skier genauso fehlten wie Schnee und Loipe, während er einen Rucksack trug, der mindestens halb so groß war wie er selbst, sah man vermutlich selten. So eigenartig und vergeblich meine Hetzjagd die Forststraßen des Tales hinaus ausgesehen haben musste, anders hätte ich es kaum ausgehalten, so langweilig war mir die Straße nach Scharnitz bereits beim Blick auf die Karte erschienen.

Während jedoch der alte Weitwanderer Hans Diem solche Flachstrecken immer wieder überbrückt hatte, indem er sich von Autos mitnehmen ließ, tat ich es, indem ich trainierte. Nicht für die Reise selbst, denn über deren Strecke machte ich mir in körperlicher Hinsicht keine größeren Sorgen mehr, sondern bereits für den Winter.

Schon im Lesachtal hatte ich mich gefragt, in welchem Pulsbereich ich auf der langen Etappe von Maria Luggau bis Kartitsch unterwegs gewesen war, wie viele dieser Stunden ich in Intensitätsbereichen absolvierte, die tatsächlich trainingswirksam waren. Denn rechnete ich mit einem Ruhetag pro Woche und setzte die täglichen Gehzeiten mit durchschnittlich sechs Stunden noch relativ niedrig an, käme ich, selbst wenn nur die Hälfte der Zeit intensiv genug war, um als Ausdauer- oder Kraftausdauertraining zu gelten, auf achtzehn Trainingsstunden pro Woche.

Achtzehn Wochentrainingsstunden, das bedeutete eine Verdoppelung meines Trainingsumfangs der letzten Jahre. Und selbst damit war ich in der letzten Skilanglauf-Saison bei den großen Volkslangläufen wieder in den ersten Gruppen mitgelaufen, hatte sowohl beim Koasa- als auch beim Steiralauf bereits deutlich unter zwanzig Prozent Rückstand auf die im selben Rennen gestarteten Weltcup-Läufer gehabt. Wenn ich nun tatsächlich einen Teil meiner Gehzeit als Training werten konnte, fragte ich mich natürlich, was im nächsten Winter zu erwarten sein würde.

Um das besser einschätzen zu können, brauchte ich eine Pulsuhr. Mein Vater sollte sie mir mitbringen. Und sein Schmunzeln über meinen Ehrgeiz war ihm deutlich anzumerken gewesen, als ich ihn aus Schwaz noch einmal angerufen hatte, damit er meine Mitnahmebestellung nicht vergaß.

Außerdem hatte ich gemerkt, dass ihn die Länge meiner Etappen nicht mehr sorgte. Nichtsdestotrotz würde er sich bald neue Sorgen machen. Etwa angesichts meiner Schwierigkeiten mit dem, was man mir schon als Kind als Maß und Ziel vorgehalten hatte. Denn solche Selbstbeschränkungen hatte ich im Grunde nie akzeptiert.

Die Strecke ging ich in trainingswirksamen 2:20.

Österreich hatte gegen Polen unentschieden gespielt. Am Ortsrand von Scharnitz hätte es die beiden Spiele als Live-Übertragungen auf einer Videowand zu sehen gegeben. Doch nicht nur wegen der beiden Monsteretappen durchs Karwendel, auch sonst sah ich mir Fußballübertragungen lieber in Wirtshäusern als in Festzelten an.

In Scharnitz an diesem Abend eines zu finden, war jedoch aufgrund der Videowand am Ortsrand nicht leicht gewesen. Fast alle Gasthäuser hatten geschlossen. Und die Einschätzung der Wirte war richtig gewesen. Denn im einzigen Gasthaus, das geöffnet hatte, saß ich allein mit drei alten Männern im viel zu großen Speisesaal, was dem spannenden Abend eine seltsam ruhige Stimmung verlieh.

Noch eigentümlicher wurde es, als zwei junge Männer hereinkamen, die ich aufgrund ein paar aufgeschnappter Wortbrocken zumindest bis zum Tor der Polen für ebensolche gehalten hatte, bis mir durch ihre Wut über das Tor klar wurde, dass es Russen sein mussten. Komplettiert wurde die sonderbare Runde von einem alten Spanier, der sich, im Gegensatz zu mir, gleich an den Stammtisch der alten

Scharnitzer gesetzt hatte, ohne dass es ihm irgendetwas ausmachte, dass sie kein Wort Spanisch konnten und er keines auf Deutsch. Ganz im Gegensatz zu den Stammtischherren. Doch so sehr sie sich untereinander über ihn auch beschwerten, er blieb fröhlich sitzen und begann sogar, ihnen auf Spanisch alles Mögliche über das Spiel zu erzählen.

In der Nacht gewitterte es. Was mich wach hielt, war jedoch nicht Donner oder Blitz, sondern das Gehen des zurückliegenden Tages. Es ging immer noch weiter in mir, wer weiß, wohin, in jedem Augenblick dieser Nacht. Am Morgen fühlte ich mich zerschlagen; gerade deshalb freute ich mich auf den Anstieg, der mich hoffentlich zur Ruhe kommen ließ. Wie in den Tagen zuvor hatte der Regen am Ende der Nacht aufgehört. Und obwohl ich wusste, dass der Steig unterhalb der Mutterstein-Südwand durch schroffiges, steiles Gelände und über Geröllpassagen führte, zweifelte ich während des Aufstehens nicht daran, bald durch die Leutasch ins Wetterstein-Gebirge hochzusteigen.

Ich frühstückte und plauderte mit der Zimmerwirtin. Sie betrieb im Karwendeltal die Ausschank der Larchet Alm, an der ich gestern blicklos vorbeigerast war, und erzählte mir von einer TV-Dokumentation über die Gegend. Erst anhand der darin gezeigten alten Bilder sei ihr klar geworden, um wie viel lichter die Schutzwälder nicht nur im Tal, das im Winter ohnedies zur Gänze gesperrt war, sondern auch rund um Scharnitz und Mittenwald seit ihrer Kindheit geworden seien. Im Fernsehen!, staunte sie dabei im Reden noch mehrere Male über sich selbst, während sie doch seit Jahrzehnten hier wohne. Doch es sei überdeutlich gewesen, wie viele Einfamilienhäuser an Stellen stünden, die vor dreißig, vierzig Jahren noch dichtester Wald gewesen seien.

Was ist da nur passiert?, fragte sie. Da sei so viel wie noch nie von der Natur die Rede, doch wir sehen nichts mehr. Dabei gebe es bestimmt weit mehr Experten als früher, weit mehr Wissenschafter, weit mehr Berichte in den Zeitungen, im Radio und im Fernsehen. Und doch würde einem höchstens klar, wie wenig man von seiner eigenen Umgebung verstand. Ihr Großvater hingegen habe nicht einmal eine Volksschule abgeschlossen; die Geschichten aber, die er ihr über das Karwendel, die Isar, die Wiesen und Wälder erzählt habe, könne sie bei Weitem nicht alle wiedergeben, ganz zu schweigen von ihren Kindern, die ebenfalls bereits Kinder hatten.

Alles okay bei dir?, schrieb mir Kathi per SMS, während ich bereits im Zug von Scharnitz in das fünf Kilometer nördlich gelegene Mittenwald saß. Denn als ich nach dem Frühstück die Pension verlassen hatte, war auf den ersten Blick unübersehbar gewesen, dass der Schnee in der Nacht zu weit herunter gefallen war, um die steilen Passagen zur Mutterstein-Südflanke hinaufzusteigen. Auch wenn es am Fuß der Felswand flacher wurde. Doch die Trittspuren im Altschnee waren sicher zugeschneit, womit ein solcher Versuch spätestens auf den letzten vierhundert Höhenmetern, die wiederum steil zum Dreitorspitzgatterl auf knapp 2400 Meter hinaufführten, wohl nicht nur aufgrund meines Rucksacks an vorsätzliche Selbstgefährdung grenzte.

Alles okay? – Eigentlich ja. Nachdem ich bei einem schnellen Espresso in einem Scharnitzer Café eine Ausweichroute zum Schachenhaus über die weniger exponierte Nordseite von Mittenwald gefunden hatte, war auch die mithilfe des Communicators recherchierte Abfahrtszeit des Zuges nach Mittenwald perfekt gewesen; fast so, als hätte ich es geplant.

Die Sonne schien, die Berge glitzerten, doch ich wusste nicht, was ich Kathi antworten sollte. Oder wusste es vielleicht zu genau. So genau, dass es mich bereits von allen Seiten anschaute. Allein darin etwa, wie vergeblich der Fahrtwind durch die offenen Waggonfenster wehte. Während ich mir in diesen Augenblicken wünschte, ich führe in einem solchen Zug leerer Waggons, deren Fensterscheiben allesamt im Fahrtwind klapperten, allesamt aufs Ausgelassenste klapperten, übers Land, ohne je wieder zu halten.

Irgendwo donnerte es. In Mittenwald war alles voller Leute, Souvenirläden und Ansichtskartengeschäften. Doch ich wollte nur weiter, wollte hinaus in die Wälder und gehen, nur gehen, wie ein Zug mit offenen Fenstern im Fahrtwind.

So ging ich eine halbe Stunde, bis mir auf dem Seen-Plateau oberhalb von Mittenwald eine Frau entgegenkam. Ich hatte sie in meiner Hast gar nicht richtig angesehen. Wir gingen als einzige Menschen den See entlang. In den Bergen donnerte es jetzt nur leise, die Wellen des Sees plätscherten gegen das Ufer. Ich erinnere mich an das Geräusch des Kieswegs, an meine Schritte und an ihre, die sich in meinem Rücken entfernten.

Ich hatte mich nicht umgedreht. Auch nicht in dem Augenblick, in dem ich mir sicher gewesen war, dass sie es getan hatte. Ich sah die ersten Tropfen im See. Große Tropfen in weiten Abständen, ohne dass es mehr wurden. Ich sah, wie sie aufeinander zuliefen, wie sie übereinander hinweg liefen, sich auslöschten.

Schon im nächsten Moment dachte ich daran, dass ich mir gestern Nacht noch jene Werte im Notizbuch notiert hatte, die ich aufgrund der Ergebnisse meiner behelfsmäßigen Pulsmessungen mit dem Finger – für die ich in den letzten Wochen oft mitten im Anstieg, aber auch auf Flachstrecken stehen geblieben war – als mögliche Grenzwerte der verschiedenen Trainings-Intensitätsbereiche vermutete.

Nun dauerte es nicht mehr lange, bis mir meine Eltern die Pulsuhr nach Berwang brachten. Außerdem hatte ich mir das Mount-Everest-Tagebuch meines Onkels gewünscht, das meine Mutter nach dem Absturz als Kopie von ihrer Schwägerin bekommen hatte. Am Jalovec hatte ich zum ersten Mal daran gedacht. Nicht, dass ich mich als Alpinist mit meinem Onkel vergleichen wollte oder könnte. Ich war keiner. Ebenso wenig hatte ich zu dem Zeitpunkt daran gedacht, es könnte mir etwas von meiner Reise erzählen.

Ich kannte es bereits. Bald nach seinem Absturz hatte ich es gelesen. Im Unterschied zu meiner Mutter, die sich bis heute davor scheute. Spröde war es mir erschienen, fast unpersönlich, doch gleichzeitig von einer Verletzlichkeit gerade in technischen Details, Ausrüstungsfragen, Routen- und Aufstiegsvarianten, dass ich es damals, ohne genau zu wissen warum, voller Gebanntheit in mich aufgesogen hatte.

Jetzt aber hatte ich einen Verdacht.

Eine Stunde später regnete es so stark, dass ich mich mit der Pelerine sogar gegen die Regenrichtung drehen musste, um Kathi zu antworten. Doch in einem Augenblick, in dem man nichts als Erleichterung darüber verspürt, dass nichts okay ist, kann man auf kein besseres Wetter warten.

Und so schrieb ich ihr am Rand einer der langen Forststraßen durch den Wettersteinwald, dass ich fürchtete, der neuerliche Beziehungsversuch von Sabine und mir im März sei ein riesiger Fehler gewesen. Oder zumindest die Tatsache, mich auf unsere Abmachung verlassen zu haben, rechtzeitig die Notbremse zu ziehen, bevor einer nicht mehr weiterkonnte. Während nun offensichtlich werde, was ich nicht erst jetzt, sondern bereits seit April und im Grunde schon länger fürchtete: Dass Sabine offenbar gewillt war, alles auszuhalten, solange unsere Beziehung nur weiterbestünde. Denn auch wenn sie mich, wie ich Kathi nun erzählte, während des letzten Besuches mitten in der Nacht voller Dramatik hatte freigeben wollen, so hätte dies mit unserer gemeinsam getroffenen Vereinbarung nichts zu tun, sondern hatte von mir vielmehr das Gegenteil gefordert, den Liebesbeweis, den Treueschwur.

Ich fürchte, schrieb ich am Ende meines Mails, *vermutlich hat es die Basis eines gemeinsamen Elternwerdens, ohne ein Paar zu sein, nie gegeben. Doch das wollten wir beide nicht sehen. Ich hatte mich so gefreut. Und jetzt hab ich immer mehr Angst.*

Dann drehte ich mich wieder in Regenrichtung und ging über die leichten Hügel am Fuß des Wetterstein-Gebirges weiter.

Kathis Antwort war kurz vor dem Anstieg zum Schachenhaus gekommen. Ich war gerade von einem der immer noch eben dahinlaufenden Waldwege zu einer sofort steil ansteigenden Forststraße Richtung Wetterstein-Alm gekommen. Der Regen hatte aufgehört, ich rollte die Pelerine zusammen, um sie mir für weitere Schauer zwischen Rucksack und Nacken einzuklemmen, als der Communicator in meiner Beckentasche surrte.

Stell dir das Schlimmste vor, das, wovor du am meisten Angst hast. So hört die Angst zu wachsen auf.

Das Schlimmste, bisher hatte ich mich daran kaum zu denken getraut. – Vielleicht war es aber gar nichts, das ich mir erst vorstellen musste, sondern es geschah längst. Denn vermutlich hing es gar nicht so sehr davon ab, ob Sabine ein Teilen der Verantwortung von der Frage abhängig machte, ob wir ein Paar waren. Vielmehr erpresste ich mich durch die Angst vor einer solchen Erpressung bereits die längste Zeit selbst.

Ich hörte die Pedaltritte von Mountainbikern hinter mir, starrte auf Kathis Zeilen und wusste, was das Schlimmste war. Nicht die Angst, sondern die Angst vor der Angst.

Gleich darauf überholten mich die Mountainbiker. Ich steckte den Communicator ein, wollte eigentlich noch einen Blick auf die Karte werfen, um die verbleibenden Höhenmeter abschätzen zu können, da waren sie schon an mir vorbei. Ich pfiff auf die Höhenmeter und ging los.

Klack-klack-klack … oben in der Hütte sollten mir die zwei Sportler später erzählen, dass sie zuerst noch gerätselt hatten, woher das unaufhörliche Geräusch kam. Erst als sie mich in den darauffolgenden Kehren kaum fünfzig Meter unterhalb gesehen hatten – mich, den Rucksack und den Stockeinsatz –, hatten sie das klackende Geräusch tatsächlich mit einem Geher in Verbindung bringen können.

Ich hingegen hatte zwar vom ersten Schritt weg gewusst, dass ich mich mit dem Tempo an Grenzen wagte, vor allem hatte ich die Gewalttour des Vortags noch in den Beinen gespürt. Doch kaum hatte ich bemerkt, dass ich nichts verlor, auf den Hinteren der beiden sogar leicht aufholte, hielt mich nichts mehr, schon gar nicht Vernunft. Selbst, wenn mir bewusst gewesen wäre, wie weit es noch hinaufging, hätte mich das nicht gebremst. Holte ich doch gerade im Steilen auf, während sie, sobald der Anstieg nachließ, doch etwas schneller waren.

Anfangs hielt ich ihr Tempo jedoch selbst in diesen Passagen noch, mit Schritten in einer Länge, wie ich sie bislang erst einmal gegangen war, am Vortag, auf der leicht bergab führenden Forststraße durchs Karwendeltal heraus, während die flacheren Passagen hier noch acht bis zehn Prozent Steigung hatten.

Auch beim zweiten Bier schüttelten die beiden noch den Kopf über mich. – Da fahre ich achttausend Kilometer im Jahr Mountainbike, meinte der Schnellere der zwei, und werde auf einmal von einem verfolgt, dessen Rucksack fast größer ist als der Mann selbst. Am liebsten hätte ich dir etwas nachgeschossen! Dir und deinem Klack-klack-klack!

Dass dieses Gehen auch mich verfolgte, sagte ich ihm nicht, beließ es lediglich beim Trost, dass sie mich am Ende ohnedies distanziert hätten. Ja, aber erst, als es herüber zur Hütte sogar bergab ging, entgegnete er und bestellte uns noch eine Runde.

Als ich aufwachte, stand im Fenster der Mond. Die Felsen der Wettersteinwände leuchteten gelb, ringsum der Nachthimmel, dunkel und blau. Ich weiß bis heute nicht, ob ich nur träumte, was ich sah, erinnere mich jedoch genau, dass ich in den Augenblicken unbedingt wach bleiben wollte, nur wach bleiben und in den Mond schauen, an dem alles hing, die Felsen, mein Fenster, mein Bett, meine Angst und ich.

In der Früh war es grau, und als Erstes spürte ich Wein und Bier, erst danach meine Beine. Als ich am Vorabend endlich gegessen hatte, war es dafür wahrscheinlich schon zu spät gewesen. Denn die beiden Mountainbiker hatten mit dem ersten Bier in der Hütte bereits auf mich gewartet. Ich war gerade noch dazugekommen, mein Leibchen zu wechseln.

Achttausend Kilometer, hatte der eine in der um uns bald großen Runde immer wieder verkündet, und dann wird man die klackenden Stöcke eines solchen Mannes nicht los. Er lachte.

1 | 15. 5. 08 – Nach knapp zwei Wochen Reise: am Gipfelgrat des Jalovec im Abstieg.

2 | 2. 5. 08 – Der Hafen von Muggia, am anderen Ende des Alpenbogens wartet ein anderes Meer.

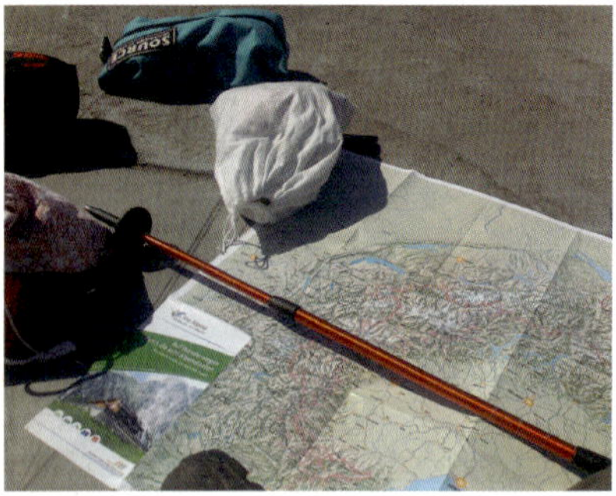

3 | 3. 5. 08 – Kurz vor dem Weggehen.

4 | 6. 5. 08 – Zweite Zeltübernachtung, dritter Morgen, Nanos-Gebirgsplateau, im Norden immer noch Hügel, keine Berge.

5 | 6. 5. 08 – *Ich versuchte ihn durch Finten zu verführen; der Bär rührte sich nicht* (Kleist).

6 | 13. 5. 08 – Kriegsstellung unweit der 1916 von russischen Gefangenen gebauten Vršič-Passstraße.

7 | 15. 5. 08 – Die Ozebnik-Rinne war im Anstieg auf den Jalovec noch ohne Steigeisen, Pickel und Seil zu gehen.

8 | 15. 5. 08 – Schneekletterei an der Südostflanke des Jalovec, bereits im Abstieg.

9 | 31. 5. 08 – Alpenfabrik I (Pustertal).

10 | 6. 6. 08 – Alpenfabrik II (Hochfügen).

11 | 12. 6. 08 – Karwendelhütte, Interieur: *Kellner bringen Sie Tee für Madame, Tschämpägn für Messieu und einen Schluck Wein für den Führer* (Armand Charlet in der *Vocation alpine*).

12 | 15. 6. 08 – Querung oberhalb des Reintals vom Zugspitzplatt zum Wettersteinkamm.

13 | 15. 6. 08 – Gatterl: Staatsgrenze am Wettersteinkamm.

14 | 17. 6. 08 – Es sind von Ehrwald, am Fuß der Zugspitze, nur wenige Gehstunden. Dennoch scheint am Sommerbergjöchle das Zugspitzmassiv bereits weit entfernt.

15 | 17. 6. 08 – Unterwegs nach Bichlbächle: Sommer.

16 | 22. 6. 08 – Am Ende der Allgäuer Alpen, unweit der Mindelheimer Hütte: Winter.

17 | 22. 6. 08 – Wenige Stunden später vor der Widderstein-Hütte: Sommer.

18 | 29. 6. 08 – Alpenparkplatz I, Rätikon (Partnun).

19 | 1. 7. 08 – Die große Menge späten Schnees reißt unter Lawinen meist halbe Muren mit (Schlappin).

Du meinst wohl, fügte ich hinzu, eines solchen dürren Mannes.

Ja, klar! – Erst jetzt lachte er wirklich. Ich war mir sicher, dass er kein Wort mit mir geredet hätte, wäre es ihnen im Flachstück am Schluss nicht doch möglich gewesen, mich abzuhängen. Während ich, so gern ich – zumindest anfangs noch – mit den beiden an dem großen Tisch saß, natürlich lieber einen gehörigen letzten Anstieg gehabt hätte. Auch auf die Gefahr hin, in der Hütte mein Bier allein zu trinken.

Zumindest hätte mir das den Kater des nächsten Morgens erspart. Ganz abgesehen davon, dass ich den Kerl mit den achttausend Kilometern bei anderen Gelegenheiten ohnedies nur läppisch gefunden hätte. Denn weder an seinen achttausend Kilometern noch an dem, was er über die Möglichkeiten seines Handys oder GPS erzählte, war ich übermäßig interessiert. Dennoch hatte ich mit den beiden noch ein zweites und drittes Bier getrunken. Gerade weil es Leute waren, die sonst meine Arbeit, meinen Beruf nur angesichts von Erfolg akzeptierten, im Grunde aber mindestens so lächerlich fanden wie ich sie.

Doch ging es nach solchen Wettkämpfen beim Biertrinken ohnedies selten um Interesse oder Sympathie; es ging um Kräfteverhältnisse. Um die Gelegenheit, einander selbst beim Schulterklopfen und Witzereißen zu zeigen, wer die Oberhand hatte. An diesem Hüttenabend war ich das. Die Chance, gehörig zu demonstrieren, dass man Schriftsteller nicht unterschätzen durfte, ließ ich mir nicht entgehen.

Zum Glück war mein Kater nicht allzu stark. Denn wie notwendig eine gewisse Trittsicherheit war, sollte ich gleich nach dem Weggehen merken, als der Abstieg ins Reintal zwischen Felswänden und über steil abbrechende Geröllhänge hinunterführte. Auf einem Weg beziehungsweise Steig, der eines jener Kunstwerke an Wegplanung war, für den jeder kleinste Geländevorsprung, jede Felsstufe, jeder Durchlass hatte genutzt werden müssen.

Es ging halsbrecherisch tief hinunter, es war rutschig, und es war alles andere als ungefährlich. Zwar hatte der Regen, mit dem ich munter geworden war, bald nach dem Frühstück aufgehört, die neunhundert Höhenmeter ins Reintal jedoch zwangen allein durch die Nässe zu einem bloßen Hinuntertasten. Bei jedem Schritt aufs Neue das altbekannte Spiel mit dem Gleichgewicht, in dem es weit weniger um einen sicheren Tritt oder Halt ging, als um ein, auf dem aufgeweichten, schottrigen Untergrund, möglichst kontrolliertes Rutschen. Blieb man, aus Angst vor der Tiefe etwa, auch nur einen Augenblick zu lange bremsend auf einem Bein, drohte sofort die Beschleunigung, drohte eine hektische, panische Bewegung, drohte das Übergewicht, der Absturz.

Der Kopf durfte daran, so viel wusste ich, keinen Augenblick denken und musste dennoch ganz bei der Sache sein. Er musste mitrutschen, mittasten, er musste Arm und Bein, Gleichgewicht und Stock, Aufmerksamkeit und Antizipation sein.

Ihm durfte jetzt kein Satz fürs Notizbuch einfallen, keine Erinnerung an die Kindheit, er durfte nicht an die nächste Hütte, den nächsten Tag denken, nicht an sein Kind, dessen Mutter und sein zukünftiges Leben mit oder ohne die beiden. Er durfte nur gehen, wie sein Körper ging, musste dessen Schritte rutschen lassen, sich auf die Wachsamkeit seiner Routinen und Reaktionen verlassen.

Keinen Augenblick lang hätte dem Kopf nun etwa die leere Stelle in seinem Rucksack einfallen dürfen, die ihm unten im Flachen, auf dem Weg zur Reintalanger Hütte, ohne den Rucksack dafür abzusetzen, so offensichtlich gewesen war, als steckte seine Hand wie vor dem Abmarsch beim Verstauen der letzten Dinge noch in dessen Tiefe.

Ganz deutlich hatte ich dabei im Schachenhaus die Leere im Rucksack gespürt, während mein Kopf offenbar ganz woanders gewesen war. Vielleicht bei meinem Kind, vielleicht aber auch nur bei den Männern des Vortags und im Erkunden des Katers.

Nun fehlten mir die beiden im Trockenraum des Schachenhauses aufgehängten Leibchen. Und die Hand fühlte die Stelle genau, an der sie im Rucksack sonst immer ihren Platz hatten. In meinen Kopf drang das jedoch erst in der Erinnerung an diese Bewegung.

Zum Glück hatte ich, neben dem kurzen, das ich unter dem Gilet wie immer unterwegs trug, noch ein weiteres langärmliges Leibchen. So kam ich auch ohne die beiden Reserve-Shirts bis zum Besuch meiner Eltern aus. Und als ich zwei Stunden später auf der Knorrhütte gerade wegen meiner leichten Bekleidung mit Applaus vom Hüttenpersonal begrüßt wurde, war selbst der letzte Ärger über die liegen gelassenen Leibchen verraucht.

Nicht viele Leute kamen an einem solchen Tag mit Nebel und leichtem Schneetreiben unter null Grad in kurzem Leibchen an. Auch ich hätte mir zu Beginn der Reise nicht vorstellen können, dass die abgezippte Hose sowie kurzes Leibchen und Gilet auf Schneefeldern, wie denen des Zugspitzplatts, als ausreichende Bekleidung für mich selbstverständlich werden sollten. Immerhin war ich selbst auf Meereshöhe, auf der bei über zwanzig Grad und Sonnenschein absolvierten Etappe von Muggia zur Rifugio Premuda, wärmer angezogen gewesen.

Nun zippte ich mir höchstens das Gilet zu, zog mir Haube und Handschuhe an und ließ mich von der eigenen Bewegung wärmen. Mit 25 Kilo Last auf dem Rücken reichte das in Anstiegen wie der steilen Schneerinne zur Knorrhütte hinauf selbst für das eine oder andere Grad unter null. – Und für einen Schnaps auf Kosten des Hauses.

Weit ungläubiger, nicht selten abschätzig, wurde ich hingegen in den Tälern oft angesehen. Dort galt ich mit meinem Rucksack offenbar nicht als Wanderer, sondern als Vagabund. Wobei, als Wanderer bezeichnete ich mich nicht einmal selbst, vielmehr als Reisender oder ebenfalls als Vagabund.

Kam ich mit den Leuten aber ins Gespräch, änderte sich deren Einschätzung ab einem ganz bestimmten Punkt meist schlagartig. Denn antwortete ich auf die Frage, wovon ich lebte, mit der Reise selbst, den monatlichen Zeitungsartikeln, dem Weblog und dem noch zu schreibenden Buch, war der Nichtsnutz-Blick sofort verschwunden und auch jede weitere Frage: Plötzlich war die Reise allen klar, schließlich würde man sie bald als Buch kaufen können. Und nichts anderes hörte ich fast immer als Antwort – den Satz: Das werde ich mir dann kaufen.

In den Bergen hingegen stellten sich solche Fragen weit seltener. Zumindest nicht auf den Hütten und Wanderwegen. Selbst wenn ich Distanz und Zeitraum der Reise nannte, kam kaum je die Frage nach dem Warum. Vielmehr wurde ich beneidet. Denn für die meisten, denen man hier begegnete, waren die Berge eine Welt, in der nicht die Maßstäbe der Arbeit galten, sondern jene der Freizeit.

Träfe ich dieselben im Tal, begegneten wohl auch sie mir wie alle anderen. Und je deutlicher mir diese Reaktionen und Mechanismen unterwegs wurden, desto überzeugter wurde ich, dass die Aufteilung des Lebensalltags in Arbeit und Freizeit nicht weniger als eine Persönlichkeitsspaltung bewirkte. Weshalb ich mir auch sicher war, dass mich jene für den Zugspitzlauf trainierende Sportlerin, der ich am Weg von der Knorrhütte nach Ehrwald begegnet war, im Tal nicht angesprochen hätte. Oben am Berg jedoch wollte sie schließlich sogar ein Stück mit mir mitgehen.

Es war im Abstieg vom Gatterl, jenem deutsch-österreichischen Grenzübergang, der als einer der wenigen ohne Seil und Haken begehbaren Übergänge des Wettersteinkamms am Südrand des Zugspitzplatts tatsächlich durch eine rostig quietschende Gartentür führte. Dennoch war der Steig über die felsig und steil in den Talschluss des Reintals abfallende Nordflanke ebenso wie auf der grasig, matschigen Südflanke des Wettersteinkamms nicht ungefährlich gewesen. Zwar waren die Grashänge weniger steil, dennoch hatte ich Glück gebraucht, als ich mich bei einem Ausrutscher gerade noch am Weg hatte halten können. Auf dem nassen Gras darunter hätte ich nur mehr beschleunigt.

Kurz darauf war mir die Zugspitz-Trainiererin entgegengekommen. Wie ich mit Stöcken, doch mit Lauf- anstatt mit Bergschuhen und lediglich einem Beckengurt anstatt eines Rucksacks. Dennoch beeindruckte mich ihr Tempo.

Wie der Steig aufs Zugspitzplatt sei, fragte sie mich.

Rutschig, antwortete ich ihr, sogar mit Bergschuhen, und deutete auf meine schlammverschmierten Hüften.

Sie musterte meinen Rucksack, nickte und meinte, sie schaue einfach, wie weit sie komme.

Ich ging die Almwiesen hinunter und hatte sie bereits vergessen, als ich nach einer kurzen Suppenpause im Gastgarten der Hochfeldernalm wieder auf die Frau traf. Während ich bereits im Weggehen war, wollte sie noch einen Topfenstrudel essen. Damit schien sie sich jedoch ziemlich beeilt zu haben, denn zwei Kehren weiter sah ich sie oben bereits wieder weglaufen. Kurz darauf tauchte sie neben mir auf und schloss sich mir an.

Ich fragte sie, wofür sie trainiere; sie erzählte mir vom Zugspitzlauf, der in einem Monat stattfinden sollte[17]. Doch fahre sie auch unabhängig davon jedes Wochenende von Stuttgart in ihren Elternort Ehrwald zurück, da sie es ohne die Berge, ohne die Natur nicht aushalte.

Was aber, fragte sie mich, mache ich eigentlich mit einem derartig großen Rucksack? Schmuggler sei ich wohl keiner …

Vielleicht doch! – So lag es mir als Antwort schon auf der Zunge. Doch das verkniff ich mir, gerade weil ich es ernst meinte. Ich wollte ihr nur jetzt nicht erklären, dass ich meinen Beruf tatsächlich als Schmugglerei verstand. Ich erzählte ihr also, dass ich bereits eineinhalb Monate unterwegs war, damit jedoch erst knapp ein Drittel meiner Reise von Triest nach Monaco hinter mir hätte.

17 Bei dem Bewerb am 13. Juli starben schließlich zwei der etwa sechshundert Starter am Weg zur Zugspitze. Trotz schlechten Wetterberichts waren viele der Läufer in kurzen Hosen und Laufshirts gestartet, ohne Hauben und Handschuhe. Während des Wettkampfs begann es zu schneien, bald kamen die Ersten so apathisch im Ziel an, dass sie auf Fragen nicht mehr antworten konnten, andere blieben neben der Strecke liegen. Hüttenwirte im Gebiet unterhalb des Gipfels alarmierten Rettungskräfte. Doch der Einsatz der Rettungskräfte wurde vom Schneefall erschwert. Von vier angeforderten Hubschraubern konnten nur zwei auf der Zugspitze landen und die Verletzten ins Tal fliegen. In der Knorrhütte wurde vergeblich versucht, zwei der Sportler wiederzubeleben. Sie starben an Erschöpfung und Unterkühlung. Auch in den anderen Berghütten wurde um das Überleben etlicher Läufer gekämpft. Bei einigen soll die Kerntemperatur nur noch 33 Grad Celsius betragen haben. Dass die Frau, der ich am Weg nach Ehrwald begegnet war, nicht zu den Opfern gehörte, wurde mir erst klar, als ich erfuhr, dass die beiden Toten Männer gewesen waren.

Sie wurde langsamer. Ja, sagte sie schließlich, irgendwann wolle sie auch so etwas machen. Ein Jahr Auszeit, oder ein halbes zumindest. Wie lange ich denn gebraucht habe, um mir das nötige Geldpolster dafür zu verschaffen?

Als ich darauf sagte, dass dies nicht notwendig gewesen war, da es mein Beruf sei, lachte sie und meinte, so einen Beruf hätte sie auch gern, wo die Arbeit wie Urlaub sei.

Am Parkplatz der Gondelbahn verabschiedeten wir uns, ich ging zu Fuß ins Tal und war in Ehrwald wieder Vagabund. Zumindest schien mir angesichts mancher Blicke, als veranstaltete ich etwas Verbotenes, da ich die Frühstückspensionen rund um den grasbewachsenen Dorfplatz miteinander verglich. Dabei musste ich vor allem dringend auf eine Toilette, wollte jedoch in kein Lokal, wollte gleich in ein Quartier, fand aber keines, das sowohl schön wie auch preiswert genug für die angesichts des Ruhetags notwendigen zwei Übernachtungen war.

In fünf Tagen war ich nun die sieben Etappen durch Karwendel und Wetterstein-Gebirge von Schwaz hierhergegangen, etwa einhundertzehn Kilometer und 5500 Höhenmeter. Das war nicht wenig gewesen. Womöglich sogar zu viel, wie der Ausrutscher nach dem Gatterl gezeigt hatte.

Dieses Gehen, es hatte etwas Maßloses an sich. Obwohl sich die Eile der letzten Tage nicht nur mit dem Besuch meiner Eltern übermorgen in der Gegend von Berwang begründen ließ, sondern auch mit der in eineinhalb Wochen anstehenden Fahrt von Feldkirch zur Lesung nach Klagenfurt sowie zum nächsten Ultraschalltermin in Salzburg.

Doch in Wahrheit war der Sog, den ich in meinem Gehen mehr und mehr spürte, etwas weit Unförmigeres als bloße Maßlosigkeit oder einfach nur Termindruck. Und das empfand ich umso stärker, je mehr Übermut mein Körper sich während der täglichen Strecken leistete, wollte es mir aber nicht eingestehen. Weshalb ich im Weblog über die beiden in einem Tag gegangenen Karwendel-Etappen, die Tempohatz nach Scharnitz sowie die Mountainbikerjagd, vorerst nur schrieb: *Was einen dabei »reitet«, mag man vielleicht beiseiteschieben können. Weniger hingegen, dass es einen dabei nicht selten schallend auslacht, das Pferd dieser Reise, oder was immer es sein mag.*

Wieder einmal hatte ich bei einer Witwe Unterkunft gefunden. Wenige Gassen von dem Platz entfernt, der mir mit jeder Umrundung unsympathischer geworden war. Nach den Pensionswirtinnen in Kandellen, im Pfitschertal sowie auf der Pirchner Aste oberhalb von Schwaz, war sie die vierte Witwe. Es sollten im Verlauf der Reise noch einige hinzukommen.

Das Zimmer war finster und der Wetterbericht schlecht. Noch am Sonntagabend sollte es bis unter zweitausend Meter stark schneien. Für den nächsten Tag waren lediglich Schauer angesagt, doch war das ohnedies der Ruhetag, während am Dienstag zur Frage, wie viel Schnee bereits liegen geblieben wäre, noch die Gefahr von Gewittern kommen sollte. Die Tatsache, dass der für die Etappe nach Berwang entscheidende Abstieg in ein Hochtal namens Sommerbergtal führte – während der höchste Punkt der Etappe das Sommerbergjöchle war –, bekam angesichts eines derartigen Wetterberichts noch einmal ganz besonderen Witz.

Wenigstens wartete davor noch das Spiel gegen Deutschland um den Aufstieg ins EM-Viertelfinale als Ablenkung. Selbst wenn mich die Frage nach dem Wetter weiter beschäftigte, wie die zahlreichen Kurzzusammenfassungen diverser Wetterberichte im Notizbuch während des Aufenthalts in Ehrwald zeigen. Zudem scheint die neuerliche Schneeprognose ein sehr abruptes Nachdenken über mein Schuhwerk ausgelöst zu haben. Denn häufiger noch als Notizen zum Wetter waren in diesen Tagen die Recherche-Einträge über die verschiedensten Bergsportgeschäfte entlang meiner Route. Auch wenn der schließlich für Oberstdorf geplante Schuheinkauf beinahe zu spät gekommen war, wie die Routenverhältnisse auf der Etappe ins Allgäu zeigen sollten.

Zum Glück jedoch war ich während dieser Reise immer nur anders abgestürzt. Auch in Ehrwald – nach dem Spiel.

Die Lokale leerten sich. Es regnete stark, wie bereits den ganzen Tag. Die Leute hasteten zu ihren Wägen, nur die Betrunkenen gingen langsam.

Österreich hatte das Spiel verloren, im Ergebnis knapp, im Verlauf klar. Es war das ernüchterndste der drei Gruppenspiele der Mannschaft gewesen. An ihrem Spiel lag es trotzdem nicht, dass mich das Match, dem ich den ganzen Tag entgegenfieberte, nach der Halbzeit nicht mehr interessierte. Genauso wenig, wie danach die Enttäuschung über die Niederlage mich so unentwegt von Lokal zu Lokal hatte gehen lassen. Es war etwas anderes.

Etwas, das ich jedoch, auch das wusste ich im Grunde genau, hier in der Nacht nirgendwo finden konnte, das mich in diese Suche nur flüchten ließ, wie vielleicht an allen Tagen meines Gehens.

Am Ende landete ich in einem Kellerlokal, in dem zwei Männer, ohne dass sie es voneinander merkten, ihre Hände an intime Körperstellen einer mindestens ebenso betrunkenen Frau hielten. Die küsste wechselweise beide und übergab sich schließlich.

Ich verließ das Lokal, wusste endgültig nicht mehr, wohin, wollte oder konnte aber immer noch nicht in die Pension, in mein Bett, in Bewegungslosigkeit und Schlaf zurück. So rief ich schließlich Irene an, mit der ich vor Sabine knapp drei Monate lang zusammen gewesen war.

Und Irene, die oft nachts munter war, hob tatsächlich ab.

Erzähl, sagte sie, ohne auch nur ein Wort zu fragen. Und ich erzählte, indem ich ihr in der folgenden Stunde, auf immer neuen Runden durch den Regen des längst menschenleeren Orts, genau beschrieb, was mit Sabine, mit mir und unserem Kind in den nächsten Monaten geschehen sollte. Nicht als bloße Angstvorstellung, sondern als etwas, über das ich genau Bescheid wusste und vor dem ich in diesen Augenblicken zum ersten Mal keine Angst mehr hatte.

Stattdessen spürte ich Erleichterung. Als hätte mich schon vorher statt Angst längst Trauer gequält. Eine viel zu frühe und wehrlose Trauer: Darüber, dass kaum etwas in mir noch gegen die Vorstellung aufbegehrt hatte, mit einer Frau zu leben, die ich nicht liebte.

Nebel lag zwischen den Bäumen. Ich dampfte unter der Pelerine. Ich war nicht verkatert, ich war immer noch betrunken. Vor dem Frühstück hatte ich ein Thomapyrin genommen, nach dem Frühstück ein zweites. Das hatte den Kopfschmerz zwar gelindert, dafür war mir beim Zähneputzen aufgefallen, dass ich kaum stillstehen konnte, ohne Panik zu bekommen, mich in mir selbst oder sonst wo zu verlieren.

Zumindest der Wetterbericht war deutlich besser geworden, keine Rede mehr von Gewittern, im Gegenteil, nachmittags sollte es sogar aufklaren, vorerst aber war mir der Regen nur recht. Der Regen, der Nebel, alles, selbst mein stinkender Schweiß. Solange ich nur gehen konnte, dachte ich mir im Einpacken, möglichst weit, möglichst steil.

Gut achthundert Höhenmeter brauchte ich, bis zumindest der Schweiß aufhörte, nach Alkohol zu stinken. Mehr als eine Suppe konnte ich in der Wolfratshauser Hütte dennoch nicht essen. Danach wartete der Steilabstieg ins Sommerbergtal, Seilversicherungen, ausgeschwemmte Wegstücke und ständiges Rutschen auf losem, feuchtem Schotter. Schon stank ich wieder, diesmal jedoch vor Angst. Vor Angst und – das spürte ich nun bei jedem Schritt und mit jedem vor mir weggespreizten Stockeinsatz stärker – vor Einsamkeit. Eine Einsamkeit, die ich womöglich nicht mehr empfinden und mir noch weniger eingestehen konnte; jetzt roch ich sie.

Ich stieg die breiten Schneefelder zum Sommerbergjöchle hinauf. Ich wollte weinen, aus Erleichterung über die aus allen Poren platzende Trauer, doch ich konnte nicht. Windböen bliesen die Wolken in Fetzen, dahinter tauchten die ersten blauen Stellen auf.

Vielleicht, so dachte ich undeutlich, gehe ich nun zum ersten Mal auf dieser Reise auf etwas zu. Ohne zu wissen, warum ich das glaubte. Vielleicht nur, weil sich das Gehen plötzlich als eine Bewegung anfühlte, die zwischen Lachen und Weinen lag.

Oben am Joch sah ich zum Zugspitzmassiv zurück. Ich fotografierte es. Vor mir die leuchtenden Almweiden über Bichlbächle und Berwang, deren Kräuterwiesen auf den Almauftrieb warteten. Ich fotografierte sie in ihrem Warten. Auch die letzten Wolkenreste über der Gartnerwand.

Es war etwas passiert.

… und weiter weg von der Erde

Am nächsten Tag ging ich mit meinen Eltern den Talweg von Bichlbächle nach Berwang und durch das Rotlechtal nach Weißenbach. Ich hatte die Etappe, genau wie die am nächsten Tag, aufgrund der geringen Anzahl an Höhenmetern ausgesucht. Hingegen hatte ich mir keine Sorgen darüber gemacht, dass mein Vater vor dem Weggehen erst den Wagen nach Weißenbach bringen und von dort mit dem Mountainbike nach Bichlbächle fahren musste, wo meine Eltern das Rad auf der Rückfahrt wieder abholen würden.

Von Bichlbächle ging es zuerst sogar ein Stück bergab, dann Richtung Berwang eben dahin, bis der leichte Anstieg nach Berwang begann. Plötzlich aber schwitzte mein Vater. Wir gingen nicht schnell, die Sonne strahlte noch nicht stark, auch sein Rucksack war nicht schwer. Er versuchte, sich nichts anmerken zu lassen, doch sein Gesicht war rot, und er gab nur kurze Antworten. Stehen geblieben wäre er dennoch nicht.

Bis ich Halt sagte. Meiner Mutter war nichts aufgefallen, deshalb fragte sie, was denn los sei. Mein Vater sagte: Nichts.

Du schwitzt aber – warum schwitzt du denn so?, erwiderte meine Mutter, die nun seine Erschöpfung sah. Schnell sagte ich, dass ich Durst hätte.

Was ist denn los mit dir?, wiederholte meine Mutter.

Nichts. Geht schon wieder.

In Berwang, wohin es nicht mehr weit war, machten wir einen

Zwischenstopp und aßen zu Mittag, obwohl meine Mutter meinte, sie habe eigentlich noch kaum Hunger. Danach ging es meinem Vater besser, und es war tatsächlich so, als wäre nichts geschehen.

Es war auch nichts geschehen. Mein Vater war nur nicht mehr so unverwüstlich, wie ich als Kind von ihm gedacht hatte. Und schon gar nicht so unverwüstlich, wie er uns gegenüber immer noch tat.

Warum aber, schrieb ich abends ins Notizbuch, nachdem ich im Mount-Everest-Tagebuch meines Onkels zu lesen begonnen hatte, *tun wir gerade unseren Kindern gegenüber so? Ist es, weil sie der Beweis für das Gegenteil sind?*

Hunderttausend Tonnen Geröllfracht transportiert der Lech. Als wir kurz vor Weißenbach zum ersten Mal auf die Landschaft dieses Flusses hinuntersahen, erschien sie uns wie ein riesiges Schotter- und Kieswerk, das keinen Betriebsschluss kannte.

Die Welt ohne Menschen, so sah sie aus. Spätestens am nächsten Morgen, als ich mit meinen Eltern auf dem Radweg neben dem Lech den Ort verließ, war ich mir dessen sicher. Zwischen den Uferstämmen blitzte das türkisfarbene Wasser hervor, die weißen Schotterbänke lockten. Doch erst am frühen Nachmittag, als wir an der Einmündung des Schwarzwasserbaches picknickten, sollte ich durch das selbst an seichten Stellen kräftig dahinziehende Wasser von Schotterinsel zu Schotterinsel stapfen.

Es war das nach dem Frühstück die erste Mahlzeit, und ich hatte dementsprechend Hunger, war mir aber sicher, dass es mit den Wurstbroten einstweilen getan war. Auch in den Tagen davor durchs Karwendel und durch das Wettersteingebirge hatte ich es so gehalten. Die von den Kilometern auf dem Radweg dampfenden Socken hingen an den Ästen der Uferbäume zum Lüften, wir aßen die Brote, tranken Wasser und ein paar Schlucke Schnaps.

Nicht bedacht hatte ich bei dieser Etappe am Lech, dass die Sonne mit jedem Tag stärker wurde. Deshalb hatte es für mich auch keine Zweifel gegeben, dass ich es mit den beiden Mahlzeiten noch gut die restlichen sechzehn Kilometer durchs Schwarzwassertal, hinauf auf die Bockkarscharte und zu dem auf der anderen Seite bereits in den Allgäuer Alpen gelegenen Prinz-Luitpold-Haus schaffen sollte.

Wie sehr ich mich damit verschätzt hatte, war angesichts des Schnees und des nachmittäglichen Schneebrettrisikos unterhalb der Scharte zum Glück nicht mehr entscheidend. Denn nachdem mich gleich am Talbeginn ein Forstarbeiter mit seiner Schilderung der Schneemengen und der Lawinengefahr beinahe zum Umdrehen gebracht hatte, war mir ein paar Kilometer weiter nach einem Gespräch mit zwei Tourengehern klar gewesen, dass ich erst am nächsten Morgen zur Scharte hinaufgehen und heute Nacht auf einem der Hänge unterhalb des Kars zelten würde.

Dass ich am Talschluss aber fast nicht die restlichen dreihundert Höhenmeter zu der noch nicht bewirtschafteten Oberen Lichtalpe geschafft hätte, wäre mir kurz vor diesem Einbruch, trotz des mittlerweile aufgetauchten Hungers, kaum vorstellbar gewesen. Noch viel weniger hatte ich es beim Picknick mit meinen Eltern in der Nachmittagssonne geahnt. Gerade dort hatte ich mich stark und stolz wie noch nie auf der Reise gefühlt. Auf den Fotografien dieses Tages sah man es auch Monate später. Und nicht nur das.

Denn auf den Bildern, die meine Eltern an diesem Tag gemacht hatten, sieht man im Unterschied zu jenen, die ich während der gesamten Reise von mir selbst schoss, nicht nur meinen Kopf im Porträt. Sondern jemanden, dessen jetziger Körper sich von seinem früheren deutlich unterschied.

Das war kein leichter Läufer mehr, zwar immer noch schlank, doch weit kompakter als vor der Reise, an den Oberarmen, den Schultern, im Nacken, an den Beinen – vor allem die um einiges stärker gewordene Rücken- und Beckenmuskulatur trat unter dem Leibchen und der Hose deutlich hervor, auch mit umgeschnalltem Rucksack, gerade mit diesem. Deutlich zeigten die Bilder, dass der Mann dies an sich spürte. So, als wäre er unverwüstlich. Und darauf angesichts seiner Eltern stolz.

Nach dem Picknick überquerten wir gemeinsam den breiten Zufluss des Schwarzwasserbaches. Es war bereits nach drei Uhr, sodass es sich für mich gerade noch ausgehen sollte, das Prinz-Luitpold-Haus zu erreichen.

Wir verabschiedeten uns vor der ersten Kehre ins Tal. Bevor ich um die Kurve bog, drehte ich mich noch einmal um und sah meine Eltern am Beginn des Anstiegs Arm in Arm nebeneinander stehen. Dass sie Tränen in den Augen hatten, als ich aus ihrem Blickfeld verschwunden war, konnte ich nicht mehr wahrnehmen, gespürt hatte ich es aber. – Als geschehe zwischen Eltern und Kindern gerade im Abschied alles andere als bloßes Auseinandergehen. Was immer aber in dem Moment passiert war, ich hatte mich darin ganz deutlich selbst gesehen. Und so waren mir die Bilder, die meine Eltern dabei von mir gemacht hatten, längst bekannt vorgekommen, als ich sie Monate später zum ersten Mal sah.

Auf dem Weg ins Schwarzwassertal, *dem Tor zur Allgäuer Bergwelt, wo der Hochvogel über allen anderen Gipfeln thront*, wie es in der Wegbeschreibung hieß, dachte ich jedoch nach dem Gespräch mit dem Forstarbeiter, der sich so sicher gewesen war, dass ich es über die Bockkarscharte gar nicht zu versuchen bräuchte, nicht an Essen, sondern nur mehr über Ersatzrouten ins Allgäu nach. Leider half mir auch die von ihm vorgeschlagene Alternative über die etwas südlicher gelegene Balkenscharte nicht, da diese Variante auf der Karte selbst bei besten Bedingungen nicht ungefährlich aussah.

Andere Möglichkeiten – außer zurück ins Lechtal zu gehen und es am nächsten Tag mit dem Bus zu versuchen – gab es keine. Und zurück wollte ich nicht. Ich hatte sogar das Gefühl, ich dürfte nicht. Als machte ich damit etwas rückgängig, was mir im Abschied von meinem Eltern eine Sicherheit gegeben hatte, die ich zwar kaum beschreiben konnte, von der ich aber zu wissen glaubte, dass ich sie bestimmt noch bräuchte.

Es war nur ein undeutliches Gefühl gewesen. Doch als solches bestimmender als alle anderen weit klarer benennbaren Wegmöglichkeiten oder Risiken. Und so ging ich, statt umzudrehen, nur schneller ins Tal hinein, bis mir die Auskunft der beiden Tourengeher zumindest die Aussicht auf eine Überquerung der Scharte am nächsten Morgen öffnete. Auf den spätestens nun zum ersten Mal spürbaren Hunger achtete ich nicht. Viel mehr beschäftigte mich die Tatsache, dass durch die Übernachtung unterhalb der Scharte die Etappe nach Oberstdorf länger wurde. Von dort musste ich übermorgen nach dem Schuhkauf noch am selben Tag bis zur Mindelheimer Hütte gelangen, um überhaupt eine Chance zu haben, die Strecke über Hochtannberg- und Schadona-Pass ins Große Walsertal und hinaus nach Feldkirch in fünf Tagen zu gehen, von wo aus ich am kommenden Mittwoch zur Lesung nach Klagenfurt fahren musste.

Als ich zwei Stunden später ins Tal zurückschaute, konnte ich kaum glauben, was ich in dem steilen, doch kurzen Anstieg erlebt hatte. Dabei spürte ich immer noch das Zittern im Körper. Doch es war nichts gegen den Schwindel davor. Ich hatte vor dem Schlussanstieg noch eine kurze Rast an der Unteren Lichtalpe gemacht, jedoch nur Durst verspürt, hatte an der Quelle getrunken, meine Flaschen nachgefüllt und war weiter.

Kurz nach der Abzweigung von der Forststraße hatte es dann begonnen. Und es war mit nichts vergleichbar, das ich von Erschöpfungen, Müdigkeit oder Muskelübersäuerungen bislang kannte, nicht in Wettkämpfen, nicht in Trainingslagern. Es war keine Schwere, kein Krampf, es war vielmehr das Gegenteil: ein Überdrehen, das immer mehr ins Leere ging, als fänden die Bewegungen im Körper keinen Halt mehr. Weder die Arme noch die Beine, weder der Atem noch das Herz.

Ich schaute der Sonne zu, irgendwo röhrte ein Hirsch. Sonst war es still im Tal. Der Wanderer fiel mir wieder ein, dem ich mitten im Anstieg begegnet war. Damit er nicht auf die Idee käme, ich würde hier oben zelten, hatte ich versucht, noch möglichst frisch zu wirken, während ich ihm erzählte, dass ich es an dem Abend noch zum Luitpold-Haus hinüber schaffen wollte. Angst, er könnte mich wegen Wildzeltens anzeigen, hatte ich dabei keine. Sein Wissen über meinen Nachtplatz aber wäre mir allein aufgrund seiner Erscheinung unheimlich gewesen: Halbschuhe ohne Socken, ein offenes weißes Hemd, enge Jeans – es war dumm und obendrein ungerecht, doch wäre ich einem Wanderer in Wanderkleidung begegnet, hätte ich mir nichts gedacht. Nun saß ich da, blickte übers Tal, hatte beinahe die ganze Forststraße gut im Blick, sah ihn aber nicht.

Ich wäre an diesem Abend allein aufgrund meines körperlichen Zustandes nicht über das Bockkar gekommen. Dazu musste ich gar nicht wissen, wie gefährlich bereits der erste, weglose Steilanstieg über den nur spärlich von Latschen bewachsenen Wiesenhang war. Selbst in ausgeruhtem Zustand sollte ich es am nächsten Vormittag darin einige Male mit der Angst zu tun bekommen, längst auf allen vieren auf dem teils losen, teils rutschigen Gelände kletternd. Gar nicht zu reden von der Schneewanne durchs Bockkar hinauf, Tritt für Tritt in den überraschend festen Harschdeckel schlagend und mit einer zum Zerreißen gespannten Aufmerksamkeit, die genau wusste, wie ich durch das Kar hinunter beschleunigen würde, das ich, wie mir die Tourengeher geraten hatten, möglichst knapp unterhalb der Felsen durchstieg, um die Schneebrettgefahr zu minimieren.

Also stellte ich in einer Wiesenmulde unweit der Hütte das Zelt auf, wusch mich am Brunnen neben der Hütte ausgiebig und zog frisches, trockenes Gewand an, in dem mein Körper nach einer ersten Notration Essen warm zu kribbeln begann. Ich wollte das letzte helle Sonnenlicht noch zum Lesen in Peters Tagebuch nutzen, übersprang jedoch immer öfter Stellen – zum einen, weil ich mich an die Eintragungen weit besser erinnerte, als ich geglaubt hatte, zum anderen, weil ich in den dürren, scheinbar emotionslosen Schilderungen auf etwas stieß, das ich von mir selbst so genau kannte: Eine Maskerade, gerade in der genauesten Beschreibung.

Wetter, Distanzen und Höhendifferenzen, Schwierigkeiten und Gefahren, Körperempfindungen – all das hatte ich nicht nur in den letzten gut eineinhalb Monaten an mir selbst abgetastet, inventarisiert oder befragt, sondern tat es schon all die fünfundzwanzig Jahre lang, seit ich als Zehnjähriger zu laufen, daneben aber auch jegliche mir

20 | 2. 7. 08 – Taufers, EU-Außengrenze Italien – Schweiz. Einer der beiden italienischen Zöllner bewacht das Café.

21 | 8. 7. 08 – Alpenparkplatz II, Stilfser Joch.

22 | 8. 7. 08 – Für Augenblicke meint man, der Berg folge der Topografie der Straße (Stilfser Joch).

23 | 15. 7. 08 – Die drei Möglichkeiten eines Regentropfens: Schwarzes Meer, Adria, Nordsee (Pass Lunghin).

24 | 15. 7. 08 – Im Notizbuch steht über die Etappe von Maloja nach Juf: *Der wolkenloseste Tag meines Lebens.*

25 | 15. 7. 08 – Zu diesem Zeitpunkt: Notizbuch III.

26 | 16. 7. 08 – Die Kirche hält den Hang (Avers).

27 | 31. 7. 08 – Hundertachtzig Meter pro Jahr, ein halber pro Tag. Die Bewegung des Aletschgletschers.

28 | 1. 8. 08 – Suonen im Wallis: offene Wasserleitungen, die seit Jahrhunderten Schmelz- und Bergwasser auf die trockenen Wiesen und Äcker leiten.

29 | 4. 8. 08 – Blick zurück, dann der Griff zur Karte: Monte Rosa?, Dom?, Weiss- oder Matterhorn?

30 | 7. 8. 08 – Wiesenidylle im Berner Oberland. Hier in Lenk gab es auch den mit 36 Monaten Reifung ältesten Käse der Reise.

31 | 10. 8. 08 – *Felsen. Felsen über mir, Felsen unter mir* (Col des Perris Blancs).

32 | 10. 8. 08 – Verkehrsrauschen, Rhone-Tal, Genfer See. Ab hier ziehen die Alpen nur mehr nach Süden.

33 | 13. 8. 08 – Der weiße Berg.

34 | 20. 8. 08 – Militärweg (Arvier).

35 | 20. 8. 08 – Alte Zollhütte unterhalb des Col du Mont.

36 | 21. 8. 08 – Die Ritterburgen von Tignes.

37 | 14. 9. 08 – Nach viereinhalb Monaten: das andere Meer.

greifbare Literatur zu Trainingsfragen sowie Laufsportmagazine zu verschlingen und ein Trainingstagebuch zu führen begonnen hatte.

Ich klappte Peters Mount-Everest-Tagebuch zu. Wie erfunden wirkte der helle Himmel, während die Sonne hinter mir längst über dem Bockkar verschwunden war und sich das Tal mehr und mehr mit jener seltsamen Lichtlosigkeit füllte, gegen die selbst der hellste Abendhimmel nicht ankam.

Natürlich wusste ich, dass ich in all den Jahren gegen Zweifel, Ängste, Unsicherheit, vielleicht auch gegen eine Angst antrainiert hatte, wie ich dies auch auf meiner Reise tat. Doch waren das Sorgen, die mit dem Körper und seiner Leistung bestenfalls stellvertretend, jedoch sicher weit weniger zu tun hatten als mit dessen trainingstechnischer Überwachung. Und kaum ging ich etwa in ein Tal wie dieses, führte ein solcher, vor allem mithilfe des Körpers funktionierender Verdrängungsmechanismus angesichts einer schneebedeckten Scharte erst recht dazu, dass ich zumindest auf greif- und sichtbare Gefahren direkt zuging, dabei so Elementares wie Hunger aber schlichtweg übersah.

Doch vielleicht brauchte man solche, mit dem eigenen Körper zu bewältigenden Hürden, Gefahren und Zweifel ohnedies nur, wenn man sich vor seinen tatsächlichen Ängsten zwar viel zu sehr fürchtete, gleichzeitig aber wusste, dass man sie in jedem Fall brauchte – da, mit Ausnahme von Liebe, weder Hoffnung noch Glauben einem Menschen sein Leben samt all der Leere vor der Geburt und nach dem Tod so greifbar werden ließen wie die Angst.

Was aber, wenn mein Onkel in seinem Leben nicht einmal Angst vor der Angst empfunden hatte, da sie ihm sein Vater schon als Bub genommen hatte? Dann war das, was ihn so überlegte, kenntnisreiche, aber auch scheue Eintragungen in sein Mount-Everest-Tagebuch hatte schreiben lassen, ein Phantom. Er, und genauso der Berg, der sein größter Wunsch, seine Sehnsucht gewesen war.

Eine Phantomsehnsucht, anders konnte der Antrieb, ihn zu besteigen, dann kaum genannt werden. Eine Sehnsucht, die sich vom Phantomschmerz nur dadurch unterschied, dass man Phantomschmerzen dort verspürte, wo eine Wunde einen Körperteil betraf, den es nicht mehr gab, manchmal einen verlorenen Menschen. Während Phantomsehnsucht sich auf etwas richtete, das zwar nie körperlich oder in Liebe mit einem verbunden gewesen war, keine Gliedmaßen, kein Mensch, doch nicht auskam ohne etwas, das man ebenso brauchte, um sich lebendig zu fühlen: Angst. Eine Angst, die man weder fürchtete noch verdrängte und die einem doch so fehlte, dass man sich nach ihr sehnte und sie suchte. Selbst am bloßen Schatten solcher Angst, wie es der Mount Everest war.

Wild sprang im Blockwerk unter den Felsen über die Hänge, in der Ferne hörte ich ein Flugzeug, doch auch weit nähere Geräusche, Vögel und ihren Flügelschlag, den nahen Bach. Windböen, meinen Atem.

Als ich am nächsten Morgen im ersten Licht aufstand, ahnte ich nicht, wie sehr ich die damit gewonnenen Tagesstunden gerade an diesem Tag noch brauchen würde. Nicht für den ersten Steilanstieg und auch nicht für den Schneehang durchs Bockkar zur Scharte hinauf. Obwohl ich aufgrund des Schnees natürlich weit mehr Zeit als in der Routenbeschreibung angegeben benötigte.

Krähen kreisten über dem Kar, der Schnee blendete selbst durch die Sonnenbrille. Doch als ich die hohe Schneewächte kurz vor der Scharte sah, die anzeigte, dass nicht zuletzt die Windrichtung für die große Schneemenge im Kar verantwortlich war, hatte ich Grund zu hoffen, dass auf der anderen Seite weniger Schnee sein würde. So war es auch, weshalb ich nicht daran dachte, dass der Unterschied allein von der etwas längeren Sonneneinstrahlung auf der offeneren Westseite des Bockkars herrühren könnte.

Außerdem hatte ich laut Routenbeschreibung mit dem Himmeleck nur mehr einen, gut hundert Höhenmeter niedrigeren, Sattel vor mir und, auf dem bis dort hin mehr oder weniger flach verlaufenden Weg, *eine wunderbare alpine bis gemütliche Wanderung.*

Dass ein flacher Wegverlauf noch lange nichts darüber sagte, wie steil der Hang abfiel, über den der Weg dabei ging, war mir zwar grundsätzlich bewusst; auf einen genaueren Blick in die Karte hatte ich dennoch verzichtet. Ebenso wenig hatte ich von der Bockkarscharte in Richtung Himmeleck hinübergeschaut. Zumindest einen Teil davon hätte ich bereits im Blickfeld gehabt, vor allem den Beginn der scheinbar flachen Strecke nach dem Luitpold-Haus um den Wiedemerkopf herum.

Immerhin aber hatte ich den Wirt im Luitpold-Haus noch nach den Schneeverhältnissen am weiteren Weg gefragt. Als er mir jedoch versicherte, dass es entlang des gesamten Stücks Trittspuren gebe, war ich trotz der geschlossenen Schneedecke rund um die Hütte ohne Bedenken losgegangen.

Nicht einmal auf den Weg achtete ich. Und so ging ich an den kärglichen Resten jener längst herausgefrorenen Trittspur, die unweit der Hütte mitten durch eine steile Schneerinne den Hang entlang weiterführte, vorbei und folgte automatisch den ausgetretenen und ungefährlichen Wegkehren hinunter zur Bärgündele Alpe, ohne zu merken, dass die in meiner Routenbeschreibung gar nicht vorkam. So als hätte mich mein Unbewusstes dirigiert, das längst gesehen hatte, wie wenig von frischen Trittspuren in der Steilflanke des Wiedemerkopf die Rede sein konnte. Ganz abgesehen davon, in welchen Felsabbruch der Hang und seine Schneerinnen führten.

Dass ich auf dem falschen Weg war, merkte ich erst gut zweihundert Höhenmeter weiter unten. In der Zwischenzeit hatte ich bereits eine ganze Reihe von Halbschuhtouristen gegen mich aufgebracht, die auch auf dem weder steilen noch ausgesetzten Hang nur langsam und unsicher vorwärtskamen, während ich meinen Spaß daran hatte, die Schneeflecken mithilfe der Stöcke und etwas Gleichgewicht wie auf Firngleitern hinunter zu wedeln.

Hinunter, während es doch nicht bergab gehen dürfte. Ich ließ mich von der Wirklichkeit nicht weiter stören, genauso wenig wie ich auch nur einen Blick auf die, je weiter ich bergab gelangte, immer besser ins Blickfeld kommenden Schneefelder des Himmeleck warf. In ihrem Weiß mussten sie noch weit eindrucksvoller in der

Sonne geglänzt haben als später, direkt davor, als ich Bilder von dem Schnee-Berg mit seinen dalmatinerhaft-kleinen grünen Farbtupfen darin machte, bevor ich endgültig umdrehte.

Und wer weiß, ob ich überhaupt hinter meine Wegverfehlung gekommen wäre, hätte ich nicht plötzlich die beiden jungen Leute in der Wiese gesehen. Ich überquerte auf einem schmalen glitschigen Brett gerade einen Bach, als ich in den Augenwinkeln sah, wie sich zwei verliebte Leute küssten. In dem Moment, ohne dafür auf die Landkarte oder die Berge rundum sehen zu müssen, wusste ich, dass ich mich vergangen hatte. Ich stand da, schaute immer noch zu den beiden, die mir bereits winkten, und machte abrupt kehrt.

Danach sah ich nicht nur auf der Landkarte, wie nahe die Route rund um den Wiedemerkopf über den immer steiler und tiefer ins Tal abbrechenden Felshängen dahinging, wollte es aber in jedem Fall versuchen.

Die Angst kam in der ersten der zu überquerenden Schneerinnen. Ich schlug gerade den nächsten Tritt in den Harsch. Schon im nächsten Moment konnte ich nicht mehr. Beinahe wäre ich sogar in den erst halb fertigen Absatz gestiegen. Vielleicht wäre nichts passiert, vielleicht hätte es mich gehalten, immerhin stützte ich mich bei jedem Schritt mit den Stöcken sowohl auf der Tal- wie auch auf der Bergseite ab. Doch was, wenn mich die Panik weitergetrieben hätte, nunmehr ohne in den Hang geschlagene Trittabsätze?

Einen Sturz hätte ich nicht überlebt, bereits hier nicht; zu steil ging es am Ende der Schneerinne die Geröllfelder ins Stierbachtal hinunter. Dass die noch vor mir liegenden Querungen nur meterweit über gut dreihundert Meter hohen Felswänden entlangführten, hatte ich im Zwang des konzentrierten, ruhigen Weitergehens verdrängt. Aus einer Angst, die ab dem Augenblick, in dem ich sie als kalten Wind in meinem Rücken gespürt hatte, der eigenen Panik weit mehr galt als den verharschten Schneerinnen oder der Tiefe.

Ich konnte nur weitergehen. So wie ich über die erste Rinne gegangen war. Ich wusste nicht, ob ich genug Konzentration hatte, oder genügend Mut. Ich wusste nur, dass mich bei der Vorstellung, zurückzugehen, sofort wieder die Panik ergriff.

Insgesamt fünf solcher Lawinenstriche hatten an dem Tag noch gewartet. Festgefrorener Harsch, steil und dreihundert Meter freier Fall in Stolperweite. Sowie die Erkenntnis, dass all das völlig umsonst war.

Denn bereits nach der dritten Schneefeldquerung hatte ich den Wiedemerkopf weit genug umrundet, um freie Sicht auf das Himmeleck zu haben. Und diesmal schaute ich auch hin: Schnee, viel zu viel Schnee lag bis in den Talschluss herunter. Darin Spuren der an Sonnentagen nun täglich abgehenden Schneebretter.

Von welchem Berg, von welchem Weg, von welchen Trittspuren der junge Aussteigerwirt im Luitpold-Haus geredet hatte, war mir ein Rätsel. Dabei hatte er noch so kennerisch von *Via-Alpina*-Teilstücken durch Frankreich geredet. In der unmittelbaren Nähe hingegen wusste er nicht einmal über die von seiner Hütte wegführenden Wege Bescheid.

So wütend ich in den Augenblicken war, es half nichts. Immerhin hatte ich noch zwei Querungen vor mir. Denn drei solcher Lawinenstriche zurückzugehen, war mir trotz der nun tatsächlich sorgsam gearbeiteten Trittspuren nicht mehr vorstellbar. Dabei wusste ich nicht einmal, ob ich überhaupt an den von allerlei Lawinen am Talschluss zusammengeschobenen Schneemengen vorbei zur Forststraße auf der anderen Talseite käme. Denn so viel Schnee auch lag, der Tragfähigkeit der Lawinenbrücken über den bereits dick angeschwollenen Bach konnte man um diese Jahreszeit nicht mehr vertrauen.

Zum Glück ließen sich jedoch all diese Stellen umgehen, sodass ich mir, als ich die Forststraße erreichte, Gedanken darüber machen konnte, wohin ich gelangte, wenn ich nun, anstatt nach Südwesten über das Himmeleck, das Tal in Richtung Norden hinaus ging. Anhand der *Via-Alpina*-Übersichtskarte hatte ich zwar einen kuriosen Verdacht, doch war ich mir erst nach einer kurzen Internet-Recherche am Communicator sicher, dass dieses Tal tatsächlich nach Hinterstein führte. Und Hinterstein war ursprünglich ein Fixpunkt für

Drehtage mit dem Filmteam gewesen, bis es aufgrund der Budgetknappheit gestrichen worden war.

In dem Oberallgäuer Ort hatte vor wenigen Jahren die erste Umwelt-Mediation Deutschlands zwischen Forstwirtschaft, Jagd, Tourismus, Alpbewirtschaftern und Anrainer stattgefunden. Hunderte solcher Mediationen hatte es im ganzen Bundesgebiet bereits in Sachen Straßenbau oder Bebauungsplänen gegeben. An eine Problematik aber, die so konfliktträchtig und verfahren war wie der seit Jahrzehnten immer lückenhaftere Schutzwald am Abhang des Zipfelschrofen, hatte man sich bis dahin in ganz Deutschland nicht gewagt.

Dabei hatte man in Hinterstein spätestens seit einem Lawinenabgang 1954, bei dem durch Glück keine Menschen, sondern nur Häuser und das gesamte Schwimmbad zerstört worden waren, sowie angesichts etlicher riesiger Murenabgänge auf der anderen, nicht minder gefährlichen Talseite genau gewusst, dass es nicht mehr lange so weitergehen durfte. Deshalb hatte man bereits 2,5 Millionen Euro in den Wald investiert.

Trotz aller Aufforstungen und Stahlverbauungen war die Situation weiterhin gefährlicher geworden. Denn die tatsächlichen Ursachen waren allesamt unangetastet geblieben: Die Jäger schossen immer noch nicht genügend Wild, die Tourismusveranstalter priesen weiterhin Skitouren-Routen an, die direkt oberhalb des Schutzwaldes vorbeiführten und das Wild in die heiklen Waldbestände hinuntertrieb. Genauso wie das Wild im Winter auch vor den Eiskletterern am Zipfelsbach nur noch weiter in den Wald hinein floh. Zudem rodeten die Betreiber der Zipfelsalp immer wieder Wald, da die EU ihnen nur Arbeit an Weideflächen, nicht aber jene am Wald subventionierte. Dabei schob jeder die Schuld auf den jeweils anderen, und das, ohne den Konflikt je auszutragen, in einer Ortschaft, die so klein war, dass man einander nicht auskam.

So hatte ich es in der dritten Ausgabe des *Alpenreports* der CIPRA im Winter gelesen. Als Erfolgsgeschichte einer Mediation. – Wie sich im *Alpenreport* überhaupt fast nur Erfolgsgeschichten fanden. In dem Fall erzählte sie von einer Forstwissenschafterin, die zuvor im Entwicklungsdienst in Afrika gearbeitet hatte. Sie hatte die alten Streitparteien des Dorfes dazu gebracht, beim ersten Zusammentreffen ihre Sicht der Dinge zuerst einmal auf einzelne Kärtchen zu schreiben, die danach gemeinsam hierarchisch geordnet wurden. Kaum war das getan, hatten die, teilweise seit Jahrzehnten zankenden, Streithähne tatsächlich wieder miteinander zu reden begonnen. Fast so, als hätten sie ihre ursprünglichen Forderungen zum Teil vergessen. Auch wenn es sicher keine Einzelmeinung darstellte, wenn einer der Jäger etwa im Nachhinein meinte, das mit den Kärtchen sei doch ein bisschen wie im Kindergarten gewesen.

Deshalb hätte ich nur zu gern gehört, was die Leute in Hinterstein heute, fünf Jahre nach der auf einer Pressekonferenz im Tal vorgestellten Einigung, von der Mediation erzählten. Am besten in einem der Wirtshäuser der Ortschaft, wie ich es mir am Weg durchs Tal hinaus noch ganz selbstverständlich ausmalte.

Davor aber musste ich mich, da es nach einem elendslangen Weg durchs Tal bereits Abend geworden war, um ein Zimmer kümmern. Anstatt Frühstückspensionszimmer gab es hier jedoch fast nur mehr Ferienwohnungen. Ganz gleich, wo ich anläutete, überall das gleiche, manchmal bedauernde, meist aber regelrecht erstaunte Achselzucken und die Antwort, dass es Zimmer hier schon lange nicht mehr gebe.

Am Ende fand ich zwar eines, bezahlte dafür allerdings den höchsten Preis der gesamten Reise. Dafür war das Wirtshaus Teil der Unterkunft. Nur war es leider kein richtiges Wirtshaus mehr, sondern ein Restaurant, in dem zwar regional gekocht wurde, wie auf jeder Seite der Speisekarte stand, doch fehlten sowohl ein Stammtisch wie auch die Einheimischen. Ein anderes Lokal im Ort gab es nicht. Weshalb ich, anstatt von den Leuten hier etwas über ihre Sicht der Schutzwald-Mediation zu erfahren, zwischen groß tafelnden Feriengästen saß und dabei lauthalse Beschwerden über die Gefährlichkeit des bevorstehenden Almauftriebs mitten in ihrer Wanderurlaubswoche miterlebte.

In mein Zimmer flüchtete ich mich bald schon aufgrund meiner nicht mehr zu ignorierenden Müdigkeit. Und kaum lag ich dort im Bett, war die Erschöpfung selbst für das wohl spannendste Spiel der gesamten Fußball-Meisterschaft zwischen Kroatien und der Türkei zu groß. Trotz voller Lautstärke und trotz des wandgroßen Flachbild-Fernsehgeräts verschlief ich das gesamte Spiel, konnte mich nicht einmal während der Verlängerung oder des Elfmeterschießens wach halten, schreckte nur immer wieder hoch, wenn es besonders laut wurde, und bekam trotz des Kommentatorengebrülls nicht mit, wer die jeweiligen Elfmeter ins Tor getroffen oder verschossen hatte. Selbst für das Ausschalten des Apparats nach Ende des Spiels brauchte ich etliche Stunden, während das Zimmerlicht bis zum Morgen brannte.

Die Weltwirtschaft auf der Kippe, so lautete die Überschrift auf *ZEIT-Online,* als ich am nächsten Tag mit dem Bus nach Oberstdorf fuhr, um mir härtere Bergschuhe zu kaufen. Ich hatte den Communicator nur aus Gewohnheit kurz geöffnet und selbst beim Abrufen der E-Mails bereits ein schlechtes Gewissen wegen der hohen Kosten, da ich auf eine eigene SIM-Karte für die wenigen Tage, die meine Route durch Deutschland führte, verzichtet hatte. Dennoch konnte ich es, während das Tal weiter wurde und der Bus an grünen Wiesen und immer mehr Feldern vorbeifuhr, nicht lassen. Fast so, als gebe es bereits eine Automatik, die mich gerade angesichts besonders schöner Landschaft wie zur Überprüfung sogleich in den Communicator schauen und nach neuesten Meldungen zur Grundnahrungs- oder Finanzkrise suchen ließ.

Es war der 21. Juni, ein Samstag, immer mehr Leute stiegen in den Bus, je näher wir Oberstdorf kamen. Leute, die zum Einkaufen fuhren, unüberhör- und unübersehbar auch viele Touristen, fast alle in Wanderkleidung, obwohl vermutlich nur ein kleiner Teil zum Wandern unterwegs war.

Der *ZEIT*-Artikel klang bedrohlich. Nicht nur wurde darin deutlich, wie unmittelbar das Wachstum der letzten Jahre – das vor allem die USA mit immer größeren Summen geliehenen Geldes in

Schwung gehalten hatten – mit der weltweit derart stark gestiegenen Nachfrage nach Getreide und Fleisch, Öl und Kohle zusammenhing, und die Preise in die Höhe getrieben hatte. Zudem habe das bei jedem Anzeichen einer Konjunkturschwäche von der Zentralbank in Washington zusätzlich in Umlauf gebrachte Geld dazu geführt, dass die Besitzer dieses Geldes nach immer neuen Anlagemöglichkeiten suchten: *Sie schufen die Blase am Markt für US-Hypotheken, deren Platzen die Finanzkrise auslöste. Und sie sind es, die nun Nahrung und Energie als Anlagefelder entdecken und den Preisboom verstärken.*

Anfang des Jahres ließ die Finanzkrise samt Bankenpleiten schon einmal viele Menschen eine Depression fürchten. Die Angst verzog sich überraschend schnell, nachdem der Kollaps des Finanzsystems abgewendet worden war. Jetzt explodieren die Preise für Öl und Gas. Prompt kommt die Furcht auf, diesmal ginge es wirklich bergab, schrieb Uwe Jean Heuser über das Hintereinander der Ängste vor der großen Depression, während ich begriff, dass sich in der Hypothekenblase genauso wie am Anstieg der Grundnahrungsmittelpreise – so viele jeweils spezifische Gründe sich dafür auch nennen ließen – eine ganz andere Blase abzeichnete, eine des Geldes und des Kredits.

Denn obwohl ich kein Finanzexperte war, verstand ich, warum Heuser jene *gigantische Liquidität*, die durch die Geldpolitik der USA entstanden war, als Inflationsfalle beschrieb. Vielleicht begriff ich es gerade deshalb, da mein Wissen über Geld und seinen Wert im Grunde nicht über das hinausreichte, was ich in der Gymnasialwirtschaftskunde über den notwendigen Gegenwert zu dem im Umlauf befindlichen Geld gelernt hatte. Früher, so viel wusste ich, war es einmal Gold gewesen. Doch jetzt drehte Geld als bloßes Abstraktum in Bezug auf seinen Wert plötzlich den Spieß um, es blies sich auf.

Noch deutlicher wurde das in einem anderen, ebenfalls an diesem Tag auf *ZEIT-Online* erschienenen Artikel, in dem es um Credit Default Swaps ging. Ich hatte davon noch nie gehört. Und ich hätte den Text vermutlich auch gar nicht gelesen, hätte er nicht damit begonnen, dass eine neue *Katastrophe am Finanzmarkt* bevorstehe:

Geldhäuser, so lautete die Einleitung, *haben sich wechselseitig ge-*

gen alle möglichen Risiken versichert – könnten im Ernstfall aber gar nicht zahlen. Die Instrumente dieser Versicherungen waren ebenjene Credit Default Swaps genannten Kontrakte, die offenbar bis zu dem Zeitpunkt weitgehend im Verborgenen gehandelt wurden … *und von kaum jemand reguliert. Doch Jahr für Jahr, Monat für Monat nahm der Handel mit diesen Kontrakten zu. Sie gehören heute zu den Finanzinstrumenten mit der höchsten Wachstumsrate. Addiert man die Nennwerte all dieser Papiere, kommt man auf 62 000 Milliarden Dollar, mehr als doppelt so viel wie der Aktienwert der 2500 Unternehmen, die an der New Yorker Börse gelistet sind.*

Da war sie wieder, die Blase. Vielleicht sogar in einer ihrer mustergültigsten Ausformungen. Denn die so hoch gehandelten Credit Default Swaps waren gar keine Versicherungen, sie imitierten tatsächliche Versicherungen im Grunde nur, indem der Verkäufer eines solchen Credit Default Swaps dem Käufer anbot, er springe für ihn ein, sollte einer seiner Kreditnehmer seinen Verpflichtungen nicht nachkommen, wie Heike Buchter schrieb: *Für diese Hilfsbereitschaft in der Not erhält der Verkäufer eine Prämie vom Käufer. So weit funktioniert es wie bei jeder anderen Art von Versicherung. Einen wesentlichen Unterschied zu herkömmlichen Policen gibt es aber: Weder der CDS-Verkäufer noch der Käufer des Kontraktes müssen das Kreditpapier, das da gegen Ausfall versichert wird, tatsächlich besitzen. Es ist also so, als würde man ein fremdes Haus gegen Brandschäden versichern.*

Deutlicher konnte kaum mehr werden, wie fiktiv, wie deckungslos der Wert dessen längst war, womit sich die Weltwirtschaft in Schwung zu halten versuchte, wenn der Nennwert solch illusionärer Wertpapiere bereits das Doppelte des Aktienwerts der an der Wall Street gehandelten Unternehmen ausmachte. Was hier anwuchs, das war keine Lawine, es war ein Schiff aus Wasser, das so tat, als könnte es sein Untergehen dadurch verhindern, indem es selbst zum Meer anwuchs.

In Oberstdorf kaufte ich mir härtere Bergschuhe. Und nachdem ich die alten mit der Post nach Hause geschickt und zu Mittag gegessen hatte, wollte ich nur mehr herausfinden, ob die Schuhe tatsächlich ein guter Kauf gewesen waren. Weshalb ich bald darauf bereits an der Heini-Klopfer-Sprungschanzenanlage, wie auch an Kanzelwand und Fellhorn vorbei, ins Stillachtal unterwegs war. Voller Begeisterung über den sicheren Tritt meiner neuen Schuhe, mit denen ich im Eilzugtempo zur Mindelheimer Hütte hinauf stieg.

Der nächste Tag begann hell wie nur wenige auf dieser Reise. Alle auf der Hütte hatten es eilig, hinauszukommen. Manche hatten draußen sogar gefrühstückt. Nun standen all die Bergsteiger, Wanderer oder Kletterer in Socken vor der Hütte und manövrierten sich wie Störche in ihre Bergschuhe. Kinder liefen herum, da und dort waren Ermahnungen zu hören, doch schienen sie eher aus Gewohnheit zu erfolgen denn aus einem tatsächlichen Grund.

Während im Talschatten dieser Sonntag noch gar nicht begonnen hatte, glitzerte ringsum der Schnee und strahlten die felsigen Gipfel in einem so hellen Weißgrau, als wäre nie Nacht gewesen. Wie weiße Gischt über dunklen Wellentälern eines weiten Meeres aus Felsspitzen und Schneebergen.

Ich stand in offenen Schuhen neben meinem Rucksack und schaute über den Bogen der Allgäuer Alpen, die, wie mir die Zimmerwirtin in Hinterstein erzählt hatte, während der Niederschläge des Aprils weit mehr Schnee abbekommen hatten als die dahinter liegenden Lechtaler. Ich hatte ihr daraufhin nur bestätigen können, dass sich an dem Unterschied nichts verändert hatte. Jetzt schaute ich nicht nur auf die Allgäuer Alpen zurück, sondern sah hinüber ins Arlberggebiet, konnte im Südwesten bereits den Rätikon ausmachen, im Süden die Silvretta und dahinter den tiefen Einschnitt des Engadin, an Piz Buin und Piz Bernina vorbei, in leichter Westneigung bis Maloja reichend.

Noch nie auf meiner Reise hatte ich weiter gesehen als im Sonnenlicht dieses Morgens. Berge, an die ich erst gelangen würde, Berge, an denen ich bereits vorbeigegangen war. Wie mein Großvater, mit ausgestreckter Hand, hätte ich sie an diesem Morgen alle mithilfe der *Via-Alpina*-Übersichtskarte benennen können. Doch ich verzichtete auf die Karte, verzichtete auf die Namen. Die bekamen sie auch ohne ausgestreckte Hand von ganz allein, sobald ich ihnen näher kam, sobald ich an ihnen vorbeiging. Namen einer anderen Landkarte, einer Landkarte, die sich ständig veränderte, mit jedem Schritt und jedem Tag, darin tatsächlich kaum anders als ein Meer mit seinen Wogen.

Auch gestern Abend in der Hütte waren sie wieder gekommen, die Fragen nach meiner Reise, während ich die Routenbeschreibungen der nächsten Tage überflogen, in den Stapel der nächsten Kartenausschnitte geschaut und mir in der Übersichtskarte wieder ein neues Stück der untertags gegangenen Strecke mit Kugelschreiberblau nachgezeichnet hatte.

Durch die Alpen, antwortete ich meist als Erstes, danach genauer zum Woher und Wohin, während ich angesichts eines solchen, bis zum Horizont reichenden Meeres eigentlich sagen müsste: Ich weiß es nicht.

Die ersten Gruppen von Wanderern und Bergsteigern waren auf den Schneefeldern ringsum wie Raupen zu sehen. Ich war an solchen Hüttenmorgen meist der letzte. Es dauerte eben länger, einen Rucksack einzuräumen, der nichts weniger als ein Haus auf dem Rücken war. Außerdem konnte mir angesichts der Strecke das Gehen ohnedies nicht davonlaufen. Ganz gleich, wann ich am Morgen wegging, abends blieb immer noch ein weit größeres Stück meiner Reise übrig. Und das sollte nicht nur bis ans Ende so bleiben, sondern auch nie deutlicher werden als an diesem Ende selbst.

Im Speisesaal der Hütte wurden bereits die Tische gewischt, Bänke darauf gestellt, die Böden aufgewaschen. Ich schnürte meine Schuhe und zurrte den Rucksack zu. Die Fenster der Schlaflager standen weit offen.

Als ich meinen Rucksack schulterte, musste ich an die Sätze denken, die ich von zwei kleinen Kindern heute Früh im Schlaflager gehört hatte:

Jakob, weißt du, wenn man am Berg ist, so hatte die Ältere ihren kleinen Bruder neckisch und gleichzeitig ganz ernsthaft zu belehren versucht, ist man näher bei der Sonne.

Ja, das weiß ich, hatte er ihr geantwortet, und wusste nicht nur darüber Bescheid: und weiter weg von der Erde.

Im ersten Anstieg, einer Schneekletterei zwischen dem Wildegundkopf und dem Walser Geißhorn, holte ich die erste von der Hütte aus in meine Richtung aufgebrochene Gruppe ein, vor der Koblachhütte die zweite. Am Himmel immer noch keine Wolken.

Vor mir ragte der Widderstein mit seiner wilden, ausgesetzten Spitze ins Blau, während sich unten rund um Hochkrumbach eine fast künstlich schöne Wiesen- und Weidelandschaft ausbreitete, als wäre es ein überdimensionierter Golfplatz. Doch einer, dem die unheimliche Regelmäßigkeit solcher Anlagen völlig fehlte.

Zwei Stunden später saß ich unter einem weiten blauen Himmel vor der Widdersteinhütte, bereits direkt an der Kuppe zu den steilen Wiesenabhängen Richtung Hochtannberg-Pass, aß Suppe, trank Apfelsaft und schaute unter den weißen Sonnenschirmen einer Limonadenmarke immer noch staunend in diese Landschaft aus rollendem Grün, als hinge die Hüttenterrasse in der Luft.

Warum dort unten, auf 1600 Meter Seehöhe, kein einziger Baum stand, fragte ich mich jedoch nicht einmal, als ich vom Hochtannbergpass bereits auf den breiten Spazierwegen hügelauf, hügelab Richtung Körbersee unterwegs war. Denn dass ich mit der Bezeichnung Golfplatz in Hinblick auf diese, gut dreihundert Meter unterhalb der natürlichen Waldgrenze angesiedelte Landschaft gar nicht so danebenlag, wurde mir bezeichnenderweise erst in einem Museum bewusst.

Im Alpmuseum *Uf m Tannberg*, in dem einem gezeigt wurde, dass es hier in keiner Weise um eine allein von Mutter Natur geschaffene Landschaft ging. Zumindest nicht während der letzten dreitausend Jahre; denn so lange gab es hier, wie Blütenstaub-Untersuchungen am Grund der beiden Tannbergseen vor Kurzem ergeben hatten, bereits ganzjährige Besiedelung. Dafür hatte eine noch weit aufwändigere und damit auch weit künstlichere Landschaft hergestellt werden müssen, als es ein banaler Golfplatz je sein könnte. Ein der Natur durch die Arbeit von Generationen und Jahrhunderten für das Überleben abgetrotzter Landschaftsraum, der nur durch Bewirtschaftung erhalten blieb. – Noch wurde diese Arbeit ringsum verrichtet, auch wenn die Siedlungen am Hochtannberg seit dem 19. Jahrhundert nur mehr im Sommer als Almen, oder Alpen wie die alpinen Weiden westlich des Arlbergs in signifikanter Verwendung des Gesamtbegriffs hießen, genutzt wurden.

Der zähe, kleine Mann, der mich schließlich fast eine Stunde durch die nunmehr als Alpmuseum genutzte Sennalp Batzen führte, in der man noch bis 1998 den Käse in Handarbeit im kupfernen Sennkessel gerührt hatte, war eigentlich bereits beim Zusperren gewesen. Als er mich aber am vorbeiführenden Güterweg stehen sah, bestand er darauf, mir das Alpmuseum in einer Ausführlichkeit zu zeigen, als hätten wir alle Zeit der Welt.

Und alle Zeit der Welt, die hatte die alte Sennalp in gewisser Weise tatsächlich. Nun, da sie zu einem Museum geworden war, während man sie nach der Errichtung eines großen neuen Gebäudes dahinter, kaum hundert Meter hinter der alten, bereits hatte abreißen wollen, um an ihrer Stelle einen modernen Käsekeller zu errichten. In letzter Sekunde, wie mir der alte Walser in aller Ruhe erzählte, sei der Abbruch verhindert worden, womit ein Blick in frühere Zeiten möglich blieb, der von Vergangenheit nicht nur als etwas Überholtem erzählte.

Bewusst war nichts historisiert oder rückgebaut worden, sondern alles auf dem Stand von 1998 belassen. So erzählen Stuba, Sennereikeller sowie der Stall im Hintertrakt, in dem bis 1998 in jeder Alpsaison noch vierzig Kühe gestanden waren, genauso wie das alte Butterfass oder der alte Kupferkessel nicht von einem Original- sondern von einem Letztzustand. Wie sollte es auch einen Originalzustand in einem Haus geben, das vor seiner Verwendung als Sennalp bis 1802 noch ein ganzjährig bewohntes Walser Heimet gewesen war. Ein Ort, an dem sich nun ein Blickschacht in die Vergangenheit einer mittlerweile dreitausend Jahre alten Geschichte der Bewirtschaftung des Tannbergs öffnete, einer Gegend, die immer schon als Achse zwischen Bregenzerwald und Arlberg, sowie Kleinem und Großem Walsertal diente und dementsprechend die Geschichte regionaler Verflechtungen und Einflüsse erzählte.

Dass in einer Zeit, in der auch die saisonale Alpbewirtschaftung alpenweit zurückging, sich der Blick in die Vergangenheit gerade hier auf das Ende der ganzjährigen Bewirtschaftung richtete, rührte deshalb nicht von der bloßen Lust am Vergänglichen oder Verschwundenen, sondern schärfte den Blick auf eine womöglich nur allzu nahe Zukunft.

Zumindest beim Lesen einer 2007 im Alpmuseum veranstalteten Diskussion über die Entsiedelung des Tannbergs, abgedruckt in jener Ausgabe der *Walserheimat*, die mir mein Museumsführer als Abschiedsgeschenk mitgegeben hatte, gewann ich den Eindruck, mitten in einer Diskussion über die Gegenwart gelandet zu sein, auch wenn es damals noch nicht um Klimaveränderung gegangen war.

Doch auch damals, sagte bei dieser Veranstaltung der Archäobotaniker Klaus Oeggl, der zusammen mit seiner Dissertantin Carolina Walde für die Blütenstaub-Analysen der Tannbergseen verantwortlich zeichnete, habe es neben wirtschaftlich-sozioökonomischen Gründen womöglich auch klimatische gegeben: *Wir wissen von der 1820er Depression im Klima mit dem durch den Tambora-Vulkan-Ausbruch verstärkten »Jahr ohne Sommer« 1816. Da ist über zweitausend Meter der Schnee gar nicht geschmolzen, und im Juli hat es in London noch geschneit.*

Dem pflichtete der Vegetationskundler Klaus Pfeifer bei, da es ab 1860, 1870 eine massive Häufung von schlechten Sommern gegeben habe: *Das spricht dafür, dass es klimatisch sozusagen »grenzwertig« geworden ist. Ab einem bestimmten Zeitpunkt war ein wirtschaftliches Durchkommen nicht mehr gewährleistet. Den Urkunden nach (etwa über Alpauftriebe usw.) war es hier heroben am Tannberg zwischen 1860 und 1890 ein Grenzgängerdasein. Das Wirtschaftbild war ja ein anderes als heute. Es war viel mühsamer, wenn die Kartoffeln schlecht waren, sich anderswo welche zu organisieren. Getreide einzukaufen gab es nicht.*

Ein bis zwei Ernteausfälle oder Viehkrankheiten – und die Existenz war verloren, der Hof musste aufgegeben werden.

Zwar stellte Klaus Oeggl im Nachhinein klar, dass er sich gegen reine Klimathesen allein deshalb wehre, da historische Quellen zeigten, dass die Menschen in solchen Grenzregionen zeitweise noch schlechtere Voraussetzungen überdauert hätten. Doch auf die tatsächlich wunden Stellen in Bezug auf die Entsiedelung des Tannbergs im 19. Jahrhundert verwies erst jemand, der in dem Abdruck der Diskussion nur als *Teilnehmer* benannt wurde, offenbar ein Zuhörer, vielleicht ein Schröckener.

Kurz erwähnte zwar auch er, dass es etwa in den 1880er Jahren Sommer gegeben habe, in denen erst Anfang Oktober das erste Heu eingebracht werden konnte, womit natürlich kaum Reserven für den Winter anzulegen waren. Doch beschrieb er noch zwei andere Gründe. Zum einen die Dezimierung des Waldes durch die Siedlungstätigkeit, aber auch zur Gewinnung von Brennmaterial, die letztlich so weit geführt habe, dass Heizmaterial ausgegangen sei.

Zudem aber nannte dieser Mann oder diese Frau mit dem zweiten wohl auch den wichtigsten Grund der damaligen Entsiedelung beim Namen. Denn im 19. Jahrhundert habe es, im Unterschied zum 18. oder 17., in denen die klimatischen Bedingungen in solcher Höhe auch oft schwierig gewesen seien, eine Alternative dadurch gegeben, *dass im Rheintal unten die Industrialisierung begonnen hat. Da beschlossen natürlich viele, dorthin abzuwandern. Andere sind ja bis nach Amerika ausgewandert.*

All das in der *Walserheimat* lesend, lag ich am frühen Abend im Bett meines Pensionszimmers in Schröcken und wartete auf den Beginn des EM-Viertelfinalspiels zwischen Italien und Spanien. Unterdessen wurde die Motorradfahrer-Gruppe, mit der ich nach dem Ankommen auf der Terrasse Grillwürste gegessen hatte, vom Mann der Pensionswirtin mit dem Auto den halben Kilometer zum Wirtshaus ins Ortszentrum gefahren – ein Service, den es offenbar in allen Häusern mit der Aufschrift *Bikers welcome* gab, genauso wie die Extra-Garage, in der die wertvollen Maschinen übernachteten, während ihre ohnehin fülligen Fahrer ein zweites Abendessen aßen und vermutlich mindestens noch ein Bier tranken, bevor sie in partnerschaftlicher Teilung des Bikerservices vom Gastwirt wieder in die Pension zurückchauffiert wurden.

Am nächsten Tag ging ich ins Große Walsertal. Fast zeitgleich mit den Motorradfahrern war ich aufgebrochen, ging noch ein Stück in der engen Schlucht der Bregenzerach entlang, bevor ich auf den Güterweg zum Schadonapass abzweigte, der nicht nur in der Routenbeschreibung als sehr steil beschrieben war, sondern sich letztlich, mit Ausnahme eines Güterwegs zwischen Névache und Le Monêtier-les-Bains, als einer der steilsten der gesamten Reise herausstellen sollte.

Zwei Tage hatte ich noch bis zu meiner Fahrt zur Lesung nach Klagenfurt. Deshalb musste ich es, trotz erneut vorhergesagter Gewitter, an diesem Mittwoch von Schröcken zumindest bis in die erste Ortschaft des Walsertals, nach Buchboden, schaffen, damit ich am nächsten Tag weit genug durchs Tal hinauskäme, um am Morgen darauf eine möglichst direkte Busverbindung nach Feldkirch oder Bludenz zu haben.

Im Anstieg auf den Schadonapass schien noch die Sonne. Siebenhundert Höhenmeter und zweieinhalb Stunden Wegzeit waren bis zum Pass angegeben. Ich war um einiges schneller, um wie viel, war mir während der kurzen Rast auf der Biberacher Hütte jedoch egal, so dunkel hatten sich die Wolken im Südwesten des Passes bereits zusammengeballt.

Ich musste ins Tal. Und zwar schnell, das hieß angesichts der sich auftürmenden Bewölkung: im Laufschritt. Nach den eineinhalb Kilometern über die steile Hangflanke der Glattjöchlspitze in Richtung Obere Ischkarnei Alpe war auch die Sonne verschwunden. Kühler, böiger Wind kam auf.

Um nicht noch eine ganze Stunde über die jedem Wetter ausgesetzten Hänge auf der Originalroute Richtung Obere Überlutalpe unterwegs zu sein, entschied ich mich, bereits von Ischkarnei ins Tal abzusteigen, musste dafür zwar umso länger auf einer Forststraße nach Buchboden hinaus, fühlte mich dort jedoch vor Gewittern besser geschützt.

Der Abstieg war steil. So steil, dass man von einem Schritt wieder einmal schnell in den nächsten musste, da der Halt womöglich keinen Augenblick länger reichte – und auch nicht die Kraft. Wie zittrig meine Beine bereits hier gewesen sein mussten, merkte ich erst, als auf dem Forstweg nach der Unteren Ischkarnei Alpe wieder Zeit für normal aufgesetzte Schritte war.

Aus der Entfernung donnerte es, auf zittrige Beine konnte ich nun keine Rücksicht nehmen, ich musste hinunter ins Tal, wo ich tief unter mir nicht nur das Rauschen der Lutz hörte, sondern auch, kaum unterscheidbar vom Donner, das Steingeschiebe des Wildbaches. So als wollte er mich auf seine Art aufmerksam machen, dass ich unten während eines Gewitters um nichts sicherer sein würde. Das sollte mir erst anhand später gehörter Geschichten blitzschneller Murenabgänge bewusst werden.

Als ich den letzten Waldabhang erreichte, war ich bereits erleichtert. Dass ich daraufhin gleich eine falsche Abzweigung nahm, hätte mir eine Warnung sein müssen, wie stark meine Konzentration nachließ. Doch kaum war ich wieder am richtigen Weg, wurde ich auf dem weichen Waldboden erst recht übermütig und beschleunigte, als wäre ich frisch nach einem Ruhetag unterwegs.

Vergessen war der Einbruch im Schwarzwassertal oder die Müdigkeit in Hinterstein, genauso die Ausnüchterungs-Tempobolzerei von Ehrwald auf die Wolfratshauser Hütte oder die Konzentrationsanstrengung während der Harschquerungen am Wiedemerkopf. Ganz zu schweigen vom, nur vermeintlich wie von selbst gegangenen, Anstieg beim Schuhe-Ausprobieren auf die Mindelheimer Hütte oder der heutigen Hochintensitätseinheit auf den Schadona-Pass, während der ich statt Wolken lediglich die Pulsuhr im Blick gehabt hatte, bevor ich mit den Gewittern im Nacken erst recht so schnell wie möglich vom Berg hinuntermusste.

Der Donner kam näher. Doch den Beinen war es egal, wie viele verschiedene Gründe die Anstrengungen der letzten Gehwoche hatten, sie spürten längst die Summe davon. Ganz im Gegensatz zu mir, denn so schnell ich diese Waldwege zur Lutz hinunterlief, war ich mit dem Rucksack auf einem derart steilen Hang noch nie unterwegs gewesen.

Im Steilen ging es gut. Auf den Kehren war ich konzentriert, achtete nicht einmal aufs Gewitter, nur auf die Schritte, den nächsten, den übernächsten, nicht weiter. Doch kurz vor der Forststraße musste ich mir bereits zu sicher gewesen sein, hatte vielleicht an die noch verbleibenden Kilometer nach Buchboden hinaus gedacht, oder an die Dusche und ein Bier.

Möglicherweise aber auch an gar nichts. Und es war nur einer jener leeren Momente gewesen, die einem immer drohen – und gegen die man so wehrlos wie vermutlich gegen sonst keine anderen ist. Jene Augenblicke, in denen man vorwarnungslos, und meist ohne es zu merken, für Sekundenbruchteile aus sich selbst verschwindet, nicht nur ins Narrenkastl schaut, sondern vielmehr selbst darin ist, oder sonst wo, nur nicht im eigenen Bewusstsein. Jedem passiert das, manche merken es nicht, andere verdrängen es, andere wiederum kommen mit den besten Ideen daraus zurück. All das kannte ich auch von mir.

Dass ich mir dabei selbst in Zeitlupe zusehen konnte, erlebte ich in jenem Augenblick jedoch zum ersten Mal, in dem ich im Nach-vorn-Ziehen des Beines mit der Außenseite meines linken Schuhs an einer Wurzelknolle und mit der Innenseite am Schuh meines Standbeins hängen blieb.

Ich fiel, und kurz kam ich mir dabei, im Unterschied zum Sturz vor der Abfahrt, so leicht vor, als wartete am Ende dieses Falls alles andere als der Aufprall. Dann folgte von hinten bereits die Beschleunigung. Ich staunte, war nur mehr Passagier und schaute im nächsten Augenblick den Erdboden vor meiner Nase an.

Ich hatte Glück gehabt, hatte keinen Stein, keine Wurzeln oder gar Felsstufen erwischt. Doch das war mir in dem Moment noch nicht klar. Vielmehr staunte ich im nächsten Augenblick, als der Rucksack auf mich fiel und mich noch einmal in den weichen Fichtennadelboden drückte.

Ich war tatsächlich nicht verletzt, so viel stellte ich fest, als ich wieder stand. Nur an der Schulter, über die ich mich in einem vergeblichen Instinkt abzurollen versucht hatte, fehlte im Leibchen ein ganzer Fleck, nicht abgerissen, sondern offenbar weggebrannt.

Das Blut auf den Fingern bemerkte ich erst an den Flecken an den Schuhen. Zu dem Zeitpunkt war ich längst weitergegangen. Denn weitergegangen war ich ganz automatisch. So als ließe sich damit der Sturz gleich wieder ungeschehen machen.

Doch das war nicht nur wegen der Wunden an den Fingern unmöglich. Zu stark war allein der Eindruck des plötzlichen Daliegens. Augen und Nase nur zentimeterweit vom Waldweg entfernt. Und auf mir der Rucksack mit einem Druck, als ginge in ihm die Wucht des Sturzes noch lange nicht zu Ende.

Seltsamerweise hatte ich mich in dem Augenblick wohlgefühlt. Nicht, weil ich gespürt hätte, dass mir nichts Gröberes geschehen war. Nein, so, wie ich es vom Nachlaufenspiel als Kind kannte, wenn es einem wieder einmal längere Zeit gelungen war, nicht eingefangen zu werden. Irgendwann stellte sich diese Sehnsucht nach dem Gegenteil ein. Sie war zwar unheimlich, und man rannte dann vor ihr auch davon, doch das Gefühl der Erleichterung, wenn es einen erwischte, war umso stärker. Ein Ankommen, auch wenn man ihm noch so sehr zu entkommen versucht hatte.

Und so hatte ich in den wenigen Momenten des Daliegens zum ersten Mal seit Tagen ohne Scheu, Unsicherheit oder Angst an den bevorstehenden Ultraschalltermin und an Sabine denken können. Daran, dass ich ihr in der gemeinsamen Aufgeregtheit vor dem Auftauchen der ersten Untersuchungsbilder als werdender Vater zwar die Hand halten würde, doch nicht mehr unter der Maske des erwünschten Lebenspartners. Plötzlich war mir ganz leicht. So schwer der Rucksack auch sein mochte.

Ich war auf, hatte meine Stöcke eingesammelt und war weitergegangen. So als konnte es einen Sturz, der mit solcher Erleichterung endete, nicht gegeben haben. Dann erst war mir das Blut auf den Schuhspitzen aufgefallen und ich hatte mir die Wunden am nächsten Bach mit richtiger Befriedigung ausgewaschen, desinfiziert und verbunden.

Weder Schatten noch Spiegel

Eine gute Stunde später hatte ich Buchboden erreicht. Es donnerte immer noch, doch ich zweifelte, ob daraus noch ein Gewitter werden würde, und stand eine ganze Weile vor einer der Schautafeln des Biosphärenparks Großes Walsertal.

Biosphärenpark, im Unterschied zu Bezeichnungen wie Nationalpark oder Naturpark, klang das für mich nach Tierpark. Ich sah mich um. Eine aufgelassene Volksschule, ein Wirtshaus am Ortsanfang, eines am Ortsende. Das am Ortsanfang, wenn man vom Taleingang kam, hatte heute geschlossen, das andere dafür, wie in kleinen Ortschaften üblich, offen.

Das geschlossene Wirtshaus war das größere, vermutlich auch noblere der beiden. Angesichts der Achtziger-Jahre-Außengestaltung fragte man sich unweigerlich, wie es früher wohl ausgesehen habe. Immerhin stand es, wie auf einer Tafel zu lesen war, bereits seit dem 18. Jahrhundert hier. Nun war es ein Seminarhotel, das sich, wie ich später erfahren sollte, nicht zuletzt die Tatsache zunutze machte, dass es in Buchboden kaum Mobilfunkempfang gab. Ähnlich war es schon in meiner Routenbeschreibung gestanden, wo es hieß: *Heute wird das vom Durchzugsverkehr verschonte Dörfchen Buchboden als Oase der Naturnähe und Ruhe geschätzt.*

Mehr wusste ich von Buchboden nicht. Vom Biosphärenpark Großes Walsertal hatte ich hingegen bereits im April gelesen, dass er zum UNESCO-Programm *Man and the Biosphere* gehörte. Insgesamt 533 solcher Regionen in insgesamt 107 Ländern gab es. Landschaften, die jeder kannte, wie die Rocky Mountains, der Olymp und die Serengeti.

Ein zweites Mal nach Škocjanske jame durfte ich nicht achtlos daran vorbei. Denn im Gegensatz zu den traditionellen Nationalparkkonzepten war dem UNESCO-Modell einiges abzugewinnen. Selbst wenn ich beim Begriff Biosphärenpark, wenn nicht an einen Zoo, so zumindest an jenen großen Glas-Iglu in Kalifornien denken musste, in den sich vor einigen Jahren eine Gruppe von Forschern zu einem Überlebensexperiment unter verschiedenen Lebens- und Umweltbedingungen eingeschlossen hatte.

Auf das Walsertal war ich vor allem deshalb gespannt, weil es aufgrund drastischer Erfahrungen im Umgang mit der Natur zu einer Modellregion für nachhaltiges Leben und Wirtschaften werden sollte. Es war ein Tal, dessen prekäre Verhältnisse auch von seinen Bewohnern erzeugt worden waren. So hatte die Viehwirtschaft der Walser wie der Bedarf an Brenn- und Bauholz die Hochlagen stark entwaldet.

Deshalb häuften sich schon im 19. Jahrhundert Lawinenabgänge bis in die Streusiedlungen des Tals. Allein im Jänner 1954 waren achtzig Menschen umgekommen, da von den siebzig Lawinenabgängen dieses Monats dreißig in Gehöfte und Siedlungen gedonnert waren. Angesichts fehlender Schutzwälder hatte man damals mancherorts die Hoffnung für das Tal bereits aufgegeben und ebenso wie im Lesachtal an Aussiedlung gedacht.

Während es solche Pläne zwar längst nicht mehr gab, stellte sich umso mehr die Frage, wie das Modell eines Biosphärenparks Entwicklungen aufhalten konnte, die zu einer weitaus unauffälligeren Form der Aussiedlung führten. Etwa, indem die Einheimischen tagsüber auspendelten oder der Zuzug sich ebenfalls auf Leute beschränkte, die im Ballungsraum Walgau und Rheintal arbeiteten, sich für die Abende und Wochenenden jedoch einen ruhigen Ort gesucht hatten. Im Dorf- und Talleben waren sie deshalb kaum sichtbar, zumal sie womöglich nicht einmal hier einkauften, sondern in den Supermärkten der Gewerbegebiete zwischen Arbeit und Zuhause.

Zunächst aber verschob ich all diese Fragen auf den nächsten Tag, schrieb mir die Telefonnummer des Biosphärenpark-Managements auf und folgte dem erstbesten Zimmer-frei-Schild.

Abends hatte ich allerdings bereits etliche Ausgaben des kleinen, vierteljährlich erscheinenden Biosphärenpark-Magazins gelesen, das auf dem großen Büchertisch der Zimmerwirtin ebenso zu finden war wie umfangreiche historische Abhandlungen über die Einwanderung der Walser, ihre Kultur oder ihren Dialekt.

Angesichts der Fülle an Foldern, Zeitschriftenausgaben, Büchern und anderen Unterlagen verlor ich schnell den Überblick und verzettelte mich in den verschiedensten Berichten und Statistiken. Erst jenes *Leitbild,* das für die Anerkennung als Biosphärenpark erarbeitet worden war, fesselte mich.

Wenn mich auch gleich der erste Punkt an die Forderung konservativer Parteien erinnerte, der EU-Verfassung ein Bekenntnis zum Christentum voranzustellen, indem es hieß: *Wir haben Ehrfurcht vor Gott und Natur und achten die Würde der Menschen;* so sehr beeindruckten mich Sätze wie: *Der Gemeinschaftssinn und das Selbstbewusstsein der Walser ist erkennbar. Wir identifizieren uns mit der Region.* Oder: *Statt anderes unüberlegt nachzuahmen, entwickeln wir eigenständige Ideen, die wir selbstbewusst umsetzen.*

So ernsthaft hier vom Eigenen erzählt wurde, war es nicht einmal im Entferntesten notwendig, sich vom anderen, vom Fremden abzugrenzen, wie das im heutigen Europa jegliche Identitätsdiskussion mehr und mehr bestimmte, während dabei in Vergessenheit geriet, wie wenig Begriff von Heimat man durch bloße Abgrenzung gewann. Ebenso kam im Biosphärenpark-Leitbild jener viel zu oft mit dem Völkischen liebäugelnde Begriff der *Volkskultur* kein einziges Mal vor. Stattdessen wolle man, wie ich im Absatz zu Brauchtum und Kultur las, eine *Kultur der klaren Sprache, einfachen Form und leisen Töne*, wenn von einem *Bekenntnis zum Walsertum in Sprache und Lebensform* die Rede war.

Selten zuvor war mir so deutlich geworden, wie viel das Regionale dem Nationalen, dem Völkischen entgegenzusetzen hatte. Damit war ich an einem Punkt angelangt, den ich zuvor nur als Verdacht hatte äußern können. Je mehr von den insgesamt über sechzig nationalen Grenzüberschreitungen ich hinter mir hatte, desto deutlicher sollte mir eine ganz andere Geografie als jene der einzelnen Staaten aufgehen. Eine, in der es um Ähnlichkeiten der Käse- und Wursterzeugung, Brotrezepte, gemeinsam genutzter Alpweiden genauso ging wie um Flurnamen, Berg-, Pass- oder Talbezeichnungen oder Begriffe für Gletscher und Bewirtschaftungsformen.

Identitäten und Zusammengehörigkeiten, wie sie sich in politischen Territorien allein deshalb nie fassen lassen, da sie ineinander so übergehen wie es auch das Tal lautlich zum Val, Valle, Vallé und Vallon tut. – Übergänge, die man erst hört, wenn man sie überschritten hat. Und über Pässe, so hoch und schwierig zu überwinden sie waren, schien es auch heute noch näher zu sein als über die Umwege der früher zudem oft versumpften Talausgänge – und das nicht nur für Schmuggler. Von diesen Überlegungen steht in meinem Notizbuch nichts. Stattdessen notierte ich mir am Morgen der Etappe durch das Walsertal: *Beim Umgang mit der Zimmerwirtin fällt mir auf, mit wie vielen verschiedenen Menschen ich es auf dieser Reise zu tun habe. Wenn auch meist nur kurz. Doch gerade darin wird so etwas wie ein Grundtemperament spürbar. Nicht zuletzt an einem selbst.*

Auch darüber, dass mir das Ausschnitthafte der Begegnungen während dieser Reise bereits unheimlich geworden war und in mir eine Sehnsucht nach anderen, weniger abgegrenzten hatte wachsen lassen, findet sich im Notizbuch kein Wort. Vielmehr schrieb ich über *eine gerade hier im Walsertal sichtbar werdende Tradition der Holzverarbeitung, einer Handwerkskunst im Alltäglichen, wie sie allein an den Häusern unübersehbar ist, den alten genauso wie den neuen. Während der Umgang mit anderen Materialien, wie etwa bei betonierten Einfahrten oder Hausstiegen, achtlos erscheint.*

Danach eine Stelle darüber, wie sehr mich die Landschaft hier an das erst vor dreieinhalb Wochen passierte Lesachtal erinnerte – der tief eingeschnittene Fluss, die steilen Abhänge und die an der Südseite auf halber Höhe errichteten Streusiedlungen.

All das waren Notizen von Beobachtungen, die wie bloße Ablenkungen von der Sehnsucht nach länger dauernden Begegnungen erscheinen könnten. Doch das waren sie nicht. Denn immer mehr Augenblicke dieser Reise gewannen mit ihrer Dauer etwas von Wiederbegegnungen, von Fortsetzungen; sie standen nicht allein für sich, sondern ließen die Landschaft meiner Reise in ihrem Zusammenhang erst entstehen.

Nicht zuletzt anhand jener Fragen, die gerade in der Wiederholung, im Zusammenhang erst konkret wurden. Hier im Tal etwa, ob es tatsächlich gelänge, wie im Leitbild formuliert, möglichst viele bäuerliche Vollerwerbsbetriebe zu erhalten sowie die traditionelle Stufenwirtschaft, die Artenvielfalt der Wiesen oder die Anzahl der Alpen, der Tal- wie der Alpsennereien; aber auch Schulen, Gasthäuser und Arbeitsplätze. Doch Arbeit gab es im Tal offensichtlich zu wenig und dementsprechend viele Tagespendler, wie zwischen den Zeilen des Leitbilds unmissverständlich zu lesen gewesen war.

Fragen wie diese, aber auch die nach Kinderbetreuungsplätzen, dem öffentlichen Verkehr oder der Nutzung alternativer Energiequellen ließen mich an meine bisherige Reise zurückdenken. Ich erinnerte mich an das illegal geschlachtete Schwein am Bären-Bauernhof in Abram oder an Domen Žerjavs Skipisten-Kühe, an die ehemalige Wirtin in Treßdorf und ihre so unverändert wirkende Wirtsstube, an den Erbhof in Taisten und die Leere im Ort selbst, an den toten Skirennläufer, seinen Vater und an die aufgrund einer TV-Sendung über ihre Umgebung staunende Zimmerwirtin in Scharnitz. Aber auch an all die dazwischen gegangenen Wege, an Regen, Schnee und Nebel, all die Müdigkeit, an Absturzängste, alle Zufriedenheit und allen Übermut, an den Besuch in Rosenheim, an die Sehnsucht und an die Angst.

So war ich schließlich ein, zwei Stunden unterwegs. Meist auf den alten Walserwegen zwischen den Ortskernen über der immer noch geräuschvoll Schneewasser führenden Lutz. Und plötzlich war die Vorstellung da gewesen, wie die mittlerweile unzähligen, Tag für Tag verwendeten Kartenausschnitte, statt eine geografische Erinnerungshilfe im Schreiben zu sein, vielmehr dadurch etwas erzählten, dass jeder von ihnen anders aussah: die einen abgegriffener waren, die anderen bei Regen oder Nebel hatten herhalten müssen oder im Hosensack vom Schweiß aufgerieben worden waren. Nur auf diese Weise führten sie zu den Geschichten, die genauso wenig im Notizbuch wie im Erinnerten aufgehoben waren. Geschichten, die hinter all den Routen und Wegen, Verbindungen und Übergängen als Fuchsbau dieser Reise erst erkennbar wurden.

Ich tippe, so stellte ich mir an dem Tag im Walsertal schließlich den Schreibbeginn vor, *mit dem kleinen Finger auf Muggia und mit dem Ringfinger auf den Triglav, mit dem Mittelfinger auf das Lesachtal und dem Zeigefinger ins Große Walsertal. Ich lege die flache Hand auf die Karte und verdecke die Orte Kranjska Gora, Sterzing, verdecke Schwaz, Rosenheim, genauso wie auch jeden anderen Ort meiner Reise, Wegabzweigungen, Aussichten, verdecke Vorfreuden, Ängste, verdecke Sehnsüchte, Träume, müde Beine, Sonnenauf- und -untergänge. Dann nehme ich die Hand weg und merke, dass mir meine Reise so wirklich wie erfunden vorkommt, und schaue auf mein nebenan schlafendes Kind.*

Mein nebenan schlafendes Kind. Als würde es tatsächlich einmal so sein, als wäre das anders gar nicht möglich. Vielleicht gerade weil ich bereits viel zu genau wusste, dass es ganz bestimmt nicht so sein würde. Ohne zu ahnen, dass ich mein Buch im darauffolgenden Winter in einem Bauernhaus in Thüringerberg beginnen würde, am Ausgang des Großen Walsertals.

Einstweilen aber ging ich durch Garsella, die am tiefsten gelegene Siedlung im Tal, in der auch die einzige für Autos benutzbare Brücke auf die andere Seite der Lutz führte und mich sowohl ein Café als auch ein Wirtshaus beinahe zu einer frühen Einkehrpause verführt hätten. Doch die verschob ich auf später, genauso wie den Anruf im Biosphärenpark-Büro.

Stattdessen schrieb ich ins Notizbuch: *Beim Verlassen der Siedlung Garsella führt der Weg hinunter zum Fußballplatz und dann an ihm vorbei, fast direkt an der Seitenlinie, in den verwachsenen Uferwald neben der Lutz. Dabei der Geruch von Brennnesseln und eine bildlose, doch umso nähere Erinnerung ans Kindsein. – Ob ich mich an diese Reise auch einmal so erinnern werde? Als eine Kindheit mitten im Leben?*

Auf den Hängen wurde geheut, die Sonne schien, und ich freute mich auf den nächsten Tag. Auf die Zugfahrt, das Hotel, vor allem aber auf den kurzen Shopping-Bummel, bei dem ich mir Hemd, Hose und Schuhe für die Lesung kaufen wollte und damit zum ersten Mal seit Langem wieder Straßen- anstatt Wanderkleidung tragen sollte. Kurz vor Blons hatte ich deshalb beschlossen, das Gespräch mit dem Biosphärenpark-Management sein zu lassen.

Wie ein Tourist fotografierte ich schöne Häuser und steile Hänge und merkte nicht, dass ich die schlechtesten Bilder der gesamten Reise fabrizierte. Genauso recherchierte ich an dem Tag unterwegs kein einziges Mal im Communicator. So als lägen die Antworten zu dem, was mich auf dieser Reise bewegte, tatsächlich allesamt woanders. Und vielleicht machte es auch deshalb nichts, dass ich erst am Abend jenen am Vormittag im *Online-Standard* ins Netz gestellten Artikel las, der gleichsam eine Zwischensumme wesentlicher Fragen zur Agrarpolitik darstellte. Denn an die Biosphärenpark-Managerin, die ich einer plötzlichen Entscheidung folgend doch anrief, hatte ich am Ende dieses Tages ohnedies darüber hinausgehende Fragen.

Gestaunt hatte ich über den Artikel zur Veröffentlichung der Agrarförderungen dennoch. Nicht, da mich die Transparenzmachung selbst überrascht hatte. Denn dass dem Nachzügler Österreich von der EU eine Frist gestellt worden war, hatte ich bereits in Slowenien gelesen. Überrascht hatte mich jedoch schon allein, dass es nun, früher als von der EU verlangt, geschehen war.

Prompt sei die Homepage deshalb gestern Mittag auch zusammengebrochen, berichtete der Artikel, was ich automatisch auf die große Neugierde zurückgeführt und mich an jene Stimmen der Interessenvertreter der Bauern erinnert hatte, die vor der Datenfreigabe gewarnt hatten, da sie unweigerlich Neid erzeugen und gerade in kleinen Dörfern oder engen Tälern das Zusammenleben beeinträchtigen würde.

Als ich dann aber las, dass die Homepage der Agrarmarkt Austria nicht wegen des großen Andrangs, sondern wegen eines Hackerangriffs zeitweilig zusammengebrochen war, deutete es für mich auf etwas ganz anderes hin. Auf ein massiv strategisches Interesse.

Doch auf wessen Konto dieser Angriff auch ging, die Zahlen der Datenbank sprachen ohnedies Klartext. So erhielten von den 138 392 in Österreich erfassten bäuerlichen Betrieben die Kleinbetriebe zumeist kaum mehr als 5 000 Euro an EU-Förderungen, insgesamt lagen 83 687 Höfe unter dieser Marke. Während 232 landwirtschaftliche Großbetriebe innerhalb eines Jahres jeweils mehr als 100 000 Euro bekamen. Doch wurden nicht nur Bauern subventioniert, sondern auch Konzerne, und diese noch um ein Vielfaches höher: wie etwa die Marmeladenfabrik Darbo (392 447,70 Euro), der Zuckerhersteller Agrana (3 043 595,27 Euro) oder der Fruchtsafterzeuger Rauch (6 793 824,29 Euro).

Bei den Agrarzahlungen für Konzerne handelte es sich um sogenannte Ausfuhrerstattungen, sie sollten die Differenz zwischen dem höheren EU-Preis und dem niedrigeren Weltmarktpreis bestimmter landwirtschaftlicher Vorprodukte wie Zucker, Mehl, Milch oder Fleisch ausgleichen, wie es dazu auf der Website der Transparenzdatenbank hieß. Es handle sich dabei *um einen reinen Nachteilsausgleich. Diese verschaffen den österreichischen Unternehmen Chancengleichheit am Weltmarkt.* – Kein Wort wurde darüber verloren, dass Bauern in Entwicklungs- und Schwellenländern von dieser Art Konkurrenz regelrecht erstickt wurden.

Umso schärfer stellte sich anhand solcher Zahlen die Frage, wer tatsächlich das größte Interesse an einer Nichtveröffentlichung solcher Summen gehabt haben könnte. Sicher nicht die kleinen Landwirte und Bergbauern, von denen die sogenannten Interessenvertreter der Bauern in den Wochen davor geredet hatten. Denn ganz gleich, ob es sich um die Landwirtschaftskammer, den Bauernbund oder gleich um jene Partei handelte, der in Österreich fast alle Vertreter der Landwirtschaft zuzurechnen waren: Die nun veröffentlichten Zahlen mussten sie alle gekannt haben, während sie vorgaben, nur die kleinen Betriebe schützen zu wollen.

Ein Argument, das ich irgendwann in den ersten Wochen der Reise auch vom Leiter des ebenfalls großzügig mit 435 533,03 Euro bedachten Stiftes Heiligenkreuz in einem Interview gelesen hatte. Dass jedoch die Kleinbauern weit weniger Grund dafür hatten, die erhaltenen Förderungen zu verschweigen, da gerade sie jene ökologische Vielfalt und Stabilität erhielten, von der so viel die Rede war, wenn es um Agrarförderungen ging, wurde dabei geflissentlich übersehen.

Doch vielleicht ist der große Zusammenhang ohnedies ein ganz anderer. Wenn aufgrund der Reaktionen bäuerlicher Interessenvertretungen gefragt werden darf, warum die Bauern immer noch die treuesten Wähler einer Partei sind, die sich gleichzeitig als politischer Arm der Industrie sieht. Wer solche Freunde als seine politischen Vertreter hat, der braucht tatsächlich keine Feinde mehr. Historisch handelt es sich dabei ohnedies nicht um eine politische Auswahl, sondern um eine, unter dem Dach der katholischen Kirche, vor allem religiös unverbrüchliche Nähe. Und angesichts deren Heilsversprechen ist der Begriff einer jenseitigen Wahl wohl nicht weit hergeholt. Womöglich wartet dort tatsächlich die größere Rendite, je betrogener man das Diesseits und dessen Ökonomie verlässt. So gesehen nimmt der Hauptökonom des Stiftes Heiligenkreuz mit dessen hoher Subvention die weitaus schwerste Last auf sich. Doch irgendwer muss das Kreuz immer tragen.

Auf dem Weg nach Blons genoss ich den Sonnenschein und war froh, dass ich den Biosphärenpark hatte sausen lassen. Bis ich in Blons plötzlich vor den Schautafeln des Lawinenunglücks von 1954 stand, mit den Verläufen der Lawinenabgänge dieses katastrophalen Jänners, mit den Zahlen der Toten und der Überlebenden sowie jener Überlebenden und Geretteten, die in den Notquartieren unter den nächsten Abgängen umgekommen waren.

Es war nach einem Herbst gewesen, an dem die Blumen, so hieß es, bis Weihnachten geblüht hätten und in den Gärten Arbeiten erledigt wurden, an die man sonst erst im Frühling wieder dachte. Die Sonne schien beinahe an jedem Tag, die Böden der Walsertaler Südhänge waren dementsprechend warm, und wenn angesichts der hellen Tage gesagt wurde, der Winter würde sicher noch andere bereithalten, so sei selbst die eine oder andere Ahnung angesichts der viel zu warmen Böden schnell wieder weggeblendet gewesen.

Am Weihnachtstag hatte es zum ersten Mal geschneit, doch nur wenig; der als massiv angekündigte Wintereinbruch war nicht erfolgt: *Bis zum 9. Jänner des Jahres 1954 erreichte die Schneehöhe*, schrieb Eugen Dobler, der ehemalige Blonser Volksschuldirektor in seinen Erinnerungen, *kaum einen halben Schuh (= etwa 15 bis 16 cm).*

Es war Samstag. Ein leichter Flockentanz begann. Sonntagmorgen, den 10. Jänner, lag der Schnee bereits zwei Schuh (= 60 bis 65 cm) hoch und wuchs außergewöhnlich stark. Trotzdem besuchten die meisten Leute noch den vormittägigen Gottesdienst. (…) Gegen Mittag lag bei der Kirche schon 70 bis 80 cm federleichter Pulverschnee. Schneller als sonst verließen die Bauern das Gasthaus und drängten nach Hause. Alles witterte Gefahr, doch an eine solche Überraschung glaubte wohl niemand. So manche sollten nie mehr lebend zur Kirche kommen …

Ich stand da. Es war ein heller Sommertag. Die Wiesen bis an die Spitzen des Walserkamms leuchteten grün. Die Sonnenschirme neben dem Lawinenmuseum drehten sich im Wind, ein Wagen bog um die Kurve, die Kirchenglocken läuteten. Plötzlich schien alles gefährlich. Gerade weil der Wind weiter durch die Sonnenschirme wehte und sicher gleich auch wieder ein Auto um die Kurve neben der Kirche fahren würde, oder vielleicht ein Rennradfahrer.

Ich ging weiter, schrieb keine Zeile darüber ins Notizbuch. Ein paar hundert Meter nach der Ortstafel aber blieb ich an einer Ausweiche am Straßenrand stehen – so als wäre es immer schon klar gewesen, dass ich an genau dieser Stelle nichts anderes machen würde – und rief im Biosphärenpark-Büro an. Nicht, weil ich über das Lawinenunglück mehr wissen wollte. Vermutlich auch nicht über den Biosphärenpark. Doch in jedem Fall über ein Tal, das die Menschen selbst angesichts solcher Lawinen nicht verlassen hatten.

Einen Fuß, das weiß ich noch, hatte ich dabei auf einen der weißen Straßenbegrenzungs-Stümpfe gestellt. Den Namen der Frau, die sich am anderen Ende der Leitung als Biosphärenpark-Managerin meldete, verstand ich zuerst nicht richtig und verhaspelte mich mehrmals in der Erklärung, wer ich war und was ich wollte.

Ruth Moser hatte dennoch Zeit, zwischen sechs und sieben, danach müsse sie zu einem Workshop in eine der Talgemeinden. Sie schlug das Café in der Propstei St. Gerold vor, die ein Partnerbetrieb des Biosphärenparks war. Wir könnten uns an der Rezeption treffen. Das war mir recht, da ich ohnedies überlegt hatte, in der Propstei zu übernachten, die in meiner Routenbeschreibung als gute Übernachtungsmöglichkeit angegeben war.

Die verbleibenden Kilometer von Blons in den Nachbarort St. Gerold ging ich auf kürzestem Weg entlang der Straße. In der Propstei war ein Zimmer frei, wenig später duschte ich bereits ausgiebig, versorgte meine Fingerwunden, zog mir trockenes Gewand an und sah wie so oft bei solchen Gelegenheiten in den Badezimmerspiegel: Hatte sich etwas verändert? Sah man die Entfernungen, sah man die Berge? So lauteten bereits seit Wochen die Fragen dazu. – Nichts sah man. Ich war nicht einmal braun gebrannt, zumindest nicht sehr.

Wen ich treffen würde, fragte ich mich nicht, ich glaubte es ohnehin zu wissen: Eine dieser Biotanten, wie ich sie mir in einem Biosphärenparkbüro nicht anders vorstellen konnte als mit Wollpullover und Birkenstock-Sandalen. Im besten Fall war sie eine ungeschminkte Asketin, ansonsten wohl eher eine jener Alternativen, die sich sogar bewusst unvorteilhaft kleideten.

Nach kurzem Warten im Foyer aber kam keine in schlabberige Wolle gekleidete Biotante herein, sondern eine junge Frau, nach der ich mich nicht nur sofort umdrehte, sondern auf die ich – obwohl ich sie gar nicht für die Biosphärenpark-Managerin hätte halten dürfen – automatisch zuging: In dem Augenblick war es schon passiert.

Von nun an überzog es jede weitere Bewegung, jedes Wort, jede Geste auf verräterische Weise. Die Frage, wohin wir uns setzen sollten, genauso wie meinen Impuls, sie schon nach ein paar Metern zu fragen, ob wir uns duzen könnten. Aber auch alle folgenden Fragen nach dem Tal, dem Biosphärenpark, ihren Vorstellungen davon und ihrer Tätigkeit darin.

In all dem lauerte vom ersten Augenblick an etwas Unkontrollierbares. Womöglich etwa grinste es aus meinem Gesicht, während ich meine Fragen möglichst konzentriert und sachlich zu stellen versuchte. Womöglich flatterte es mit meiner Nase, meinen Ohren, während ich ihren Antworten mit einer Aufmerksamkeit zuzuhören versuchte, als gelte sie bloß dem Inhalt ihrer Worte. So sehr ich mir auch verbot, den Bewegungen ihrer Hände beim Reden zuzusehen, ihren dabei wechselnden Kopfhaltungen oder gar ihren Augen, ihrem Mund. Ich hätte meine Augen zumachen können und weghören und dabei an alles andere denken, es hätte nichts mehr geändert, im Gegenteil, es hätte alles nur deutlicher gemacht.

Einigermaßen konzentrieren konnte ich mich erst, als Ruth mir auf die Frage, was sie in den Biosphärenpark gebracht habe, von ihrer Diplomarbeit erzählte, die sie über die Tradition des Vorrätemachens im Walsertal geschrieben hatte. Eine Praxis, die angesichts von Kühlschränken und industriell verarbeiteten Gefrierwaren weder aus finanziellen, noch aus existenziellen Gründen weitergeführt werden musste. Dennoch wurde sie von etlichen Bäuerinnen aufrechterhalten, da sich der Wert solcher Arbeit nicht durch Geld messen lasse, genauso wenig ihr Sinn und ihre Notwendigkeit.

Spätestens als sie mir das erzählte, fiel mir wieder ein, dass es auch in meinen Gesprächen mit der ehemaligen Bäuerin und nunmehrigen Pensionswirtin in Treßdorf oder mit Frau Hintner in der Küche ihres Erbhofes oberhalb von Taisten, letztlich um den Wert einer Arbeit gegangen war, die kein Geld-Einkommen bedeutete, in kurzer Frist sogar etwas kostete, mit ihrem Fehlen aber jene phantomartige Leere erzeugte, wie ich sie in der ehemaligen Wirtsstube in Treßdorf oder in den Augen Frau Hintners allein bei der Vorstellung von einem Leben ohne gemeinsame Arbeit mit ihrem Mann so deutlich gesehen hatte.

Darüber hatte Ruth Moser in ihrer Diplomarbeit geschrieben. Und das anhand des Vorrätemachens so konkret, wie es mir in keinem meiner bisherigen Gespräche begegnet war: das Vorrätemachen als Tätigkeit, die wie kaum eine andere für den Gegensatz von industriell gefertigter Produktion und selbstversorgender Arbeit stand. Ein Gegensatz, mit dem sich an ein und demselben haltbar gemachten Lebensmittel zeigen ließ, in welch unterschiedlichen ökonomischen Alphabeten ihr Wert zu Hause war.

Damit nahm das Gespräch, nach all meinen ohnedies nur halbherzig gestellten Fragen nach dem Biosphärenpark und Ruths nichtsdestotrotz ausführlichen Antworten, am Ende unserer Stunde einen neuen Verlauf. Doch hatten wir dafür nur noch fünf, zehn Minuten Zeit, da sie zu dem Workshop in Blons musste. So erkundigte ich mich einfach, ob ich ihre Diplomarbeit lesen könne, um damit die Möglichkeit offenzuhalten, mit ihr in Kontakt zu bleiben.

Um jedoch nicht den Anschein zu erwecken, ich fragte sie allein deshalb, tat ich so, als dränge es nicht und erkundigte mich umständlich, ob sie mir nach der Reise nicht einen überzähligen Ausdruck davon schicken könne. Ruth war zum Glück weit weniger kompliziert und schlug vor, mir die Arbeit demnächst als E-Mail-Attachement zu schicken.

Als sie mich kurz darauf vor einem der beiden Wirtshäuser St. Gerolds aussteigen ließ, überlegte sie sogar kurz, ob sich nach der Moderation des Workshops vielleicht eine Fortsetzung unseres Treffens ausginge. Allerdings könnte ihr Workshop bis elf, halb zwölf dauern. Und dass es danach zu spät wäre, hatten wir beide, wie wir uns später erzählten, nicht zuletzt angesichts der Gewissheit festgestellt, wie gefährlich dieser erste Abend sonst hätte werden können.

Doch gefährlich war es bereits in diesen Augenblicken gewesen. Deshalb war ich in gewissem Sinn erleichtert ausgestiegen und zur Wirtshausterrasse hinaufgegangen. Ich kannte mich, und wusste, in jedem weiteren derartigen Moment hätte ich wohl jede nur mögliche Abkürzung zu ihr genommen. Das wollte ich nicht. Nicht nach einem Gespräch, das erst begonnen hatte. Da ich ein Weiterreden mit ihren Augen, ihrem Mund und ihren Wangen in unmittelbarer

Nähe offenbar nicht aushielt, brachte ich mich vorerst besser vor dieser Frau und vor allem vor mir selbst in Sicherheit.

So vernünftig zu sein, war mir in vergleichbaren Situationen noch nicht oft gelungen. Womöglich wäre es mir auch diesmal nicht geglückt, wäre mir nicht so klar gewesen, wie nah Ruth bereits nach so kurzer Zeit den Kernfragen meiner Reise gekommen war. Allein, indem sie in der Vorratswirtschaft eine Art der Arbeit beschrieben hatte, die ich auf dieser Reise umso weniger benennen konnte, je deutlicher sie mir in den unterschiedlichsten Momenten als etwas Verschwindendes, als bleierne Leere mitten im Alltag von Dörfern und Städten aufgefallen war. Ganz gleich, ob ich das in Kranjska Gora oder in Taisten erlebt hatte, in Tröpolach oder Scharnitz. Ich wusste nur, es war eine Arbeit, die man gerne übersah, da ihre Produkte kaum je Waren wurden, sondern viel unmittelbarer notwendig waren.

Am Beispiel des Walsertals hatte Ruth erzählt, wie gern man auch hier vergaß, dass die Viehzucht, so stolz man auf das Braunvieh sein durfte, gerade in einem Tal, das jahrhundertelang mehr oder weniger für sich gewirtschaftet hatte, nie alleinige Lebensgrundlage hatte sein können. Vor allem die Winter wären ohne Ackerbau und Vorratswirtschaft undenkbar gewesen.

Abendsonne strahlte ins Tal. Die angesagten Gewitter waren wieder nicht gekommen. Außer mir saßen zwei Handelsvertreter als einzige Gäste auf der Terrasse. Die Wunde meines gestrigen Sturzes eiterte durchs Pflaster, hoffentlich hatte sich Ruth nicht allzu sehr geekelt.

Ich bestellte, sah den beiden Vertretern zu und fragte mich angesichts meines Gesprächs über Vorratswirtschaft, ob sie womöglich für eine Firma wie *bofrost* unterwegs waren, die in den letzten Jahren gerade im ländlichen Raum immer bessere Geschäfte machte.

Die Tradition der Vorratstätigkeiten, so hatte Ruth gemeint, sei heute zum Überleben natürlich nicht mehr nötig, dementsprechend hafte ihr oftmals der Stellenwert einer Liebhaberei an. Früher hingegen sei sie, genauso wie andere Frauentätigkeiten, der Arbeit der Männer am Hof gleichwertig gewesen. Geld habe eine weit geringere

Rolle gespielt als heute. Schon gar nicht als Bemessungsgrundlage für Arbeit, da es zwischen der eigenen Arbeit und dem täglichen Auskommen, dem Überleben, nichts gegeben habe, keinen Zwischenhandel.

Während heute, da seit den 1960er und 1970er Jahren Maschinen die Arbeit der Bauern erleichterten und auch ersetzten, vor allem die Männer Lohnarbeiten außerhalb des Tals nachgingen und mit dem Geld Nahrungsmittel, Kleidung und sonstige Waren eingekauft werden konnten. Damit habe sich auch die Hierarchie der Arbeit von Männern und Frauen geändert: Während nun die Männer mit ihrer Lohnarbeit das finanzielle Überleben sicherten, bekamen die Tätigkeiten der Frauen in vielen Fällen den Anschein eines Hobbys.

Denn nicht nur scheinbar überholte Tätigkeiten wie jene des Vorrätemachens, sondern eben auch alle anderen Arbeiten in und um einen Haushalt seien kaum in Geld übersetzbar. Es handle sich vielmehr um Arbeiten, die sich in ihrem Wesen dem Hauptmerkmal heutiger Ökonomie verweigerten: Sie konnten nicht zur Ware werden und ließen sich höchstens in Beschäftigungsmodellen für Hausbedienstete oder Altenpfleger einigermaßen als Dienstleistungen verrechnen.

So könne man natürlich fordern, all diese Arbeit in Haushalt und Familie fortan durch Stundensätze zu bewerten, um sie auf Augenhöhe mit anderen Lohnarbeiten zu stellen, oder auch, im Gegensatz dazu, Geld als Bemessungsäquivalent von Arbeit insofern zu relativieren, indem man Grundeinkommen einführe. Sie habe vorerst jedoch viel mehr interessiert, anhand einer Arbeit wie der des Vorrätemachens, die angesichts der leichten Verfügbarkeit billiger industrieller Konserven keinerlei ökonomisch-existenziellen Sinn mehr zu haben scheine, der Frage nachzugehen, ob es hinter der Ökonomie der Waren und Dienstleistungen nicht immer noch eine andere gebe. Eine Ökonomie, die gerade in ihrer Unsichtbarkeit ihr Unterwanderungspotenzial nicht verliere.

Genau diese Frage treibt mich seit Beginn meiner Reise um. Ohne dass ich sie in all den Wochen so präzise hätte stellen können.

Nicht weiter als zur Wahrnehmung einer immer wieder auftauchenden Leere war ich gekommen. Einer Leere, die zum markantesten Eindruck meiner Strecke geworden war. Ganz gleich, ob es in den Tagespendlergemeinden Sloweniens war, zwischen den Ferienwohnungsklötzen im ehemaligen Bauernort Kranjska Gora oder angesichts ländlicher Schlaf-, Wochenend- und Urlaubshäuser in Taisten oder Antholz.

Was erzeugte diese Leere? Nun konnte ich es allmählich fassen. Es war das Verschwinden einer Arbeit, die mit dem Alltag, dem Leben auf nachhaltigere, existenziellere Weise verbunden war als all jene Jobs, die zwar das finanzielle Einkommen der Familien sicherten, darüber hinaus trotz aller Spar-, Vorsorge-, Versicherungs- und Spekulationsmöglichkeiten vor allem luxuriös abgefederte Leere erzeugten. Eine Leere von Leben, in der Arbeit sich zuhause nur als Eigenheimgestaltung, in der Automarke oder den Privatschulen für die Kinder zeigte, ansonsten aber Ersatzhandlung war wie die Urlaube, die man sich leistete.

Am Nebentisch waren die Handelsvertreter tief in möglichst effiziente Routenüberlegungen verstrickt. Für welche Firma sie unterwegs waren, hatte ich immer noch nicht herausgehört, wahrscheinlich war das auch nicht möglich, da dies ihr Gespräch über Routen und Strategien nicht änderte.

Ich war mit meinen Gedanken mitten in einem Mail an Ruth. Ein Mail, in dem ich ihr als gemeinsames Gedankenexperiment eine Utopie vorschlug. Eine, die nicht an ihrer Umsetzbarkeit gemessen werden dürfte, sondern an ihrer Notwendigkeit – gerade als Utopie. Eine Notwendigkeit, die aufgrund der prekären Lebensbedingungen besonders am Beispiel der Alpen deutlich werden könnte. In einem Tal wie diesem, in dem nun die letzten kräftigen Sonnenstrahlen auf die gegenüberliegenden Hänge fielen.

Wie sähe ein solches Tal aus, läge das Hauptgewicht symbolischen Kapitals plötzlich bei jenen Arbeiten des Alltags, die, angesichts der finanziellen Bedeutung von Lohnarbeit und ihres scheinbar stabilen Wertes in den Kreisläufen des Warenmarktes, seit Beginn der

Industrialisierung immer unsichtbarer geworden waren? – Ein Tal solcher Umwertung wäre wohl unweigerlich ein Tal der Frauen. Und entsprechend ihrer Bedeutung säßen sie nicht nur mehrheitlich in den wichtigsten Gremien, sondern träfen sich auch in inoffiziellen Runden, ganz gleich, ob man sie nun Stammtische, Kaffeekränzchen oder Fünf-Uhr-Tees nannte. Während die Männer sich erst wieder neue Arbeitsfelder in einem solchen Tal suchen müssten, da sich ihre Lohnarbeitsstellen außerhalb, angesichts der in einer solchen Welt natürlich längst restriktiven CO_2-Beschränkungen, höchstens noch in Fahrgemeinschaften einigermaßen rentierten.

Dass es ein solches Modell gebe, in dem das Familienkapital tatsächlich in den Händen von Frauen liege, daran dachte ich zu dem Zeitpunkt nicht, hatte es vielleicht schon einmal gehört, wurde jedoch erst einige Wochen später von Ruth daran erinnert. Ich hatte als Vorbild für meine Idee einer Umgewichtung des symbolischen Kapitals von der Lohn- zur Alltagsarbeit vielmehr eine Strophe im Kopf, die ich vor Jahren in einer Gstanzl-Sammlung gelesen hatte. Sie hatte mir bislang lediglich als historisches Zeugnis früherer bäuerlicher Verhältnisse und Notwendigkeiten von Selbstversorgung und Handel gegolten, doch benannte sie auch gegenwärtige Fragen nach Preis und Wert, wenn es darin hieß:

hiatzt hod hoid da baua
seine oxn vakauft
wegn da not is ned gscheng
owa sgöd hod da braucht

Ein Tal der Frauen – natürlich war das eine Utopie. Gerade in einer Gegend, wo die Gefüge der nicht zufällig so bezeichneten herrschenden Verhältnisse bedeutend starrer und vermutlich noch weniger hinterfragt als anderswo waren. Vor allem, wenn solche Umwertungen aus gesellschaftspolitischer Sicht geschehen sollten.

Was aber, wenn ökonomische Zwänge tatsächlich keine anderen Auswege mehr offenließen, weil etwa zukünftige Kosten-Nutzen-Rechnungen das Auspendeln unrentabel machten? Wenn also aufgrund neuer ökonomischer, ökologischer und sozialer Verhältnisse jene heute unsichtbaren Arbeiten innerhalb eines solchen Tals plötzlich zum wichtigsten Kapital würden, könnte dann das heute Utopische mit einem Mal das einzig Realistische und Notwendige sein?

So lauteten die Fragen, die ich an diesem Abend der Biosphärenpark-Managerin schrieb. Die einzige Ortschaft auf der anderen Talseite, Raggal, lag gerade noch im letzten Sonnenlicht, weiter drinnen im Tal reichte die Dämmerung von der Lutz bereits weit die Hänge hinauf, nur die Bergspitzen strahlten noch warm.

Doch still war es nicht. Irgendwo summte es. Nicht gleichmäßig, sondern ständig anders, ein leises, verschlungenes, doch unüberhörbares Rauschen. Es kam nicht von den Wäldern der Schattseite gegenüber, denn es war windstill. Das Rauschen kam woandersher, aus dem Walgau herauf. Auch wenn man das breite Tal der Ill zwischen Bludenz und Feldkirch von hier nur erahnen konnte, war ich mir sicher.

Was ich hörte, war das Verkehrsrauschen der nach Grenoble (526 000 Einwohner), Klagenfurt-Villach (372 000) und Annecy-Chambery (364 000) viertgrößten Urbanisationszone der Alpen: die Stadtregion Rheintal, in der zwischen Bregenz, Buchs und Bludenz 353 000 Menschen lebten. Gestaunt hatte ich vor Beginn meiner Reise darüber, wie viele solcher Zonen es in den Alpen gab und wie sehr sie sich als Arbeits-, Wirtschafts- und Lebensraum dadurch längst definierten. Zwei Drittel aller Arbeitsplätze in den Alpen lagen in den insgesamt knapp hundertneunzig sogenannten Urbanisationszonen. Damit seien die Alpen, schrieb in logischer Konsequenz Werner Bätzing, in Bezug auf Bevölkerung und Wirtschaft längst als verstädterte Region mitten in Europa anzusehen.

Oder vielmehr: als vervorstädterte. Denn es fehlten jene *Global Cities*, die als einzige im Dienstleistungszeitalter noch zentrale Funktionen in der Weltwirtschaft einnehmen würden, womit Bätzing einen weiteren Grund zur Vervorstädterung der Alpen nannte, denn … *auch die für die europäische Wirtschaft so wichtigen »Euro-Cities« mit deutlich mehr als einer halben Million Menschen sind in den Alpen nicht zu finden, auch wenn sich Grenoble langsam in diese Richtung entwickelt.*

Das bedeutet, dass die Zentren der europäischen Wirtschaft außerhalb der Alpen liegen und die wesentlichen Impulse und Strukturwandelprozesse von außen her in die Alpen eindringen. Trotz des starken Bevölkerungs- und Arbeitsplatzwachstums im Prozess der Verstädterung bleiben die Alpen damit in wirtschaftlicher und wirtschaftspolitischer Hinsicht weiterhin ein peripherer Raum, der durch kleine Städte bzw. kleine Stadtregionen geprägt ist. Deshalb erscheint es sinnvoll, die Verstädterung im Alpenraum als »periphere Verstädterung« zu bezeichnen …

Da diese Vervorstädterung jedoch die gesamten Alpen als Wirtschafts- und Lebensraum betreffe, würden spätestens damit auch alle gängigen Einteilungen in Stadt und Land hinfällig, nicht nur in den Alpen, hier jedoch am überraschendsten und damit am deutlichsten.

Während Ruth am nächsten Tag in ihrem Büro mein Mail vorfinden sollte, war ich bereits auf der anderen Seite des Arlbergs unterwegs zu meinem Lesungsabend in Klagenfurt sowie der Ultraschalluntersuchung am nächsten Tag in Salzburg. Neben mir die Berge, über die ich in den letzten zehn, zwölf Tagen von Schwaz bis ins Walsertal gegangen war.

Die Lechtaler Alpen, das Wettersteingebirge, der Karwendel; im Vergleich zu der von mir in weniger als zwei Wochen durchschrittenen Wegstrecke schien der Zug lange zu brauchen. Denn obwohl es von Bludenz bis Schwaz nur zweieinhalb Stunden waren, empfand ich es angesichts der dafür aufgewendeten Motorleistung als beinahe unvorstellbar langsam, und wäre im Grunde wohl nur mit der Schnelligkeit eines Flugzeugs zufrieden gewesen.

In Bad Gastein verschwand der Zug für die Strecke durch den Alpenhauptkamm im Tunnel, während ich umso deutlicher die Bilder meiner ersten Hauptkamm-Überquerung sowie der davor und danach begangenen Wege und Steige vor mir hatte: das Gail- und das Lesachtal, das Pustertal, natürlich das Pfitscher Joch selbst, dann das hintere Zillertal, die Tuxer Alpen – und sah mich in unzähligen Bildern erneut durch all diese Landschaften gehen, während ich in den schwarzen Zugfenstern die ganze Zeit nur in mein eigenes Gesicht starrte.

Das bemerkte ich jedoch erst, als der Zug wieder aus dem Tunnel gefahren war und durch ganz andere Gegenden als die von mir begangenen brauste und sich auch mein Gesicht längst nicht mehr spiegelte. Doch sowenig es manchmal Spiegelbilder brauchte, um sich selbst in die Augen zu sehen, so wenig war es bei einer solchen Reise entscheidend, auf welche Berge oder welche Täler ich sah, um mich darin wiederzuerkennen.

Vor allem, wenn man dabei Zeilen las, wie ich nun in dem von Sabine geschickten Schwangerschaftswochen-Attachement: *Die Augen Ihres Kindes öffnen sich jetzt. Die Netzhaut bildet verschiedene lichtempfindliche Schichten. Die Information wird dann zum Hirn gesandt.*

Während ich mir die Augen meines Kindes vorzustellen versuchte, fuhr der Zug mit mir zurück nach Süden. Von dort war ich, wenn auch auf anderer Strecke, hergekommen. Ich saß da, schaute zu den Fenstern hinaus, hätte aber ebenso gut die Augen schließen können, hätte mich dennoch dort draußen gehen sehen, an Strommasten und ihren Schatten vorbei, an flatternder Wäsche, Wartehäuschen oder Abzweigungen von Feldwegen, während ich wusste, dass mein Kind, irgendwann in dieser 27. Schwangerschaftswoche aus seinem Kopf mit den sieben Zentimetern Durchmesser zu sehen begann.

In der 19. Schwangerschaftswoche, als ich in Muggia weggegangen war, hatte seine Haut gerade eine Wachsschicht zum Schutz gebildet gehabt. Damals hatte es zweihundert Gramm gewogen, nun war es gut fünfmal so schwer. Und ich schaute aus dem Fenster und sah mich dort draußen in einer völlig anderen Landschaft als der, an der ich gerade vorbeifuhr. Die ersten Felsabbrüche meiner Reise tauchten wieder auf, die Schneefelder und die Zeltnachtgeräusche, ich erreichte gerade erst geöffnete Hütten und überquerte die noch leer aufs Vieh wartenden Almen.

Der Kopf hat einen Durchmesser von sieben Zentimetern. Die Augen des Kindes öffnen sich jetzt.

Klagenfurt schien mir mit seinen niedrigen Häusern noch spielzeughafter als sonst. Ich stellte im Hotel meinen Rucksack ab, kaufte mir Schuhe, Hose und Hemd, traf meine Agentin, hielt die Lesung und kam mir ohne die längst so selbstverständlich gewordene Wanderkleidung, ohne Beckentasche, Rucksack, Stöcke und Hut wie ein Undercover-Agent vor.

Zurück im Hotel, schaute ich vor dem Schlafengehen noch, ob von Ruth vielleicht schon eine Antwort gekommen war, und ahnte natürlich nicht, dass mein Mailboxspeicher bereits viel zu voll für ihr tatsächlich bereits an diesem Tag an mich abgeschicktes Mail samt der Diplomarbeit im Attachement war.

Deshalb war auch am nächsten Morgen noch kein Mail von ihr in meinem Posteingang, ebenso wenig zu Mittag, nachdem ich erneut durch den Alpenhauptkamm gefahren war und bald mein Kind im Ultraschall sehen sollte.

Bischofshofen, Hallein zogen vorbei. Auf den in meinem Notizbuch gesammelten Bildern der bisherigen Untersuchungen konnte man bereits ein Gesicht erkennen. Meinen Mund, wie Sabine sagte, meine Nase, wie meine Eltern meinten. Und egal, welche Ähnlichkeiten es wirklich waren, sie würden mir Dinge zeigen, die mir längst nicht mehr auffielen oder noch nie aufgefallen waren.

Es ging ihm gut, diesem kleinen Menschen in Sabines Bauch, dessen war ich mir nicht nur angesichts der stets bestmöglichen Untersuchungsergebnisse sicher. Wie es ihr ging, darüber wusste ich weit weniger. Nicht bloß aufgrund ihrer seit dem Besuch in Rosenheim immer seltener gewordenen Nachrichten. Denn die hatten auch in den Wochen, eigentlich Monaten davor im Grunde nur mehr aus Nachrichten aus ihrem und über ihren Bauch bestanden.

Sabine wartete am Bahnhof. Ihr Bauch war um einiges größer geworden. Drei Monate waren es noch. Darüber redeten wir. Wie es mit der Wohnungssuche in Wien stehe, fragte ich sie erst nach der Untersuchung. Zwei Stunden waren zu dem Zeitpunkt bereits vergangen, zwei Stunden von sieben, bis ihr letzter Zug nach Rosenheim fuhr.

Ich hatte sie im Vorhinein sogar abgezählt, diese gemeinsamen Stunden. Und war überrascht, wie schnell sie vergingen. Denn wir schienen wieder miteinander zu reden. Etwa darüber, dass uns Distanz nicht nur guttue, sondern notwendig sei, vor allem dann als Eltern. Und ich glaubte, in dem Augenblick nicht nur meine Erleichterung darüber zu spüren, dass wir auch unseren zweiten Beziehungsversuch aufgaben, sondern auch ihre. Zumindest hatte ich es glauben wollen.

Wie sehr ich mich getäuscht hatte, wurde mir erst Wochen später bewusst. Als übrig gebliebener Zweifel, als verdrängte Vorahnung war es womöglich bereits an dem Abend in mir aufgestiegen. So ließe sich jedenfalls der Kater erklären, mit dem ich am nächsten Morgen in Feldkirch ankam. Denn das aufgeschwemmte Gefühl im ganzen Körper, das Kopfweh und der pelzige Mund konnten nicht allein von den zwei Bieren am Salzburger Bahnhof und dem beim gemeinsamen Abendessen davor getrunkenen Wein herrühren.

Als ich aber, nach kaum vier Stunden Schlaf, in Feldkirch eintraf und in der zugigen Bahnhofshalle zwischen eilig an mir vorbeistrebenden Pendlern auf den Bus nach Malbun wartete, war meinem Kopf nur die Hoffnung geblieben, den Kater während der beiden Gehstunden zur Pfälzer Hütte so bald wie möglich loszuwerden. Doch kein Gedanke mehr daran, woher er gekommen war.

Außer mir warteten nur ein paar andere Schlafgestalten im, trotz ständig aufgehender Türen, etwas wärmeren Bahnhof auf eine Busverbindung. Darunter zwei friedlich, aber völlig betrunken herumwankende Russen, deren Mannschaft am Vorabend zwar klar verloren hatte, die aber trotzdem in einer Weise fröhlich wirkten, wie man es bei Betrunkenen kaum je sah. Nur wenig später standen draußen an der Busstation, als schließlich eine ganze Reihe von Bussen auf einmal losfuhr, plötzlich so viele Leute, dass ich mich fragte, ob ich noch einmal eingeschlafen war. Die beiden Russen hingegen waren verschwunden.

Irgendwo hier wohnte Ruth, dachte ich mir im Bus auf der Fahrt durch Feldkirch. Doch ahnte ich nicht, wie nah ich tatsächlich an ihrer damals noch mit ihrem Exfreund bewohnten Wohnung vorbeifahren würde. Stattdessen saß ich müde und zerschlagen im Bus nach Malbun und übersprang damit die Passage über die Drei Schwestern, die mit meinem Rucksack nicht nur verkatert kein kleines Risiko war, und dachte während der Fahrt an nicht viel mehr als daran, mich in der Pfälzer Hütte am Nachmittag hoffentlich ausschlafen zu können. Am besten in einem Einzelzimmer, weiter reichten meine Wünsche an dem Tag nicht.

Die Hütte erreichte ich um einiges vor zwölf. Die Wirtin und ihre Tochter waren noch mit Vormittagsarbeiten beschäftigt, dem Putzen der Lager, dem Waschen des Frühstücksgeschirrs und den ersten Kochvorbereitungen. Eine junge Frau saß in der Stube an einem der Fenster, wartete offenbar auf jemanden, während ich, als erster Übernachtungsgast des heutigen Tages, tatsächlich ein Zimmerlager für mich allein bekam.

Vor der Nachmittagsrast aß ich noch eine Suppe. Die junge Frau gegenüber schaute weiterhin zum Fenster hinaus, hatte jedoch bereits einige Male zu meinem Rucksack geschaut. Als ich von meiner üblichen Kurzwäsche und dem Leibchenwechsel zurück war, fragte sie mich mit Blick auf meinen grünen Weggenossen, wie weit ich gehe.

Weit, antwortete ich, ich bin schon fast seit zwei Monaten unterwegs, von Triest nach Monaco. Und das war nichts, das ihr unwirklich vorkam, im Gegenteil.

Solche Routen, sagte sie, würde sie auch gerne gehen, doch noch sei es nicht möglich. Denn allein wollte sie nicht, und ihr Mann habe für so etwas keine Zeit. Er müsse übrigens gleich kommen, sie begleite ihn manchmal beim Training, vielleicht kenne ich seinen Namen, Markus Hasler.

Natürlich kannte ich ihn. Nicht persönlich, doch ich konnte mich gut erinnern, dass der Liechtensteiner Skilangläufer in Salt Lake City als einer der größten Konkurrenten des späteren 30-Kilometer-Olympiasiegers Christian Hoffmann gegolten hatte. Zuletzt aber war er nicht mehr im Weltcup gestartet, da er sich bei den Weltmeisterschaften in Sapporo schwer an der Schulter verletzt hatte.

Ich staunte, wen ich hier treffen sollte. Als Jugendlicher hatte auch ich es als Sportler einmal so weit schaffen wollen. Doch ich war bereits im frühen Juniorenalter gescheitert. Denn es war mir nie gelungen, jene Veränderungen zu verdauen, die sich mit der Kaderaufnahme für mein bis dahin alleine absolviertes Training ergeben hatten. Auf den Trainingskursen hatte ich mich, selbst als ich bereits zu den Älteren gehörte, nie wohlgefühlt. Überfordert von den sofort um einiges anspruchsvolleren Trainingsplänen, absolvierte ich zu Beginn meiner Kaderzeit vermutlich sogar ein geringeres Pensum als davor, konnte das durch Talent jedoch viel zu lange verbergen. Während ich in jener Saison, in der es darum ging, doch noch jene entscheidende Leistungssteigerung in Richtung ÖSV-Kader zu schaffen, zwar einigermaßen nach Plan trainiert hatte, doch aufgrund fehlender Gewöhnung an die entsprechenden Umfänge und Intensitäten letztlich nur immer müder und lahmer geworden war – übertrainiert, wie es im Fachbegriff hieß.

Nie werde ich den Moment vergessen, als ich meine Skier nach dem letzten Saisonrennen im März in den Mannschaftsbus geschmissen und gewusst hatte, ich würde sie nie mehr für ein Rennen anschnallen. Während der letzten Runde hatte die Frühlingssonne damals bereits Wiesenstücke in die schon vor dem Start desolate Loipe geschmolzen. Ich hatte mich gequält und es gehasst, nichtsdestotrotz aber noch eines der besseren Ergebnisse dieses Winters geschafft. An meiner Entscheidung, nie mehr ein Rennen zu laufen, hätte jedoch selbst das größte Platzierungswunder nicht mehr rütteln können.

Markus Hasler hingegen hatte nicht einmal nach seinem Schulterbruch vor zwei Jahren aufgehört. Zwar hatte er den Anschluss ans Weltcup-Niveau im letzten Winter noch nicht gefunden, war nicht einmal im Worldloppet an die Spitze herangekommen, zuzutrauen waren ihm erfolgreiche Weltcup-Starts dennoch weiterhin.

Doch war das alles? Denn allein darum, ein Niveau wieder zu erreichen, das für jemanden wie ihn in den fünfzehn Jahren davor selbstverständlich gewesen war, konnte es ihm nicht gehen. Während höhergesteckte Ziele aber gerade für jemanden, der bereits WM-Vierter geworden war, mit siebenunddreißig Jahren wohl nur mehr mit Glück zu erreichen wären.

Was trieb ihn, dem realistische Ziele im Grunde zu wenig sein mussten, also immer noch an? War es tatsächlich allein der Traum einer vom Zufall so abhängigen Olympia-Medaille? Oder war es etwas, das auch ich kannte? Wenn ja, war es so allgemein und intim zugleich, dass man einen Fremden danach nicht fragen durfte. Deshalb war auch er es gewesen, nachdem er verschwitzt, doch nur leicht außer Atem, in der Hütte aufgetaucht war, der die Fragen – andere Fragen – gestellt hatte. Nach meiner Reise, der Route und nach dem Rucksackgewicht.

Während die Frage nach dem, was einen wie ihn immer noch antrieb, mich am Nachmittag selbst zu einem Zeitpunkt noch beschäftigte, als ich auf der Suche nach Handy-Empfang von Andreas Pichler die Nachricht erhielt, dass er das Filmprojekt vorerst aufgeben müsse: Die RAI finanziere, nachdem sie in Reinhold Messners TV-Projekt *Messners Alpen* so viel Geld gesteckt habe, doch nicht mit.

Ich saß auf einem Felsabsatz, hatte den Communicator wieder zurück in die Beckentasche gesteckt, schaute die Fels- und Geröllabhänge auf die Almen des Nenzinger Himmels hinunter und durchs Gamperdonatal Richtung Walgau hinaus. Und während ich in diesen Momenten bis hierherüber an den Ausgang des Walsertals hätte schauen können, von wo aus ich nun seit Monaten beim Arbeiten am Buch dieser Reise nicht nur buchstäblich zurückschaue, war ich erleichtert, auf keine Drehtermine mehr Rücksicht nehmen und keine gestellten Begegnungen oder Interviews für die Kamera mehr spielen zu müssen.

Vielmehr fragte ich mich, wann wohl eine Antwort von der Biosphärenpark-Managerin kommen würde – und spürte eine lange nicht mehr erlebte Aufregung. Zum Glück aber war in diesen Augenblicken, in denen ich mit dem Walserkamm einen der letzten Zipfel der Ostalpen vor Augen hatte, die Frage nach dem Sport noch nicht aus meinem Kopf verschwunden. So konnte ich mich nicht nur ablenken, sondern wusste mit einem Mal auch, was jemanden wie Markus Hasler, vielleicht ganz ähnlich wie mich, antrieb. Zumindest was mich betraf, war ich mir sicher.

Die Antwort kannte ich schon lange. Doch ich hatte jene Sätze, die Benjamin Heisenberg in seinem ersten Regiestatement zum *Räuber*-Film über den Titelhelden geschrieben hatte, nie auf mich bezogen. Schließlich war ich weder Mörder noch Bankräuber wie die Hauptfigur des Filmes, und selbst als Langstreckenläufer war dieser Mann zu Lebzeiten bedeutend besser gewesen, als ich es wohl jemals sein würde.

Er fühlt nicht mehr, so hatte Benjamin über ihn geschrieben, *was die Geborgenheit und Sicherheit seiner Umgebung und seines Lebens mit ihm zu tun hat. Den Kontakt, den er sucht, findet er nur in Momenten der Überforderung, der Gefahr, wenn sein Inneres sich dehnen und strecken muss, bis es sein Äußeres ganz ausfüllt und er fühlt, dass er nicht nur eine wandelnde Hülle ist, sondern lebt.*

Dieser Räuber sei *ein Typ Mensch, der symptomatisch für unsere Gesellschaft geworden ist.* Seine Bedürfnisse seien *psychisch, nicht physisch.* Seine Loyalität gelte zuallererst ihm selbst.

Blickte ich auf die letzten Monate zurück, konnte ich all das längst nicht mehr abstreiten. Jetzt, da ich langsam zu ahnen begann, dass selbst die größte Anstrengung oder Überforderung nicht ausreichte, um irgendwann Momente zu erleben, in denen man mehr als nur eine wandelnde Hülle aus Scheu, Unerreichbarkeit, Angst und Sehnsucht war.

Der nächste Tag war einer, an dem ich trotz blauen Himmels am Morgen und guten Wetterberichts im Weggehen nicht gewusst hatte, wie weit ich kommen würde, da meine Routenbeschreibung auf der Querung unterhalb des Naafkopfes zum Barthümeljoch sowie von dort zum Hochjoch einige Stellen als gefährlich bezeichnete.

Absturzgefahr!, hieß es vor allem über das letzte Stück vor dem Hochjoch, weil man hier bis in den Sommer hinein auf Schneefelder treffe, die vor allem morgens aufgrund der Felswände Richtung Nenzinger Himmel hinunter riskant waren.

Als weit brenzliger als dieses bei genügend Abstand zum Felsabbruch harmlose Stück, stellte sich hingegen bald nach der Hütte die Passage unterhalb des Naafkopfs heraus. Mehrmals musste ich auf allen vieren über Felsvorsprünge im Schnee klettern, unterhalb deren es gut hundert Meter in die Tiefe ging.

Doch bereits hier waren an dem Tag Konzentration, Wachsamkeit und Ruhe ganz von selbst da gewesen. In manchen Augenblicken sogar verbunden mit einer Freude, einem stillen Triumph über all die sicher und flüssig hinter mich gebrachten Übergänge, denen danach selbst das sonstige Zittern der Erleichterung fehlte.

Dass jedoch auch die einfachsten Passagen nicht von allein gelangen, merkte ich an der sicherlich ungefährlichsten Stelle des gesamten Tages. Prompt nahm ich die falsche Wegabzweigung und bemerkte den Fehler erst einen halben Kilometer weiter, als ich längst auf der falschen Seite des Berges gelandet war.

Sowenig aber die leeren Momente solcher Fehler sich je erklären ließen, so geheimnisvoll blieben auch die, in denen man ganz bei sich zu sein schien. Als Augenblicke, in die keine Richtung wies, kein Weg führte, weder ein falscher noch ein richtiger. Wie etwa jener Sekundenbruchteil, in dem ich vor der Schesaplana-Hütte den Sonnenschirm auf mich zufliegen sah: Die Eisenstange des Schirms dabei direkt in Richtung meines Gesichts unterwegs – so viel hatte ich in den Augenwinkeln gerade noch gesehen, bevor ich die Stange in der Hand hielt.

Kurz darauf war ich trotz der Zweifel des Schesaplanawirts, ob ich es in der zweiten Nachmittagshälfte tatsächlich zur Carschinahütte schaffen könnte, bereits wieder unterwegs. Vorbei an den mächtigen Wänden der Schesaplana, vorbei an den Kanzelköpfen und hinauf zum Gafalljoch, wo ich zum zweiten Mal an diesem Tag ins Walsertal hinübersah.

Die Sonne, schräg in meinem Rücken, stand bereits tief. Knapp zweieinhalb Stunden Wegzeit waren noch angegeben, als ich unterhalb der Kirchlispitzen zu den Alpweiden des Pardutzbödali abstieg. Vor mir baute sich über der hügelig ansteigenden Alplandschaft die Wand der Drusenfluhs auf, dahinter die der Drei Türme, auch die

Sulzfluh war bereits in Sicht. Etwas weniger als vierhundert Höhenmeter ging es noch bergauf. Müdigkeit spürte ich keine. Stattdessen tauchte seitlich von mir, in einiger Entfernung, immer öfter meine eigene Gestalt in den Schatten auf, in denen sich die Wiesenbuckel meines Wegs auf entfernteren Alpweiden abzeichneten.

Der Rucksack und der Wanderer, unerreichbar, nicht nur in den immer weiter weg rückenden Schatten dieser Abendstunden, sondern in der unbeirrbaren Gleichförmigkeit der parallelen Bewegungen. Kein Augenblick, in dem man dabei seiner selbst habhaft werden konnte, am allerwenigsten durch bloßes Innehalten. Auch wenn man im Moment davor, aus den Augenwinkeln, etwas von sich zu sehen geglaubt hatte, das einem weder Schatten noch Spiegel je verrieten. Kaum glaubte man aber, seiner habhaft geworden zu sein, hielt man bestenfalls einen Sonnenschirm an seiner Eisenstange fest.

In eine andere Welt

Im letzten Tageslicht kam ich auf der Carschinahütte an. Von Weitem hatte ich noch Leute auf den Bänken vor der Hütte sitzen sehen, darüber das rote Leuchten an den Spitzen der Sulzfluh. Als ich vor der Hütte stand, waren die Bänke leer.

Wie müde mich die Doppeletappe gemacht hatte, spürte ich erst beim Anstieg zur Hügelkuppe, auf der die Hütte weithin sichtbar stand. Angesichts der Leute, die mich von oben mit dem Abendrot in den Gesichtern beobachteten, war ich dennoch kaum langsamer geworden.

Meine E-Mails rief ich an dem Tag nicht mehr ab. Denn nun, hinter der Sulzfluh, war ich endgültig außer Reichweite meines österreichischen Netzanbieters und hatte auch noch keine SIM-Karte für die Schweiz. Außerdem war Samstag, und ich hatte mein Mail an Ruths Büroadresse geschickt, weshalb ich eine Antwort auch nur von dort erwartete. Das Warten hatte damit zwei Tage Aufschub.

Für den nächsten Tag waren wieder einmal Gewitter angesagt, und diesmal schien die Prognose nicht nur eine hohe Wahrscheinlichkeit zu haben, sondern warnte auch vor Unwetter. Bereits am frühen Nachmittag sollte es losgehen. Da die Etappe aber mit einem Bergabstück zum Partnunsee sowie einem längeren, immer noch leicht abfallenden Forststraßen-Abschnitt nach St. Antönien begann, bevor es in den langen Anstieg zum Gargeller Joch ging, würde ich nachmittags sicherlich noch am Berg sein. Die Frage war nur, in welcher Höhe.

Dass nach Gargellen noch eine andere Route führte, auf der man sich den Weg nach St. Antönien ersparte, war mir in der Müdigkeit dieses Abends nicht in den Sinn gekommen. Zumindest wusste ich aber, dass es zur Not am Gargeller Joch eine alte Zollhütte als Unterstand gab und die nur eine Dreiviertelstunde entfernte Bergstation der Schafbergbahn in Laufschritt-Reichweite war. Dass die letzte Talfahrt im Sommer vermutlich bereits um vier Uhr oder knapp danach, abging, fiel mir erst am Joch ein.

Doch genauso, wie während des Mittagessens in St. Antönien, das ich mir irrwitzigerweise trotz der blauschwarzen Wolken über den nächsten Bergspitzen noch gegönnt hatte, war ich auch am Gargeller Joch noch sicher, genügend Zeit zu haben, um mich vor der Unterstandshütte in die letzte Sonne zu setzen. Genügend Zeit in jedem Fall dafür, mein neues Merino-Leibchen noch an einen der ersten heftigeren Windstöße zu verlieren, nachdem ich es an einen Wegweiser über der steilen Flanke des Jochs zum Trocknen aufgehängt hatte.

Dann erwischte ich, kaum eine halbe Stunde später, gerade noch die letzte, nur mehr zum Taltransport des zuständigen Seilbahn-Mitarbeiters vorgesehene Fahrt der Gondel. Und selbst das wäre sich nicht ausgegangen, hätte dieser angesichts des drohenden Wetters nicht noch einen Blick auf die Hänge rundum geworfen und dabei mich über die Alphänge Richtung Bergstation laufen sehen.

In Gargellen hatte ich gerade noch Zeit für eine schnelle Runde zur Zimmersuche. Länger hätte es aber auch bei besserem Wetter nicht gedauert. Der Ort war überschaubar, große Hotels ließ ich ohnedies links liegen, und die erste Frühstückspension hatte Betriebsurlaub. Vor der zweiten begrüßten mich alte Wanderschuhe aus Leder als Steingarten-Dekoration. Selbst bei größerer Quartier-auswahl wäre spätestens damit alles klar gewesen.

Drinnen entpuppte sich das Haus sogar als kleines Hotel. Die weichen Teppiche in der Lobby machten mir angesichts meiner alles andere als sauberen Bergschuhe ein schlechtes Gewissen. Die zerstreute der Besitzer elegant, während ich mich allein aufgrund des Duftes aus der Küche bereits für Halbpension entschieden hatte und damit heute nicht mehr aus dem Haus musste, was wenig später auch kaum mehr möglich gewesen wäre.

Denn als ich in meinem Zimmer die Schuhe auf den Balkon stellen wollte, brach das Gewitter los. Keine Sekunde brauchte ich mehr daran zu denken, ob die Schuhe auf dem Balkon nicht vielleicht doch trocken blieben, so stark schlug der Regen gegen das Haus. Ganz zu schweigen von der Möglichkeit, mein nun wieder einziges Leibchen waschen und draußen über Nacht aufhängen zu können.

Nacht war es nun von einem Moment zum anderen geworden. Beim Betreten des Hotels hatte ich noch Sonnenstrahlen im Rücken gehabt, nun hing über dem Tal solche Dunkelheit, dass man nur annehmen konnte, hinter den Wolken sei schlagartig Finsternis eingefallen.

Die Gewitter sollten fast bis zum Morgen dauern und für ständige Sendeausfälle während der TV-Übertragung des EM-Finales sorgen. Während in Wien sogar die Räumung der Fanzone notwendig wurde, fühlte ich mich so sicher, dass selbst eine Rekordnacht an Blitzen, wie die Radionachrichten beim Frühstück verlauten sollten, mich nicht gehindert hatte, tief und fest zu schlafen.

Am nächsten Tag war der Himmel wieder so blau, als wäre nichts geschehen. Es war kurz vor Mittag und ich war von Gargellen aus noch nicht lange unterwegs. In den Wiesen surrte und summte es. Auch wenn es weder in der Landkarte noch in der Routenbeschreibung stand, nun hätte es mir einfallen müssen:

Im März 1938 war Jura Soyfer durch das jetzt in der Wärme flirrende Wintertal Richtung Schlappiner Joch geflohen. Seit Jahren kannte ich deshalb den Namen dieses Jochs, und Jura Soyfer hatte ich während meines Studiums in dem nach ihm benannten Saal des Theaterwissenschaftsinstituts auf einem wandgroßen Fotoporträt immer vor Augen gehabt.

Soyfers gescheiterte Flucht fiel mir jedoch erst zwei Tage später wieder ein, bei der Lektüre eines Artikels in einem rätoromanischen

Magazin über die Fluchtwege zwischen Montafon und Engadin. Auf die unweit von Gargellen, im Museum von Schruns, den ganzen Sommer laufende Ausstellung *Grenzüberschreitungen. Von Schmugglern, Schleppern, Flüchtlingen* sollte ich erst nach meiner Reise stoßen.

Ich aber genoss den strahlenden Tag und ging den breiten Schotterweg zwischen den grünen Alpweiden des Hochtals in Richtung des Passübergangs, der für den mit siebenundzwanzig Jahren in Dachau umgekommenen Jura Soyfer zum Verhängnis geworden war. Selbst hier tauchte keine Erinnerung an den Dichter auf. Vielmehr beschäftigten mich die unzähligen kleinen Muren, die sich in der vergangenen Nacht sogar im Wald vor der Alpe gelöst hatten. Ein Indiz, wie unsicher bei solchen Gewitterregen auch die Täler wurden und wie naiv mein unerschütterlicher Glaube war, im Sicheren zu sein, sobald ich einigermaßen weit vom Berg heruntergekommen war.

Dass selbst Häuser davon bedroht waren, hätte mich nun nicht überraschen dürfen. Dennoch konnte ich den Baumaschinenlärm, den ich am Pass aus dem idyllisch neben einem kleinen Stausee gelegenen Weiler Schlappin bereits heraufhörte, anfangs in keiner Weise einordnen. Umso deutlicher wurde es, als ich Schlappin erreichte. Denn nur wenige Meter neben jenem Gästehaus, in dem ich mich einquartierte, war in der vergangenen Nacht eine Mure abgegangen, deren Wucht Terrasse wie Kinderspielplatz einfach weggefegt hatte. Tische, Bänke, Schaukelpferde, sogar eine Sandkiste lagen in den Erdmengen, die auf der anderen Straßenseite bis zum Seeufer hinunter reichten. Wenige Meter daneben das Haus. Vor fünf Jahren, sagte die Wirtin, sei es noch knapper gewesen.

Am nächsten Morgen war auf den planierten Erdflächen bereits wieder Gras gesät. Ich musste nach Klosters, von wo ich mit dem Zug nach Scuol fahren wollte, um jene Silvretta-Etappen zu umrunden, die angesichts der Schneesituation in diesem Jahr auch Anfang Juni noch in zu großer Höhe lagen.

Der Weg ins Tal führte durch lichte Nadelwälder. Neben mir plätscherte der Bach, ich hatte lediglich sechshundert Meter bergab vor mir. Doch bald brannten meine Fußsohlen derart, dass ich froh war, heute nicht mehr weitergehen zu müssen. Bereits der Weg nach Buchboden hatte mir das bislang unbekannte Brennen beschert. Die neuen Schuhe verdächtigte ich jedoch erst, als es von nun an bei jeder längeren Abwärtspassage auftauchte.

Mit Blick auf Klosters kam ich aus dem Wald heraus, rundum hoch stehende Wiesen, eine Postkartenlandschaft. Nur der neben der Straße in tiefer Felsschlucht eingegrabene Bach verriet die unheimlichen Kräfte, die hier zu Hause waren.

An einer der ersten Aussichtsbänke machte ich halt, sattelte den Rucksack ab, streckte die Beine aus und schaute auf das Talbecken von Klosters hinunter. Ein Ort, der in all seiner Alpenidylle ebenso wie das nur um die Ecke gelegene, mit Klosters längst verwachsene Davos von jener offenen und lichten Kulturlandschaft profitierte, die erst im Agrarzeitalter geschaffen worden war. Nun zog sie vor allem Touristen und Bewohner jener Zweit- oder Hauptwohnsitze an, die hier wie in ähnlich gut erreichbaren Alpenorten für den größten Zuzug sorgten, während sie ihrer Arbeit weiterhin in den Ballungsräumen außerhalb nachgingen.

Ähnlich hatte ich es im Antholzer- und im Gsiesertal bereits erlebt. Am intensivsten aber ging diese Entwicklung, wie ich bei Werner Bätzing gelesen hatte, in jenem Teil der Südalpen vonstatten, der im Einzugsbereich der Agglomeration Nizza, Grasse, Cannes, Antibes lag:

Aber auch die Städte Genf, Luzern, München, Salzburg, Wien, Graz und Turin haben inzwischen größere Alpenrandregionen zu Teilbereichen ihrer Agglomerationen umgewandelt. Und im Einflussbereich weiterer Städte – Bern, Zürich, St. Gallen, Steyr, Ljubljana, Udine, Verona, Brescia, Bergamo, Varese, Ivrea, Savona, Imperia, Avignon und Valence – hat diese Entwicklung bereits begonnen.

Während diese Entwicklung bereits entsiedelten Gebieten wie jenen der Seealpen neue Bewohner und scheinbar neues Leben bringt, überdecken solche Zuzugsraten, dass die neuen Bewohner ihren Lebensraum lediglich als selbstverständlich funktionierende Dienstleistung nutzen, die sie gerade als Idylle in keiner Weise ist.

Doch abgesehen davon, in welch prekäre Situationen damit viele dieser neuen Siedlungen angesichts der instabilen Naturverhältnisse der Alpen unweigerlich kommen, bleibt ohne die Arbeit am Lebensraum auch ihr Wert als Idylle etwas Abstraktes und Unwirkliches.

Denn im Gegensatz zu den, als letzte Überlebende der Agrargesellschaft, noch verbliebenen Bauern und ihrer jahrhundertelangen Tradition, kann von den hier bloß Rückzug suchenden Zweitwohnungsbesitzern und Touristen in keiner Weise mehr gesagt werden, sie veränderten *durch ihre Naturbearbeitung einen räumlichen Naturausschnitt so, dass die Kulturlandschaften – als Resultat der Interaktion zwischen Naturraum, naturräumlichen Prozessen und menschlichen Bearbeitungen in Geschichte und Gegenwart – einen besonderen und einmaligen Charakter erhalten, der sie jeweils unverwechselbar macht.*

Nämlich jenen von Heimat. Damit definiert Werner Bätzing anhand der Arbeit an und in der Landschaft einen Begriff, der nicht zuletzt erst zu einem politischen Kampfruf werden konnte, seit er im Zuge der Industrialisierung und der damit verbundenen Veränderung im Lebens- und Arbeitsgefüge des Menschen aus dem Alltag verschwand und zum bloßen Rückzugs- und Sehnsuchtsort wurde. Denn abseits solcher Kämpfe und Projektionen liegen die Erinnerungswurzeln eines Begriffs von Zuhause dort, wo Menschen … *in der spezifischen Gestaltung der Landschaft ihre eigene Arbeit und die der Generationen vor ihnen erkennen, was im deutschen Sprachraum traditionellerweise als »Heimat« und heute oft als »regionale Identität« bezeichnet wird.* Ballungszentren solcher alpiner Wohn-, Freizeit- und Schlafregionen sind Tourismusstädte wie Bad Ischl, Chamonix, Kitzbühel, St. Moritz oder eben Davos. Allesamt Orte, die als kleine Tourismusgemeinden zu Städten geworden sind, deren Besonderheit vor allem darin liegt, dass Arbeitsplätze, Infrastruktur und wirtschaftliche Bedeutung längst nicht mehr mit der tatsächlichen Einwohnerzahl zusammenhängen.

Wie im letzten *Alpenreport* der CIPRA zu lesen, zeigt sich anhand solcher Städte, dass die Benutzung der Alpen als Dienstleistung, ganz gleich, ob zu Urlaubs- oder Wohnzwecken, und der damit einhergehenden Degradierung der Landschaft zur Ware noch längst nicht das Ende einer Entwicklung markiert, die mit dem Auseinanderfallen von Arbeit und Freizeit im Industriezeitalter begonnen hat. Im Gegenteil, in Davos etwa wird selbst der klassische Tourismus bereits wieder verdrängt, indem sich, wie Bätzing schreibt, Verkauf und Handel mit Davoser Eigentumswohnungen allmählich zum allgemeinen Kapital- und Anlagegeschäft ausweite.

Auf dem, und das buchstäblich in jeder Hinsicht, Wirklichkeitsschauplatz Alpen folgt damit auf die Epoche der verschiedenen Ab-, Um- und scheinbaren Aufwertungsprozesse von Intensivierung, Entsiedelung, staatlich geförderter Erhaltung, Ein- und Auspendlertum sowie Benutzung als Wohn-, Schlaf-, Freizeit- oder Urlaubsware bzw. -dienstleistung eine gänzlich neue Phase: jene der Fiktionalisierung dieser Landschaft zum börsennotierten Buchwert.

Und spätestens in dem Augenblick, in dem dieser tatsächlich nur mehr spekulativ-illusionäre Buchwert auch den idyllischsten Wert der Ware und Dienstleistung Alpen überstiegen hat, könnte auch eine Antwort auf die Frage vorliegen, ob im Rückzug der Agrargesellschaft noch Geschichten übrig bleiben, wie man sie vom allmählichen Rückgang und Verschwinden der Wildbeutergesellschaften kennt.

Als Fiktionalisierung der Landschaft selbst wäre es die Rückerzählung schlechthin, ein Auflösen der Fäden. Eine Auflösung, die nicht nur in den Alpen eine endgültige wäre, da sie die Wirklichkeit selbst betrifft, Odysseus' Haus, und nicht bloß Penelopes Weberei.

Ich hörte das Verkehrsrauschen im Tal und musste daran denken, wie optimistisch ich geklungen hatte, als ich im Walsertal der Biosphärenpark-Managerin über den notwendigen Realismus von Utopien geschrieben hatte. Vielleicht war ihr das angesichts ihrer Berufserfahrung zu naiv gewesen. Egal. Ich zog den Communicator heraus und schrieb:

Hallo Ruth, da letzte Woche etliche der von mir über meinen tollen Communicator verschickten Mails nirgendwo angelangt sind, wollte ich mich nur kurz erkundigen, ob mein Mail zum Walsertal bei dir angekommen ist.

Es war halb zwölf. Ich sah unten im Tal einem Zug zu, wie er von Klosters-Dorf nach Klosters-Platz fuhr. Gleich hinter dem Berg[18] musste Davos sein.

Lieber Martin, dein Mail ist angekommen – offenbar aber meine Antwort nicht? Ich habe sie dir grad nochmals weitergeleitet…, stand gleich darauf in Ruths Mail, das ich vor dem Weitergehen noch abrief. Im Grunde viel mehr einer Automatik als tatsächlicher Erwartung folgend. Immerhin hatte sie mir, wie ich glaubte, schon fast eine Woche nicht geantwortet, und selbst angesichts dessen war ich nicht ungeduldig, höchstens neugierig gewesen.

Diesmal hatte sie mir zwar ohne die Diplomarbeit im Attachement geantwortet. Doch dass ihr Mail im Unterschied zum ersten nun allein deshalb hatte ankommen können, durchschaute ich erst am nächsten Tag, als Jürgen mich darauf aufmerksam machte, dass nun auch einfache Mails nicht mehr durchgingen.

Insofern war es bloß Glück gewesen, dass es an dem Tag zwischen Schlappin und S-charl noch für all die Mails gereicht hatte. Davon ahnte ich jedoch nichts, als ich mit ihrer Antwort nach Klosters hinunterging, war vielmehr mitten in ihrem beigefügten Mail von letzter Woche und Sätzen darüber, dass es bei einer Utopie für den ländlichen Raum wohl um zwei parallele Veränderungen gehen müsse:

… einerseits um eine gesellschaftliche, die den Alltag und seine Erfordernisse mehr in den Mittelpunkt rückt, andererseits – und das ist wohl das Wichtigere – geht es um die Handlungsspielräume und Entscheidungsfreiräume, die sich Frauen schaffen und sich v.a. auch selbst zugestehen, als wesentliche Basis für Eigenes. Wertschätzung, Eigenmacht… etwas, das ja nicht (nur) entsteht, weil es einer/einem von außen zugestanden wird.

18 *Manchmal,* so schrieb ich ins Notizbuch, *weiß ich ganz genau, wo ich bin, wohin ich steuere, wohin es links und rechts von meiner Route hin ginge. Dann wieder muss ich sogar bei klarem Wetter und Sonnenschein immer wieder überlegen, wo Süden, Westen, Norden, Osten ist, wohin mein Weg heute führt, über welche Hänge, Sonn- oder Schattseiten, über welche Steige, Übergänge, an welchen Felsabbrüchen vorbei. Ganz gleich, wie genau ich die Karten am Vorabend, am Morgen oder im Augenblick davor studiert hatte.*

Das hatte sie mir bereits Mittwoch letzter Woche geschrieben. Ohne dass ich ihr darauf hatte antworten können. Stattdessen hatten wir beide gewartet. Monate später schrieb sie mir, sie habe sich gefragt, wo ich gerade gewesen sei: ob noch in Klagenfurt, längst wieder auf der Wanderreise? Und wo genau? Und warum ich mich nicht meldete?

In meiner Vorstellung, schrieb sie über die damaligen Fragen, *wäre es durchaus möglich gewesen, von dir ein E-Mail, vielleicht auch eine SMS zu bekommen, etwa mit der Frage: Ich bin gerade in Feldkirch, wann treffen wir uns? Ein paarmal ist sie als Wunsch aufgeblitzt, doch das Nächste, was ich von dir gehört hatte, war die schriftliche Beschwerde, warum ich eigentlich nichts von mir hören lasse …*

Von einem solchen Wunsch verriet ihr Mail natürlich nichts; dafür erzählte sie, in der Woche vor unserem Treffen auch zu Fuß unterwegs gewesen zu sein – wenn auch nur für vier Tage. Dennoch sei es, nach zwei Tagen im Büro, mehr als nur eine Erinnerung an das Gefühl dieser Tage gewesen, *jemanden zu treffen, der so weit unterwegs ist.*

Ob aber allein diese Formulierung begründete, warum ich in ihrer Schlussfrage – *Wo bist du denn gerade?* – tatsächlich bereits etwas anderes als bloß geografische Neugier zu lesen geglaubt hatte? In jedem Fall beschränkte ich mich in meiner Antwort allein aufgrund dieses Verdachts, den man auch Wunsch nennen könnte, auf nichts anderes als Geografisches:

Ich bin, etwas abseits von der eigentlichen Route, gerade in Klosters. Damit weiche ich der Getschner Scharte aus, die mir, angesichts des langen Winters in den Alpen, noch zu gefährlich ist. Und so gehe ich, nach einem Stück Zug von Klosters nach Scuol, morgen Richtung Ortler-Gebiet, wo es dann erst richtig nach Westen geht …

Im Schreiben all der Orts- und Richtungsangaben hoffte ich aber, mir vor allem Raum für einen Satz verschafft zu haben, in dem ich das, was ich mir gerade wünschte, gar nicht erst als Frage formulieren musste, sondern gleich als Aufforderung, zumindest aber als Herausforderung. Und so fügte ich als mögliches Gegenmittel für zu viele Sitztage im Büro einfach an: … *kannst mich ja besuchen!*

Eine Stunde später, ich saß gerade im Zug nach Scuol, kam ihre Antwort. Und sie begann zwar damit, dass es bis zum 19., 20. Juli, so verlockend es auch wäre, nicht realistisch sei, einen Abstecher in die Schweiz zu machen. Für die Zeit danach aber habe sie ohnedies bereits überlegt… *in die Schweiz zu fahren, eine Freundin am Gotthard zu besuchen und ev. einen Abstecher zum Xong-Festival zu machen. Und wer weiß, wo du da bist? Vielleicht gar nicht so weit weg…*

Zwar wäre der Schweizbesuch ohne meine Besuchseinladung, wie ich später von ihr erfuhr, noch bei Weitem nicht so konkret gewesen, wie sie mir an dem Nachmittag geschrieben hatte, doch sei ein solcher Trick zur Wahrung des in derartigen Momenten notwendigen Gleichgewichts der Kräfte unumgänglich gewesen.

Während ich mich angesichts dessen, dass ich damit ab dem 19., 20. Juli unbedingt in Gotthard-Nähe sein musste, endgültig dafür entschied, nicht zu Fuß Richtung S-charl zu gehen, sondern nach dem Kauf der Schweizer SIM-Karte in Scuol den Bus zu nehmen. Das wiederum erzählte ich ihr nicht, als ich ihr von S-charl schrieb, sondern tat so, als sei es ganz normal, dass ich auf meiner Fußreise den Bus genommen habe:

… seit dem Spätnachmittag bin ich nun in S-charl, am letzten Zipfel der rätoromanischen Schweiz, morgen geht es über die Cruschetta nach Taufers in Südtirol. S-charl besteht aus wenigen Häusern und liegt, von Scuol nur durch eine enge Sandstraße erreichbar, auf 1800 Metern Seehöhe so abgeschieden wie wenige Orte, an denen ich bislang war. Vor den Kurven blieb der Bus, mit dem ich, anstatt der Beine, heute ja unterwegs war, immer stehen, der Fahrer betätigte sein Signalhorn, dann wartete er noch etwas, bevor es weiterging.

Doch wollte ich ihr nicht zur Beschreibung des Ortes und der Straßenverhältnisse aus dem alten, abgeschiedenen Bergbauort, in dem seit dem 14. Jahrhundert Blei und Silber abgebaut und geschmolzen worden waren, doch kaum Mobilfunk-Empfang bestand, unbedingt ein Mail schicken. Vielmehr wollte ich ihr sagen, wie wichtig mir war, was sie am Nachmittag über Utopie und Wirklichkeit geschrieben hatte:

Den Alltag und seine Erfordernisse in den Mittelpunkt zu rücken, genau so müssten Utopien beginnen. Stattdessen würde jedoch meist nur das Unerreichbare zur Utopie deklariert. Vielleicht auch, wie ich hinzufügte, da dies leichter vonstatten gehe, als das Utopische mitten im Alltag zu suchen.

Zeilen, die sich nicht zuletzt während meines Spaziergangs durch S-charl auf der Suche nach Handyempfang bestätigten. Auf unzähligen Schautafeln war zwar zu lesen, dass in den Wäldern ringsum 1904 der letzte Bär der Schweiz geschossen worden war, nicht aber, wie lange nach dem Ende des Bergbaus der nur im Sommer über eine Schotterstraße erreichbare Ort ganzjährig bewohnt und bewirtschaftet worden war. Ebenso wenig, bis wann die Schule noch eine Schule gewesen war oder das Dorfwirtshaus noch ein Dorfwirtshaus.

Jetzt jedenfalls war das alte Wirtshaus im Sommer ein kleines Hotel. Und die restaurierten Höfe des Weilers beherbergten Ferienwohnungen. Selbst im Winter konnte man sich nach Voranmeldung hier einmieten und eine ungekannte Einsamkeit erleben, da nur Ski-Doos und Tourenskigeher den Ort erreichten.

Ruth beschrieb ich all das jedoch nur kursorisch. Wie schon während der gemeinsamen Stunde in der Propstei fühlte ich mich auch im Schreiben befangen, weil ihre Sätze über den Alltag gerade jenen Erfahrungen meiner Reise, die ich bislang am schwersten beschreiben konnte, so nahe kamen. Vielleicht aber hatte ich angesichts ihres Mails und der Erinnerung an unser Gespräch in St. Gerold mehr als nur eine Ahnung, wie viele meiner Erlebnisse erst beim Lesen ihrer Diplomarbeit benennbar werden sollten. Und das bezeichnenderweise im Zusammenhang mit dem Begriff des *Unsichtbaren*. Umso schneller begriff ich es ein paar Tage später, als ich an einem Regennachmittag in Trafoi ihren Text über das Vorrätemachen zu lesen begann.

Denn Ruths Text begann ohne Umschweife. Bereits auf einer der ersten Seiten sollte ich lesen, dass sich gerade in der Vorratswirtschaft, die … *angesichts der herrschenden industriellen Perspektive nicht sinnvoll zu sein scheint, denn industrielle Konserven sind billig, leicht und jederzeit erwerbbar…*, jener Teil gesellschaftlicher Arbeit beschreiben lasse, der in der kapitalistischen Gesellschaft unsichtbar gemacht worden sei.

Arbeit, die zwar produzierte, doch nicht immer Produkte erzeugte, schon gar nicht Waren, und deshalb aus der Perspektive des Marktes nicht messbar war. Arbeit, die in solch unmittelbarer Weise zum Leben gehörte, dass sie gerade in ihrer Selbstverständlichkeit, wie Ruth Moser nüchtern festhielt, Grundlage aller anderen Wirtschaftstätigkeiten war: das Gebären von Kindern, die Erziehung, der Haushalt, die Pflege der Älteren als klassische Beispiele. Arbeit, ohne die selbst die avancierteste Konsumgesellschaft nicht auskam.

An Stellen wie dieser kam zur Sprache, was mir während der Reise als Leere aufgefallen war. Mit Ruths Definition der Unsichtbarkeit begriff ich aber, dass die unterwegs so oft wahrgenommene Leere eine doppelte war: Das, was in all den Orten und Gegenden fehlte, war nichts anderes als unsichtbare oder unsichtbar gemachte Arbeit.

In der konkreten Beschreibung des Vorrätemachens als unsichtbarer Arbeit demaskierte Ruths Text jene Ökonomie, die solche Unsichtbarkeit produzierte, und verdeutlichte, dass es in der Diskussion über Arbeit und ihren Wert um eine Ökonomie und einen Sinn gehen sollte, deren Utopie eben nicht das Unmögliche, sondern das Mögliche sein musste:

Eine Wirklichkeit, die jene vorgeblichen Realitäten der Marktpreise und Börsenkurse als jene Abstraktionen und Fiktionen kenntlich machte, die am Ende dieses Sommers die Welt schließlich das Fürchten lehrte.

Gleichzeitig aber ging es Ruth nicht um einen Rückzug ins Eigene oder gar in eine Festschreibung traditioneller Frauenrollen. Vielmehr wollte sie, anhand eines konkreten Beispiels, den Blick für andere Wertmaßstäbe und damit für eine andere Ökonomie öffnen. Eine Ökonomie, die sich auf die eigenen Fähigkeiten bezieht:

Emanzipation bedeutet dem gemäß nicht Zugang zu den gleichen Möglichkeiten für alle im bestehenden System, sondern Zugang zu den eigenen Möglichkeiten. – Radikaler lässt sich kaum formulieren, dass die gleichen Möglichkeiten im bestehenden System zu wenig sind.

Am Abend in S-charl aber kannte ich noch keine einzige dieser Zeilen, fragte mich vielmehr, woher die beinah blinde Sicherheit kam, mit der ich mich auf diese Frau freute. Obgleich die Erinnerungsbilder von ihr in meinem Kopf vielleicht schon gar nicht mehr stimmten.

Zwanzig Etappen waren es nach Biasca, zwanzig Tage hatte ich dafür Zeit. Es war möglich, das zu schaffen, auch wenn ich zumindest zum Schreiben der nächsten *Rondo*-Geschichte in Stilfs einen Ruhetag einlegen musste. Und so schrieb ich ihr, dass ich während der fraglichen Tage tatsächlich in der Nähe des Gotthard sein würde:

Du müsstest natürlich mitgehen, zumindest einen Tag, im Grunde eher zwei, denn sonst ist es ja keine wirkliche Tour.

Kurz hatte ich gezögert, bevor ich diese Forderung stellte. Dann jedoch, anstatt sie auch nur irgendwie zurückzunehmen, sogar noch hinzugefügt:

Also, jetzt bin ich einmal gespannt, ob deine halbe Ankündigung eine ganze wird. Denn alles andere wäre ja gar nichts, oder?

Ich schickte das Mail ab, sah in die Landkarte des nächsten Tages und versuchte in einem Roman Simenons zu lesen, den ich mir noch am Bahnhof in Salzburg gekauft hatte. Doch ich war selbst für einen Maigret-Krimi zu unkonzentriert. Ich legte ihn zur Seite, blätterte flüchtig durch ein Magazin, bis ich auf eine Reportage über die Fluchtwege zwischen dem Montafon und Graubünden stieß.

Schlagartig dämmerte mir, dass ich am gestrigen Tag kein einziges Mal an Jura Soyfer gedacht hatte. Dabei war mir gerade die Geschichte seiner gescheiterten Flucht über den Rätikon als besonders bezeichnend erschienen. Denn gescheitert waren Soyfer und sein Freund Hugo Ebner am 13. März 1938 nicht – wie es über scheinbar selbstvergessene Dichter wie Soyfer so gern erzählt wurde – daran, dass sie ihre Jausendose in Zeitungspapier der damals verbotenen *Volksstimme* gewickelt hatten, sondern am Übereifer des jüngsten der drei Gendarmen, die sie unterwegs kontrollierten, und dessen Dünkel.

Allein das bedruckte Papier war ihm verdächtig erschienen; bei der Zeitung hatte es sich aber nicht um die *Volksstimme*, sondern um das Organ der erlaubten Einheitsgewerkschaft gehandelt. Doch Buchstaben genügten in einer Zeit, in der ein mörderisches Regime an der Macht war, und die Ventile für derartigen Dünkel und Hass standen offen.

Am nächsten Tag ging ich den vergleichsweise flachen Anstieg zur Cruschetta hinauf. Der Pass war mit großen Steinplatten ausgelegt, doch während er früher einer der am stärksten benutzten Übergänge gewesen sein musste, begegnete ich an diesem Tag nur einer einzigen Wanderin.

Am Fuß der steilen Sesvenna-Flanken lagen weite Schutthalden brüchigen Dolomits. Die Routenbeschreibung versprach einen ersten Blick auf das Ortler-Massiv im Südosten. Doch die schnell zuziehende Bewölkung der für den Nachmittag erneut prognostizierten Gewitter ließ nicht einmal die Aussicht auf den nach Stilfs bevorstehenden Fallaschkamm zu.

Was würde mir Ruth antworten, fragte ich mich, während ich vorbei nach Taufers an den bewirtschafteten Almen des Avignatals nur mehr bergab zu gehen hatte. Nachdem die Mails gestern Nachmittag fast im Halbstundentakt hin- und hergegangen waren, hatte ich mir für das Mail, in dem ich die Mehrtägigkeit zur Bedingung für einen Besuch gemacht hatte, bewusst bis zum Abend Zeit gelassen. Sollte sie ruhig ein wenig warten.

Tief hängende Regenwolken zogen ins Avignatal herein. Auf Augenhöhe, während ich noch ein letztes Stück auf den hoch liegenden Almböden vor mir hatte. Kurz darauf klopften die Regentropfen bereits auf die Pelerine.

Vier Stunden später saß ich in trockener Kleidung vor dem einzig geöffneten Café von Taufers, das außerhalb des Orts direkt am Grenzübergang lag. Über dem Tal war keine Wolke mehr zu sehen und die Straßen längst aufgetrocknet. Ab siebzehn Uhr gab es Pizza, italienische Pizza, wie die Kellnerin lächelnd gesagt hatte.

Ich trank einen Espresso, schaute in die Sonne. Und nichts anderes tat auch jeweils einer der beiden italienischen Zöllner, während der andere die Arbeit, bis sie wieder wechselten, in eleganter Nachlässigkeit verrichtete.

Gegenüber, in der kräftigen Nachmittagssonne, der steile Waldhang zur Rifair Alm, den ich morgen hinauf musste. Gut tausend Höhenmeter innerhalb von vier Kilometern, danach noch zweihundert Richtung Plaschweiler Kamm, steiler sollte es über eine solche Höhe am gesamten *Roten Weg* nicht mehr bergauf gehen. Bergab jedoch schon, von den tausendvierhundert Höhenmetern über dieselbe Distanz ins Val Bovana hinunter wusste ich aber noch nichts, hätte sie mir, mit der steilen Waldflanke vor Augen, auch nicht vorstellen können.

Fast greifbar nah hingegen, was ich im Schwangerschaftswochen-Attachement Sabines lesen konnte: *Das Kind wiegt jetzt ungefähr ein Drittel des geschätzten Geburtsgewichts. Die Füße haben jetzt eine Länge von fast 5,5 cm.* – Demnach waren sie schon so lang wie mein kleiner Finger. Und plötzlich hatte ich ein genaues Bild von einem frechen kleinen Menschen, dessen Kopfhaare, wie in der Beschreibung stand, schon *verhältnismäßig lang* seien, während sich unter dem Zahnfleisch gerade die Milchzähne gebildet hätten.

Und: Sabines Zeilen klangen froh. Ich war erleichtert. Offenbar hatte auch ihr die Klarheit in Salzburg gutgetan.

Noch kein Mail war von Ruth gekommen. Ich bestellte ein Glas Wein, las in der aktuellen Ausgabe der *Dolomiten* über einen Antrag, den ein Südtiroler EU-Abgeordneter im Straßburger Parlament eingebracht hatte. Er forderte, für die landwirtschaftlichen Berggebiete in der EU, die vierzig Prozent der gesamteuropäischen Fläche ausmachten, eine integrierte Bergpolitik zu entwickeln, die sie als ganzheitlichen Kultur- und Wirtschaftsraum begreife. Ich staunte, dass es bislang, wie es in dem Parlamentstext hieß, noch keinen einheitlichen Ansatz gebe, der die unterschiedlichen Wirtschaftszweige dieses Lebensraumes genauso fördere, wie auch Landschaftspflege, Tourismus, Umweltschutz und Traditionserhaltung.

Doch weder das noch der Versuch, Notizen für die nächste *Rondo*-Geschichte zu machen, die ich in Stilfs schreiben sollte, konnten mich von der Frage ablenken, was es bedeutete, dass Ruth mir den ganzen Tag nicht geschrieben hatte. Am nächsten Tag hatte ich angesichts der Wetteraussichten zum Glück kaum Zeit zum weiteren Nachdenken darüber. Denn mittags, vielleicht sogar früher, wie die Zimmerwirtin gemeint hatte, waren schwere Gewitter angekündigt. Und im Gegensatz zum Vortag war die Luft bereits morgens stickig und feucht.

Tausendzweihundert Höhenmeter hatte ich zum Pass, alles, bis auf die Passage über die zweihundert Höhenmeter darunter liegende Rifair Alm, im Steilanstieg. Es war neun Uhr gewesen, als ich die Pension verlassen hatte. Schneller hatte ich es trotz eiligen Packens und Frühstücks nicht geschafft. Vier Stunden Wegzeit waren bis zum Plaschweiler Kamm angegeben. Eine Dreiviertelstunde bliebe auf der anderen Seite zur ersten Alm, die Schutz böte. Doch über dem Tal bauten sich bereits zur Hälfte des Anstiegs die Wolken auf.

Eigentlich war es ein unmögliches Unterfangen. Doch ich wollte über den Berg. Mit der Geschwindigkeit, in der ich solche Anstiege mittlerweile schaffte, hatte ich sogar eine Chance. Auch wenn es noch so verrückt klang: zweieinviertel Stunden bis zum Kamm, eine knappe halbe Stunde bergab zur Alm auf der anderen Seite, der Dorfer Alm, kurz vor zwölf würde ich einigermaßen sicher sein, so hatte der Plan gelautet. Nur die Zimmerwirtin durfte nicht recht haben.

Zweieinviertel Stunden nach dem Aufbruch stand ich tatsächlich am Plaschweiler Kamm mitten in einer minütlich dicker werdenden Wolkensuppe. Zu beiden Seiten fielen mit Fels durchsetzte Grashänge ab. Ich zippte mein Gilet zu, atmete kurz durch und machte mich konzentriert auf den Weg.

Kurz vor der Dorfer Alm kam ich aus den Wolken. Tausend Meter tief unter mir die unwirklich sonnenhelle Talebene des Vinschgaus. Mir war, als schaute ich in eine andere Welt. Eine, aus der ich mich mit jedem Pass weiter entfernte, selbst wenn ich, wie nun, wieder in Richtung Tal abstieg.

Das Gefühl, dass es von dieser Reise keine Rückkehr gab, es dauerte nur ein Augenblick, ich schüttelte es gleich wieder ab. Doch es sollte nicht der letzte derartige Moment bleiben. So war auch die Tatsache, dass ich weitermusste, das Einzige, worin ich mir wirklich sicher war.

In Stilfs fielen die ersten Tropfen. Als ich den Donner hörte, stand ich bereits unter der Dusche. Und mehr als ein kurzer, heftiger Guss wurde es an dem Tag nicht. Am frühen Abend saß ich wieder in der Sonne, las in den *Dolomiten* einen der spannendsten Zeitungstexte[19]

19 Es war ein unter dem Titel *Landschaft als Qualitätsprodukt* mit dem Direktor der Südtiroler Landschaftsplanung geführtes Gespräch über das Abgehen vom bloßen Schutzgedanken in der Landschaftsplanung zu nachhaltigeren Entwicklungsprozessen. Und es begann mit der so einfachen wie komplizierten Frage:
Herr Dellagiacoma, was ist Landschaft?
Dellagiacoma: Diese Frage wird Ihnen ein jeder anders beantworten, weil ein jeder eine andere Ideallandschaft im Kopf hat. Bei den meisten wird Landschaft einige der folgenden Attribute beinhalten: offen, nicht verbaut, attraktiv, kleinstrukturiert. Gerne garnieren wir Landschaft mit Heckenzügen, Baumgruppen, einem alten Holzzaun, Schindeldächern, Lärchenwiesen usw.
Was ist denn so falsch daran?
Dellagiacoma: Das sind Bilder von gestern. So sieht nur ein Bruchteil der Landschaft aus im Verhältnis zur überwiegenden Alltagslandschaft, in der wir leben, die wir besetzen und durch unsere Nutzung laufend verändern und konsumieren. Landschaft ist ein Produkt menschlicher Intervention und als solche ist sie eng mit Besiedlung verwoben. Neben der Naturlandschaft gibt es also auch urbane Landschaft oder von der Landwirtschaft geprägte Kulturlandschaft.
Die Erkennbarkeit einer Landschaft definiert sich dann aber doch eher über alte Holzzäune, Schindeldächer und Lärchenwiesen?
Dellagiacoma: Neben überwältigenden Bergkulissen finden wir in der Tat diese Bilder in unseren Tourismusprospekten. Unser Land ist noch immer in weiten Bereichen eine begnadete Landschaft. Ihre Einzigartigkeit verschafft ihr einen hohen Erkennbarkeitswert. Deshalb muss sie auch geschützt werden. Schutz allein genügt allerdings nicht, um der schleichenden Nivellierung entgegenzuwirken. In der Landschaftsplanung verlagert sich der Schutzgedanke deshalb auch in Richtung nachhaltiger Entwicklungskonzepte. (...). Eine flächendeckende Landschaftsplanung gibt es nur in Südtirol. Das heißt, es wurden für ganz Südtirol die landschaftlichen Qualitäten erhoben und unterschiedliche Schutzkategorien wie Biotope, Naturdenkmäler, landschaftsprägende Elemente, aber auch weite Landschaftsräume unter Landschaftsschutz gestellt. Die wirksamste Schutzkategorie waren die sogenannten Bannzonen.
Was sind Bannzonen?

über das Thema Landschaft und wartete weiter auf eine Antwort von Ruth. Während ich mich bald kaum mehr zurückhalten konnte, ihr unter irgendeinem Vorwand zu schreiben, war ich mir immer sicherer, dass sie ihren Besuch angesichts meiner dreisten Bedingung ohnedies nur absagen würde.

Als kurz vor Mitternacht endlich ein Mail von ihr kam, schienen sich im ersten Augenblick alle Befürchtungen zu bestätigen. Denn das erste Wort, das ich in Ruths Mail las, hieß *Leider*. Ich überflog mit angehaltenem Atem die nächsten Sätze. Dass sich ihr *Leider* nur darauf bezog, ihren Gotthard-Besuch nicht auch mit dem in diesem Zeitraum stattfindenden Xong-Festival verbinden zu können, konnte ich zuerst gar nicht glauben. Erst als ich las, dass es vom Gotthard aus dafür umso näher nach Biasca sei, weshalb sie *Nägel mit Köpfen* machen und auf Besuch kommen werde.

Nägel mit Köpfen, das klingt gut, antwortete ich ihr gleich am nächsten Morgen unter Aufgabe aller Strategien, mir nun mindestens ebenso lange Zeit wie sie zu lassen. – Und konnte mich wieder auf die *Rondo*-Geschichte konzentrieren, musste das auch schleunigst, da sie noch am selben Tag fertig werden sollte, damit ich auf dem Weg nach Biasca nicht zu viel Zeit verlöre.

Mehr als ein grobes Gerüst für diesen Text hatte ich jedoch nicht.

Dellagiacoma: Landschaften, die nicht verbaut werden dürfen, d. h., in denen keine Neubauten errichtet werden dürfen. Mithilfe dieser Bannzonen ist es uns gelungen, die Zersiedelung Südtirols einzugrenzen.
Der Landschaftsplan regelt also in gewisser Weise auch ein urbanistisches Problem?
Dellagiacoma: Ja. Und hier sind wir auch schon bei der Neuausrichtung der Landschaftsplanung angelangt. Im Grunde genommen geht es bei Landschaft ja immer um eine Gesamtschau, die keinen Unterschied macht zwischen stark, gering oder nicht besiedelt. Der Landschaftsplan soll künftig also auch den Siedlungsraum mit berücksichtigen.
Wirken an solchen Leitbildern auch Landschaftsarchitekten mit?
Dellagiacoma: Teilweise, aber nicht immer ausreichend. Das Berufsbild des Landschaftsarchitekten gilt es in Südtirol sicherlich noch aufzuwerten. Daneben – und das erachte ich als noch wichtiger, muss das Landschaftsbewusstsein geweckt werden, ähnlich wie das baukulturelle Bewusstsein. Was helfen uns begnadete Architekten und Landschaftsplaner, wenn die Landschaft nicht von den Menschen, die darin leben, wertgeschätzt wird. Was ist uns Landschaft wert? Die Konservierung der gestrigen Landschaftsbilder über die Landschaftspflege, also auch über Prämien, wird bald aufhören. Und deshalb müssen wir uns jetzt schon mit einer integrierten Landschaftsgestaltung auseinandersetzen, die also die Bereiche Verkehr, Architektur, Stadt usw. mit einbezieht. (…)

Eigentlich nur eine Notiz, dass ich eine Geschichte über jenen so starken wie unheimlichen Sog schreiben wollte, der mich in den letzten beiden Monaten nicht nur jeden Tag weitergehen, sondern auch in brenzligen Situationen nicht umkehren ließ.

Es war wie im Nebel, begann ich nun in Stilfs jene Tage und Augenblicke zu beschreiben, in denen die Reise nach der Überquerung des Alpenhauptkamms mit den ersten schweren Anstiegen in den Tuxer Alpen zu einer Strecke geworden war, die in ihrer Selbstverständlichkeit so unbeschreibbar wurde, dass ich in manchen Momenten glaubte, es löse sich darin alles auf.

Alles, oder vielleicht doch nur alle aufzählbaren Eindrücke: das tägliche Weggehen, das tägliche Ankommen, Müdigkeit, Glück, Hunger, Durst und unverhoffte Begegnungen. Wind zwischen den Beinen, Sonne auf den Armen. Bellende Hunde, Wegränder und Bäche. Regen im Gesicht oder lediglich das sich täglich anders anfühlende Gewicht des Rucksacks.

Nichts hatte sich jedoch aufgelöst, selbst im dichtesten Nebel nicht, so finster er am Weg zur Rastkogelhütte auch gewesen war, mitten am Tag, dicht und dunkel, so sehr es von Mayrhofen weg auch geschüttet hatte, als bestünde die Welt aus nicht viel mehr als dem unter der Pelerine nur noch in ständiger Bewegung warm gehaltenen Körper. Aus saurer Muskulatur, müdem Sinn und einer glitschig kalten Umgebung, in der kein Mensch unterwegs gewesen war, nicht einmal Vögel, selbst die hatten sich längst stumm versteckt.

Zwei Tage später, schrieb ich, *war es immer noch neblig, doch als ich am Loas-Sattel aufbrach, um übers Kellerjoch nach Schwaz zu gehen, vermisste ich die – bei klarem Wetter – gerade hier wunderbaren Fern- und Tiefblicke ins Inntal nicht im Geringsten.*

Warum, das wusste ich zwar genau, doch fand ich noch immer keine Sätze, in denen ich erzählen konnte, was in diesem Nebel geschehen war, saß nur da, schaute auf die schmale Dorfstraße von Stilfs hinaus und fragte mich: Was war geschehen? Nichts jedenfalls, das greifbar genug war, um einer Lehre, einer Erkenntnis gleichzukommen. Und schon gar nichts, das sich einfach mitnehmen ließ, da es nur im Augenblick zu Hause war.

Erst als ich mich an die Straßenarbeiter auf der langen Etappe von Kartitsch nach Maria Luggau erinnerte, erkannte ich, dass es um einen bestimmten Blick ging. Der in ihre Augen trat, als ich ihnen die Zeitspanne meiner Reise genannt hatte. Ein Blick, der an diesem Frühsommermorgen am Straßenrand der Lesachtaler Bundesstraße weder der Weite noch meiner Route gegolten hatte. Vielmehr ihrem Leben, ihrer Arbeit. In einem Augenblick meiner Reise, der für sie mindestens ebenso weit reichte.

Und so waren es, wie ich über das vor Wochen Erlebte nun mit einem Mal ganz selbstverständlich schrieb, *zwischen dem verhuscht-nahen Dahindonnern der Flugzeuge und den von irgendwo heraufbimmelnden Kuhglocken auch nicht die ersten hellen Stellen im Nebelgrau, in denen etwas aufging, das mit keiner Fernsicht vergleichbar war. Nämlich für Augenblicke die Gewissheit, dass es längst nicht allein der schottrig-steile Steig war, der mich die Flanke des Kellerjochs hinaufführte, sondern eine nebelglitzernd helle Traumlinie aus Atem und Wind, Flugzeugen und Kühen – sowie eine nicht nur physische Leichtigkeit: ein Sog wie der einer Musik. Einer Musik, in der diese Reise weiterging, immer weiter, als gäbe es keinen anderen Weg.*

So lässt sich vielleicht sogar Sehnsucht auf eine Weise erzählen, in der sie nicht bloß ein schönes, unwirkliches Wort ist: Als Bewegung, die einen jeden Tag wieder weggehen lässt, weggehen und ankommen. Nicht nur auf dieser Reise.

Spätnachmittags am nächsten Tag hatte ich den Artikel fertig. Anstelle der bereits seit Tagen angekündigten Kaltfront hatte es immer nur kurze Schauer gegeben, doch es war warm geblieben, und am Sonntag, dem Aufbruchstag, auch wieder ziemlich schwül geworden.

1500 Meter Abstieg standen aufs Stilfser Joch bevor. Von Stilfs ging es zuerst durch ein kleines Bergtal hinauf zur Furkelhütte, dann auf einem Höhenweg unterhalb des Fallaschkamms Richtung Joch, immer parallel zur Schweizer Grenze, mit Blick auf die gegenüberliegenden Gletscher des Ortler. Auch für Sonntag waren wieder Gewitter angesagt gewesen. Sowie erneut das Eintreffen der Kaltfront. Doch bezweifelte ich nach den letzten Tagen, eigentlich Wochen, längst den Realitätsgehalt der Wettervorhersage, freute mich über den blitzblauen, wenn auch schwülen Morgen, und dachte nicht im Geringsten an einen weiteren Aufschub meines Weggehens. Denn einen dritten Ruhetag konnte ich mir, nachdem ich für meinen Artikel länger als geplant gebraucht hatte, definitiv nicht mehr leisten.

Kurz vor der Furkelhütte war das Wetter plötzlich da. Schon davor war mir das Muhen der Kühe aufgefallen sowie eine seltsame Windstille. Die ersten Tropfen fielen, langsam, wie mir schien, und in großen Abständen. Immer noch war ein Teil des Himmels blau, doch hinter Ortler und Stilfser Joch kroch ein anderes Wetter hervor.

Unter den Hochspannungsleitungen am Weg zur Hütte sirrte es. Wie jener kurze Ton, der manchmal in den Lautsprechern eines Computers zu hören ist, bevor eine SMS eintrifft. Gleichzeitig machte mich jede Pause von einem Regentropfen zum anderen glauben, das Wetter sei wieder verschwunden – und beunruhigte gerade darin umso mehr.

Zwei Stunden später saß ich so erleichtert im Tal, dass mir anfangs gar nicht auffiel, in welch kaltem, finsterem Pensionszimmer ich nach meinem Notabstieg von der Furkelhütte gelandet war. Und im Grunde war es auch nicht wichtig. Viel entscheidender war, dass mir nichts geschehen war.

Den ersten Regenguss hatte es gleich nach meiner Ankunft in der Furkelhütte gegeben. Überfallartig war es plötzlich im ganzen Tal finster gewesen. Eine halbe Stunde hatte es geschüttet, danach war es zwar kalt gewesen, hatte jedoch wieder aufgehellt. In der Hütte waren einige sicher gewesen, der Wetterumschwung ginge in diesem Gebiet eben ohne Gewitter vonstatten, und hatten ihre Aufstiege Richtung Fallaschkamm oder Stilfser Joch fortgesetzt. Auch ich hatte Ähnliches erwogen, nicht zuletzt aufgrund der noch bevorstehenden Etappen Richtung Biasca, wartete noch eine Weile, entschied mich aber schweren Herzens schließlich doch für den Abstieg.

Ich war ein Stück zurück und am Ende des Furkel-Plateaus bereits bei der Abzweigung angelangt, von der es laut Karte steil, doch eben auch über den am schnellsten talwärts führenden Weg, den Furkelsteig, nach Trafoi hinunter ging. Da die Hochspannungsleitungen zwar immer noch surrten, ich mich aber weit weniger unbehaglich fühlte, war ich erneut unschlüssig geworden, ob ich es nicht doch Richtung Stilfser Joch probieren sollte.

Kaum hatte ich aber das lange Leibchen, das ich in der Hütte zum Aufwärmen getragen hatte, gegen das mittlerweile wieder trockene kurze getauscht, nahm ich bereits den ersten Blitz wahr. Gesehen hatte ich ihn nicht, zu sehr war ich mit dem Festzurren des Rucksacks beschäftigt gewesen, nicht einmal aus den Augenwinkeln, wie ich sicher glaubte, sondern hatte ihn einfach in der Luft gespürt.

Gleich darauf den Donner. – Nur schnell von hier weg, mehr war mir nach all dem Abwägen nicht durch den Kopf gegangen. Schnell hinunter. Auch wenn ich während der nächsten Stunde in der Hütte besser aufgehoben gewesen wäre, anstatt einen Steig talwärts zu rasen, der etliche Male unter den Seilen des Sessellifts durchführte, die Blitzschläge nicht nur theoretisch anzogen, sondern auch ganz praktisch, wie ich zwei Tage später erfuhr, als die Bergbahn immer noch wegen Blitzschlags geschlossen hatte.

Doch als der Weg zum ersten Mal die Lifttrasse querte, traute ich mich einfach nicht mehr zurück. So als brächte mich jeder Höhenmeter bergauf dem Blitz weit näher als die Stahlseile des Sessellifts von nun an bei jeder weiteren Querung. Der Wunsch, nur irgendwie ins Tal hinunterzukommen, saß viel zu fest in mir. Selbst als ich bergab nur mehr stückweise vorankam, mit kurzen Sprints nach jedem Blitz, änderte das nichts mehr. Im Gegenteil, schließlich warf ich sogar diese Vorsicht über Bord und lief einfach, egal, ob es blitzte, lief, so schnell ich nur konnte.

Nachdem ich auf diese Weise Trafoi erreicht hatte, konnte mir selbst die Kälte im Pensionszimmer nichts anhaben. Selbst als ich merkte, dass ich es in dem Zimmer eigentlich nur aushielt, wenn ich unter der Tuchent im Bett saß. Hauptsache, ich konnte in Ruths Diplomarbeit lesen, die sie mir bereits in Stilfs geschickt hatte.

Gelesen hatte ich dort nur ihr Begleitmail. Kurz hatte es mich irritiert. Nun aber leuchtete mir ein, was sie darin formuliert hatte:

Was helfen ihnen Utopien, hatte sie über die Situation der Frauen gemeint, *die aus ihrer Perspektive nicht lebbar sind?*, und hatte mich in meinem Gedankenexperiment eines Tals der Bürgermeisterinnen, Feuerwehrkommandantinnen, Bauernbundobfrauen dabei ertappt, wie ich es mir beinahe zu leicht gemacht hätte. Denn natürlich hatte sie Recht, wenn sie meiner Utopie zuerst konkrete Fragen entgegen hielt:

Wohin fließt das Geld in der Gemeinde? Welche Freizeitinfrastruktur wird gefördert? Welche Mobilitätsformen sind möglich? Wie sieht es mit Kinder- und Altenbetreuung aus? Wie sind die Ortskerne gestaltet – unterstützen sie das Zu-Fuß-Gehen, können Kinder alleine unterwegs sein, funktioniert der öffentliche Nahverkehr als Ersatz… Wie weit habe ich, um einkaufen zu gehen, wo kann ich jemanden treffen? Gibt es Orte für Frauen? Achte ich bei planerischen Fragestellungen auf die unterschiedlichen Bedürfnisse von Frauen/Männern/Kindern?

Aber wo hatte eine Utopie dann Platz? – Die Frage war, welche? Denn ihr ging es um eine weit größere Utopie als der eines Tals, in dem plötzlich nur die Frauen Entscheidungen trafen. Das zeigte allein jener so klare wie einschneidende Satz, dass Emanzipation nicht allein Zugang zu den gleichen Möglichkeiten für alle im Rahmen des bestehenden Systems bedeuten dürfe.

Nicht, weil die gleichen Möglichkeiten im bestehenden System zu wenig waren, sondern weil der Wert der eigenen Möglichkeiten in der symbolischen Ordnung der Warenökonomie keine Bezugsgröße finden konnte. So notwendig und unersetzlich die Arbeit von Frauen im Alltag der Gesellschaft auch war, sie blieb unsichtbar, solange es für Arbeiten im Haushalt oder in der Erziehung keine Möglichkeit der Wertbestimmung gab, die nicht jenem Alphabet der Marktwirtschaft folgte, in dem nur Produkte und Dienstleistungen mit feststellbarem Marktwert zum Bruttoinlandsprodukt zählten.

Im Prinzip hatte ich seit Wochen, seit Monaten angesichts der Leere so vieler Dörfer und aufgrund von Erlebnissen, Gesprächen und Zeitungsrecherchen über nichts anderes intensiver nachgedacht als über solch unsichtbare Arbeit und ihren Wert. Arbeit, die ihren Wert darin hatte, dass sie Hunger und Durst stillte, dass sie Bedürfnisse und Wünsche befriedigte, die Fürsorge, Pflege, Verständnis und Liebe heißen konnten. Natürlich, als bäuerliche Arbeit produzierte sie auch, doch nicht immer Produkte oder beliebig reproduzierbare Waren, sondern erhielt Landschaft und sicherte Überleben

Wie aber könnte solche Arbeit von Marktpreisen bewertet werden? – Wohl nur in einer jener zynischen Varianten, in der etwa die, von solcher Arbeit erzeugte und erhaltene, Kulturlandschaft als Wohn-, Freizeit- oder Urlaubswert sich zum nahezu perfekt benutzbaren Produkt der Dienstleistungsgesellschaft verwandelte.

Und weder Subventionen, Förderungen oder Preisstützungen durch Land, Staat oder EU änderten daran etwas noch ein plötzlicher Absatzboom hochpreisiger Bio-Produkte. Denn sowohl Markterfolge wie auch Abgeltungen einer als Landschaftspflege geleisteten Tätigkeit können einer Arbeit, wie die bäuerliche eine ist, nie gerecht werden, degradieren sie nur weiter.

Dieser Prozess, in dem Arbeit unsichtbar wird und verschwindet, lässt sich nur umkehren, wenn, angesichts der ökologisch-ökonomischen Herausforderungen der nächsten Jahrzehnte, tiefgreifendere Ökonomien als die von Warenhandel, Warenspekulation und Aktienkursen maßgeblich werden.

Davon erzählte Ruth Mosers Text anhand der bestenfalls als Hobby oder Liebhaberei abgestempelten Tätigkeit des Vorrätemachens, indem sie darin auch in einer Zeit des Kühlschranks einen Sinn erkennt, der alles andere als gestrig oder blind für Gegenwart und Zukunft ist.

Denn *industrielle Konserven können nicht ersetzen, was Frauen durch ihr Tätigsein täglich von Neuem herstellen: die lebendigen Bezüge.* Damit meint sie ein Tun, bei dem Wissen aus Erfahrung entsteht, ein eigener Sinn, der jenseits reiner Mittel-Zweck-Bestimmungen liegt: *Ich gehe davon aus,* hieß es gleich zu Beginn des Textes, *dass die*

Frauen mit ihren Vorräten Bezüge zu Ort, Zeit und Menschen herstellen, die in den industriellen Konserven nicht enthalten sind.

Dass in einer Zeit ökologischer, sozialer und ökonomischer Krisen solche Bezüge buchstäblich von unschätzbarem Wert sind, ist unbestritten. Doch womöglich ist es bereits zu spät, darauf zurückzugreifen. Denn dort, wo solche Bezüge noch existieren, handelt es sich lediglich um Relikte einer verschwindenden Epoche. So notwendig die Erfahrungen der bäuerlichen Lebenswelt des Agrarzeitalters im Umgang mit der Natur gerade jetzt wären, da man ihr im globalen Zusammenhang so massiv ausgeliefert war wie noch nie.

Doch alte Lebensweisen und Selbstverständlichkeiten direkt zu übernehmen, ist unmöglich. Der selbständige und eigenverantwortliche Bürger der Gegenwart kann Natur und Umwelt längst nicht mehr in ähnlich solidarischer (Zwangs-)Einordnung unter einem gemeinsamen Wohl begegnen wie noch die Menschen vor den Umwälzungen der Aufklärung, des Rationalismus und der Entwicklung der modernen Naturwissenschaften. Als Haus und Hof wichtiger waren als der einzelne Mensch und die Hoferben über Generationen hinweg, wie Bätzing schreibt, stets den gleichen Vornamen trugen, und die Bauern nicht mit dem Familien- sondern dem Hausnamen angesprochen wurden.

Auf einen solchen längst historisch gewordenen Gemeinschaftssinn zurückzugreifen, ginge, wie die Geschichte des 20. Jahrhunderts im Faschismus und Kommunismus zeigt, mit staatlichen Absolutismen, Unterdrückung und Massenmord einher. Es müsste vielmehr um einen Neubeginn gehen. Um die Entwicklung eines Gemeinschaftssinns auf Basis heutiger Gesellschaftsstrukturen. Wobei man mit der Suche und Forschung nach einem Wirklichkeitssinn beginnen müsste.

Ruth Moser nennt ihn Eigensinn. Sie entwickelt ihn aus einer Arbeit wie jener des Vorrätemachens und beschreibt ihn als Produkt einer solchen Tätigkeit. Eigensinn als grundlegende Qualität der lebendigen Bezüge, die in solcher Arbeit entstehen. Damit stößt sie an die heikle Frage, ob sie Frauen nicht in Rollen festschreibt, aus denen sie emanzipatorisch-feministische Ansätze längst herausgelöst wissen wollen.

Doch wenn deutlich werde, dass es um den Zugang zu den eigenen Möglichkeiten geht, werde auch die Eigenmacht sichtbar, die darin liege. Erst von den eigenen Möglichkeiten auszugehen, ermögliche es, … *eigenmächtig und dem eigenen Begehren folgend tätig zu werden* … – auch in beengten Handlungsspielräumen. Denn wie wirklich wären Wünsche ohne die Gründe ihres Entstehens? Sie wären vor allem eines: nie verwirklichbar.

Gerade um das eigene Begehren nicht zu ent-realisieren, fügte sie als Bedingung tatsächlicher Utopien, Wünsche und Sehnsüchte hinzu, *besteht die Notwendigkeit, die Realität anzuerkennen, ist sie auch noch so entfernt von unseren Wünschen.*

Damit hatte sich, nachdem ich aus dem kalten Pensionszimmer in eine Trofaier Pizzeria geflüchtet war, anhand von Ruths Text nicht nur mein Verständnis des Begriffes von Utopie korrigiert. Ihre Gedanken berührten mich und die wundesten Stellen der letzten Wochen und Monate meines Lebens. Etwa, wenn es hieß: *Nur wenn wir unsere Wünsche an der gegebenen Realität messen, entgehen wir der Gefahr, unsere Wünsche von der Realität abzutrennen und in den Bereich des Unmöglichen*[20] *zu verbannen.*

Draußen regnete es. An der Theke lief Musik. Und mir war klar, dass ich ohne die Reise die Beziehung mit Sabine aufgrund der Schwangerschaft wohl aufrecht erhalten hätte. Trotz sich häufender Zusammenstöße und wachsender Resignation. Allein aus dem Wunsch heraus, Vater zu werden. Der miterlebte Alltag der Schwangerschaft, die Untersuchungen, Einkäufe, Beschwerden und Geburtsvorbereitungen hätten jedes Unglücklichsein über die Geburt hinaus verdrängt. Auf der Reise hatte es diese Ausflüchte nur in weit geringerem Ausmaß gegeben.

20 *Es geht darum, »das, was von uns abhängt«, zu tun,* schrieb Ruth Moser, indem sie Teresa von Ávila zitierte: *»Der böse Feind flöße uns manchmal ein Verlangen nach großen Dingen ein, damit wir nicht in dem uns Möglichen dem Herrn zu dienen uns bemühen, sondern uns zufriedengeben mit dem Verlangen nach dem Unmöglichen.«*

Doch während ich eine fast schaudernde Erleichterung spürte, war ich gleichzeitig sicher, dass sich Sabine trotz aller Gespräche im Grunde ihres Herzens immer noch daran klammerte.

Der Wirt riss mich aus meinen Gedanken. Er habe mich während des Gewitters aus dem Wald laufen sehen. Und erklärte nun seinen slowakischen Kellnerinnen in italienischem Fantasie-Englisch, wie groß mein Rucksack gewesen sei, übertrieb dabei maßlos und zwinkerte mir zu.

Den nächsten Tag verbrachte ich zur Hälfte im Bett, da es weiterhin gewitterte und ich im ungeheizten Pensionszimmer nirgendwo anders sitzen und lesen konnte. Nachmittags fuhr ich mit dem Bus ins Vinschgau hinaus, kaufte mir in Prad neue Wandersocken, Zahnpasta, Rasiercreme sowie als Neuerwerbung meines Reisehaushalts eine Schuhimprägnierung sowie einen Anti-Geruchs-Spray für das Innenleben meiner Bergschuhe. Abends schrieb ich Sabine ein langes, genaues Mail.

Auch der Dienstag begann mit Regen, doch hatte ich die ganze Nacht keinen Donner mehr gehört, und bei genauerem Hinausschauen zeigte sich, dass auch die Bewölkung nur mehr in Fetzen über dem Trafoital hing. Dahinter war bereits blauer Himmel zu sehen.

Es wurde auch Zeit. Dreizehn Tage blieben noch bis Biasca, und sechzehn Etappen hatte ich noch zu gehen. Am Vortag hatte ich mir schon überlegt, mit dem Bus aufs Joch zu fahren. Auch wenn ich damit schweren Herzens auf den von der Furkelhütte wegführenden Goldsee-Weg hätte verzichten müssen, auf den ich mich bereits seit Tagen freute, da er in einer Höhe von 2600, 2700 Metern wie auf einem Aussichtsbalkon am Ortler entlangführte.

Zum Glück hatte mir der Felssturz an der Pass-Straße die Entscheidung abgenommen. – Mir aber mit dem Sessellift den Wiederaufstieg zur Furkelhütte zu ersparen, hätte mich weder Aussicht gekostet noch meinem Stolz als Geher Abbruch getan, schließlich war auch der Zwischenabstieg nach Trafoi nicht vorgesehen gewesen. Deshalb hatte ich mich bereits warm genug für die Luftfahrt angezogen gehabt, als ich erfuhr, dass vor zwei Tagen ein Blitz eingeschlagen hatte und der Lift defekt war. Schon nach ein paar Kehren dachte ich aber nicht weiter daran, war nur mehr froh, endlich wieder zu gehen.

Der Hang, der Weg, der Wald, alles war vollgesogen von Regen, überall tropfte es, und es schien, als hätten die Blätter, die Nadeln, Steine und Grasspitzen, selbst die Baumrinden bereits vor den ersten, nun in den Wald fallenden Sonnenstrahlen zu glitzern begonnen, so glänzte alles, von der Regennässe wie von Glas überzogen. Keinen Tag länger hätte ich es ohne Gehen ausgehalten, und fragte mich zum ersten Mal, was ich im Herbst machen würde – ob das Training für den Winter tatsächlich noch ein Ersatz für solches Gehen sein konnte.

Vor der Furkelhütte sirrten wieder die Hochspannungsleitungen. Und während ich mir vor zwei Tagen sicher gewesen war, dass sie Regen ankündigten, war ich jetzt davon überzeugt, den immer strahlenderen Tag darin zu hören. Ich zog mein Gilet aus, zwischen Wolkenfetzen funkelten die Gletscher des Ortler herüber, und während ich meinen Rucksack mit dem am Deckel festgezurrten Gilet wieder schulterte, war mir klar, dass es dafür keinen Ersatz geben konnte.

Eine Stunde später war keine einzige Wolke mehr am Himmel. Die Gletscher des Ortler-Massivs glitzerten so mächtig, wie ich das sonst nur in den Westalpen erleben sollte, im Valgrisenche, am Mount Pourri, der Vanoise oder der Barre des Écrins, ganz zu schweigen natürlich vom Aletschgletscher und den Gletschern des Mont Blanc.

Es war einer jener Tage, von dem man sagen konnte, es sei einer der schönsten gewesen. Ich hatte meine Mails abgerufen, Sabine hatte mir geantwortet, zumindest hatte ich mir das im ersten Augenblick gedacht, immerhin hatte ich ihr am Vortag einige Fragen gestellt.

Doch kein Wort über mein Mail von gestern. Keine Frage, kein Schrecken, weder Vorwurf noch Zustimmung, stattdessen standen in ihrem kurzen Mailtext Sätze, die beinahe zärtlich klangen, sowie ein Attachement mit der Beschreibung der 29. Schwangerschaftswoche:

Ihr Kind hat jetzt immer weniger Platz in der Gebärmutter und bewegt sich daher weniger. Ihr Kind lernt jetzt, seine Bewegungen zu koordinieren und sein Nervensystem zu vervollständigen. Bisher war die Gehirnoberfläche glatt, nun bilden sich die typischen Kerben und Schächte. Auch die Masse des Hirngewebes nimmt jetzt zu.

Kaum also lernte man sich als kleiner Mensch zu bewegen, lautete die Schlussfolgerung, während ich den immer höher ansteigenden Balkonweg über das rötliche Schuttgestein unterhalb des Fallaschkamms Richtung Stilfser Joch ging, wird einem der Platz eng. Warum jedoch konnte man sich mit dieser Tatsache ein ganzes Leben lang nicht abfinden, nachdem man doch offenbar bereits von Beginn an damit konfrontiert war?

Ich kam vorbei am Goldsee, der gerade an diesem Tag seinem Namen alle Ehre machte, stieg über Fels- und Hangrutsche hinweg, die deutlicher als anderswo von der ständigen Abtragung dieser weiter wachsenden Berge erzählten – selbst oder gerade mir, der ich dabei an ganz andere Gräben und Schächte dachte. Und das sogar noch, als ich bereits an den Schützengräben und Bunkeranlagen des Ersten Weltkriegs vorbeikam, zerfallene Soldatenunterkünfte aus Stein, die selbst am hellsten Tag ihren Schrecken nicht verloren, und an dem Tag am allerwenigsten für mich.

Die Gehirnoberfläche meines Kindes, die zärtlichen Sätze Sabines im E-Mail, das war schon eine Antwort. Die Antwort eines stillen, durchschaubaren und für mich nicht zu gewinnenden Kampfes. Da mir vorkam, sie trüge unser Kind nicht mehr allein in ihrem Bauch, sondern auch überall an sich selbst, trüge seine Haut anstatt ihrer, seine bislang glatte Gehirnoberfläche, auf der sich nun Kerben und Schächte bildeten.

Auch beim Lesen der Informationstafeln kurz vor dem Joch musste ich wieder an sie und unser Kind denken. So verrückt es auch war. Doch mir drängte sich, angesichts Sabines unausgesprochener, doch deutlicher Haltung im Ringen um die Zukunft unserer Elternschaft, tatsächlich der Vergleich zur Strategie der k. u. k.-Armee auf. Diese hatte sich damals mit dem Rücken zur direkt dahinter verlaufenden Schweizer Grenze so eingebunkert, dass jeder Beschuss der Italiener von der Cevedale-Seite das Risiko barg, auf Schweizer Gebiet zu landen, was als Neutralitätsverletzung vermieden werden musste.

Erst als ich in meiner Internet-Recherche abends las, dass der Krieg, samt seiner Bunker-, Kavernen- und Stollensysteme, seiner Tunnel und Schächte, am Stilfser Joch für Ideen sorgte, die zu einem Rückbau der Hotel- und Liftanlagen führen könnten, war tatsächlich eine Grenze erreicht, ab der ich nicht mehr an die Gehirnoberfläche meines Kindes dachte und auch nicht mehr an irgendwelche Kriegsvergleiche.

Am Stilfser Joch aber war nicht zu übersehen wie gut ein solcher Rückbau täte. Gerade wenn man, wie ich, den ersten Blick von oben, von der Dreisprachenspitze, Cima Garibaldi, auf das knapp hundert Höhenmeter darunter fast kreisrund liegende Geisterareal des Passes warf:

Leere Parkplätze, langsam verfallende Hotelbunker sowie Liftanlagen, die angesichts der zurückgehenden Gletscher nicht mehr lange genützt werden konnten. Selbst mitten in der Gletscherskisaison sah es hier so aus, als wäre man zur falschen Zeit gekommen, während es die richtige für das Pass-Zentrum wohl längst nicht mehr gab. Und das nicht erst, seit die Pass-Straße 1969 endgültig für den Winter gesperrt worden war, nachdem man die alten Holzgalerien der von 1820 bis 1826 zur Anbindung der Lombardei an Österreich gebauten Strecke aus Haftungsgründen hatte sprengen müssen.

Verloren säumten Kioske den mit einer Passhöhe von 2757 Metern nach dem Col de l'Iseran zweithöchsten Alpenstraßenübergang. Strohhüte, Sonnencremes, Ansichtskarten, Fußball- und Radtrikots warteten wohl meist vergeblich auf die oft nur passierenden Auto- oder Motorradfahrer. Selbst die erschöpften Radfahrer richteten sich am Pass nur auf, zippten ihre Trikots zu, zogen sich im freihändigen Rollen etwas über und waren bereits wieder in den ersten Abfahrtskehren verschwunden. Während auf den weiten Parkplatzflächen tagein, tagaus dieselben mit Sponsorenaufkleber versehenen Mannschaftsbusse verschiedener Skiteams, Nachwuchskader oder Vereine standen.

TALPINO, so nennt sich jenes Projekt, das ich mithilfe meines Communicators am Abend im Internet entdeckte. Entstanden war es auf der Suche nach Alternativen für den von Verkehrsplanern, Ökonomen wie Ökologen kritisierten Brenner-Basistunnel. Denn immerhin führte eine direkte Verbindung von München nach Mailand beziehungsweise an den Containerhafen Genua direkt durch das Ortlergebiet, die zudem mit Oberstdorf, St. Anton, Ischgl, Scuol, Bormio, Grosio, Tirano und Bergamo einige der wichtigsten Tourismusorte der Alpen miteinander verbände.

Anstelle eines langen Basistunnels wäre dafür eine Serie weitaus leichter zu realisierender Tunnels notwendig, deren Gesamtlänge zudem unter der des Brennerprojekts bliebe. Dabei sollten die kurzen Tälerquerungen auf Unterflurstrecken passiert und mit bestehenden Nebenbahnen wie der Vintschgerbahn verbunden werden.

Das Gebiet des Stilfers Jochs hingegen könnte, wie der Projektdenker und Architekt Michael Prachensky auf seiner Homepage ausführt, vertikal angebunden werden. Mithilfe eines Lifts, der damit das bislang höchste Bauwerk in den Alpen darstellte. Man müsse dafür nur, und damit war der Krieg tatsächlich im Spiel, auf bautechnische Erfahrungen des Ersten Weltkriegs zurückgreifen:

Was die Soldaten im Ersten Weltkrieg in diesem Stellungskrieg in diesem Bereich an Bunkern und Stollen geleistet haben – müssten wir heute mit unseren technischen Möglichkeiten ebenso errichten können.

Er wollte die überalterten Seilbahnen entfernen, stattdessen eine *Gletscher-U-Bahn entlang der Felsen- und Gletschernarbe* bauen, mit deren Hilfe Berghütten und andere Stationen erreicht werden könnten. Das Stilfser Joch selbst sollte mit dem Lift von der TALPINO-Tunnelstrecke durchgehend erreichbar sein. Gleichzeitig müsste das Stilfser Joch aber auch *aufgeräumt*, die Hochbauten abgebrochen und entfernt, das Gletscherskigebiet komplett *auf-, ausgeräumt und renaturiert werden.* Parkplätze bräuchte man keine mehr. Die sollten sich nur mehr rund um den Nationalpark befinden. Der stärkste Zubringer in den

Park aber sollte die TALPINO-Trasse Mailand – München werden. Der Lift brächte die Besucher gleich in den zentral auf der Passhöhe zu errichtenden TALPINO-Tower, von dem aus ein zusammenhängendes Wegekonzept mit Themenwegen in den Nationalpark führte.

Inhaltlich klang das überzeugend. Auch wenn ein vertikaler Lift mitten in einem Berg ebenso futuristisch wirkte wie die Idee einer Hochgebirgs-U-Bahn. Doch so notwendig alle anderen Rückbauten sicherlich waren, so fraglich schien die Realisierbarkeit des Projektes allein schon aufgrund der unzähligen Polemiken, die Prachensky mit unerschöpflicher Energie gegen Gott und die Welt führte. – Jeder dieser Kämpfe aber endete in den Beschreibungen der Projekte selbst. Denn so himmelsstürmerisch sie auch waren, bei genauem Hinsehen entpuppten sie sich auf geradezu grundsätzliche Weise als wirklichkeitsnah.

Still und leer war es am nächsten Morgen auf dem Joch. Nachts hatte ich die knapp 2800 Meter Höhe am unruhigen Schlaf gespürt, in der Früh an der trotz Sonnenscheins und blauen Himmels empfindlich kühlen Luft.

Eine Bergabstrecke wartete auf mich. Anfangs spürte ich auf dem Weg ins Valtellina noch nichts von dem mit den neuen Schuhen bei jedem längeren Abstieg aufgetauchten Fußsohlen-Brennen, genoss vielmehr das Blaugrau der Felshänge zu beiden Seiten des tief eingefurchten Fraeletals und staunte über die Mühe, die zur Errichtung des aus den Zeiten des Eisenerzabbaus stammenden Karrenwegs aufgewendet worden war. Bei den Torri di Fraele, jenem wachturmbewehrten Übergang der früheren Via Imperiale d'Alemagna, die seit dem Mittelalter die bedeutendste Verbindung zwischen der Lombardei, der Schweiz und Tirol gewesen war und die Italien im Ersten Weltkrieg vom Maultierpfad zur Militärstraße ausgebaut hatte, konnte ich nachmittags jedoch kaum mehr weiter, hatte aber von den zweiundzwanzig Kilometern immer noch zehn vor mir.

In San Carlo, zwei Kilometer vor dem eigentlichen Ziel in Arnoga, brach ich dann zum ersten Mal eine Etappe frühzeitig ab. Außer dem Übernachtungszeichen in der Landkarte wusste ich über den kleinen Ort nichts, befürchtete zuerst, dass es nur Ferienwohnungen darin gäbe. So fein säuberlich geordnet war alles, vor allem die Balkone und Terrassen, ordentlich verstautes Kinder- oder Enkelkinderspielzeug, allzeit in Sonnenuntergangsrichtung bereitstehende Liegestühle, Teakholz-Mobiliar, Markisen und elegant gegen Regen geschützte Sonnenschirme.

Nichts davon gab es in einem richtigen Dorf, so viel war klar. Ebenso klar war, dass ich auf dieses Falsche jetzt angesichts der immer stärker brennenden Fußsohlen angewiesen war. Auf San Carlo und die in meiner Landkarte eingezeichnete Unterkunft Lepre Bianco, Weißer Hase, die ich samt dem Gästefuhrpark aus schwarz- und metallicéfarbenen SUVs, Familienvans und vereinzelten Sportwägen schließlich auch sah. Doch zum Glück auch den Albergo auf der anderen Straßenseite.

Oder vielmehr den davor sitzenden Alten. Der Wirt, kein Zweifel. So saß nur ein Wirt vor seinem Haus. Auf einem Holzsessel aus dem Schankraum. Die hellblauen Fensterläden in den Stockwerken darüber waren sicherlich nicht wegen der hier auf gut 1500 Meter Seehöhe so hohen Tagestemperaturen fest verschlossen, sondern da der Albergo wie auch der alte Mann auf dem Stuhl bestimmt schon bessere Zeiten gesehen hatten.

Bessere Zeiten: So sehr das auch stimmen mochte, wie er hier vor seinem Haus saß, und auf welche Weise er mir danach in der Küche seines Albergo das Abendessen zubereitete, in solcher Ruhe, ohne dabei das Würfelspiel mit einem anderen alten Mann aus dem Ort im Schankraum zu unterbrechen, stellte sich die Frage, was bessere Zeiten tatsächlich sein könnten.

Sein Hemd war nicht so strahlend weiß wie das der Männer auf der Terrasse des Lepre Bianco gegenüber, sein Körper sicher einmal kräftiger gewesen und seine Haut alt. An die selbstverständliche Eleganz aber, mit der er mir schließlich das gerade in seiner Einfachheit beste Essen der gesamten Reise servierte, kamen wohl weder Koch noch Kellner und schon gar nicht die Gäste des Lepre Bianco heran.

Vielleicht aber ist damit nur eine Idylle gezeichnet, da sein Haus womöglich seit Jahren der Bank gehört und er allein deshalb keine Nachfolger haben wird. Doch selbst, wenn dies der Fall sein sollte, die Ruhe seines Dasitzens neben der Wirtshaustür, das Würfelspiel mit dem anderen Alten, die wie nebenbei al dente gekochten Spaghetti mit süß-würziger Pomodoro-Sauce, das rosa gebratene Fleisch und der für das Nachschenken längst verinnerlichte Blick auf das bald ausgetrunkene Glas Wein des Gastes, all das erzählte von einer stolz über alle Zahlen erhabenen Ökonomie. Davon, so dachte ich mir den ganzen Abend hindurch, müsse ich Ruth unbedingt schreiben.[21] So als wäre das längst selbstverständlich.

21 Oder tatsächlich bei ihrem Besuch erzählen, an den ich vorsichtshalber immer noch kaum glaubte. Zumindest aber hatte sie mir am Vorabend geschrieben, ihre Schweiz-Pläne seien inzwischen bereits konkret: *Samstag, 19. in der Früh nach Hospental, dort bleiben bis Sonntag, weiter nach Biasca (oder wo auch immer du bist) am So/späteren Nachmittag/Abend oder Mo in der Früh (je nachdem, wie es mit Öffis und deiner Route gut passt), Mo, Di unterwegs sein, retour Di Abend oder Mi Früh … Wenn du mir also sagst, wo du am So/Mo unterwegs sein wirst, dann recherchiere ich mal die Details. Ortskenntnisse habe ich leider keine, aber mit Karte, Telefon … wirst du schon zu finden sein.*

Jetzt, kurz vor dem Anfang

Obwohl die erste, sich weit hinter den östlichen Bergspitzen abzeichnende Morgenhelle noch lange nicht ins Tal reichte, der Dunst, der am übernächsten Morgen aus der anderen Himmelsrichtung ins Val Grosina zog, hatte bereits etwas Helles an sich.

Ich war früh schlafen gegangen, hatte anfangs jedes Knacken der Äste gehört und mich dabei jedes Mal wieder gefragt, ob mich vielleicht doch jemand gesehen hätte, als ich abends mein Zelt neben der nur auf Voranmeldung bewirtschafteten Rifugio Falk aufgestellt hatte, um die herum Zelten laut Warnschild strengstens verboten war. Das Winterlager hätte ich zwar benutzen können, doch war es der niedrigste und modrigste Raum, den ich je gesehen hatte, eigentlich ein Verlies.

Nun saß ich im letzten Nachtdunkel auf den Stufen zur Eingangstür der Hütte und trank heißen Tee. Natürlich hatte mich niemand gesehen. Ich war vorsichtig gewesen, hatte mein Zelt erst kurz vor dem Finsterwerden unter den Kiefern neben der Hütte aufgestellt. Zu einer Zeit, als längst keine Wanderer oder Mountainbiker mehr den alten Maultierpfad vom Verva-Pass heruntergekommen waren, der auf der anderen Hangseite Richtung Eita führte. Genauso wenig hatte ich die Stirnlampe verwendet. Denn sowohl auf dem letzten Weg in die Büsche wie auch im Zelt hatte das Licht der sternenklaren Nacht gereicht.

Einzig und allein mit dem Communicator war ich unvorsichtig

gewesen, sowohl abends hier vor der Hütte als auch danach im Zelt. Ich wollte unbedingt wissen, ob mir Ruth auf mein letztes Mail am Stilfser Joch geantwortet hatte. So war vielleicht immer wieder mein im Displaylicht helles Gesicht als kleiner leuchtender Punkt oder das später rot in die Nacht schimmernde Zelt in Eita sichtbar gewesen.

Bis mitten in der Nacht, als ich wieder einmal von einem knackenden Ast munter geworden war, tatsächlich ein neues Mail von ihr dick in der Posteingangsliste aufgeleuchtet hatte. Ein langer Text zu unserer Utopie, den ich mir nach schnellem Überfliegen der ersten Zeilen für den Morgen aufhob. Daraufhin schlief ich so tief und ruhig, als hätte ich mir davor keinen Augenblick lang Sorgen gemacht, mein wildes Zelten könnte von irgendjemand entdeckt werden.

Nun hielt ich mir die heiße Teetasse vors Gesicht und hatte den Communicator mit dem Mail, das mich so frisch und munter wie selten nach Zeltnächten hatte aufwachen lassen, noch immer nicht geöffnet, sondern sah dem Tal beim Hellwerden zu. Dabei fiel mir nicht gleich auf, dass es richtige Wolkenbänke waren, die über den westlichen Bergkamm schwadenweise ins Tal schwappten. Dann aber war mir schnell klar, dass ich an dem Tag nicht weit kommen würde. Selbst wenn ich in so verrückter Schnelligkeit wie am Vortag unterwegs sein würde, als ich mich wieder einmal mit Mountainbikern gematcht hatte.

Begonnen hatte das gestrige Rennen gleich am Beginn des Verva-Anstiegs, eine knappe Stunde nach Arnoga. Ich war dagestanden, hatte im Communicator gerade nach einem Mail von Ruth gesehen, als die drei an mir vorbei in die erste Steilkehre gefahren waren. Da kein Mail gekommen war, hatte ich mich sofort an die Verfolgung gemacht und ihren Vorsprung nach ein paar Kehren im Steilen bereits beinahe aufgeholt, als der Passweg wieder flacher wurde. So flach, dass selbst ein Läufer ohne Rucksack keine Chance gegen die Radfahrer gehabt hätte, zumindest nicht gegen die ersten beiden.

Ich hatte dennoch meinen Schritt verlängert. Nicht, weil ich ernsthaft geglaubt hatte, auch nur den Langsameren der drei einzuholen, sondern aus reinem Übermut. Zum Glück aber hatte es den dreien, die sich beim Schnaps auf der Passhöhe als Engländer herausstellten, ebenfalls ziemlichen Spaß gemacht, mit einem Verrückten wie mir im Schlepptau den Berg hinaufzufahren. Im Gegensatz etwa zu Deutschen, die solche Herausforderungen, ganz gleich wie ernsthaft die Bedrohung tatsächlichen Eingeholtwerdens war, meist nicht nur bierernst, sondern im Grunde persönlich nahmen.

Immer mehr Sonnenstrahlen langten ins Tal. Ich wusste, dass ich angesichts der sich höher aufstauenden Wolken eigentlich den frühen Morgen nutzen sollte. Vielleicht schaffte ich es nicht nur vor dem Eintreffen der Kaltfront aus dem Tal hinaus, sondern doch noch zu Fuß eine Etappe weiter Richtung Poschiavo.

Stattdessen saß ich da, hielt mir die dampfende Teetasse vors Gesicht und las in Ruths Mail, das sie mir in der Nacht geschrieben hatte, nachdem sie untertags auf die Drei Schwestern gestiegen war: jene drei Felszacken weit über Feldkirch, die ich nach meinem Klagenfurt-Salzburg-Abstecher ausgelassen hatte. – Was für ein schöner Zufall, dachte ich, schenkte mir frischen Tee ein, schaute über das Tal und machte mir, obwohl ich den Wetterbericht nur zu gut kannte, keine Sorgen.

Es hätte mir auch nichts geholfen, schließlich sollte mich die aufziehende Front neben der halben Strecke dieses Tages auch die beiden darauffolgenden Tage kosten. Mit Gewitter, Regen und Schnee bis weit unter zweitausend Meter herab.

Dass ich an dem Morgen aber letztlich ganze vier Stunden brauchte, bis ich endlich zusammengepackt hatte, wäre beinahe zu viel gewesen. Denn um irgendwie weiterzukommen, musste ich vor dem Schlechtwettereinbruch zumindest aus dem Tal hinaus. Am Weg Richtung Fusino donnerte es bereits. An jene Routenvariante Richtung Poschiavo, mit der ich eigentlich dem gefährlich steilen Vermolera-Pass durch das Val Grosina occidentale ausweichen wollte, um dann mithilfe einer Abkürzung Poschiavo bereits am nächsten Tag zu erreichen, war damit längst nicht mehr zu denken. Ich konnte froh sein, wenn ich es bis Fusino schaffte, um mit einem an dem Tag hoffentlich noch nach Grosio fahrenden Bus ins Valtellina hinunterzugelangen, wo die weiteren Anschlüsse nach Tirano und Poschiavo kein Problem mehr sein sollten.

Sollte mir das gelingen, wäre mein langsamer Aufbruch sogar ein Glück gewesen. Denn nach Poschiavo hätte ich es selbst mithilfe der Zwei-Tages-Abkürzung nicht geschafft, wäre lediglich in den Unwettern gelandet. In Schneegewittern, wie die nächsten Tage zeigen sollten. Besser, gleich auf Bus und Zug umzusatteln. Auch wenn von Fusino schließlich noch stundenlang kein Bus gefahren wäre. Doch zu meinem, nach meiner morgendlichen Trödelei fast schon nicht mehr verdienten Glück hatte mich die Wirtin der kleinen Trattoria in Fusino, in der ich im letzten Sonnenschein auf der Terrasse noch ausgiebig zu Mittag gegessen hatte, nach Einsetzen der Gewitter im Auto ins Valtellina hinunter mitgenommen.

Zwei Stunden später und nach einen Prosecco in einem beinahe pariserisch eleganten Straßencafé von Tirano sowie dem Grenzübertritt in die Schweiz, für den zum ersten Mal während der Reise mein Ausweis kontrolliert wurde, saß ich schließlich im Zug nach Poschiavo. Ich tauschte die bereits in Muggia erstandene italienische SIM gegen die in Scuol gekaufte Karte der Swisscom aus. Doch die SIM-Karte funktionierte nicht. Obwohl die vierundzwanzig Stunden längst vorbei waren, die es vom Kauf bis zur Freischaltung dauern sollte.

Regen schlug gegen die Zugfenster, es war Freitagnachmittag, und über dem Tal hingen so dunkle Wolken, dass es beinahe erfunden wirkte, wie schön dieser Tag vor der Rifugio Falk begonnen hatte, als ich in den ersten Sonnenstrahlen im Val Grosina Ruths Mail gelesen hatte.

Ich wollte mich jetzt nicht mit einer SIM-Karte beschäftigen und ersetzte die der Swisscom durch meine roamingtaugliche Karte aus Österreich. Denn ich freute mich schon den ganzen Tag darauf, Ruths Mail noch einmal zu lesen. Immerhin war es die Antwort auf eine Frage, die ich ihr bereits auf der Terrasse des Wirtshauses im Walsertal geschrieben hatte: die Frage, wie ein Tal der Frauen in den Alpen wohl aussähe.

Ruth begann ihre Beschreibung eines solchen Tals, indem sie kurz von einer Stadt in Mexico erzählte: Von Juchitán, das zumindest insofern eine Stadt der Frauen war, als es dort, mit dem nur an Frauen vererbten Familienkapital, die Händlerinnen seien, die das Wirtschaftsleben gestalteten. Bezog man dies auf unser utopisches Tal, genügte es in ihren Augen aber nicht, wenn die Frauen Betriebsbesitzerinnen, Händlerinnen oder Politikerinnen wären. Das würde ihnen zwar mehr Eigenständigkeit bringen, doch müsste auch die traditionelle Aufgabenverteilung samt der dazugehörenden Rollenbilder aufgelöst und aus ihren starren Zuordnungen befreit werden:

Frau sollte zwar Bäuerin, Forscherin, Handwerkerin, Künstlerin, Händlerin, Selbständige etc. sein können – und damit ihr Auskommen finden. Doch nebenbei auch Mutter, genauso wie die Väter nebenbei Väter. Denn zuständig für den Nachwuchs wären sie alle – Frauen und Männer, und vielleicht nicht immer nur die beiden allein, die diesen Nachwuchs gezeugt haben.

Vielleicht bremse erst eine solche Neuaufteilung und Neubewertung von Arbeit die Abwanderung junger Frauen aus ländlichen Regionen, für die sie in klassischer Schuldumkehr bei einem Kongress in Slowenien bereits den Begriff des Frauenraubs gehört habe. Wobei mit einer solchen Bezeichnung die eigentlichen Gründe dafür, dass junge, gut ausgebildete Frauen oft nicht mehr zurückkämen, nur verdrängt würden. Fürs Walsertal seien ihr dazu zwar keine Zahlen bekannt, doch wisse man, dass in den peripheren Regionen letztlich vor allem die älteren Leute und die leider grundsätzlich weniger mobilen Männer übrig blieben.

Insofern gehe es bei all dem nicht allein um die Frauen – womit sie das bislang Geschriebene in einer Weise, die ich an ihrem Schreiben, ihrem Denken bereits zu kennen meinte, nicht relativierte, sondern sogar noch zuspitzte, wenn sie abschließend schrieb:

Frauen sind wohl nicht generell die besseren Menschen, sie sind in die gängigen Strukturen und das gängige Wertesystem eingebettet, und das männliche Prinzip herrscht nun mal vor. Not täte also mehr Weiblichkeit – ganz real, aber auch und vor allem symbolisch: Wie wär's denn z. B. mit ein paar weiblichen Göttinnen, die das Sinnliche, Lebendige, das Schöpferische, unser Vernetztsein mit der Mit- und Umwelt in den Mittelpunkt stellen, unsere Fähigkeiten – all das, was wir von uns aus tun können… wie würde ein Tal aussehen, wenn sich dies politisch/gesellschaftlich niederschlagen würde? – Und wenn's keine Göttinnen sein sollen, dann zumindest eine andere Haltung zum Leben…

Eine andere Haltung zum Leben, damit war die Utopie benannt, die ich deshalb nur als *Tal der Frauen* bezeichnet hatte, weil es immer Gespräche mit Frauen gewesen waren, in Treßdorf, in Taisten, in Scharnitz, vor allem aber jenes mit Ruth, in denen es um solch Grundsätzliches gegangen war. Um ein Denken, dem selbst dann nichts heilig war, wenn es von *Göttinnen* handelte, auf eine Weise fast profan, die abstrakt und handfest gleichzeitig war, wenn sie nicht weniger forderte als *zumindest eine andere Haltung zum Leben.*

Ich musste ihr sofort zurückschreiben. Auch wenn das mit der österreichischen SIM-Karte selbst für ein kurzes Mail ein kleines Vermögen kostete, konnte ich nicht anders, als ihr zu antworten, dass ich mir, *aufgrund des ersten, verloren gegangenen Mails, ja beinahe schon gedacht hätte, es würde dich das alles nicht genug interessieren… und hab es mir dann doch nicht vorstellen können. Warum, das könnte ich nach der nicht einmal knappen Stunde unseres Treffens nicht einmal stichhaltig begründen. Aber manchmal gibt es ja auch eine Art Augenblickswissen, das weiß mehr als jede überprüfbare Kenntnis.*

Mehr zu unserem Tal wollte ich ihr am nächsten Tag schreiben. Dann funktionierte hoffentlich auch wieder die Schweizer SIM-Karte. Während ich mich nun fragte, ob ich nicht auf die letzten Sätze hätte verzichten sollen. Vielleicht kamen sie zu früh, waren bereits zu nah. Zu nahe für zwei Menschen, die sich erst eine Stunde gesehen und dennoch bereits ein ganzes Tal hatten.

Doch schon am nächsten Morgen schrieb sie mir, es sei auch ihr nach der knappen Stunde in St. Gerold klar gewesen, *dass da noch viel mehr zu sagen ist. Es war ja fast so, als hätten wir einen Satz irgendwo kurz nach dem Anfang abgebrochen…*

Kaum hatte ich das an dem verregneten Samstagmorgen gelesen, hätte ich mir wohl für keinen anderen Tag als diesen mehr gewünscht, wachen Sinnes und vor allem nüchtern zu sein. Stattdessen aber hatte ich Kopfschmerzen, fühlte mich dünnhäutig, verschwommen und war fast zu verkatert, um mich überhaupt so richtig freuen zu können.

Dabei hatte ich am Vorabend keine Unmenge getrunken. Ich war zuerst an einem der Tische vor dem Albergo Semadeni unter den Sonnenmarkisen am Hauptplatz gesessen, hatte dem Regen zugesehen und ein erstes Glas Wein genossen. Sicherlich hätte ich davor etwas essen sollen. Denn bereits dieses erste Glas hatte ich gespürt. Fast so, als hätte ich es während eines anstrengenden Anstiegs getrunken. Und in gewisser Weise stimmte das sogar.

Es war etwas in Bewegung gekommen. Auf einer Strecke, die mit der in den letzten beiden Wochen gegangenen alles gemeinsam hatte und dennoch mit keinem einzigen Ortsnamen, keiner Höhendifferenz, keinem Berg oder Wetterbericht beschrieben werden konnte. Eine Strecke, für die auch Biasca als Richtungs- oder gar Ortsbezeichnung bestenfalls eine Chiffre sein konnte, da solche Strecken keine Ortsnamen brauchten.

Auf dieser Strecke war es aber sogar vom Kater dieses Morgens zum nüchternsten E-Mail, das sich über eine Utopie wohl schreiben ließ, alles andere als weit. Und so saß ich nach dem Frühstück wieder unter den Markisen des Albergo Semadeni, um zu formulieren, wie realistisch manchmal allein Utopien waren. Zwar vergaß ich dabei, dass ich dafür wieder eine nicht kleine Summe Datenroaming bezahlte. Angesichts der Vorstellung, wie es in unserem Alpental ohne grundlegende Veränderungen bestimmt bereits in zehn, fünfzehn oder zwanzig Jahren aussähe, hätte mich auch das nicht aufgehalten:

Es ist das Bild eines leeren Tals. Ich gehe dabei von der Vorstellung aus, die in deiner Erwähnung des »Frauenraubs«, der Überalterung, des Verschwindens von Kreativität, Kindern und Kleinbetrieben unweigerlich auftaucht. Eines Verschwindens von, sage ich jetzt einfach, Arbeit am Leben.

Denn natürlich ist dieses leere Tal, das ich mir so ausmale, gar nicht leer. Nehmen wir das Große Walsertal. Dort stünden dann immer noch die schönen Häuser, und der Biosphärenpark hätte in den Jahrzehnten, in denen aus dem Tal ein leeres Tal wurde, dafür gesorgt, dass zumindest keine neuen Straßen, neuen Liftanlagen, keine betonierten Wildbachverbauungen gebaut worden wären. Die Bannwälder wären intakter als davor. Es gäbe zwar weniger Almen, weniger Verschiedenheit in der Landschaft zwischen fetten und mageren Wiesen – und auch noch ein paar Bauern, die aber mehr oder weniger auf ihre Tätigkeit als Landschaftsgärtner und Produzenten hochpreisiger Nahrungsmittel reduziert worden sind, die sie sich selbst jedoch nicht mehr leisten können.

Sonst ist das Tal leer, es gibt keine Kindergärten, es gibt keine Schulen, keine Bibliotheken, keine Handwerksbetriebe. Dennoch sind kaum Häuser verfallen, denn an den Wochenenden ist es voll, das Tal. Mindestens zwei, oft sogar drei Autos stehen dann, wie auch in Ferienzeiten, vor den Häusern, mit Kennzeichen der umliegenden Ballungszentren und Großstädte.

Natürlich, das Tal wird weiter genutzt, doch gleichzeitig steht es leer. Es ist ein Freizeitpark. Einer, wie es sie vielleicht dann, in der Zeit, in der sich dieses Szenario abspielt, in vielen »landschaftlich« schönen Gegenden gibt.

Um das Tal in dieser Form zu erhalten und vor Naturkatastrophen zu schützen, wird natürlich auch darin gearbeitet. Es werden Wiesen gemäht, Bäche frei geräumt und es wird, in touristischer Doppelnutzung, sicherlich auch noch die eine oder andere Alpe beweidet. Was aber fehlt und die Leere ausmacht, ist eine andere Arbeit. Eine, deren mangelnde Wertschätzung erst dazu geführt hat, dass aus dem Tal ein Freizeitpark geworden ist: die Arbeit am Leben.

Irgendwie hat man sie übersehen, sie war einfach selbstverständlich – das Kochen, die Kinder. Nicht, dass das Essen verschwunden wäre, und auch nicht gleich die Kinder. Doch davor sind der Bäcker verschwunden und die Speisekammer, die Hauptschule, dann die Volksschule, dann der Kindergarten. Es hat sich nicht gerechnet, und es war auch kein Problem, zumindest kein großes, es war einfach so. Und so arbeiteten nicht nur die Männer auswärts, um das Leben daheim zu finanzieren, zu »erhalten«, sondern gingen irgendwann auch die Kinder dort in die Schule. Im Gegensatz zu den Männern aber kamen die Jugendlichen, vor allem die weiblichen, nicht mehr zurück. (…)

Natürlich, im Nachhinein betrachtet, als Forscherinnen, Handwerkerinnen, als Selbständige, auch als Bäuerinnen mit richtigem Berufsbild (für das es gar keinen solchen Hype bräuchte, wie etwa um die in Zeitgeistmagazinen immer öfter abgefeierten Weinbäuerinnen) wären sie vielleicht im Tal geblieben. Doch genauso wenig wie es für immer schon ausgeübte Tätigkeiten so etwas wie Berufsbilder gegeben hatte, so wenig hatte man davor daran gedacht, wie existenziell solche gewesen wären. Zumindest dann, wenn man verhindern hätte wollen, dass aus dem Tal das Leben derart verschwindet, dass nur ein Freizeitpark übrig bleibt.

Ich breche hier einmal ab. Denn ich will jetzt nicht einfach aus einem Nachdenken zu einer feministischen Utopie ein gänzlich gegenteiliges Szenario machen. Gerade weil ich es für nicht unrealistisch halte. Die Frage aber ist, schrieb ich am Ende dieses in einem Zug in den kleinen Communicator getippten Mails, *ob nicht ein solches Negativszenario einfach ein sehr lebenspraktisches Argument dafür ist, bei unserem Weiterdenken nicht allein von einer feministischen Utopie zu sprechen, sondern von der Notwendigkeit eines utopischen Realismus.*

Ich schaute auf und überlegte, ob ich noch hinzufügen sollte, dass ich diesen Realismus gerade in seiner Notwendigkeit erst als solchen sah. Doch solche Erklärungen brauchte es in unserer Korrespondenz wohl tatsächlich nicht mehr. Lieber schrieb ich deshalb, dass die übergeordnete Währung von Arbeit am Leben selbst angesichts derart düsterer Szenarien immer Glück heiße. Da es keine härtere Währung gebe.

Und konnte spätestens damit nicht mehr verstecken, wie froh ich gerade an diesem Morgen war. Weshalb ich ihr auch in meinem PS schrieb, dass ich zu dem von ihr in der Früh Gelesenen einfach nur Ja sage. Da jedes weitere Wort nicht nur aufgrund der Tatsache viel zu wenig wäre, dass aus diesen gleich nach dem Beginn abgebrochenen Sätzen bereits die nahe Aussicht auf Biasca geworden sei.

Obwohl: nahe, das war relativ. Denn noch war ich gut hundertsechzig Kilometer und vor allem über zwölftausend Höhenmeter entfernt. Auf den Bergen lag Schnee, und die Niederschläge hörten nicht auf, ebenso wenig die Gewitter. Zwar hatte ich den Samstag ohnedies als Ruhetag eingeplant, samt einer Notroute mit etlichen doppelt zu gehenden Etappen danach. Doch tobte die Front nicht nur den ganzen Samstag, sondern auch am Sonntag. Selbst in der Nacht auf Montag hatte es noch nicht aufgehört.

Mit Montag aber waren es bis Biasca nur mehr sieben Tage, sieben Tage für zehn Etappen. Wobei ab San Bernardino noch Jürgen auf Besuch kommen sollte. Bis dahin waren es sogar nur mehr fünf Tage und sieben Etappen. Zuerst musste ich das schaffen. Und danach mussten wir die bis Biasca verbleibenden drei Etappen ohnedies nicht nur wegen Ruth in zwei Tagen gehen; denn nur wenn Jürgen den am späten Nachmittag in Biasca abfahrenden Zug erreichte, konnte er am nächsten Morgen wieder in Wien im Büro sein.

Ich durfte nicht länger warten. So viel war klar, als ich in der Nacht auf Montag wieder einmal vom Donner im Val Poschiavo aufgeweckt wurde. Ich musste noch an dem Tag aufbrechen, um rechtzeitig nach Biasca zu kommen, und war gleichzeitig – wie mir an einem anders nicht erklärbaren Handgriff deutlich wurde – längst dort.

Denn gleich nach dem Aufschrecken hatte ich, obwohl ich von Ruth vor Montag eigentlich kein neues Mail erwartete, da sie das ganze Wochenende hindurch im Walsertal im Einsatz gewesen war, in schlafwandlerischer Sicherheit, die man wohl besser eine schlafwandlerische Sehnsucht nannte, den Communicator aus der neben dem Bett liegenden Beckentasche gezogen. Und tatsächlich war eine neue Nachricht von Ruth in meinem Posteingang.

Abgeschickt kurz nach Mitternacht, sodass ich mich nach wenigen Zeilen fragte, ob sie sich mit dem mir darin Verratenen noch auf den gestrigen Tag oder bereits auf den heutigen bezog. Denn nach einem Wochenende voller Arbeit offensichtlich sehr müde, schrieb sie mir, mit heute sei sie zweiunddreißig und hoffe, dass sich mit dem Älterwerden irgendwann zumindest so viel Erfahrung gewinnen ließe, um nicht ständig in Stress so unterzugehen wie in den letzten Monaten. Schon die Möglichkeit, meinte sie, wäre ein Ausblick; denn angesichts der Hektik der letzten Wochen frage sie sich, ob sie nicht möglicherweise immer weiter am Eigentlichen vorbeieile.

Mehr hatte sie mir nicht geschrieben. Doch als ich in der Früh munter wurde, war mir, als hätten wir von diesen Sätzen weg noch stundenlang miteinander geredet. – Monate später sollte sie mir erzählen, dass es auch ihr am nächsten Morgen so gegangen sei.

Dass es am Morgen zu regnen aufgehört hatte, war als Wirklichkeit nicht geringzuschätzen. So hielt ich mich nicht lange mit der Frage auf, wie viel Schnee es in der Höhe wohl hatte, packte auf der Stelle meinen Rucksack, zog mir, wie immer für das Gehen, Wanderhose, Merino-Leibchen, Gilet an und glaubte beim Frühstück noch, dass ich nach Tagen, in denen es bis unter zweitausend Meter geschneit hatte, tatsächlich gleich wieder über Pässe wie den auf über zweitausendsechshundert Meter liegenden Passo Campagneda gehen konnte.

Draußen vor der Tür belehrte mich die langsam sich lichtende Bewölkung jedoch schnell eines Besseren. Alles war weiß, und das bereits ab tausendsechshundert, tausendsiebenhundert Metern Höhe. Zwar rief ich am Weg zum Bahnhof noch auf der Rifugio Zoja an, um herauszufinden, wie viel Schnee es auf den Pässen meiner Route über Chiareggio nach Maloja tatsächlich hatte, bekam jedoch nur die Gegenfrage zu hören, ob ich denn auch Steigeisen mithätte, – und hielt wenig später Zug- und Busfahrkarten über Samedan und St. Moritz nach Maloja in Händen.

Dass ich mir kaum eine bessere Route für eine solche Überbrückungsfahrt hätte aussuchen können, war nach den ersten Kehren von Poschiavo Richtung Passo Bernina klar. Gebannt schaute ich ins bald tief unter mir liegende Tal und auf die, eine Schienentage tiefer, noch in die Gegenrichtung fahrenden Waggons meines Zuges.

So steil es auf den Pass hinaufging, so großzügig, fast westernhaft breiteten sich die Alpweiden am Passo Bernina unter den tief hängenden Wolken aus. Und während der Zug, langsam, als müsse er Luft holen, seine Bergabstrecke aufnahm, schlug ich eine liegengebliebene Zeitung auf und wusste aufgrund des Wetters der letzten Tage schon beim Wort *Zugspitze*, dass bei dem Berglauf am Vortag nur Schlimmes geschehen sein konnte: *SCHNEE-Sturm! Zwei Tote auf der Zugspitze; Retter hörten von überall nur Hilfeschreie …*

Am nächsten Morgen wirkten die bis auf halbe Höhe weißen Hänge in Maloja fast unwirklich unter dem blitzblauen Himmel. Das Weiß blendete im Sonnenschein, darunter regenfrisches Grün, während ich es beim Frühstück kaum erwarten konnte, in diese unwirkliche Landschaft aus Neuschnee und Julihimmelsblau hinaufzusteigen. Sogar zu einem Anruf bei der Swisscom hatte ich mich aufgerafft und die Zusicherung bekommen, in den nächsten Tagen zurückgerufen zu werden.

Nicht nur ich wollte in diese strahlende Landschaft. Vielmehr war wohl jeder Gast Malojas, der sich einigermaßen auf den Beinen halten konnte, an diesem Vormittag auf den Sonnenhängen unterwegs. Etwa zum Lago da Lunghin hinauf, an dem vorbei auch mein Weg Richtung Juf führte.

Auf halber Höhe begann der Schnee. Schnell verwandelte sich die Schlange der Wanderer vor mir in eine jeden Augenblick aufs Neue überraschende Choreografie aberwitziger Ruder- und Ausgleichsbewegungen von stürzenden, stolpernden und ständig ausrutschenden Gestalten. Deren zumeist topmodisches Schuhwerk war wohl das Einzige an ihnen, das mit solch widrigen Verhältnissen zurande kam.

An so einem Tag gab aber selbst der Ungeschickteste nicht auf, und so hatte der See wohl kaum jemals derart viele Menschen auf den Steinen ringsum in der Sonne sitzen sehen. Auch ich machte kurz halt, aß von der in Maloja gekauften Wurst und dem Käse und musste selbst durch die starke Sonnebrille in der strahlenden Helle von See, Schnee und Himmel staunend blinzeln.

Zweihundert Höhenmeter Aufstieg hatte ich noch bis zum Pass Lunghin, der nicht nur der erste der beiden heutigen Anstiege war, sondern auch, wie mir meine Routenbeschreibung sagte, die wichtigste Wasserscheide Mittel- und Westeuropas. Denn während ein nach Osten abfließender Regentropfen mit dem Inn und der Donau das Schwarze Meer erreichte, nähme ihn nur ein Stück südlicher die Maira auf ihrem Weg durch den Comer See Richtung Po mit, während es einen Schritt westlicher bereits die Julia wäre, die ihn in Richtung des Rheins und der Nordsee transportierte.

Ich hingegen ging nur hinunter zum Septimerpass, der seit der Römerzeit als Übergang zwischen Rhein und Po benutzt worden war. Danach führte meine heutige Tagesstrecke noch einmal gut dreihundert Höhenmeter zur Forcellina auf über 2700 Meter, von wo aus ich bereits Juf, die auf 2126 Meter gelegene höchste Dauersiedlung Europas, im Averstal sehen sollte.

Vorher allerdings musste ich erst zur Wasserscheide hinauf. Im Schatten des Piz Lunghin knirschte der Schnee, der am Südhang von Maloja herauf vor tauwarmer Nässe noch so gestrotzt hatte. Eine Hangschulter weiter wurde es trotzdem still. Kein Picknick-Volksfestgemurmel mehr, nicht mehr das regelmäßige Auflachen oder Kreischen im Auf- oder Abstieg ausrutschender Sonntagswanderer; nur mehr der Schnee und seine Ruhe unter dem Himmelsblau.

Die Zahl der Geher war nun anhand der Trittspuren im Schnee auch ohne große Fährtenleser-Kenntnisse leicht abzählbar. Nur hier und da ragten Wegmarkierungen an größeren Gesteinsbrocken heraus. Und langsam wurde mir bewusst, dass ich mir an diesem glänzend hellen Schneesommertag die Frage nach der Orientierung gar nicht gestellt hatte. Zwar ließ sich die Route im Groben mittels Karte und Umgebung finden, doch war das möglicherweise zu wenig, wo selbst ohne Schnee Genauigkeit auf Schritt und Tritt notwendig war; etwa im Abstieg von der Forcellina nach Juf oder auf dem Balkonweg davor, der nur meterweit an senkrecht abfallenden Felshängen entlangführte.

Noch gab es Spuren im Schnee. Doch diese stellten sich bald als Aufstiegsspuren Richtung Piz Lunghin heraus. Danach war ich auf mein eigenes Orientierungsvermögen angewiesen. Und auf Glück.

Eine knappe Stunde später, nach einem schnellen Gipfelversuch auf den Piz, saß ich bereits weit sorgloser am Septimerpass auf einem Felsblock in der Sonne. Tatsächlich war mir eine jener seltenen Wanderergruppen entgegengekommen, die sich weiter als einen Pass von ihrem Ausgangsort weggewagt hatten. Damit gab es auch Trittspuren. Und nachdem ich in einer Selbstverständlichkeit gejausnet hatte, als hätten auch alle bisherigen Gehtage der letzten zweieinhalb Monate aus nichts anderem als derart genüsslichen Pausen bestanden, schien mir an diesem Tag nur mehr seine Schönheit gefährlich werden zu können.

Fast silbrig schimmerte die Luft unter dem tiefblauen Himmel am Weg zur Forcellina hinauf. Die Sonne stand im Südwesten weiterhin hoch, doch bereits um diese Nachmittagszeit leuchtete die Landschaft in jenem Raumlicht, das die Welt sonst nur für Augenblicke erfüllte, wenn der Abend näher rückte. Nun aber zog mich ihr Schimmern und Strahlen bereits am helllichten Tag so an, wie es wohl nur Mondsüchtige mitten in der Nacht kannten.

Ewig hätte ich weitersteigen können. Mit einem Blinzeln, das hinter einer Sonnenbrille die einzig mögliche Reaktion auf das Glitzern dieses Tages war und längst auch in den Hals, in die Brust und bis in die Ohren reichte. Als Freude, als Rührung, als Vorwitz und Wehmut.

Der wolkenloseste Tag meines Lebens, schrieb ich am Pass ins Notizbuch. Kein Wort mehr.

Der fünfhundert Meter tiefer liegende Talboden des Avers bog vor mir nach Westen. Unten das Grün, ich im Weiß, so hatte sich der Anblick des Morgens umgekehrt. Und das Grün, es sah nicht nur so unwirklich aus wie jenes von Fußballstadien in abendlichem Flutlicht, sondern versteckte in seinem tiefen Strahlen bereits nichts weniger als den Abend. Während das weiße Meer der Berge so tat, als würde es nie mehr dunkel werden.

Stolz, ohne Grund, und dennoch stolz, ging ich weiter wie nur jemand geht, der so Schönes gesehen hatte, dass ihm nie mehr etwas geschehen konnte. Auch den rutschigen Steilabstieg arbeitete ich mich Stockeinsatz um Stockeinsatz derart sicher hinunter, dass kein einziger Ausrutscher passierte. Selbst die Tatsache, dass ich abends in Juf in dem Wirtshaus, dessen Sonnenterrasse während meiner Ankunft noch voller Leute gewesen war, kein Essen mehr bekam, konnte mich an diesem Tag nicht stören. So aß ich anstatt der erhofften Knödel, Nudeln oder gar Polenta mit Fleisch bloß die zwei übrig gebliebenen Torten des Tages und trank einige Gläser Wein.

Am nächsten Tag lag nur mehr auf den obersten Kämmen Schnee. In meiner Mailbox war ein Anruf von der Swisscom: Es habe ein Problem mit dem Anmeldefax von der Post in Scuol gegeben, das jedoch gelöst worden sei. Zwei, drei Tage könne es zwar dauern, dann würde alles klappen. Immerhin.

Der Wetterbericht war gut. Deshalb wollte ich gleich mit dem Aufholen der in Poschiavo verlorenen Tage beginnen, indem ich an die achtzehn Kilometer lange Bergabstrecke durch das Avers nach Innerferrera gleich jenen Teil der darauf folgenden Etappe nach Isola anschloss, auf dem es über den Pass da Niemet zur Rifugio Bertacchi auf der italienischen Seite ging. Zunächst aber musste ich nach Innerferrera hinaus, war bald in einem guten Trott und rief ohne schlechtes Gewissen meine E-Mails ab, da das SIM-Karten-Problem ohnehin bald gelöst war.

Sabine hatte mir geschrieben; allerdings nur über ihren Bauch, nichts über mein Mail aus Trafoi, nichts über uns. Im Attachement stand: *30. SSW.* Wer dachte dabei schon an Daten-Roaming. Ich öffnete es, schloss es gleich wieder, las lieber erst später.

Kurz vor dem nächsten Weiler riss mich eine entgegenkommende Frau aus den Gedanken. Sie trug einen Holzrechen über der Schulter und war offenbar auf dem Weg zu einer der bereits gemähten Wiesen auf den Hängen vor der Siedlung. Unverkennbar, dass sie den Weg auswendig kannte. Sie sah ganz für sich aus, doch alles andere als abwesend. Welcher Luxus, dachte ich, nachdem wir uns gegrüßt hatten und aneinander vorbeigegangen waren, seiner Arbeit in solcher Selbstverständlichkeit nachzugehen. Oder war mein Blick nur ein idyllischer?

Ich war mir nicht mehr sicher.

Zumindest historisch abgesichert – und damit einigermaßen frei von Verkitschungen war, dass sich aufgrund seiner mitten im Gebiet des Alpenhauptkammes zugänglichen Lage schon in der Spätsteinzeit Menschen hier aufgehalten hatten. Man hatte etwa Lochäxte aus dieser Zeit gefunden. Im 10. Jahrhundert, so hatte ich in meiner Routenbeschreibung gelesen, war der untere Talabschnitt von Romanen besiedelt gewesen, die das Obertal als extensives Alpgebiet genutzt hatten.

Heute ist der Tourismus wie an vielen anderen Orten in den Alpen längst ein mindestens ebenso wichtiger Erwerbszweig wie die Landwirtschaft. Was wird von der Tourismus-Ära im Vergleich zu den noch heute stolz an den Bauernhäusern hängenden Arbeitsgeräten bleiben? Wovon wird anstelle jener Beschreibungen, die heute von Landwirtschaft, von Bergbau, schlichtweg von Arbeit an und in der Landschaft erzählen, später einmal über solche Täler zu berichten sein, wenn sie mehr und mehr zur bloßen Rückzugsorten werden? Womöglich nicht einmal Kitsch.

In Cresta gab es zu meiner Überraschung aber sogar ein Lebensmittelgeschäft. Wie viel ich darin einkaufte, ließ sich wohl nicht allein damit erklären, dass ich nach dem gestrigen Tag und seinen Pausen auf den Geschmack gekommen war, oder das abends entfallene Essen gutmachen wollte. Denn die in Cresta erworbenen Lebensmittel (Brot, Senf, Wurst, Käse, eine kleine Flasche Schnaps und auch eine kleine Flasche Rotwein) würde ich selbst während ausgiebigster Jausenpausen nicht so schnell essen und trinken können.

Nicht einmal die Tatsache, wie steil es von Innerferrera ins Niemet-Hochtal ansteigen sollte, hatte mich von dem gewichtigen Einkauf abbringen können. Im Gegenteil. Womöglich füllte ich ihn sogar aus Trotz gegenüber der Bergabstrecke aus dem Avers hinaus derart an. Als eine Art Irreführung der mich seit Oberstdorf begleitenden Schmerzen im Bergablaufen. Meine Fußsohlen schienen tatsächlich geglaubt zu haben, es ginge nicht bergab, sondern bergauf, denn sie schmerzten nicht im Geringsten. Offenbar hatte mein Körper jede aus Herzschlag und Schweiß bestehende Anstrengung weit lieber als das Gefühl, bergab nur Passagier des Rucksacks zu sein.

Ihr Kind kann jetzt schmecken, stand in der Beschreibung der 30. Schwangerschaftswoche, die mit diesem Mittwoch begann. *Die Füße sind fast sechs Zentimeter lang. Die faltige Haut wird erheblich ausgeglättet. Bei den Jungen haben sich die Hoden in die Leisten verlagert. Das Kind ist nun fähig, seine Körpertemperatur selbst zu kontrollieren.*

Als ich nach dem Steilanstieg ins Val Niemet den Pass erreichte, hatte ich an diesem Tag knapp dreißig Kilometer hinter mir. Es war früher Abend, und mir schien es stiller noch als am Vortag – auch wenn ich auf der Strecke vom Lago da Lunghin nach Juf nur der einen kleinen Wanderergruppe begegnet war. Doch heute war auch das stiller, was kein Geräusch war.

Ich suchte mir einen Stein, aß Käse, Wurst, Brot und genehmigte mir zum Wasser einen Schluck Schnaps. Wäre für die Nacht nicht Schlechtwetter angesagt gewesen, hätte ich hier mein Zelt aufgestellt und noch stundenlang auf die Gipfelketten rundum und den Lago di Emet unter mir geblickt. An dessen Südwestufer, etwas erhöht auf einem Moränensaum, die Rifugio Bertacchi. Und all das in einem Licht, in dem Luft, Landschaft, Hütte und See wie auf grobkörnigem Fotopapier abgebildet waren.

Als ich gestern die Hütte erreicht hatte – so sollte der am nächsten Tag im nebligen Abstieg von der Rifugio Bertacchi zum Monte-Spluga-Stausee verfasste Notizbucheintrag über einen Hüttenabend beginnen, den ich, als er richtig losging, nur mehr im Halbschlaf miterlebt hatte. Doch meine Notiz galt dem Ankommen, als ich um die Ecke der Hütte gebogen war: … *und der Hüttenwirt und seine Helferin, anstatt auf meinen Gruß zu antworten, einfach weiter in den Himmel geschaut hatten bzw. in die Luft, und zueinander und gleichzeitig zu mir gesagt hatten: Das ist sicher das zweite Flugzeug heute! Daraufhin hatte ich geantwortet, ich hätte auch das erste gesehen, als ich noch oben am Pass gewesen sei. Dann hatten wir einander begrüßt.*

Ich war überraschenderweise der einzige Gast, doch zweifelte ich angesichts der über die Schulter geschlagenen Kochschürze des Wirts nicht, dass es etwas zu essen gab. Und zwar, wie in fast allen

Hütten der Schweiz, Frankreichs und Italiens üblich, ein frisch gekochtes Menü anstatt jener österreichischen und deutschen Hüttenunart der fünf Suppen, acht Fleischspeisen, sieben Kleinigkeiten und sechs Nachspeisen, die allesamt nur aufgewärmte oder mikrowellenerhitzte Fertiggerichte waren.

Als ich mich umgezogen und zu Tisch gesetzt hatte, stand die Sonne gerade über der – mit Pizzo Tambo, Pizzo Ferrè, Piz di Pian und Piz Bianch – womöglich am schönsten aufragenden Bergkette der Lepontinischen Alpen. Der kräftig abgeschmolzene Gletscher des Pizzo Ferrè blitzte in türkis schimmerndem Weißblau herüber, während ich mich angesichts des Wetterberichts fragte, ob ich es morgen über den Passo Baldiscio, den einzigen ohne alpine Kletterausrüstung begehbaren Übergang von Isola nach Pian San Giacomo schaffen würde. Zumal nicht zuletzt Hans Diem, auf seiner *Via-Alpina-*Reise in der Gegenrichtung unterwegs, sogar den bloßen Aufstieg als schwindelerregend beschrieben hatte.

Ich war zu müde, um mir Sorgen zu machen. Auch dass später Vollmondwanderer angekündigt waren, beunruhigte mich nicht. So deutlich wie selten hatte sich bereits im Sitzen die Schlafschwere in mir auszubreiten begonnen.

Ich hörte die Nachtwanderer zwar, als ich mich oben im Lager in meinem Schlafsack verkroch, und wäre gern noch für ein Lied wach geblieben. So schön hatte das Singen geklungen, das sie, kaum in der Hütte, angestimmt hatten. Doch während ich meine Augen keine Sekunde länger aufhalten konnte, blieben die Lieder in meinen Träumen.

Dichter Nebel lag rund um die Hütte. Im Abstieg zum Stausee fielen mir meine Träume wieder ein. Und dass ich sie mir, wie kaum je Träume, genau merken würde, dessen war ich mir in diesen Augenblicken so sicher, dass im Notizbuch nur steht: *Weiter unten bellt ein Hund. Nahe, als müsste man ihn hinter der weißen Wand greifen können. Dabei sehe ich immer weniger, kaum mehr zehn Meter, habe Angst und genieße es. Ich sehe kein Ziel und gehe weiter.*

Kurz vor dem See kam ich aus dem Nebel, sah die silbergraue Wasseroberfläche vor mir liegen, knapp darüber den Nebel, der den See da und dort berührte. Vielleicht sah die Begegnung eines Schläfers mit seinen Träumen so aus: die Träume als See, der Schläfer der darüber schwebende Nebel.

Von hier durch die Cardinello-Schlucht wären es kaum mehr als eineinhalb Stunden gewesen. Zur Römerzeit war die Passage bereits begangen gewesen und hatte aufgrund der bei Schlechtwetter hoch ansteigenden Wassermassen des Lira-Flusses oft unzählige Todesopfer gefordert. 1643 war mit den ersten Durchbrüchen in den teilweise senkrechten Felswänden begonnen worden, und bis 1709 hatte man die Passage mit Stützmauern, Lehnen und Galerien so weit ausgebaut, dass sie als hochwassersicher galt.

Gegen Lawinen half das nicht, und so waren hunderte Soldaten in die Tiefe gerissen worden, als Marschall MacDonald im Jahr 1800 mit fünfzehntausend Mann seiner *Armée des Grisons* trotz tobender Winterstürme von Splügen Richtung Chiavenna aufgebrochen war. – *Bedeutend geruhsamer*, stand auf der Wegtafel gleich im nächsten Satz, *ging es zu und her, als im Mai 1788 Johann Wolfgang von Goethe auf dem Weg von Rom nach Weimar hier vorbeikam.*

Vor der Abrutschgefahr wird bei nassem Wetter bis heute gewarnt. Und nass war es, wenn auch nur nebelnass. Weshalb ich auf dem Weg zur Schlucht hinunter noch keine größeren Bedenken hatte. Kaum war ich jedoch vor dem waghalsigen Wegebauwerk durch die Felswände angelangt, das nach seinem Ausbau 1709 sogar mit Pferdefuhrwerken befahren worden war, wusste ich, dass ich hier keinen einzigen Schritt talwärts würde setzen können.

Und das hatte mit den äußeren Bedingungen nicht das Geringste zu tun. Vielmehr war mir, als hätte ich jegliche Sicherheit, jegliches Vertrauen in meine Schritte auf dem Weg durch den Nebel aufgebraucht. All das, was ich davor beinahe blind gegangen war, tat sich mir nun als weit tieferer und gefährlicherer Abgrund auf, als es eine Schlucht wie die Cardinello-Schlucht je sein könnte.

Ich drehte um und lief, als wäre sie hinter mir her, davon.

Zwei Möglichkeiten, nach Isola zu kommen, hatte ich noch: Auf der mehrfach durch Tunnels und Galerien führenden Pass-Straße, oder zurück auf die Alpböden in einem zuerst leicht nach Osten führenden Bogen, bevor laut Karte ein steiler Waldweg in eine der letzten Kehren der Pass-Straße vor Isola mündete. Ich entschied mich für die zweite Variante und musste wenig später erneut ausweichen, da mich Hunde auf dem Wanderweg vor ihrem Haus partout nicht durchlassen wollten. Schließlich musste ich mir auch die steile Waldpassage zum Großteil selbst bahnen, da es den auf der Karte eingezeichneten Weg, wie so viele Alpwege, nicht mehr gab.

Zwei Tage später saß ich in der Morgensonne von San Bernardino und wartete auf den Bus, mit dem Jürgen ankommen würde. Auch ich war mit dem Bus hierher gefahren, nachdem ich auf die Überquerung des Baldiscio-Passes aufgrund von Regen und Gewitter hatte verzichten müssen. Dabei hatte ich mich gerade auf dieses Streckenstück gefreut, das kurz vor dem Pass über das auf gut zweitausend Meter gelegene Piano dei Cavalli führte, wo Ausgrabungen von jenen Menschen erzählten, die hier bereits vor siebentausend Jahren an den Alpenhauptkamm vorgedrungen waren.

Stattdessen war ich mit dem Bus von Isola die Pass-Straße wieder auf den Splügen hinauf, hatte auf der italienischen Seite noch mit der TIM-SIM-Karte im Internet recherchiert und einen Artikel in den *Dolomiten*[22] gefunden, der über die Annahme jenes Südtiroler Antrags zur Erarbeitung einer Gesamtstrategie für die Landwirtschaft in Europas Berggebieten im EU-Parlament berichtete, von dem ich bereits Anfang des Monats, in Taufers, direkt an der italienisch-schweizerischen Grenze, gelesen hatte.

Auf der anderen Seite des Passes stellte ich fest, dass die Swisscom-

22 *Der Agrarausschuss des Europaparlaments hat sich einstimmig für einen Bericht des Südtiroler Europaabgeordneten Michl Ebner (SVP) ausgesprochen und damit die Notwendigkeit einer Gesamtstrategie für die Landwirtschaft in Europas Berggebieten betont.*
Jedoch seien die rechtlichen Rahmenbedingungen in den einzelnen Mitgliedstaaten sehr unterschiedlich und damit den bestehenden Erfordernissen der Nachhaltigkeit und einer langfristigen Ausrichtung der Landwirtschaft in diesen Regionen nicht unbedingt förderlich, hieß es.

SIM-Karte immer noch nicht funktionierte. Jetzt reichte es. Mit der österreichischen SIM-Karte im Communicator und für dementsprechend hohe Gesprächs-Roaminggebühren rief ich auf der Stelle bei der Swisscom an. Diesmal war ein Herr R. am anderen Ende der Leitung:

Herr R. hörte sich meine Geschichte an und sagte mir, dass er sie angesichts der unter meiner Nummer notierten Angaben ohnedies bereits kenne. – So hatte ich die in einem späteren Weblog verfasste Geschichte begonnen:

Doch helfen könne er mir leider nicht, denn Fax von der Post in Scuol sei keines angekommen, und ohne Fax sei er machtlos. Ob ich nicht noch einmal zur Post in Scuol gehen wolle. Gehen, er hatte, so steht es in meinem Notizbuch, »gehen« gesagt.

Nein, antwortete ich ihm, das wolle ich nicht, denn von dort komme ich ja und sei bereits in San Bernardino. Mehr sagte ich ihm nicht, denn eine Debatte über Gehen oder Nicht-Gehen war angesichts dessen, dass die Swisscom Geld von mir kassiert hatte, doch Probleme mit ihren Vertriebspartnern auf Kunden schob, nicht wirklich zielführend.

Stattdessen erklärte ich ihm, für meinen Teil mit dem Ausfüllen des Formulars und der Bezahlung alles getan zu haben und dass nun die Swisscom an der Reihe sei, denn ob und wie die Zusammenarbeit mit einer Verkaufsstelle wie der Post in Scuol funktioniere, könne nicht mein Problem sein. Herr R. antwortete, seines auch nicht – wobei er sich, da er gleich wieder von der Swisscom sprach, vermutlich nicht persönlich meinte.

So ging es hin und her. Herr R. war völlig ruhig, vermutlich auch innerlich. Im Gegensatz zu mir, und ich war es jetzt auch äußerlich nicht mehr.

Also, sagte ich zu dem Mann im Telefon, jetzt sagen Sie mir bitte noch einmal Ihren Namen. Denn natürlich hatte ich seine Schweizerdeutsche Namensnennung am Beginn unseres Gesprächs nicht verstanden. So wie ich mich überhaupt weigere, diesen zur Pseudosprache aufgeblähten Dialekt in offiziellen Zusammenhängen zu verstehen, wie etwa in den Schweizer Fernseh- oder Radionachrichten, im Tourist-Office oder am

Bahnschalter. Denn Dialekt ist etwas Persönliches und Regionales, und wirkt auf dümmliche Weise chauvinistisch, wenn er wie in der deutschsprachigen Schweiz verwendet wird. – Womit auch dies gesagt wäre…

Doch zurück zu Herrn R., der mir seinen Namen daraufhin nur um eine Spur verständlicher sagte, weshalb es mir erst recht reichte.

Herr R., so begann ich, nachdem wir seinen auf Hochdeutsch alles andere als komplizierten Namen buchstabiert hatten, jetzt sage ich Ihnen einmal etwas: Ich bin insgesamt fünf Monate durch die Alpen unterwegs. Und das einzige wirklich spürbare Relikt der alten nationalen Grenzen sind die Netze der nationalen Mobilfunkanbieter, weshalb das nicht nur in dem 2010 in einem großen deutschen Verlag erscheinenden Buch dieser Reise ein wesentliches Thema sein wird, sondern auch in einer der nächsten Geschichten für eine österreichische Tageszeitung. Und wenn Sie weiter meinen, ich solle zur Post in Scuol zurückgehen, dann werden Sie darin mit Ihrem Namen eine schöne Rolle spielen.

Herr R. begann zu jammern, immerhin aber sprach er nun Hochdeutsch. Nur tun könne er nichts, das könne höchstens ein Vorgesetzter, und jetzt sei gerade keiner da. Leider, leider, er verstehe mich ja, doch ich müsse ihn auch verstehen.

Ich blieb hart, und es gefiel mir so gut, dass ich meine Drohung, mit Buch und Zeitung gleich wiederholte. Zu oft ist man gegen diese Telefonheinis und ihre glatte, unbekümmerte Freundlichkeit ohnedies nur chancenlos. Herr R. durfte jetzt büßen. Und er tat es gut, so sehr jammerte er. So lange, bis er zu dem Zugeständnis bereit war, seine Kollegin bei der Post in Scuol wenigstens anzurufen. Denn mehr könne er wirklich nicht tun. Ja, ja, meinte ich, hatte einstweilen genug und beendete das Gespräch.

Kaum fünf Minuten später, vermutlich hatte er meinen Namen in der Zwischenzeit gegoogelt, um den Wahrheitsgehalt meiner Drohungen herauszufinden, war er wieder da und hatte sogar bereits einen Chef gefunden, der die Sache in Scuol persönlich in die Hand nehmen werde. Das verlautbarte er mir in klarstem Hochdeutsch. Und morgen würde ich persönlich über das Ergebnis informiert werden…

Der nächste Tag begann unter blauem Himmel. Die Morgensonne strahlte ins noch menschenleere San Bernardino. Ich war früh dran. Bis auf das Café an der Bushaltestelle hatten alle anderen Geschäfte und Lokale zu. Sobald Jürgen ankam, war keine Zeit zu verlieren. Denn bereits für Sonntag waren wieder schwere Gewitter angesagt, weshalb wir versuchen mussten, schon heute einen Großteil der insgesamt drei Etappen zu schaffen.

Ich freute mich auf den Besuch. Jürgen war mein bester Freund. Und bis auf meine Eltern und Kathi, mit der ich zehn Jahre zusammengelebt hatte, kannte mich niemand so gut wie er.

Der Bus hatte etwas Verspätung, und ich spürte meine Vorfreude von Minute zu Minute deutlicher. Denn Jürgen war jemand, dem ich nicht lang und breit etwas erzählen musste, um ihm sagen zu können, wie es mir ging. So hatte er viel früher als ich gesehen, dass der erneute Beziehungsversuch mit Sabine keine Zukunft hatte. Und niemand anderem gegenüber hätte ich dies bereits zu einem Zeitpunkt eingestehen können, als ich selbst noch viel zu gern an diese Beziehung geglaubt hatte.

Nun aber war etwas ganz anderes in mir am Herausplatzen. Etwas, über das ich noch nichts sagen durfte, da alles, jeder Satz, jedes Wort nur etwas vorwegnehmen würde, das zwischen Ruth und mir noch gar nicht geschehen war.

Und genauso ging es mir mit meiner Reise: Selbst jetzt, über zweieinhalb Monate nach ihrem Beginn, fürchtete ich, ein Erzählen nehme etwas darin Verstecktes vorweg oder vertriebe es gar.

Ganz gleich, ob es das Binden der Schuhe war, das Schultern des Rucksacks, die Wetterprognosen, meine Entscheidungen, das Brennen der Fußsohlen, das Schneiden von Käse und Wurst, das Mountainbiker-demütigen. – All das ließ sich aufzählen, beschreiben und innerhalb eines bestimmten Tages auch mehr oder weniger prägnant erzählen. Doch ihren Platz in der gesamten Reise hatten vor allem jene so selbstverständlich scheinenden Augenblicke noch nicht gefunden. Eben weil sie im Erleben so flüchtig das Gegenteil von Selbstverständlichkeit beschrieben.

Und so hatte ich auch in der, vor zwei Wochen in Stilfs ausgearbeiteten, Geschichte für den *Standard*, die mir Jürgen in der gestern erschienenen Zeitung mitbringen würde, gleich zu Beginn geschrieben:

Das tägliche Weggehen, das tägliche Ankommen, Müdigkeit, Glück, Täler und Pässe. Hunger, Durst und unverhoffte Begegnungen … All das fällt einem ein, beginnt man von dieser Reise zu erzählen. All das und mehr taucht vor dem inneren Auge auf, so wirklich wie nichts und so selbstverständlich zuordenbar zu Tagen, Routen und Befindlichkeiten, um ebenso schnell wieder zu wie flüchtig Geträumtem zu werden – in dem Augenblick, in dem man zu sagen versucht: So ist diese Reise, ganz genau so …

Jürgen aber hatte ich nicht sagen müssen, wie diese Reise war, und ihm zwei Stunden später dennoch nicht wenig erzählt. Ohne dass ich dabei so tun musste, als blicke ich bereits auf etwas zurück. Ganz im Gegenteil, gerade das Gegenwärtige, das Augenblickliche hatte ihm wohl am meisten deutlich gemacht. All jene Bewegungen etwa, die längst automatisch waren: das Zuschnüren des Rucksacks und sein Schultern, das zur Schonung der Riemen stets über den rechten Oberschenkel erfolgte, sowie der darauffolgende Griff nach den Stöcken. Oder, zwei Stunden später, das Aufschneiden der Wurst am Pass di Passit, bevor der heikle Abstieg auf den Steilhängen über dem bald in tiefer Schlucht verlaufenden Passit-Bach ins Val Calanca begann.

Im Weitergehen kam schließlich auch der Anruf von der Swisscom: Man habe mit der Post in Scuol noch einmal telefoniert. Das Anmeldefax sei verloren gegangen, nun aber wieder gefunden worden. Morgen, spätestens übermorgen sollte es funktionieren. – Morgen, dachte ich mir, übermorgen, wollte es zwar glauben, konzentrierte mich jedoch lieber auf den nun steilen Hang.

Es war nach etwa einem Drittel der Bergabstrecke gewesen, kurz bevor wir zu einem großteils schon weggetauten Lawinenkegel kamen, der nur an einer Stelle noch eine Schneebrücke über den hier bereits tief eingeschnittenen Zufluss zum Passit bildete. Mit Schrecken im Gesicht erzählte uns ein Pärchen, sie seien gerade noch darübergekommen, könnten aber für nichts garantieren. Tatsächlich hielt die Schneebrücke sicher nicht mehr viele solcher Sonnentage. Zumindest dessen war ich mir sicher, nachdem ich den Hang ein Stück hinuntergeklettert war, um besser einsehen zu können, wie dick die Schneewölbung war.

Dünn war sie, doch immerhin war ich selbst mit meinem Rucksack, trotz seiner gut sechsundzwanzig Kilo Normalgewicht samt Proviant und Wasser, nicht schwerer als andere Männer, vielleicht sogar leichter als der männliche Teil des Pärchens. Wir riskierten es. Und zum Glück ging es gut. Womit Jürgen, ungeplant, gleich einen weiteren, nie ausschließbaren Aspekt einer solchen Reise erlebt hatte. Die stets lauernde Möglichkeit, nicht weiterzukönnen.

Wobei das Ungeplante nicht nur aus solchen, tatsächlich nicht absehbaren Hürden bestand. Oft genug wurde in der genauesten Planung erst deutlich, was sich alles nicht voraussehen ließ. Auch in den beiden Tagen bis Biasca sollte es so sein. Zu unsicher war, ob wir es tatsächlich auf der von mir anhand der Karten überlegten Route schafften. Denn unser Ziel war, noch am selben Tag vom Val Calanca über den Pass Giümela auf die Tessiner Seite des nach Süden ziehenden Gebirgsstocks zu kommen. Das waren zwei größere Übergänge an einem Tag, samt etlicher Zwischenanstiege, und damit war es zwar nicht die längste, dafür aber die an Höhenmetern reichste Etappe der bisherigen Reise.

Versuchen mussten wir es, trotz der bereits für den heutigen Abend angesagten Gewitter, denn am Tag darauf sollten sie schon mittags kommen. Spielraum hatten wir keinen, da Jürgen eine fixe Abfahrtszeit hatte, um rechtzeitig nach Wien zurückzukommen, während ich Ruth angekündigt hatte, sie am frühen Abend *wie ein Alpengent* am Bahnhof von Biasca abzuholen.

Doch mussten wir den Versuch, von Valbella, dem ersten Weiler im Val Calanca, über einen Balkonweg von der Alp de Remia über die Alp de Naucal zum Pass Giümela zu kommen, bereits am Ende des Anstiegs zur Remia abbrechen, da wir nicht nur den Weg verloren hatten, sondern das Terrain anstatt aus Alpweiden nur mehr aus völlig verbuschtem Gelände bestand.

Im Grunde hätte ich das, wenn schon nicht wissen, so zumindest ahnen können. Immerhin hatte ich vom langsamen Aussterben des Calancatals bereits vor der Reise gelesen. Es hatte im 19. Jahrhundert begonnen, als immer mehr Bauern draußen im Tessin zu Industriearbeitern geworden waren. 1980 hatten schließlich nur mehr achthundert Leute in dem Tal gelebt, das um 1500 dreitausend Menschen ernährt hatte. Dass deshalb Alpwirtschaften verbuschten, hätte mich nicht überraschen dürfen.

Doch hatte ich offenbar gerade an dem Tag, an dem die Spannung vor Ruths Besuch Stunde für Stunde größer geworden war, keinen Zentimeter, keinen Schritt über die in der Karte verzeichneten Wege hinausdenken wollen. So als führten nur diese verlässlich in den morgigen Tag, gerade weil mein Kopf längst dort war.

Und so war mir selbst mit dem mitten im Anstieg verschwindenden Weg vor Augen nicht aufgefallen, wie viel dieser nicht nur vom Val Calanca, sondern über die Alpen erzählte. Genauso wenig unten in Valbella oder später in Rossa, wohin wir nach dem vergeblichen Versuch, die alten Alpwege zu finden, hinausgetrabt waren, um am nächsten Tag mit dem Bus nach Bellinzona und von dort nach Biasca zu fahren.

All die bestens gepflegten Häuschen, gemähten Gärten, Blumenkisten, Kinderspielzeug, Gartengriller … wie gut ich deren Leere bereits kannte – doch solange ich Jürgen nichts von Ruth erzählen konnte, fehlte mir meine eigene Gegenwart viel zu sehr, um etwas von der in diesen Dörfern längst verschwundenen zu sehen. Auch wenn ich zwei Wochen später, gerade aufgrund des in der Zwischenzeit Erlebten, über diesen Nachmittag in der nächsten Monatsgeschichte für das Zeitungsmagazin schrieb:

Was uns in Valbella jedoch schnell aufgefallen war, waren die eher starren als neugierigen Blicke der »Bewohner« gewesen. Allesamt Jungfamilien mit Kindern und fast ebenso jung und sportlich wirkende Großeltern samt Enkeln, die in sauber gemähten Vorgärten adretter, dunkler Holzhäuser wie in einem viel zu wirklichen Traum saßen. Denn obwohl vor einem Haus der Griller rauchte oder in den Gärten Spielzeug he-

rumlag und Getränke auf den Tischen standen, schien sich nichts zu bewegen. Weder die Erwachsenen in ihren Stühlen noch die in Sichtweite spielenden Kinder. Und am wenigsten die Blicke, die uns auch beim Rückweg wieder verfolgten. Erneut fanden wir die Abzweigung nicht, fragen wollten wir jedoch keinen dieser Geistermenschen. Nicht wegen ihres Glotzens, sondern da uns anhand der Kennzeichen ihrer fast durchwegs silbergrauen Großraumwägen klar geworden war, dass all diese Leute in Wirklichkeit woanders lebten.

Auch mir war es an dem Tag nicht anders gegangen. Ich war längst im nächsten: in einer Wirklichkeit, nach der ich mich viel zu sehr sehnte, im Vergleich zu dem, was ich von ihr wusste.

Auch Bier und Wein im Wirtshaus in Rossa, in dem wir übernachteten, leistete dem keine Abhilfe. Obwohl wir eine gehörige Menge Wein tranken. Es sorgte bloß dafür, dass ich vorerst um einiges gründlicher aus dem Gedächtnis strich, was das Val Calanca, wie auch alle anderen verschwundenen Landschaften und Orte dieser Reise, nicht nur von den Alpen erzählte.

Doch das wurde mir erst nach Ruths Besuch klar. Anhand eines Begriffes, den ich in einem Mail an sie bereits verwendet hatte, um nicht allein von der Utopie eines Alpentals, sondern seiner Realität zu sprechen. Als Beschreibung meiner eigenen Reiseerfahrungen sollte mir das erst nach den Tagen mit Ruth gelingen: für Valbella, für die Alpen, für einen Blick auf Gegenwart und Welt.

Nicht aber – selbst im Nachhinein nicht – für die letzten Stunden, die letzten Minuten vor Ruths Ankunft. Für die Augenblicke, in denen aus dem Dann ein Jetzt wurde:

Wir gingen die Durchfahrtsstraße Biascas hinauf, zweigten ab, schlichen uns in Hinterhöfe, was jedoch die Häuser nicht weniger trist und das Dorf nicht weniger verloren machte, betraten ein Wirtshaus, setzten uns an die schmale Bar, der Fernseher lief, Tour de France.

Ich musste, so hatte Jürgen es etliche Monate später in einem Text beschrieben, *an gemeinsam vor dem Fernseher verbrachte Königsetappen denken. Sechs Stunden, manchmal sieben, fünf Pässe kletterten wir hoch und kochten uns möglichst gutes Essen in den Abfahrten, bevor die leichteren Bergkletterer, auch Ziegen genannt, sicherlich am letzten Anstieg oder gar am Pass davor zu attackieren versuchen würden.*

Als sich nun die Favoriten am letzten Berg vorne im Feld gesammelt hatten, stand Martin mit einer kurzen Bemerkung auf, er müsse seinen Gast vom Bahnhof abholen. Ob er das nicht mit einem Anruf oder SMS erledigen könne? Jetzt in der entscheidenden Phase des Rennens wegzulaufen?

Jetzt, ja, jetzt – an mehr dachte ich nicht, als ich Jürgen in der Bar in Biasca mit der Tour de France allein ließ. Jetzt, wenn sie tatsächlich aus dem Zug steigen würde, der um 17:43 ankam. Nicht um 18:43 oder 19:43, falls sie doch länger als angekündigt bei der Freundin in Hospental bliebe.

Dass sie dort gar nicht übernachtet, nur kurz Zwischenhalt gemacht hatte auf ihrem Weg nach Biasca, erfuhr ich erst später. Jetzt, um 17:35 musste es nur mehr 17:43 werden. Hoffentlich, denn 18:43 wäre schon nicht mehr auszuhalten gewesen, gar nicht zu reden von 19:43. Jetzt.

Begonnen hatte das Jetzt für mich viel früher. Nicht erst am Morgen, sondern am Vorabend, als wir selbst mitternachts, nachdem die italienischsprachige Wirtin den mit deutschsprachig-volkstümlichen Schlagern in den Schankraum plärrenden Fernseher endlich ausgeschaltet hatte und zu Bett gegangen war, nicht zu trinken aufhören wollten. Und auch nicht mussten, denn freundlicherweise hatte sie uns noch eine Karaffe an den Tisch gebracht. Laut der für das Finanzamt aufgehobenen Rechnungen waren es insgesamt 2,7 Liter Wein gewesen.

Mehr als genug, um einen Großteil der bis zu Ruths Ankunft verbleibenden Zeit mit Kopfschmerzen zu füllen und am Morgen besser schnell aufzubrechen, anstatt uns für die gesamte Dauer eines Frühstücks der bestimmt empörten Wirtin auszusetzen.

Denn als wir in der Nacht nach der letzten Karaffe Wein endlich auf unser Zimmer im ersten Stock gegangen waren, hatte mir plötzlich der Communicator gefehlt. Weder war er in seinem gewohnten Fach in der Beckentasche gewesen, noch an sonst irgendeinem Ort, den ich mir dafür vorstellen hätte können. Viele Möglichkeiten hatte es nicht gegeben. Steckte ich doch das Gerät in der Paranoia, das Wunderding zu verlieren, das mich seit dem Beginn der Reise so zuverlässig mit den Freunden und der Welt verband, und in den letzten drei Wochen vor allem auch mit Ruth, kaum je woanders als in sein Fach in der Beckentasche. Und dort war es nicht mehr.

Das gibt es nicht, sagte Jürgen und half mir beim Suchen. Um ihn zu finden, hatte aber auch er zu viel getrunken.

Wir polterten in die Gaststube hinunter. Der Communicator blieb unauffindbar. Auf dem Weg zurück stand bereits die Wirtin mit ihren betagten Eltern im Stiegenhaus. Die Wirtin schimpfte. Zuerst auf Deutsch, dann nur mehr auf Italienisch.

Es kümmerte uns nicht. Im Gegenteil, in meinem Rausch und der bereits erbitterten Verzweiflung machte ich vielmehr sie und ihr Haus für das Verschwinden verantwortlich, auf deutsch.

Doch Italienisch war stärker. So sehr meine Verzweiflung mich auch fluchen ließ, gegen ihre Verwünschungen war es machtlos. Nach einer weiteren Runde durch die Gaststube flüchteten wir uns auf unser Zimmer. Und dort lag der Communicator in Griffweite neben dem Bett, genau an der Stelle, an der er immer war, wenn ich ihn als Wecker verwendete – verdeckt von dem neuen Merino-Leibchen, das mir Jürgen mitgebracht hatte.

Am nächsten Morgen hatte ich Kopfweh, Jürgen war übel, so hatten wir uns das nach langen Trinknächten schon immer aufgeteilt. Diesmal war es nicht anders, höchstens noch schlimmer. Das Frühstück ließen wir aus. Beim Zahlen sagte die Wirtin kein Wort, es reichte ihr Blick.

Nach zwei Thomapyrin ließ zumindest mein Kopfweh nach. Die Luft war frisch, auch das tat gut, Jürgen fürchtete sich dennoch vor der Busfahrt. Der Umsteigehalt in Grono kam für ihn gerade rechtzeitig, und während die übrigen Fahrgäste aus dem Val Calanca an der Bushaltestelle auf den Bus San Bernardino–Bellinzona warteten, verschwand er auf der anderen Straßenseite die Böschung Richtung Flussufer hinunter.

Die Altstadt von Bellinzona war sonntagvormittagsleer. Langsam ging es uns besser. Wir tranken einen ersten Kaffee, vertrugen ihn, stiegen zu einer der Burgen hinauf, die mit der Altstadt zum Weltkulturerbe gehörte, und konnten uns allmählich über die letzte Nacht amüsieren.

So richtig begann der Tag jedoch erst mit den Stimmen. Es war bereits später Vormittag, und wir waren auf dem Weg zum Bahnhof. Von dort wollten wir nach Locarno fahren, um mit der großen Wasserfläche des Lago Maggiore vor uns vielleicht schneller nüchtern zu werden. Doch war dieser See selbst für ein kurzes Hineinstecken der Beine zu kloakig. Auch Locarno selbst blieb eine Enttäuschung. Billig-Shop reihte sich an Billig-Shop, aufgetakelte, doch gesichtslose Leute kamen einem entgegen, Sportwägen dröhnten, doch abgesehen vom geschlossenen Grand Hotel keine Spur von Eleganz.

Vielleicht aber waren wir an dem Tag für alles Aufgemotzte, Überdrehte und Schrille zu empfindlich. Und zum Glück nur dafür. Denn die gläsernen Stimmen von Bellinzona hätten wir anders womöglich nicht wahrgenommen.

Ganz leise nur waren sie aus den Kirchenmauern der Collegiata Santi Pietro e Stefano mit ihrem Ave Maria gedrungen. Als wären sie nicht wenige Meter entfernt, sondern gehörten zu einer anderen Welt. Nicht zu einer, die hinter dicken Kirchenmauern lag, sondern zu einer weit dünnhäutigeren, gefährdeteren. Eine, die durch die kleinste Störung aus dem Gleichgewicht gebracht werden könnte, sodass wir es nicht wagten, die Kirchentüre zu öffnen, sondern unsere Köpfe bis zum Ende des Lieds gegen eines der zum Glück niedrigen Seitenfenster gedrückt hielten.

In den Augenblicken hatte das Jetzt begonnen. Auf eine Weise, in der ich, als ich im Zug von Locarno nach Biasca von Ruth noch immer keine SMS-Antwort auf die ihr bereits aus Bellinzona geschickte Frage nach ihrer Ankunftszeit erhalten hatte, ganz deutlich spürte, welche Leere es für mich bedeutete, sagte sie ihren Besuch im letzten Moment ab.

Kurz vor Biasca dann die Antwort – 17:43. Jetzt. Gleich.

Als Martin mit Ruth vom Bahnhof zurückkam, hatte ich kein Auge für die beiden, war gefangen im Rennen, in Gedanken selbst am Rad mit Schmerzen in den Beinen und brennenden Lungen. Und als ich Luft holen wollte und ihm das Versäumte erzählen, waren sie bereits auf halbem Weg zu einem Tisch im Gastgarten an der Durchzugsstraße. Ich wartete auf das Ende der Etappe, Carlos Sastre war der Sieg nicht zu nehmen, bevor ich mich zu ihnen setzte und der Kellnerin winkte, um noch ein Bier zu bestellen.

Hoch oben im Felsmassiv badete jemand in einem unsichtbaren Regentümpel, der sich in einem Vorsprung gesammelt hatte. Es begann zu nieseln, und ich dachte an die Schneefelder, die wir am Vortag überquert hatten. Träge glitzerten ihre Kristalle in der heißen Julisonne. Martin und Ruth blickten sich vorsichtig an, ließen sich ablenken, redeten miteinander, ohne den Mund zu öffnen. Dann wieder ein Wort an mich, um nicht in Verdacht zu geraten.

Zwischen hell und dunkel

Ich fotografierte die Bushaltestelle. Es war Donnerstagmorgen. Hinter dem Haltestellenschild die hüfthohe Mauer, an der gestern Nachmittag unsere Rucksäcke gelehnt hatten. Darunter, mit wildem Rauschen, die Richtung Bignasco hinausströmende Maggia. Dort war Ruth gestern zum ersten Mal umgestiegen.

Davor waren wir im Laufschritt durch die engen Gassen von Prato Sornico gerannt, der vagen Vermutung hinterher, dass sich die Haltestelle an der Hauptstraße befand. Doch erst mit den an der Brücke stehenden Leuten war klar gewesen, dass Ruth den letzten aus dem Tal hinausführenden Bus tatsächlich erreichen würde. Denn es war Abfahrtszeit gewesen, als wir mitten im Ort, noch in normalem Gehtempo, auf die Kirchturmuhr gesehen hatten, 17:18.

Jetzt wartete hier niemand. Eine alte Frau sah mir aufmerksam zu, wie ich Bilder von der leeren Haltestelle machte, und ging erst weiter, als ich mich umgedreht und mit meinem Rucksack in Bewegung gesetzt hatte.

Der Bus hatte Verspätung gehabt. Es war sogar Zeit gewesen, um nach der Sonnencreme zu kramen, die Ruth mir überlassen wollte, da ich meine untertags aufgebraucht hatte. Ich hatte daneben gestanden, ungeduldig, immer ungeduldiger, da ich sie küssen wollte. Und hätte sie die Creme nicht gleich gefunden, hätte ich ihr gesagt, dass ich sie gar nicht brauchte, nicht jetzt, nie mehr Sonnencreme, wenn sie nicht gleich zu suchen aufhörte.

Ich ging die Brücke über die Maggia. Und ihr Tosen blieb in meinem Kopf, selbst als ich bereits zehn, zwanzig Meter weiter war: Dieses Dahinrauschen, das mir gestern weder vor noch nach der Abfahrt des Busses aufgefallen war. Nun blieb es, auch im Wald dauerte es an. Frühe Vormittagssonne strahlte durch die Baumkronen, der Weg ging in Kehren – wie viele solcher Wege ich bereits gegangen war! –, bergauf, bergab, manchmal mit Straßenlärm unter mir, mit glockenläutenden Kühen oder Kirchtürmen, manchmal mit Bachrauschen. Heute aber war es ein Geräusch in mir.

Drei Wochen sollte ich Ruth jetzt nicht sehen. Zwei Wochen davon würde sie mit einer Freundin in Rumänien unterwegs sein, zuerst durch die Karpaten, dann durch Kirchenburgendörfer – eine Woche später aber wieder mit auf meine Reise kommen. So hatten wir das auf der Capanna d'Efra beschlossen. Nach den ersten gemeinsamen zweitausend Höhenmetern Anstieg, während deren wir nichts anderes gemacht hatten als am Abend nach ihrer Ankunft in Biasca: geredet. Geredet, erzählt, geredet und uns dabei neugierig und gebannt beobachtet. Sie hatte mir erzählt, dass sie schon viel zu lange in einem ungeklärten Verhältnis mit ihrem ehemaligen Freund zusammenlebe. Ich hatte ihr mein Vaterwerden beschrieben, meine Ängste, meine Hoffnungen.

Und beide hatten wir dabei, wie wir uns später verrieten, vom ersten Augenblick an gezittert. Ein Zittern, das wir noch im Verborgenen halten konnten. Die Erleichterung aber, dass diese Teile unserer Leben keine unüberwindlichen Hindernisse waren, hatte sich schon nicht mehr verstecken lassen. Auch wenn wir gekonnt so getan hatten, als hätten wir nicht über die eigenen Leben geredet.

Nicht Buonanotte hatte uns die Wirtin an diesem ersten Abend in Biasca gewünscht, sondern eine buona nottata. Eine Verlängerung dieses Abends, die zwar ausblieb, doch irgendwo zwischen uns beiden bereits existierte, wie die unbeholfene Verabschiedung im Stiegenhaus des Hotels zeigte.

Am nächsten Morgen ging es genauso weiter, bereits beim Frühstück begannen wir uns zu verplaudern. Und hätte an dem Tag die

Hoteltrattoria, in deren Garten wir saßen, nicht Ruhetag gehabt – weshalb wir nach einer Dreiviertelstunde höflich gefragt wurden, wie lange wir noch brauchten –, wäre sich der bevorstehende Anstieg zur Capanna d'Efra kaum ausgegangen. Bemerkt hätten wir es vermutlich dennoch erst kurz vor dem Finsterwerden, so wie uns auch gestern nach der siebenstündigen Etappe von Sonogno nach Prato Sornico erst angesichts der Uhrzeit auf der Kirchturmuhr bewusst geworden war, dass der Bus gerade wegfahren sollte. In Biasca hatten wir nach Frühstück und Zusammenpacken in aller Ruhe noch Kastanienbrot, Schinken, Salami und Käse eingekauft und uns auch bei den Rastpausen nicht um die bereits verstrichene Zeit gekümmert.

Der Zeit hatte sehr bald nur eine Frage gegolten: Wie viele solcher Rastpausen, Bachüberquerungen, Augenblicke und Abende uns noch blieben, bis Ruth in Prato Sornico wieder abreisen würde. Wie viele Gelegenheiten während der Gehstunden, Höhenmeter, Nächte und Morgen, in denen wir uns in all der selbstverständlichen Nähe ganz durch jenen Durchlass wagten, der darin immer wieder aufging. Für die letzten Millimeter zur Berührung.

Wie etwa zur Hälfte des Weges auf die Capanne d'Efra, als wir an den abgeschliffenen Steinbecken des Ambra-Bachs Rast gemacht hatten und ausgestreckt auf den regelmäßig und glatt gewölbten Felsen gelegen oder im Wasser die Becken hinuntergeklettert waren, jede Bewegung, jede Geste des anderen aufnehmend.

Schon hier habe sie es kaum mehr ausgehalten, sollte sie später sagen. – Ich auch nicht, fast nicht. Genauso wenig wie oben am Pass, kurz nach Sonnenuntergang, unter dem letzten Hellblau des Himmels, als ich ihr mit klammen Fingern das Kopftuch zugeknöpft hatte.

Zwei Tage hatten wir zu dem Zeitpunkt noch gehabt. Zwei Tage, zwei Nächte. – In der Hütte hatten wir bereits in den Kalendern geschaut, wann sie ein nächstes Mal kommen könnte. Wenig später waren wir nebeneinander auf unseren Liegeplätzen im Hüttenlager eingeschlafen. Auf der obersten Stockbetten-Etage, einen halben

Meter auseinander, vielleicht weniger, getrennt durch ein Eisengestänge, während auf den beiden stockbettartigen Ebenen unter uns die Buben einer italienischen Schülergruppe schliefen, deren Begleitlehrer uns nach dem Ankommen für ein Paar gehalten hatten.

Zwei Tage waren es in der Früh noch immer gewesen, doch nur mehr ein Abend, nur mehr eine Nacht. Ich war zuerst munter gewesen, hatte die Buben unter uns rumoren gehört, zu Ruth hinübergeschaut, deren Augen kurz offen gewesen waren, und hätte ihr beinahe Guten Morgen gewünscht, womit tatsächlich nur mehr eine Nacht übrig geblieben wäre. Doch da waren ihre Augen schon wieder zugefallen. Ich hatte eine Zeit lang den Buben zugehört, war noch einmal eingeschlafen und hatte mich dabei offenbar auf die Seite gelegt. Denn als ich wieder aufwachte, sah ich sie an. Und sie mich.

Es war kein Abschied gewesen, gestern. Ich hatte ihr gewunken, ihr und dem Bus. Dann, zwei, drei Kurven weiter, war der Bus weg gewesen. Und ich war so voll froher Aufregung in Richtung des einzigen Quartiers von Prato Sornico gegangen, dass ich zuerst keinen Platz dafür gehabt hatte, mir die drei Wochen erneuten Wartens vorzustellen. Schon gar nicht für ein Gefühl, das Alleinsein hieß, im Gegenteil: Ich spürte mit einem Schwindel, wie allein ich davor gewesen war. Wie wenig ich noch über mein Leben hatte wissen wollen; im Grunde, über die Reise hinaus, nichts mehr.

Ich hatte höchstens gewusst, was ich nicht wollte. Etwa dass ich nicht mit Sabine in einer Wohnung leben wollte, schon gar nicht in einer Beziehung. Und ich hatte gewusst, wovor ich mich fürchtete. Davor, dass sie genau das zur Bedingung machte, damit ich mein Kind häufiger als ein Besuchsvater sehen oder gar Verantwortung für sein Leben, sein Aufwachsen würde übernehmen können. Von all dem, und vor allem von mir selbst, hatte ich jedoch nur mehr die Angst begriffen. Und in dieser Angst so gut wie möglich verdrängt, dass ich nie auf solche Weise Vater hatte werden wollen.

Ich stellte meinen Rucksack im Pensionszimmer in Prato Sornico ab, zog das verschwitzte Gewand aus, schaltete den Fernseher ein und drehte die Dusche an. Ich sah in den Spiegel, hörte die italienische Moderation einer Tour-de-France-Bergetappe – und hatte wieder Platz in meinem Leben.

Den ganzen Waldhang hinauf hatte ich das Rauschen des Baches gehört. Und es blieb auch, als ich, vorbei an Lichtungen mit als Ferienhäuser genutzten Maisäßen, wieder im nächsten steileren Waldanstieg war. Vor einer letzten, abseits von der Forststraße gelegenen Ferienhütte machte ich kurz Pause, fotografierte mich und bemerkte, dass der Akku des Communicators beinahe leer war. Da ich einen Reserveakku hatte, war das zunächst kein Grund zur Sorge, eher schon die Müdigkeit, die ich seit dem Weggehen spürte.

Erst während der nächsten Pause stellte ich fest, dass auch der zweite Akku fast leer war. Eine SMS an Ruth ging sich zwar aus, ob ich aber ihre Antwort noch empfangen würde können, wusste ich nicht.

Knapp drei Stunden war ich zu dem Zeitpunkt, inklusive Pausen, unterwegs. Dennoch hatte ich kaum mehr als fünfhundert Höhenmeter geschafft. Bis zur Alpe Brunesc waren es noch einmal fünfhundert Höhenmeter. Auf der Oberalpe hoffte ich zelten zu können, falls sie tatsächlich, wie auf der Karte eingezeichnet, von der Hauptalpe nicht einsehbar war.

Fünfhundert Höhenmeter, mehr schaffte ich an dem Tag sicher nicht mehr, brauchte an die restlichen zweihundert Höhenmeter bis zum Fiorasca-Pass gar nicht zu denken, noch viel weniger an den Steilabstieg ins Val Bovana, von dem ich wusste, dass er trotz einiger Flachstücke innerhalb von sechs Kilometern 1700 Höhenmeter bergab führte. Eine Hangneigung, die ich mir trotzdem nicht vorstellen konnte.

Zweihundert Höhenmeter weiter musste ich erneut eine Rast einlegen. Langsam wurde klar, dass ich ohne einen baldigen Ruhetag drauf und dran war, mich auszubrennen. Gespürt hatte ich es bereits gestern mit Ruth. Im Anstieg vom ausgestorbenen Weiler

Püscen Negro auf die Forcola di Redorta hinauf, der mit neunhundert Höhenmetern auf drei Kilometern zu den steilsten meiner Reise gehörte. Aufgrund der Zeitknappheit bis zu ihrer Busabfahrt und eines geradezu idealtypischen männlichen Schutzdenkens hatte ich dabei nur an Ruths hoffentlich ausreichende Kraft, nicht jedoch an mein Keuchen gedacht.

Und so gut mir die Erinnerung gefiel, dass ausgerechnet die drei Gehtage mit dieser wunderbaren Frau an meinem Schleichtempo schuld sein sollten, an der Gefahr für die nächsten Gehwochen änderte es nichts.

Als ich die Oberalpe von Brunesc erreichte, war es kurz nach fünf. Mehr als sechs Stunden hatte ich für die laut Wegbeschreibung etwas mehr als vierstündige Strecke gebraucht. Normalerweise war ich ein Drittel schneller statt ein Drittel langsamer. Weit wichtiger war aber, dass man von der Hauptalpe, wo ich dem Senner weisgemacht hatte, ich ginge noch heute über den Pass, tatsächlich nicht heraufsah. Mit dem Aufstellen des Zelts wartete ich trotzdem. Stattdessen wusch ich mich, zog mich um, jausnete, dick in trockene Kleidung gepackt, am Tisch vor dem Alpgebäude und wartete auf ein Mail von Ruth, durfte die Mailbox jedoch nicht ständig abrufen, da der Akku ansonsten noch schneller leer war.

Als ihr kurz vor dem Aufbruch aus dem Büro geschriebenes Mail schließlich kam, versetzte es mich erst recht in Spannung, da sie am Ende jene *kleine Unordnung* in ihrem Leben erwähnte, über die wir seit dem ersten Abend kein einziges Mal mehr gesprochen hatten. Zwar hatte ich am Weg nach Prato Sornico das eine oder andere Mal daran gedacht, doch war ich zu stolz gewesen zu fragen, wie das Verhältnis mit ihrem ehemaligen Freund nun weitergehe. Auch deshalb, weil es für mich keine Frage mehr war, die mit uns etwas zu tun hatte. Genauso formulierte sie es in ihrem Mail, musste dem Satz, dies habe mit uns nichts zu tun, aber hinzufügen: *Mit mir hingegen schon. Noch.*

Kurz vor dem Finsterwerden stellte ich das Zelt auf, setzte mich davor und schaute zur Forcola hinüber. Jetzt war Ruth, nachdem sie mit dem Rad vom Büro in Thüringerberg nach Feldkirch hinunter in der letzten Abendsonne haltgemacht hatte, wie sie in einer danach geschickten SMS schrieb, sicher bereits in Feldkirch. In der Nachricht von der Wiese hatte sie beinahe aufatmend gemeint, dass sie nun tatsächlich genug Energie habe, mit ihrem ehemaligen Freund Klarheit zu schaffen. Dann war mein Akku leer.

Klarheit schaffen, das wollte ich auch. Als hätte ich es nicht längst getan. Längst war gesagt, dass Sabine und ich kein Paar mehr waren. Trotzdem wünschte ich mir plötzlich, es wäre alles noch offen, und ich könnte ihr in jener Eindeutigkeit, wie es für ein Beziehungsende manchmal nur eine andere, neue Liebe war, mitteilen, dass es vorbei war, und es auch nie mehr einen neuerlichen Versuch wie den im Frühling geben würde.

Ich schaute über die Täler, in denen längst Finsternis lag, über die Gebirgszüge hinter Prato Sornico hinweg, vorbei an Gotthard- und Lukmanier-Pass, vorbei am Rheinwaldhorn, vorbei an einer ganzen Reihe weiterer Berge, ins letzte, immer noch anhaltende Blau, unter dem Ruth in Feldkirch womöglich schon mit ihrem Mitbewohner und Exfreund redete, während die Nacht langsam den Himmel erreichte.

Und ich fragte mich, wann endlich Morgen war, wann ich endlich Tee getrunken, etwas Frühstück gegessen, Zelt und Rucksack gepackt haben würde und wie lange ich dann über die Bocchetta di Fiorasca ins Val Bovana hinunter bräuchte? Drei Stunden oder vier, zusätzlich zwei fürs Aufstehen und Packen, davor noch die ganze Nacht. Das waren zwölf, dreizehn Stunden, bis ich endlich zur nächsten Steckdose käme und von Ruth wieder hörte oder zumindest lesen könnte. Per SMS oder Mail, mit der österreichischen SIM-Karte, denn die Swisscom-Freischaltung war weder in Biasca, Sonogno oder Prato Sornico gekommen. Doch das war mir nun auch egal. Viel weniger auszuhalten waren die beiden leeren Akkus.

Nicht einmal Schlafengehen half, im Gegenteil, kaum lag ich im Zelt, schien der Morgen noch weiter von mir wegzurücken, von mir und meiner hellwachen Unruhe.

Irgendwann musste ich eingeschlafen sein. Auch wenn ich glaubte, ich sei die ganze Nacht munter geblieben. Doch dass ich geschlafen hatte, wurde spätestens in dem Augenblick deutlich, in dem es rund um mein Zelt auf einmal derart hell war, dass selbst die Planen in einem silbrigen hellen Lichtschein glänzten, der weder Nacht noch Tag sein konnte.

Ich setzte mich auf, öffnete die kleine Luke in der Zeltapsis und schaute in eine Nachtgegend, wie ich sie noch nie gesehen hatte. Es war nicht der Sternenhimmel, der leuchtete, es war die Landschaft, es waren die Berge, die felsigen Spitzen, die Hänge, bis hinunter in die nach Sonnenuntergang so schnell finster gewordenen Täler.

Ich sah den Piz Bernina leuchten, sah den Ortler, sah sie in diesem Licht, obwohl sie von anderen Bergen verdeckt sein müssten, sah noch viel weiter, sah all die Berge, die ich bis hierher gegangen war, sogar den Jalovec, den Porezen, den Plesa, ich sah so weit, wie nur die Nacht sehen konnte, und dachte daran, dass nun auch die Augen meines Kindes in Sabines Bauch bereits geöffnet waren, wie im letzten Schwangerschaftsattachement gestanden hatte:

Ihr Kind kann zwischen Hell und Dunkel unterscheiden.

Der nächste Tag begann mit Gemecker und Getrampel. Dass es die Ziegen waren, die ich abends ringsum auf den Hängen gehört hatte, war mir klar, nur hatte ich sie hinter den Zäunen vermutet, die ich auf dem Weg zum Gebäude der Oberalm überstiegen hatte. Ich hatte mich getäuscht. Nun wartete ich darauf, unter einem gleich zerfetzten Zelt nichts als Tritte abzubekommen.

Doch es geschah nichts. Das Gemecker rundum schwoll weiter an, aber das Getrampel wurde, mit Ausnahme da und dort aufflackernder Unruhe, immer weniger und hörte schließlich, trotz vereinzelter Nachzügler, auf.

Dafür hörte ich nun die Rufe des Hirten von der Hauptalm her umso deutlicher, eigentlich ein Schreien, an- und abschwellend, mit langen Pausen dazwischen, das unter den Ziegen jedes Mal kurz für Bewegung sorgte. Vom Fleck schienen sich die Ziegen in ihrem Auftrampeln nicht mehr zu rühren.

Der Hirte schrie wieder.

Es war vielleicht sechs Uhr. Rot leuchtete das Außenzelt in dieser ersten kräftigen Morgenhelle durchs gelbe Innenzelt zu mir herein. Die Planen kaum zehn Zentimeter von meinem Kopf entfernt. Nicht weiter als zu Beginn der Reise, und doch war es eine andere Welt. Ich lag da, schaute, horchte und versuchte, mir das unüberhörbare Meer dieser Ziegen rund um mein kleines rotes Zelt vorzustellen.

Der Hirte schrie wieder, eine kurze Woge ging durch die Tiere rund um mich, fast eine Art Zittern. Vorsichtig öffnete ich den Schlafsack, schälte mich heraus und zippte das Innenzelt auf. Keine Reaktion draußen. Der Hirte schrie, auch nun keine Bewegung, nicht einmal ein Zittern.

Ich zippte das Außenzelt auf. Die Ziegen schauten mich an.

Zwei Stunden später, nach kurzem Frühstück und Zusammenpacken, war ich wieder unterwegs. Die Ziegen waren um einiges schneller gewesen. Ihnen hatte die erste abrupte Bewegung von mir gereicht, und sie waren weggestoben, hatten dabei mein Zelt und mich jedoch unangetastet gelassen.

Für die fünfhundert Höhenmeter zum Pass brauchte ich erneut länger als in der Wegbeschreibung angegeben. Zum Glück war darin immerhin von einem anstrengenden Anstieg die Rede. Zwar hatte mich das auch bislang nie gehindert, schneller zu sein. Jetzt aber war ich schon froh, wenn ich mich von Rast zu Rast retten konnte. Angetrieben nicht zuletzt von der Neugierde auf den Übergang.

Mitte des letzten Jahrhunderts war er von einem Bauern aus Fontana in den Fels geschlagen worden, der sein Vieh von der Alpe Fiorasca über die bis dahin nur für geübte Bergsteiger oder Kletterer zu überquerende Bocchetta auf die Alpe Brünesc hatte treiben wollen. Dafür habe er, wie ich in der Wegbeschreibung gelesen hatte, in zehn engen Kehren einen siebzig Zentimeter breiten Aufgang in den Fels gehauen und auf der Brünesc-Seite eine Treppe eingekerbt.

Heute kämen die Kühe, dessen war ich mir sicher, trotzdem nicht mehr von einer Alpe zur anderen. Sie passten mit ihren im Zuge der Intensivierung der Viehwirtschaft hochgezüchteten Körpern nicht mehr durch. Genauso wie die Kühe der Post-Industrialisierung im Gegensatz zu früher selbst mit dem hochwertigen Futter der Alpen nicht mehr satt wurden. Deshalb wurde auf vielen Alpwirtschaften Kraftfutter zugefüttert. Nicht selten musste es mit Hubschraubern eingeflogen werden. Während auf der Milchpackung weiterhin mit der Alpidylle geworben wurde.

Von der Bocchetta sah ich zum ersten Mal ins Val Bovana hinunter. Ich sah die flache Alpterrasse der Fiorasca direkt unter mir, sah den Weg, der in steilem Blockwerk den Hang zur Alpe hinunterführte, und sah daneben das schier senkrecht in Richtung Val Bovana abstürzende Schluchttal der Larecchia, während der Fußweg nach den Alpgebäuden der Fiorasca noch ein Stück eben über das Alpplateau führte, bis er, immer noch auf 2100 Metern Höhe, abrupt verschwand.

Ich setzte mich und schaute in die Karte. Der hinter der Alpe Fiorasca verschwindende Weg war meine Route. Den Hang, vielmehr: die Felswände, die es auf den verbleibenden tausendvierhundert Höhenmetern bergab gehen sollte, sah ich nur auf der Karte. Vorstellen konnte ich mir einen solchen Steig nicht, zu viele Stellen waren als felsiges Gebiet eingezeichnet; doch selbst auf den nicht grau schraffierten Stellen drängten sich die Höhenschichtlinien kaum weniger eng aneinander. Und die Zeichner der Swiss-Topo waren, wie ich längst festgestellt hatte, präziser als alle anderen, leider.

Denn so genau, wie es auf der Karte zu sehen war, wollte ich es nicht wissen. Ich steckte sie weg. Und sollte daran nur allzu bald wieder denken. Knapp eineinhalb Stunden später, als ich vor dem Abhang stand. Ganz sicher, dass ich noch am Pass umgedreht hätte, hätte ich mir das, was ich nun vor mir sah, auch nur annähernd vorstellen können.

So aber hatte ich die Karte nur in die Hosentasche gesteckt und mir gedacht: zuerst zur Alpe, dann schauen wir weiter – und das, obwohl am Pass die Sonnenschirme in der Tiefe am Fluss so deutlich und doch winzig klein wie aus einem Flugzeug sichtbar gewesen waren, die grünen Wiesen, das Blau des Flusses. All das 1700 Meter unterhalb meiner Schuhe. Schon bei diesem Blick hatte es mich geschwindelt. Doch ich brauchte eine Steckdose.

Auf der Alpe, die ich gute zwanzig Minuten später erreichte, wucherte bereits weit vor der Hütte der Ampfer, der großblättrige Verdränger von Alpkräutern. Direkt um Alphütten kam er zwar oft vor, denn hier sammelte sich auch der meiste Dung und Kot. Fand man ihn allerdings auf den Weiden, wie stellenweise auch hier, war er ein Alarmzeichen – und ein Hinweis auf Kraftfutter, während Kühe, die sich allein von Alpkräutern ernährten, den Böden genau das zurückgaben, was diese brauchten, um in ihrer Vielfalt bestehen zu bleiben.

Hier jedoch weideten schon lange keine Kühe mehr. Die ehemaligen Alpgebäude waren zu Selbstversorger-Hütten für Wanderer umgebaut worden. Kaum sah ich jedoch auf einer von ihnen am Dach angebrachte Photovoltaik-Zellen, dachte ich keinen Augenblick länger über Bewirtschaftungsfragen nach, sondern machte mich in der Hütte auf die Suche nach einer Steckdose.

Hätte ich eine gefunden, wäre ich sogar geblieben. Denn sonst war alles da, was man für Tage, für Wochen brauchte. Pasta, Pelati, Risotto, Reis, sogar Zwiebeln und Parmesan, Öl, Gewürze, getrocknete Pilze sowie Weine und Schnäpse aller Art. Ich hätte mir etwas gekocht, hätte in der Sonne gegessen, Wein getrunken, dann geschlafen und mit der Frage, ob hier jemals Leute vorbei kämen, auf den Sonnenuntergang gewartet.

Als Erstes aber hätte ich nachgesehen, was mir Ruth mittlerweile sicher schon von ihrem gestrigen Abend erzählt hatte – und hätte gelesen, was sie mir bereits gestern spätabends noch in einem Mail geschrieben hatte: Es habe sich im Gespräch mit ihrem Exfreund herausgestellt, dass es auch in seinem Leben seit Kurzem jemanden gebe und deshalb sei für ihn ohnehin klar gewesen, die gemeinsame Wohnung möglichst rasch aufzugeben. Daraufhin hätten sie endlich die Flasche Champagner getrunken, die schon so lange im Kühlschrank gestanden hatte.

Da sich aber keine Steckdose fand, wusste ich von all dem nichts und musste weiter. Ich aß ein paar Stücke Schokolade, blätterte kurz im Folder der Società Alpinista Valmaggese über die Geschichte der Hütte, Schenkung eines Geschwisterpaares, dessen Eltern die Alpe noch bewirtschaftet hatten, und überflog Erklärungen, dass man die fünf Gebäude nun Schritt für Schritt als Unterkünfte sanieren, in einem davon jedoch frühere Alpwerkzeuge sammeln wolle, um ein kleines Alpmuseum einzurichten. – Dass ich im Val Bovana ebenfalls in nichts anderem als in einem Museum landen sollte, ahnte ich zu dem Zeitpunkt nicht.

Doch bereits der Steig ins Val Bovana hinunter war Teil einer zum Museum gewordenen Landschaft, wie mir eindrücklich vor Augen geführt wurde, als ich einen Kilometer nach den Steinhütten den äußersten Rand der Alpe Fiorasca erreicht hatte. Nicht allein als Kulturerbe, sondern als Kunstwerk des Überlebens in diesem Tal – so sehr es einem auch Angst um sein eigenes Leben einjagte.

Denn die verwegenen Stiegen, die mithilfe von Steinaufbauten mitten durch Felswände führten, waren der einzig mögliche Weg gewesen, um im jahrhundertelang ganzjährig bewohnten Val Bovana überleben zu können. In einem Tal, das trotz unzähliger, mithilfe von Trockensteinmauern in die Hänge gearbeiteter Terrassen zur Winterstrohgewinnung viel zu wenige Wiesen und Weiden besaß.

All diese Mauern und Terrassen waren, genauso wie der Alpsteig, auch heute noch in gepflegtem Zustand, wie ich am Weg bergab und auch am nächsten Tag feststellen sollte. Ackerbau wurde keiner mehr betrieben. Die Wiesen aber wurden, selbst auf jenen über die zahllosen Riesenfelsblöcke hängenden Grasflächen, den *Prati pensili*, weiterhin gemäht. Nicht der Not wegen, wie früher, sondern um jenes Gesicht des Tals zu bewahren, das erst durch seine Bewirtschaftung entstanden war.

Wie sehr ich darüber noch staunen sollte – und letztlich nicht nur staunen –, vorerst fürchtete ich mich einfach: Mit einem einzigen falschen Schritt, so schien es mir angesichts des 1400 Meter hohen Abhangs, stürzte man auf der Stelle ganz hinunter. Dass dieser Eindruck natürlich nicht stimmte, sah ich wenig später, als ich meinen Stock aufgrund eines aus Angst erwachsenen Fehlers verlor. Doch hätten auch die hundert Meter Felswand gereicht, über der er im Gesträuch hängen geblieben war. Mich hielten die dürren Äste jedenfalls nicht, verlöre ich beim Versuch, zu ihm abzuklettern, den Halt.

Ich überlegte hin und her. Nur mit einem Stock weiterzugehen, war ebenso gefährlich wie dem Stock nachzuklettern. Schließlich hatten mir weit weniger steile Abstiege deutlich genug gezeigt, wie notwendig ich mit meinem Rucksack bergab die Stöcke zum Halten des Gleichgewichts brauchte. Gleichzeitig hörte ich in meinem Kopf all die Mahnungen, verlorenen Gegenständen nicht nachzusteigen. Selbst erfahrene Alpinisten seien gerade in solchen Situationen schon abgestürzt.

Ins Tal aber musste ich, denn eine weitere Nacht ohne Nachricht von Ruth hielt ich nicht aus. Ich stellte meinen Rucksack ab und sah mir mögliche Griffe und Tritte an. Weit entfernt lag der Stock nicht, höchstens, drei, vier Meter. Ich konzentrierte mich und versuchte gleich wieder zu vergessen, wie nah er lag, um zumindest nicht der Gefahr, zu früh nach ihm zu greifen, in die Falle zu gehen. Das hatte ich auf den Schneerinnen im Allgäu ein für alle Mal gelernt. Jetzt mussten nur die Tritte und Griffe halten.

Sie hielten, und eine Minute später hatte ich meinen Stock wieder. Der Abstieg aber stand mir immer noch bevor. Ein Abstieg, der so lange wie keiner auf dieser Reise dauern sollte. Nervenzerrend lange, um jeweils bloß dreißig, vierzig Höhenmeter hinter mich zu bringen – immer wieder mit der Absturzleere kaum mehr als zwanzig, dreißig Zentimeter neben den eigenen Schritten, oder mit Stiegenkehren, die ins Nichts ragten.

In all der Angst, Vorsicht und wachsenden Müdigkeit wurden

letztlich meine Schritte anstelle von Höhenmesser und Karten zum einzig möglichen Anzeiger des Abstiegs: meine eigenen, tastenden, vorsichtigen, erschöpften Schritte pro Höhenmeter. Eine Einheit, mit der ich metergenau maß, indem ich sie im Abwärtssteigen mitzählte, mitsang, wie ein Lied gegen die Angst: Schritte pro Höhenmeter, ein Meter, eine Zeile, zehn waren eine Strophe und das Lied tausendvierhundert Meter lang.

Als ich zwei Tage später das Tal bei den Stauseen von Robiei hinter mir ließ, wusste ich genau Bescheid, hatte all die wieder aufgeforsteten Kastanienhaine, die über Hunderte von Kilometern reparierten Trockenmauern und Wiesenterrassen gesehen, die restaurierten Ställe, Unterstände und Kapellen, wie auch die in Stand gesetzten Steinhäuser und wieder nutzbar gemachten Weiden. Doch das Gefühl, hier überall ins Leere zu treten, war geblieben.

Dieses wunderschöne Val Bovana, das wohl auf jeder zweiten Postkarte wildromantisch genannt wird, mit seinen immens steilen und bis in hochalpine Lagen hinaufreichenden Hängen, seinen Wasserfällen und all den mitten im Talboden liegenden Felsbrocken von teilweise mehrstöckiger Hausgröße, unter denen sich Scheunen, Ställe, Unterstände oder sogar Häuser vor weiteren herunterkommenden Gesteinskolossen verstecken. Es war, außer durch die in den fünfziger Jahren für den Kraftwerksbau am Talschluss gebaute Straße, weder durch Satellitenschüsseln, Gartenzwerge oder andere Eingriffe in seinem *ursprünglichen* Aussehen, wie man es gerne nannte, verändert worden – und dennoch war es das künstlichste, traurigste Tal, in das ich je gekommen war.

Spätestens mit der Aufnahme ins schweizerische Bundesinventar der Landschafts- und Kulturdenkmäler hatte man endgültig darauf verzichtet, auch nur ein Haus im Val Bovana an das Stromnetz der mitten durchs Tal führenden Leitungen des Wasserkraftwerks von Robiei anzuschließen. So war man mit dem Argument, die menschlichen Eingriffe in die Natur auf ein Mindestmaß zu beschränken, aber auch zum treulosesten Verwalter der jahrhundertealten Kultivierungs- und

Bewirtschaftungstradition eines Tals geworden, in dem aufgrund seiner ausgesetzten und prekären Lage ohne menschliche Eingriffe nichts so aussähe, wie es uns heute als so wildromatisch oder gar ursprünglich erscheint.

Alles, die Mauern, die Terrassen, die Wiesen, die Ställe, die Unterstände und Alp- oder Wirtschaftswege, alles war hier der Natur von menschlicher Hand abgerungen worden, alles hier war ein Eingriff. Nun wurde es zum Museum degradiert. Zum Museum einer Kulturlandschaft, deren Bewirtschaftungstradition nicht nur längst abgerissen war, sondern zudem auch falsch als ursprünglich etikettiert wurde. Zumindest aber musste sich damit jene die alte Transhumanz ablösende transumanza di vacanze keine Gedanken über Natur- oder Kulturlandschaften machen, schon gar nicht über Gegenwart oder der Arbeit an ihr.

Kein anderer Ort war besser geeignet, mir die dritte Geschichte für den *Standard* zu überlegen. Obwohl ich an meinem Ruhe- und Besichtigungstag im Val Bovana keine Minute hatte arbeiten wollen, eigentlich auch noch einige Tage bis zum Redaktionsschluss hatte. Genügend Zeit, um den Tag tatsächlich zur Erholung zu nutzen. Dann aber fielen mir Inhalt wie Überschrift von selbst ein. Nicht einmal Notizen waren ab dem Augenblick notwendig, als ich wusste, dass ich den Text als Erinnerung an ein Erlebnis im Val Calanca schreiben musste. Als Erinnerung an etwas, das nicht nur in Alpentälern wie im Calanca oder im Bovana fehlte.

Es war am frühen Samstagnachmittag, so sollte ich die mit Jürgen im Val Calanca abgebrochene und abends mit einer gehörigen Menge weißen Merlots begossene Etappe schließlich eine knappe Woche später im Berghotel Schwarenbach zu erzählen beginnen: *… an den Bergspitzen ballten sich bereits die ersten Wolkenhauben. Mit Gewittern war laut Wetterbericht aber erst am nächsten Nachmittag zu rechnen, und daran glaubten wir auch zu Recht, denn Gewitter sollten tatsächlich kein Problem sein bei unserem Versuch, eineinhalb Etappen an einem Tag zu schaffen, um Sonntagnachmittag noch vor dem Schlechtwetter in Biasca zu sein. Sondern der Weg selbst war das Problem, und etwas, das* *fehlte, nicht nur auf unserer Route, und nicht nur in den Alpen, vielmehr mitten im Heute.*[23]

So genau ich seit dem Val Bovana vor Augen hatte, wie ich von diesem Fehlen erzählen wollte, kurz vor dem Arbeitstag in dem Berghotel oberhalb von Leukerbad war ich mir sicher, dass ich kein Wort darüber würde schreiben können. Vielleicht über die ganze Reise nichts mehr, da mich so akut wie nie die Angst vor einem ganz anderen Fehlen lähmte.

Dass ich die *Standard*-Geschichte, die ich zu diesem Zeitpunkt bereits seit Tagen fix und fertig im Kopf hatte, trotz des endgültigen Abschieds von meinem Vaterwerden, schließlich doch schrieb, hatte weder mit großer Disziplin noch Fühllosigkeit zu tun. Vielmehr war es dem gerade in Tälern wie dem Val Calanca oder dem Val Bovana dafür geschärften Blick zu verdanken, dass Glück eben auch eine Tätigkeit war.

Alles andere erzeugte nur jene unheimliche Idylle, in der meine Geschichte auch mit einem Abend im Val Bovana endete, als der Wirt sich zu mir setzte, nachdem er die letzten Gäste seines Ferienhausbewohner-Stammtisches verabschiedet hatte:

23 *Davon ahnten wir jedoch noch nichts, als wir nach der Überquerung des Passo Passit das Val Calanca erreichten und zuerst dachten, es wäre wieder einmal typisch für uns Tratschtanten, dass wir in Valbella die Abzweigung übersehen hatten. Denn als wir am Ortsende des kleinen Blockhütten-Weilers angelangt waren, hatten wir beide keine Spur des laut Karte mitten in der Ansiedlung wegführenden Wegs bemerkt. Finden mussten wir ihn aber, denn nur mit diesem, die eigentliche Route abkürzenden Steig ließe sich unser noch zwei Pässe entferntes Etappenziel erreichen, die hoch über Biasca gelegene Capanna Cava.*
So erkundigten wir uns nach der dritten erfolglosen Ortspassage bei zwei alten Männern, die neben der Straße ein Loch aushoben. – Ja, dort, deuteten sie gleich auf eine Lücke zwischen zwei Holzhütten, und dann immer geradeaus den Wald hinauf. Zwar gab es keine Markierung, doch kaum waren wir abgezweigt, sahen wir tatsächlich eine Zeit lang den Weg vor uns. Nicht als ausgetretenen Pfad, doch daran, wie hier vor langer Zeit die Steine gelegt worden waren, um den Steig für das Vieh zu befestigen. Im Wald verloren wir ihn zwar am gleichförmigen Fichtennadelboden, waren uns aber sicher, mithilfe der Karte die gut 400 Höhenmeter über uns eingezeichnete Alm zu finden, von der aus die über eine Reihe weiterer Almen führende Hangquerung zum ersten der beiden noch bevorstehenden Pässe verlaufen sollte.
Stattdessen aber war das Gelände, das wir oben am Plateau als die auf der Karte eingezeichnete Alm betraten, ein noch weit unwegsameres Gebiet als der hohe Fichtenwald des Steilhangs. Büsche, nichts als wild wuchernde Büsche und wild wucherndes, eintöniges Gras, dem jeder Geruch, jedes blühende Leuchten von Almwiesen in ihrer Artenvielfalt längst verloren gegangen war. Hier war alles vorbei, nicht nur unser Weg.

Es ist still, er atmet aus und meint, wie schön diese Ruhe doch sei. – Schön?, frage ich ihn, muss an die Vorgärten und Blicke in Valbella denken und spüre plötzlich, was hier und dort und weit über die Alpen und ihre Täler hinaus fehlt. Glück, jenes Glück einer Zeit, die ihre Wünsche noch nicht an die abstrakte Leere ausgelagerter Lebensbereiche wie Freizeit, Urlaub oder Pension verlor, sondern ihnen mit aller Kraft im Alltag nachging, als Arbeit am Leben.

An den Hängen des Pizzo dell' Arzo in Richtung der Bocchetta di Val Maggia war außer mir kein Mensch. Die Quarzkristalle glitzerten im rötlichen Gestein des Steigs, doch über den Bergen hingen bereits Wolken. Lediglich auf der anderen Seite des auf über 2500 Meter hoch liegenden Talschlusses glänzte der Basodino-Gletscher in den letzten Sonnenstrahlen.

Nach dem Ruhetag im Val Bovana fühlte ich mich wieder stark, hielt mich aber zurück, zu nah war die Müdigkeit noch, und so wollte ich nur die vergleichsweise kurze Etappe über die Bocchetta nach Italien gehen und dort auch nicht ins eigentliche Etappenziel Riale absteigen, sondern auf der Rifugio Maria Luisa bleiben. Außerdem waren mir Bergabstücke, seitdem ich mit den härteren Schuhen unterwegs war, am Beginn von Etappen lieber als an deren Ende.

Auch Ruth packte ihren Rucksack an dem Abend wieder. Danach würden wir in zwei verschiedenen Gebirgslandschaften Europas unterwegs sein, sie in den Karpaten, ich weiter in den Alpen. Bereits jetzt aber war ich überzeugt, sie würde mir dabei näher sein als während normaler Werktage in ihrem Biosphärenpark-Büro.

Außerdem wusste ich seit dem Vortag, dass ich drei Wünsche an sie hatte. Einen hatte ich ihr abends am Telefon verraten – in unserem ersten Telefonat als Paar: Den Wunsch, dass ich die Reise mit ihr beenden wollte. Den zweiten und dritten Wunsch behielt ich vorerst für mich. Wobei sie einen davon schon beim nächsten Besuch erriet, während ich den dritten bis zum Ende geheim halten konnte.

Zweieinhalb Wochen waren es noch bis zu ihrem nächsten Besuch. Bis dahin sollte ich in Martigny angekommen sein, von wo aus wir in drei gemeinsamen Gehtagen den Grand Saint-Bernard erreichen wollten, da es von dort für Ruth eine gute Bus- und Zugverbindung zurück gab. Doch zweieinhalb Wochen waren eine Ewigkeit, wenn man die bis zu ihrem Wiederkommen verbleibende Zeit bereits im Vorhinein als Tageszeiten und Stunden mit den entsprechenden Orten, Etappenabschnitten, Himmelsrichtungen, Anstiegen, Wegzeiten und Kilometerangaben benennen konnte.

Von hier weg: mit dem Basodino-Gletscher auf der anderen Seite des Tals und der Bocchetta di Val Maggia an dessen Ende. Oder in Ulrichen, wohin ich morgen gehen würde, während Ruth im Zug nach Rumänien saß. Übermorgen marschierte ich durchs Goms ins Fieschertal, ohne dass sie schon in Rumänien angekommen wäre. Nachdem sie jedoch die Zugfahrt hinter sich hätte, wanderte ich gerade den Aletschgletscher entlang, dann die Südhänge des Wallis bis Leukerbad, dort den Gemstelpass nach Norden, vorbei am Wildstrubel nach Adelboden, immer wieder mit ersten Ausblicken auf Monte Rosa, Matterhorn, vielleicht sogar bereits auf den Grand Combin, entlang dessen Westflanke Ruth und ich Richtung Grand Saint-Bernard unterwegs sein würden. – Doch dorthin musste ich erst gelangen. Vorstellungen allein brachten mich keinen Meter weiter.

Im Gegenteil, je genauer ich mir die Tage bis dorthin ausmalte, desto länger kam es mir natürlich vor. Aufhören damit konnte ich dennoch nicht. So war ich auch am nächsten Morgen, während ich im Nebel von der Rifugio Maria Luisa nach Riale hinunterging, mit meinem Kopf immer wieder an Orten, von denen es nur mehr wenige Tage bis zu ihrem Wiederkommen waren. Rund um den Grand Muveran oder gar schon mit dem ersten Blick auf das Rhonetal, Genfer See und Mont Blanc.

Weit kürzer hingegen war es nach Leukerbad. Dort hätte mich – so hatten wir es Anfang April besprochen – Sabine besuchen sollen. Zumindest hatten wir uns das, kurz nachdem wir es wieder zusammen versucht hatten, so vorgestellt oder gewünscht. Bereits vor der

Abreise in Muggia hatte zumindest ich ganz andere Sorgen gehabt. Über den Besuch hatten wir längst nicht mehr geredet.

Auch nicht während unseres Treffens in Salzburg oder den Telefonaten und Mails danach. Immerhin war es dabei um nicht weniger als das Ende eines weiteren Beziehungsversuches zweier Menschen gegangen, die bald Eltern eines Kindes sein würden.

Was aber, wenn Sabine am geplanten Besuch festhielt? Kein einziges Mal hatte ich bislang daran gedacht. Und nun schoss mir, während ich nach Riale hinunterging, sofort wieder der Gedanke durch den Kopf, ihr am besten unverzüglich von Ruth und mir zu erzählen. Trotz all der Warnungen von Freunden, vor allem von Frauen wie Kathi, dass Sabine ab dem Moment das Beziehungsende nur mehr als Untreue sehen würde und nicht als unser eigenes Scheitern. Da es sie, die als Hochschwangere ohnedies mit dem Ende der von ihr erhofften Beziehung kämpfen musste, in einer Weise verletzen würde, die ich ihr ersparen sollte, indem ich ihr Ruth bis nach der Geburt verschwiege.

Ruth, die gerade in den Zug nach Rumänien stieg. Und ich, der den Gedanken, Sabine die Wahrheit zu sagen, wieder verwarf, während ich durch den alten Walser-Weiler Riale, auf Schweizerdeutsch Z'Chärbach genannt, hinauf zum Morasco-Stausee stieg.

Dort lief der Hund eines reglosen Fischers nach meinem Auftauchen so freudig und ausgelassen am Ufer hin und her, als starrte sein Herrl schon seit Jahren auf die Wasseroberfläche. Ich ließ mich trotzdem zu keinem wilden Nachlaufspiel über die Hänge verführen, blieb sogar stehen und schaute mir auf der Karte den Weg an, worauf sich der Hund geringschätzig von mir abwandte, sich neben sein Herrl setzte und ebenfalls auf den See zu starren begann.

Vor dem letzten Anstieg jausnete ich auf der Bättelmatt, einer Alpe, so ausladend weit wie ein Dutzend Fußballstadien, direkt unter dem Griespass, der als Säumerweg, so hatte ich es am Morgen in der Routenbeschreibung gelesen, bereits seit dem Mittelalter begangen wurde.

310 Höhenmeter. 30 Minuten, schrieb ich bereits eine Dreiviertelstunde später an Jürgen, denn nach der Bättelmatt hatte ich das vernünftige Gehen nicht mehr ausgehalten.

Tier, antwortete er mir, worauf ich ihm zurückschrieb, daran zu denken, mich bei der nächsten Gelegenheit an tausend Höhenmetern innerhalb von eineinhalb Stunden versuchen zu wollen.

Der Griesgletscher schimmerte metallisch. Ich ging die steile Hangflanke oberhalb des Stausees entlang, schrieb auch Ruth von meinem Formel-1-Rennen den Pass herauf, während ihr Zug wohl schon an Innsbruck vorbei war.

Am Ende des Hanges tauchten unter mir die Straßenkehren des Nufenenpasses auf. Ich staunte, da es mir für Augenblicke vorkam, als habe man die Berghänge eigens für die Pass-Straße aufgebaut, so schmiegte sich das Grün der Wiesen dem Hin und Her der Straße an, dann donnerte es schon, und ich musste schleunigst vom Berg hinunter.

Angesichts der zwölf bis Ulrichen noch zu absolvierenden Kilometer reichte aber auch das schnellste Tempo nicht. Kaum hatte ich das Tal erreichte, setzten bereits Blitz und Donner ein, Starkregen, kurz sogar Hagel. Ich lief dennoch weiter, so schnell ich konnte, lief kilometerweit die Straße entlang und war fast enttäuscht, als es kurz vor Ulrichen zu regnen aufhörte.

Blauer Himmel, keine Wolke, so empfing mich das Goms, als hätte ich das Wetter davor nur geträumt. Die Kurznachricht von Sabine hingegen hatte ich nicht geträumt.

Sie küsse mich, schrieb sie, und freue sich auf ihren Besuch bei mir.

Ich hatte so etwas befürchtet und es mir gleichzeitig nicht vorstellen können. Zwar hätte ich nicht erwartet, dass sie tatsächlich auf den Besuch zurückkommen würde, doch dass sie die Wirklichkeit nicht akzeptierte, so sehr sie auch vom Gegenteil geschrieben und gesprochen hatte, war schon länger meine Angst gewesen.

Ich hatte sie mehrmals darauf angesprochen, in Salzburg, in den Mails und Telefonaten aus Trafoi und Poschiavo. Doch das änderte nichts daran, dass sie mich nun küsste und sich auf einen vor Monaten besprochenen Besuch berief. Was ausgemacht war, was sich verändert hatte und wie bindend wir das besprochen hatten, war angesichts ihrer Nachricht genauso gleichgültig wie die Frage, wer sich falsch erinnerte, wer log oder auf wen man sich nicht verlassen konnte.

Hier prallten zwei Wirklichkeiten aufeinander, während es gleichzeitig für uns beide nur eine einzige gab. Eine Wirklichkeit, an der ein Teil von ihr, ein Teil von mir war, und die uns letztlich beiden nicht gehörte. Auch wenn diese noch allein in ihrem Bauch zu Hause war. Jetzt, und später vielleicht vorerst allein in ihrem Leben.

Das Reh streckt seinen Kopf aus der Wand. Ich halte meine rechte Hand über den Rehnacken. Das Reh schaut, ich schaue – auf jedem der Bilder anders, nicht nur ich, auch das Reh.

Es war nach dem Telefonat in Ulrichen. Warum ich auf die Idee gekommen war, mich mit dem Reh an der Wand des Pensionszimmers zu fotografieren, hätte ich auch währenddessen nicht sagen können. Es sind die ersten in einem Innenraum gemachten Bilder von mir auf dieser Reise. Die Idee war mir noch während des Telefonats gekommen. In einem jener ewig scheinenden Momente, in denen Sabine einfach nichts mehr gesagt hatte, war mir das Reh eingefallen.

Vorher hatte sie mich gefragt, warum ich ihr das jetzt antue.

Jetzt?

Du hast nie gesagt, dass es mit uns aus ist, fügte sie hinzu.

Und damit hatte sie Recht. So einen Satz hatte ich tatsächlich nie gesagt, weder ihr in den letzten zweieinhalb Monaten noch im Jänner, noch jemals zu einer anderen Frau.

Ich fragte sie, ob es einen Unterschied bedeute, wenn man stattdessen feststellte, dass es zu zweit nicht weitergehe. Sie schwieg. Dann meinte sie:

Du hast mir nie gesagt, dass du mich nicht mehr liebst.

Dass ich ihr auch das Gegenteil nie gesagt hatte, konnte und wollte ich ihr nicht entgegnen.

Ich starrte das Reh an. Immer wenn sie schwieg, starrte ich das Reh an. So telefonierten wir eine Stunde, eineinhalb oder zwei. Am Ende sagte sie, sie müsse das alles erst verdauen.

Ich wusste, was das bedeuten konnte. Ich hatte es die ganze Zeit gewusst. Ich stellte mich an die Wand, legte meinen Arm um das Reh und fotografierte uns. Unzählige Male.

Das war Montagabend gewesen. Alle Umstände meines Vaterwerdens standen damit in Frage. Vermutlich aber bot ich ihr auch deshalb weiterhin meine Wohnung an, anstatt sie zu fragen, was eigentlich aus ihrer Wohnungssuche geworden sei. Und fragte mich auch nicht, was ich bei dem Geburtsvorbereitungswochenende, das wir im Frühling mit der Hebamme für Ende August vereinbart hatten, verloren hätte, sondern klammerte mich daran, dass wir doch auch im Spätwinter, als wir gemeinsam die Geburt zu planen begonnen hatten, kein Paar gewesen waren.

Weshalb sie mir am Tag nach dem Telefonat selbstverständlich die Flugtickets von Turin nach Wien bestellte, mir nur auf die schließlich doch gestellte Frage, ob sie etwa die Übersiedlung nach Wien in Zweifel ziehe, keine Antwort gab. Stattdessen erhielt ich abends, in Fiesch, geschäftige Kurznachrichten über den Schulschluss in Rosenheim, die Flugbestätigung sowie Nachrichten von ihrem Auszug aus Rosenheim.

Ich lenkte mich mit einem weiteren Anruf bei der Swisscom ab. Am Apparat hatte ich diesmal einen Herr U., der plötzlich einräumte, dass es mein Anmeldefax leider längst nicht mehr gebe, weder in Scuol noch in der Zentrale oder sonst wo. Als ich ihm sagte, dass ich in meinem Buch sicher über die Verlässlichkeit der Swisscom schreiben werde, stellte er mir eine Entschädigung in Aussicht.

Doch ich war gerade erst in Fahrt gekommen und hätte – obwohl ich bei Weitem nicht ahnte, in welchem Verhältnis die achtzig Franken Entschädigung zu der aufgrund des Daten-Roamings letztlich auf 1147 Euro explodierenden Handy-Rechnung für Juni und Juli standen – gern länger mit ihm gestritten. Doch Herr U. war leider zu lahmarschig und freundlich dafür.

Am nächsten Tag ging ich Richtung Aletschgletscher.

Wie ein breiter, grau-weißer Fluss sieht er aus, den trotz seiner Wuchtigkeit etwas so erschreckt haben musste, dass er von einem Moment zum anderen erstarrte. Vielleicht war es sogar sein eigenes Dahinfließen gewesen, schrieb ich Ruth in einem Mail, nachdem ich ihr bereits am Vortag erzählt hatte, wie sehr ich mich fürchtete, bloßer Besuchsvater zu werden.

Wie schnell der Aletschgletscher sich trotzdem weiter bewegte, war mir erst am nächsten Tag bewusst geworden. Hundertachtzig Meter pro Jahr, einen halben pro Tag. Man konnte es sogar erkennen, es war wie ein Kippbild, man sah die Starre, im nächsten Moment wieder den Fluss.

Ein halber Meter pro Tag. Angesichts der über zwanzig Kilometer Länge konnte man sich einen halben Meter Bewegung pro Tag nicht vorstellen, man konnte ihn höchsten hin und wieder sehen. Als etwas unheimlich Langsames und als mindestens ebenso Schnelles, an dessen Seite entlanggehend einen schwindelte, grundlos schwindelte. So als wäre es ein Fließen, das man viel zu gut kannte.

Was es war, wusste ich längst. Und ebenso, dass es gleichgültig war, ob man es einen Meter, einen Zentimeter, eine Hand- oder einen Fingerbreit nannte. Es änderte sich nur der Maßstab, nicht die Bewegung.

Ganz gleich, ob es jener Abend im Spätwinter war, an dem ich meine Hand auf Sabines Bauch hielt, bis sie mir sagte, die Erziehungsberechtigung nicht teilen zu wollen, oder das auch am Tag nach dem Aletschgletscher nicht verschwindende, sondern sich vielmehr verstärkende Schwindelgefühl.

Am nächsten Morgen schrieb mir Sabine, als wäre nichts geschehen, noch ein E-Mail über ihre Vorfreude auf die an diesem Freitag bevorstehende Zeugnisvergabe samt eines weiteren Schwangerschafts-Attachements.[24] Ich speicherte es, konnte es jedoch nicht lesen, während ich aus dem Safran-Dorf Mund, oberhalb von Brig, auf schmalen, ausgesetzten Steigen entlang der Suonen, wie man hier die alten, offenen Wasserleitungssysteme entlang der Felsen nannte, die trockenen Südhänge des Oberwallis Richtung Westen ging und ebenfalls so zu tun versuchte, als sei nichts geschehen.

Zwar war bereits in der Wegbeschreibung von *schwindelerregenden Abgründen* in Bezug auf diese Passagen die Rede gewesen, doch war ich mir seit dem Allgäu sicher, dass selbst der ausgesetzteste Steig mich nicht mehr so leicht erschrecken konnte. Und es waren auch nicht die Felsabhänge oder die Irritation durch das neben den eigenen Schritten ständig strömende Wasser.

Es war etwas weit Näheres. Etwas, von dem man genauso wenig Vorstellung hatte, wie vom Fließen eines zwanzig Kilometern langen Gletschers. Eine Bewegung, die man nicht bloß in sich trug, sondern aus der man bestand. Und die man in ihrem Eigenleben manchmal wie einen Schatten in den Augenwinkeln zu sehen meinte. – Kaum drehte man sich jedoch hin, war sie in all ihrer Fremde wieder in der Kontur der eigenen Bewegung verschwunden.

Deutlich wurde sie vielleicht immer nur in Masken. Manchmal in der unbändigen Glücks, dann wieder in jener haltloser Trauer, viel unsichtbarer und körperloser war sie als Sehnsucht, aber am scheuesten und unkenntlichsten als verdrängte und womöglich nur als Phantomschmerz spürbare Angst. Darin glich sie wohl am meisten der Bewegung eines Gletschers.

Es war am Samstagmorgen, als ich in Hochtenn aufwachte und das Display meines Communicators von einem Anruf oder einer SMS aufleuchten sah. Surren hatte ich ihn nicht hören können, da er zum Aufladen des Akkus an der Steckdose hing. Als ich das kleine gelbe Briefkuvertsymbol einer Kurznachricht sah, dachte ich, es sei

24 *Die Größe Ihres Kindes beträgt 30 Zentimeter, sein Gewicht 1,9 Kilogramm. Der Durchschnitt des Kopfes beträgt 8,2 Zentimeter. Das Fettgewebe unter der Haut wird dicker. Bei den Jungen wandern die Hoden von den Leisten in den Hodensack. Die Haut bildet eine dicke Schicht ›Käseschmiere‹, das ist eine Fettschicht, die die Haut schützt.*

Ruth, die nach zwei Tagen in Sibiu an diesem Morgen in die Karpaten aufbrach.

Es war Sabine. Sie hatte die Nachricht noch in der Nacht geschrieben. Ich las, dass man sich auf mich nicht verlassen könne. Sie müsse sich jedoch auf mich verlassen können. Sie wisse ohnedies nicht, wie es weitergehen solle. So gehe es nicht weiter. Sicher nicht.

Ich zog mich an, packte, frühstückte und ging los. Ich tat alles so, wie es auch an jedem anderen Morgen gewesen wäre. Bereits am Vortag hatte ich entschieden, aufgrund der Warnung vor den Leitern von Albinen mit dem Bus nach Leukerbad zu fahren. Denn so neugierig mich die acht historischen Leitern gemacht hatten, da man schlicht und einfach nicht wusste, seit wann sie existierten, die Vorstellung, mit meinem Rucksack diese senkrechten Wände hundert Höhenmeter ins Becken von Leukerbad hinunterzusteigen, war mir unheimlich erschienen. In Leukerbad wartete ohnedies der kaum weniger ausgesetzt in den Fels gehauene Aufstieg zum Gemmi-Pass, doch führte dieser Felssteig – im Unterschied zu den Albinen-Leitern – zumindest bergauf.

Ich ging die Straße hinunter ins Rhonetal zum Zug- und Busbahnhof des Doppelorts Gampel/Steg und weinte. Autos brausten vorbei, und ich weinte. Ich wünschte mich weit weg. Doch ich musste bei mir bleiben.

Dahinter der weiße Berg

Ich weiß nicht, wie ich weiterging. Doch, ich weiß es genau. Indem es nicht mehr weiterging, indem ich in Leukerbad ankam und nicht bleiben konnte.

Rundum ragten Berge in einen blauen Himmel. An jedem zweiten Haus flatterten Fahnen mit dem Schweizerkreuz. Und ich sah in all den Leuten nur die jungen Väter mit ihren Kindern an der Hand, sollte jedoch am nächsten Tag eine Zeitungsgeschichte darüber schreiben, was nicht nur in Alpentälern fehlte, sondern im Heute, wollte nur mit dem Heute nichts mehr zu tun haben und fand immer weniger aus ihm heraus.

So geht es nicht weiter, schrieb ich ins Notizbuch.

Ich sitze da, rundum ragen Berge in einen blauen Himmel. An jedem zweiten Haus flattern Fahnen mit dem Schweizerkreuz. Und ich sehe in all den Leuten nur die jungen Väter mit ihren Kindern an der Hand…

Irgendwie entdeckte ich, dass vom Olympiazentrum Leukerbad eine Zeitmessstrecke auf den Gemmi-Pass führte. Neunhundertsechzig Höhenmeter auf 3,6 Kilometer. Über den Gries-Pass war es ein Drittel der Höhenmeter gewesen, ich hatte eine halbe Stunde gebraucht. Wer aber den Gemmi-Pass schneller als in eineinviertel Stunden schaffte, bekam nicht nur ein kostenloses Ticket mit der Gondelbahn zurück ins Tal, sondern auch freien Eintritt ins Bürgerbad.

Ich wollte und brauchte beides nicht. Ich wollte nur weg und nahm die Strecke in horrendem Tempo in Angriff. Vielleicht schaffte ich sie in einer Stunde und zehn Minuten.

Nach zwanzig Minuten, und bereits im Steilen, wurde ich von einer Frau überholt. Trotzdem lag ich noch im Zeitrahmen und hörte unter mir in der Wand Männerstimmen, tiefe, tierische Männerstimmen. Kaum fünf Minuten später keuchte der erste der Männer an mir vorbei. Und angesichts seiner Statur zählte auch das stille Argument, wie schwer mein Rucksack war, nichts mehr. Denn diese russischen Eishockeyspieler, die offenbar im Olympiazentrum trainierten, wogen mindestens so viel wie ich mit zwei Rucksäcken.

Wie ging es weiter? Ich blieb stehen. Neben mir ließ sich einer der russischen Männer nieder. Unter uns und über uns tiefe Stimmen, Anfeuerungen.

So ging es nicht weiter. Auf den Gemmi-Pass. Eineinhalb Stunden. Berghotel Schwarenbach, eine Dreiviertelstunde. Abend. Morgen, und ein nächster Tag, an dem ich eine Geschichte über das Glück schrieb. Über ein Glück, von dem ich einmal meinem Kind erzählen wollte. Ganz gleich, wie lange es bis dahin dauerte.

So ging es weiter. Vom Berghotel Schwarenbach nach Adelboden. Ich wusste nicht, wie. Doch ich musste es nicht wissen, es ging.

Von Adelboden nach Lenk. Über mir schwebten die Gondeln einer auch im Sommer betriebenen Seilbahn ins Gilbachtal hinein. Die Leute schauten zu mir herunter, ich schaute zu ihnen hinauf.

Und wenn es in einem Zitat Teresa von Ávilas hieß, *der böse Feind flöße uns manchmal das Verlangen nach großen Dingen ein*, damit man sich nicht mehr nach dem Möglichen bemühe, sondern sich zufriedengebe, *mit dem Verlangen nach dem Unmöglichen*, so war ich nicht in Gefahr.

Natürlich, es war falsch, dass ich ihr weiterhin meine Wohnung anbot, anstatt klar zu entscheiden, dass sie darin genauso wenig Platz hatte wie ich bei der Geburt oder dem Geburtsvorbereitungskurs. Doch so weit war ich erst, als ich die Konsequenzen daraus deutlich genug erleben sollte.

Die Gondeln segelten an ihren Seilen nur meterweit über mich hinweg. Im Süden ragte die Wildstrubel-Kette in den blauen Mittagshimmel. Ich werde Vater, hatte ich zu Ruth am ersten Abend in Biasca gesagt. So hatte sie mich kennengelernt. Nun musste ich mich an die Vorstellung gewöhnen, dass ich das Kind, dessen Vater ich in knapp zwei Monaten sein würde, vielleicht erst in etlichen Jahren besser würde kennenlernen.

Doch wie sollte ich rückgängig machen, was in mir seit Februar begonnen hatte, allein, indem ich anderen Kindern nun mit näherem, genauerem Blick begegnete, mit Vorfreude, mit Neugierde und mit Fragen. Welches Temperament würde mein Kind haben, welche Ängste, welchen Mut?

Mein Kind, unser Kind, dessen Fettgewebe unter der Haut noch dicker werde, während sein Gewicht bereits fast 2,2 Kilogramm betrage, wie ich in einem weiteren ihrer wortlosen Mails mit Attachement las: *... seine Länge liegt bei 41 Zentimetern, und der Kopf hat einen Durchmesser von ca. 8,5 Zentimetern.*

Mein Kind, das musste ich loslassen, ohne mich loszusagen, ohne mich zu verabschieden. Beginnend an einem Nachmittag wie diesem, von dessen ständig in anderem Weißblau schimmernden Glacier de la Plaine Morte ich meinem Kind vielleicht einmal erzählen wollte – von einem Nachmittag, an dem ich im Strahlen dieses so endzeitlich benannten Gletschers spürte, dass etwas auf dieser Reise neu begann.

Ganz einfach: Ich ging anders. Vielleicht hatte es davor begonnen, doch an diesem Tag von Adelboden nach Lenk fiel es mir auf.

Ich ging anders. Ich saß auf einer Bank auf den letzten Wiesen oberhalb von Lenk, schaute auf den alten Fremdenverkehrsort hinunter, schnitt mir in Adelboden gekauften Käse und Wurst, und nicht einmal die rund um mich fliegenden Wespen störten mich.

Natürlich hatte ich davor bereits Jausenpausen gemacht. Nicht erst beim Besuch meiner Eltern, von Jürgen oder Ruth. Obwohl mir bei diesen Besuchen aufgefallen war, dass ich in Gesellschaft ruhiger war als während solcher Pausen alleine. Doch auch das hatte sich seitdem geändert.

So war ich bereits auf dem Weg nach Juf in aller Ruhe auf einem sonnenwarmen Stein am Septimerpass gesessen, rundum hatte der Schnee gestrahlt, und ich hatte den Käse und die Wurst aus Maloja mit solchem Genuss vertilgt, dass ich mir am nächsten Tag im Avers eine Flasche Rotwein für weitere derartige Picknicks gekauft hatte.

Nun aber waren es nicht nur die Pausen, mein Gehen war anders geworden. Dabei ging ich weder schneller noch langsamer. Angesichts der Tatsache, wie sehnsüchtig ich die Tage bis Martigny zählte, konnte ich nicht einmal behaupten, ich ginge so, als müsste ich nirgendwo mehr hin.

Was jedoch verschwunden war, das war die tägliche Hast, das waren Unruhe und Unsicherheit, die auch mein Schatten geblieben waren, als ich längst gewusst hatte, dass ich die Länge der Etappen, ihre Höhenmeter tatsächlich bewältigte und aus dem täglichen Weggehen jedes Mal wieder ein tägliches Ankommen wurde.

Nun aber war ich in der Reise selbst angekommen. So weit es bis Monaco auch sein mochte. In meiner Reise aber war ich angekommen, da ich ihr Ende immer weniger als solches sah, sondern als den langsam aufgehenden Ort.

Für Mittwoch und Donnerstag waren nachmittags wieder Gewitter angesagt. Auf der Strecke von Lenk nach Lauenen beunruhigte mich das nicht, da sie, wie bereits ab Adelboden, nur immer weiter über – von einem Längstal des Berner Oberlands ins andere führende – Pässe verlief, die allesamt kaum über zweitausend Meter hoch waren, selten steil und nie felsig ausgesetzt. So ging es auf diesen drei Etappen bis Gsteig jedes Mal nur etwa neunhundert Meter bergauf, achthundert Meter bergab. Und das bei einer Wegzeit, die auch in der Routenbeschreibung kaum länger als mit fünf Stunden angegeben wurde.

Gerade aufgrund dieser Kürze hatte ich für Donnerstag eingeplant, zwei Etappen in einem zu gehen, um vor Ruths Ankunft in Martigny genug Zeit für die Schleife vor dem Mont Blanc zu haben, bevor zwischen Mont Dolent und Grand Combin mit den Etappen

Richtung Grand Saint-Bernard die große Richtungsänderung nach Süden begann.

Davor lagen die Hochalpinstrecken vorbei an den Gebirgsstöcken von Les Diablerets und dem des Grand-Muveran. Dort war ich dem Wetter mindestens ebenso ausgesetzt, wie sich Aussichten in so unterschiedliche und selbst in den Alpen nirgendwo nebeneinander anzutreffende Landschaften boten: den Lac Leman, das Rhonetal, die Dents du Midi gegenüber, Gran Combin, Mont Dolent und zum ersten Mal auch auf den Mont Blanc.

Um dorthin rechtzeitig genug zu kommen, um die zwischen den Dents du Midi und dem Mont Blanc ein letztes Mal nach Westen ausholende Route tatsächlich gehen zu können, brauchte ich Wetterglück. Doch bereits am Mittwochnachmittag wurde ich richtig nass, als ich unter Blitz und Donner die Bergstraße nach Lauenen hinunterlief und war froh, dass mich eine ältere Frau im Auto in den Ort mitnahm.

Am nächsten Tag sollten die Gewitter bereits mittags kommen, so dass selbst bei frühem Aufbruch vermutlich nur die Kurzetappe nach Gsteig zu schaffen war. Von dort hoffte ich, zumindest mit der Seilbahn zum Sanetschpass hinaufzugelangen, was sich schließlich gerade ausging, bevor ich nicht nur einen der spektakulärsten Gewitterstürme der Reise erlebte, sondern als einziger Abendgast auf eine Weise in der Auberge du Sanetsch bekocht wurde, die ebenso spektakulär war wie das Gewitter.

Denn die Auberge du Sanetsch, die man in der Landkarte lediglich als Refuge eingezeichnet findet, war nicht nur eine Refuge. Sie war im Grunde alles – und eine Refuge. Zuerst fiel einem auf, dass sie in den letzten Jahren in alle Richtungen gewachsen war. Doch selbst nach einem halben Nachmittag hatte man noch keine Ahnung, wie groß sie wirklich war, geschweige denn, welche Türen, welche Gänge und Stiegen wohin führten. An jeder Ecke begegnete einem in dem sich innerhalb seiner Außenmauern verästelnden Gebäude eine Überraschung, ganz gleich, ob es die auf Podesten himmelbettartig angeordneten Schlaflager waren, die Fauteuils, Tischchen, Lämpchen in jeder Ecke, die unzähligen Teppich- und Vorhangvariationen oder der Reichtum an Zeitschriften und Büchern.

Wie ich am nächsten Tag weitergehen sollte, darüber machte ich mir aber in dieser staunenswerten Prachthütte selbst dann keine Gedanken, als das Wetter über dem Sanetsch-Pass tatsächlich zu toben begonnen hatte.

Stattdessen legte ich mich zu einem späten Nachmittagsschlaf nieder und freute mich, nachdem ich das trotz später Ankunft ganz selbstverständlich servierte Mittagessen genossen hatte, auf das Abendessen. Und spätestens mit dem Aufwachen war, angesichts der auf die Auberge du Sanetsch prasselnden Regenmengen, ohnedies klar, dass am nächsten Tag selbst bei schönstem Wetter nicht mehr an die eigentliche Route zu denken war.

Denn nach einem ersten Stück über die Karrenfelder unterhalb des riesigen Tsanfleuron-Gletschers der Les Diablerets führte eine Felspassage in den Talschluss nach Godey hinunter, die Hans Diem, aus der Gegenrichtung kommend, als so steil beschrieben hatte, dass er bis zum Beginn der Passage nicht geglaubt hatte, hier tatsächlich hinaufzumüssen. Zwar sei es im Felsanstieg aufgrund der Seilsicherungen und Haltegriffe letztlich nicht so schlimm gewesen, doch war mir beim Gedanken, dort bergab zu müssen, bereits seit Monaten nicht wohl. Zum Glück war ein derartiger Versuch bei solch nassen Verhältnissen ausgeschlossen.

Vorerst machte ich mir nicht einmal über Ersatzrouten Gedanken, wartete ab und genoss bei einem Essen in fünf Gängen den im Verlauf des Abends immer stärkeren Gewittersturm. Dazu gab es Weine aus den Gärten des Wirtes, der oberhalb von Sion, in Savièse, beinahe sizilianisch schmeckende Weißweine kelterte. Später bekam ich sogar eine Privatführung durch sein Alpmuseum, das inmitten all der Zubauten der ehemaligen Refuge neben der Küche das eigentliche Herz dieses Fuchsbaus verkörperte.

Nichts anderes als das Inventar verlassener Bauernhäuser und Alphütten aus der nächsten Umgebung hatte er darin gesammelt. Walliser Taufkleider, Ehebetten, Skier, Kleiderschränke, Sensen, Esstische,

Trachten, Totenkleider. Und während ich mir bald sicher war, dass das Museum weit größer sein müsse als das Gebäude-Konglomerat, dessen Teil es war, bekam ich eine fast klaustrophobisch deutliche Ahnung, wie viele verlassene Höfe und Alpen es hier bereits gab.

Am nächsten Morgen waren von dem Gewittersturm, in dessen Wogen mir mein Schlaf wie ein unruhiges, hautloses Schiff vorgekommen war, nur mehr Fetzen übrig geblieben. Die Wolken hingen in so unmöglichen Formen über der Passlandschaft, so zerzaust, zerfahren, als hätte man den Sturm erst Augenblicke vor meinem Aufwachen abgeschaltet: Nun schwebten sie erschreckt in der Luft und wirkten auf bizarre Weise hilflos, je mehr Blau im Himmel über ihnen durchkam.

Es war das Blau eines schlecht kolorierten Films, unter dem ich mich nach dem Frühstück auf den Weg machte, nach Süden, Richtung Sion, um über diesen Umweg am nächsten Tag ins Paralleltal nach Derborence zu kommen. Eine andere Möglichkeit gab es nicht, weshalb ich mir nicht einmal anschaute, mit wie vielen Stunden der Weg nach Sion am Pass angeschrieben war.

Am Stausee standen regungslos Fischer. Die Karrenfelder Richtung Gletscher schauten unter den federweißen Wolken mit quarzigem Glitzern hervor. Kurz vor dem Col du Sanetsch kam mir der tägliche Postbus entgegen, hupte, ich winkte, und anstatt mich zu fragen, ob er von seinem Wendepunkt unterhalb der Auberge gleich wieder nach Sion hinausführe, empfand ich mich vielmehr als ein dem Bus auf Augenhöhe begegnender Verkehrskollege denn als möglicher Passagier.

Unterhalb des Col ging es am Rand der Karren über Alpweiden zum Hôtel du Sanetsch, das direkt am Hangabfall über dem Talschluss stand. Vor dem Hotel waren Liegestühle aufgestellt, darüber eine einzige, letzte Wolke, die beinahe das Hoteldach streifte. Richtung Sion, über das Tal der La Morge hinaus, jedoch nur mehr blauer Himmel.

Bereits hier rauschte die La Morge, obwohl erst ein schmaler Bach, neben den Wegkehren mit solcher Kraft den steilen Hang hinunter, dass man ahnen konnte, wie tief sie sich wenige Kilometer weiter in den Talboden schneiden sollte.

Glarey ließ ich links liegen. Bestimmt gehörte auch dieser längst verlassene Weiler in seiner Ferienhaus-Gepflegtheit zum nationalen Kulturerbe. Mir genügte ein kurzer Blick auf die adretten Blumenkisterl vor den Fenstern und die SUVs auf dem Gemeinschaftsparkplatz am Ortsrand, fast alle in Schwarz. Vor ein paar Jahren waren die Autos solcher Leute meist grau-metallic gewesen.

Umso mehr staunte ich ein Stück weiter, als ich über die alte, schottrige Fahrstraße dieses eigentlich nur mehr aus Felshängen bestehenden Tals hinauskam, deren ältester, bereits als Saumweg benutzter Abschnitt eine gut zweihundert Meter über dem engen Talgrund der La Morge gebaute Steinbrücke namens Pont Diable war:

Wann man dieses abenteuerliche Kunstwerk zwischen die Felswände gespreizt hatte, das in der Rückschau beinahe ebenso teuflisch anmutete, wie es für die Menschen damals wohl vor allem die enge, tiefe Schlucht gewesen war, fand ich auch mithilfe des Communicators nicht heraus. Nur, dass die Menschen, auf welchen Wegen auch immer, hier bereits seit dem 11. Jahrhundert ihr Vieh aus dem Wallis über den Sanetsch nach Gsteig hinübertrieben. Auf Weiden, die weit saftiger und grüner waren als im trockenen Rhonetal. Genauso wie die Verbindung zum Verkauf von Obst und Gemüse genutzt wurde, das im Süden besser wuchs. Wohl nicht selten im direkten Tausch gegen die Weidenutzung.

Ich begann die Hitze zu spüren. Und erlebte wie noch nie das unmittelbare Aufeinanderprallen von Norden und Süden. Zwei Welten des Lichts, der Vegetation und der Gerüche. So gehe ich, dachte ich, die Weinhänge von Savièse bereits im Blick, zu Fuß von der einen in die andere Welt. Es war bei Weitem nicht die erste Überschreitung des Alpenhauptkamms, doch nun im Hochsommer waren die Unterschiede am kräftigsten, und auch meine Augen waren von den bisherigen Übergängen von Nord nach Süd und Süd nach Nord geübter im Schauen oder offener im Staunen.

Von Rateče über das Dreiländereck nach Seltschach war es noch das Österreichische gewesen, in dem dieses Staunen fast auch ein Ersticken gewesen wäre. Anders über das Pfitscher Joch hinüber ins Zillertal, so schattig und finster die Landschaft dort war. Doch auch das nur eine Zeit lang, da im Karwendel und vor allem in den Allgäuer Alpen überall Schnee lag. Während ich auch beim Übergang ins Valtellina den Sommer nur in jener letzten Gewitterschwüle in Tirano erlebte, bevor auf dem Weg ins Val Poschiavo bereits die Unwetter eines weiteren Wintereinbruchs einsetzten. Erst im Wallis, entlang der Suonen, lag der südliche Sommer in seiner Trockenheit und Hitze bereits als brennender, würziger Geruch in der Luft.

Alle diese Übergänge, wie noch einige andere mehr, waren vor allem eines gewesen: Fernreisen. Nun, da ich es nicht mehr weit bis zum Grand Saint-Bernard hatte, dem Tor zur Zielgeraden Richtung Meer, wurde mir das klar. – Die Hitze entlang der Südhänge des Savièse roch jetzt schon salzig.

Abschied von den Alpen – möglicher Buchtitel, so lautete dementsprechend auch einer der Einträge im Notizbuch am Weg nach Sion. Und unter der Buchtitelidee eine Frage, wie sie sich bei Reiseerzählungen vielleicht noch vehementer als bei Romanen stellte. Die Frage, wie viel ich von mir erzählen durfte? Und ob es, erzählte ich die tatsächliche Geschichte dieser Reise, das Buch werden würde, das ich dem Verlag im Winter in einem Exposé angekündigt hatte, ein Vorhaben, dessen nüchterne Selbstverständlichkeit mich in der Erinnerung zwar immer mehr erstaunte, im Grunde doch nichts anderes als das Erlebte beschrieb, wenn es hieß:

Die auf einer solchen Fußreise entstehende Reiseerzählung wird deshalb auch kein Tag für Tag geführtes Journal, das bloß linear die zurückgelegten Kilometer, Höhen und körperlichen Anstrengungen nachvollzieht, sondern ein Geflecht aus Geschichten aus dem Lebens- und Arbeitsalltag der verschiedenen Orte und Gegenden, ihrer Vergangenheit und möglichen Zukunft, in denen sich die am Triglav, den Drei Zinnen und der Zugspitze, der Silvretta und Bernina, dem Mont Blanc oder den Gletschern der Vanoise vorbeiführende Strecke auf weit deutlichere Weise widerspiegelt als im bloßen Katalog einzelner Tage oder Etappen.

Ob ich zur Frage, welches Buch es werden könnte, am Weg nach Sion bereits eine Antwort gehabt hatte, geht aus dem Notizbuch nicht hervor. Als nächster Eintrag ist lediglich eine Erledigungsliste für Sion zu finden: *Ohrenputzer, Telefonwertkarte, Sonnenschutzmittel…*

Doch wird schon in den Zeilen danach deutlich, dass es beim Schreiben über diese Reise viel mehr um die richtigen Fragen, als um Antworten gehen sollte. Eine davon stand gleich unter den Ohrenputzern:

Was bliebe ohne das Vaterwerden?

Damit war, durch meine eigene Geschichte, von Anfang an mein Blick auf eine der wesentlichsten Problematiken des Alpenraumes und seiner Bewirtschaftung gelenkt, auf jene von Hofübergaben, Generationswechsel, Erfahrungswissen. Genauso wie ich mit einer Frage, die für den Alpenraum zwar weit weniger entscheidend, doch im Verhältnis der Menschen zu den Bergen und damit zu ihren Ängsten, Sehnsüchten und Hoffnungen ebenfalls gestellt werden musste, in der Geschichte meines Onkels und seines Vaters gelandet war. Mit der Frage: Warum bestiegen Menschen Berge? Und so einfach sie klang, erst durch sie hatte ich in meine Reise durch die Alpen gefunden. Und ein Blick, wie er in einer solch prekären, ausgesetzten und fragilen Landschaft erst entstand, wenn man sich ihr aussetzte.

Ein Blick, wie er anders als zu Fuß – der Witterung, dem Wetter und der Beschaffenheit von Steigen, Wegen und Böden ausgesetzt – kaum zu erleben ist. Und dabei Geschichten erzählt, am Schutzhütten- oder Bauernstubentisch etwa, wie man sie nur zu hören bekommt, wenn man auch selbst etwas zu berichten hat.

So hatte ich das tatsächlich im Exposé geschrieben. Zu einem Zeitpunkt, da ich von meinem Vaterwerden noch nichts hatte wissen können. Und dennoch hatte ich selbst für das Unvorhergesehene ein Rezept formuliert, dessen Begründung im Nachhinein auf fast unheimliche Weise die Bandbreite des seitdem Geschehenen umriss, wenn es hieß, … *womöglich wird da und dort ein zart selbstironisches Moment nötig sein. Auch um dort, wo im Verlauf dieser Reise Dinge passieren, von denen man zu Beginn noch keine Vorstellung hatte, den Erlebnissen durch einen davor schon zu dick aufgetragenen Tonfall nicht ihre Intensität, ihre Überraschung zu nehmen. Gleichgültig, ob es sich dabei um Dramatisches oder eher Ernüchterndes, um Schmerzliches, Staunenswertes oder Lustvolles handelt.*

Nicht wenige dieser Gefühlszustände hatte ich erlebt. Ebenso, dass einem nicht nur die Leute, sondern auch die Landschaft erst dann etwas von sich preisgaben, wenn man etwas zu erzählen hatte. Das waren die *lebendigen Bezüge,* wie Ruth sie in ihrem Text genannt hatte. Und so kann ein Buch über die Alpen, das diesem Lebensraum gerecht werden wollte, mit keinem anderen Wissen als jenem, das den Alpenraum erst zu einer Landschaft der Arbeit und des Lebens machte, geschrieben werden: mit Erfahrungswissen.

Im Unterschied zu Zahlen, Fakten und Zitaten lässt sich solches Wissen aber nicht trennen von dem, dem es durch Erlebnisse widerfahren ist. Im Gegenteil, es würde auf der Stelle zur bloßen Erfindung oder Behauptung, würde ich verschweigen, was mich den Blick auf Generationswechsel und Vätergeschichten so ungeschützt hatte erleben lassen. Und darin erst begreifen.

Denn nicht die zielgerichtete Wahrnehmung einer distanzierten und scheinbar objektiven Recherche öffnet das Erlebte zur Erzählung. So viel Material man dabei auch sammelt, es bleibt blind. Während die unbewusste Wahrnehmung eines Blickes, der sich nicht steuern lässt, der sich in einem selbst und den eigenen Geschichten regelrecht versteckt, sein eigenes Spiel treibt, und sich nicht selten gegen einen wendet, gerade in seiner Subjektivität weit objektiver als jeder andere ist. – So führt das Erzählen einer Reise zu jenen Übergängen, die einen im Schreiben als jemand zurückkehren lassen, den man gerade in seiner Fremdheit schlafwandlerisch als Vertrauten erkennt.

Doch ist damit ohnedies nur eine Grundbedingung jeden Erzählens benannt. Da selbst die tollste Geschichte unter dem Blick desjenigen blind bliebe, der in den Spiegel schaut und nicht merkt, dass er über keine einzige Bewegung darin, kein einziges Zucken von sich selbst absehen kann. Deshalb wird auch von dieser Reise erst ein Erzählen möglich sein, wenn ich mich über denjenigen, der mir im Rückblick begegnet, auch wundern werde können, über mich staunen, ärgern oder auch dem einen oder anderen schönen Moment nachtrauern.

In Fiesch hatte ich über diese Fragen zum ersten Mal nachgedacht. Genau einen Tag nach dem stummen und doch so beredten Telefonat mit Sabine in Ulrichen, als ich in der *Süddeutschen Zeitung* auf einen Text über den Reiseschriftsteller Jonathan Raban und seine *Passage to Juneau* gestoßen war. Ein Buch, das – so hatte er nach Fertigstellung beschlossen – sein letzter Reiseroman bleiben sollte. Gerade weil es darin um mehr ging als um eine Segelfahrt durch den Inside-Channel, der Meerespassage von Seattle nach Juneau. Es ging um ein Meer, dessen Küste seine während der Reise zerbrechende Ehe gewesen war – und, ohne dass der Sohn dies davor geglaubt hätte, sein in dieser Zeit sterbender Vater.

Sofort nach der Lektüre des Zeitungsartikels über Raban hatte ich Kathi gefragt, ob sie mir die *Passage to Juneau* bestellen könne. Denn angesichts eines solchen Buches könnte ich vielleicht auch mein erst zu schreibendes prägnanter umreißen. Und obwohl das, nachdem mir erst Ruth Rabans Roman mitbringen würde, nichts anderes als ein Verdacht war, nannte ich in einem Mail an den Leiter meines Verlages *Passage to Juneau* bereits als Vergleichsgröße – das letzte große Reisebuch eines Autors, den nicht nur die *Süddeutsche Zeitung* als einen der größten lebenden Reiseschriftsteller sah.

Das war eine Anmaßung, doch das machte mir nicht das Geringste, als ich dieses Mail im siebenten Stockwerk eines Vier-Stern-Hotels in Sion schrieb. So euphorisch trunken war ich an dem Abend von der in der Sommerhitze pulsierenden Stadt, als hätte ich nie eine Stadt gesehen oder gehört. Am liebsten wäre ich die ganze Nacht mit all den Lichtern und dem durch die weit geöffneten Fenster hereinströmenden Verkehrsrauschen wach geblieben.

Windsalbe (gegen Blähungen), Nagelschere, Windeln, Feuchttücher, Badethermometer, Badetücher, Puder (zur Nabelpflege), Waschlappen, Feuchttücher, Windeln, eine bessere Matratze für den Stubenwagen…

So lautete die einzige Eintragung am nächsten Tag. Ich hatte sie im Postbus von Sion nach Derborence geschrieben. Es war die Zusammenstellung alter Notizen über die wichtigsten Dinge nach einer Geburt. Bereits vor der Reise hatte ich meine Schwester, aber auch andere, nach solchen Tipps gefragt. Nun schickte ich sie Sabine, obwohl ich nicht einmal wusste, wann ich mein Kind nach der Geburt zum ersten Mal sehen sollte.

Doch gerade deshalb tat ich es. Und das nicht als verkappte Frage nach einer Klärung, die ich auf direkte Fragen nicht mehr bekam. Sondern als eine Art Protest dagegen, dass mein Beitrag als Vater, abgesehen vom finanziellen Unterhalt, von ihr abhängig war. Weshalb ich auch bei meinem Angebot blieb, notfalls nach meiner Rückkehr von der Reise bei Freunden unterzukommen, sollte sie tatsächlich keine Wohnung finden. Ein Protest dagegen, dass sie all das in Frage stellte, was wir für unser Elternwerden zu einer Zeit geplant hatten, in der wir ebenfalls kein Paar gewesen waren.

Dass sie sich jedoch von dem Wohnungsangebot zu versprechen schien, wir könnten zumindest auf solche Weise zusammenleben, war mir zu dem Zeitpunkt trotz der Erfahrungen der vergangenen Monate noch nicht vorstellbar. Umso deutlicher sollte ich es drei Wochen später erleben, als ich tatsächlich für das Geburtsvorbereitungswochenende von Turin nach Wien flog, und wir am Tag danach gemeinsam die Einkäufe der am Weg von Derborence Richtung Grand Muveran erstellten Liste machten: Als ich ihr einen Kasten für ihre eigenen Sachen in meiner Wohnung aufbaute sowie Platz für Wickeltisch und Stubenwagen frei räumte, jedoch auch die wichtigsten eigenen Sachen für meinen Auszug nach der Rückkehr von der Reise bereitstellte, kam sie plötzlich nicht mehr in die Wohnung zurück, da ich sie, wie sie mir daraufhin am Telefon sagte, hinausgeworfen hätte.

Natürlich war das Wohnungsangebot ein Fehler gewesen, auch die gemeinsamen Einkäufe, vermutlich schon die Liste dafür. Doch so deutlich mir das Wochen, Monate später wurde, so wenige Argumente blieben auch jetzt, wenn ich im Notizbuch ein paar Seiten weiter jene Eintragungen auftauchen sehe, in denen ich mir wie so oft auf meiner Reise die möglichen Namen unseres Kindes aufschrieb, einmal in dieser, einmal in jener Reihung: *Clara, Fritz, Helene, Lilli, Friederike …*

Clara, Fritz, Friederike, Lilli, Fritz, Clara, Friederike, Fritz, Clara, Lilli, Fritz. So sollte der kleine Mensch heißen. Der kleine Mensch, dessen Vater ich war und immer bleiben würde. Mein Leben lang, sein Leben lang. Und das ganz egal, ob nun die an Sabine geschickte Liste, die Einkäufe, das Wohnungsangebot ein Fehler gewesen waren. Denn was half schon irgendeine Klugheit gegen eine Sehnsucht, die Clara, Fritz, Friederike, Lilli oder Helene hieß. Nichts, und das war gut.

So schickte ich die Liste los, während über die Lautsprecheranlage des Busses die Geschichte des zweimal von einem Bergsturz zerstörten Ortes Derborence erzählt wurde. Eine Geschichte, die den Gipfeln über dem Talschluss, die davor Rochers oder Scex du Champ genannt wurden, erst ihren heutigen Namen Les Diablerets gaben.

Der Busfahrer hupte vor jeder Kurve, bevor er seinen Wagen entlang der teilweise mauerlos abfallenden Felswände lenkte. Beim Blick aus den Fenstern schien es, als schwenkte er in manchen Kurven sogar über sie hinaus, zweihundert senkrechte Meter über der schmal durch die Schlucht fließenden Lizerne.

50 Millionen Kubikmeter Gestein waren damals ins Tal gestürzt, als die Felswände unterhalb des großen Gletschers 1714 zum ersten Mal brachen. Seitdem hieß er genauso wie der gesamte Gebirgsstock nach den Teufeln, die damals den Berg geritten hatten. Ein Großteil der Gesteinsflut war auf den Alpweiden zwischen Godey und Derborence liegen geblieben, der Rest war vierhundert Höhenmeter weiter ins Tal gerumpelt.

Der Postbus hupte, der Fahrer zog die nächste Kurve. Gestern war das Geröll oft nur meterweit vor mir auf die Straße gebröckelt, heute im Bus fürchtete ich mich. Entgegen kommende PKW setzten zurück. Der Bus schien sie regelrecht anzuschieben, dagegen half weder Gefuchtel noch Gehupe, während die sonore Lautsprecherstimme erzählte, dass die Felsmassen zwischen Godey und Derborence noch gut hundert Meter hoch lagen.

Fünfunddreißig Jahre später kam der zweite Felssturz. Diesmal stauten die Felsmassen sogar die an den Westhängen entspringende Derbonne zu dem bis heute bestehenden See. Getötet wurde niemand, denn die Hirten hatten sich in ihren nach dem ersten Sturz an Ort und Stelle wieder aufgebauten Hütten nicht in blinder Sicherheit auf die Teufelsaustreibungen des 1714 herbeigerufenen Priesters, sondern ihre Nähe zum Berg verlassen und seine Bewegung bereits vor dem Sturz gehört.

Zwei Stunden später war ich an den Felsabhängen der Les Diablerets vorbei durch die Hochtalebene von Anzeindaz zum gleichnamigen Alpdorf unterwegs – und damit beinahe schon am Ende dieser kurzen Etappe. Doch ich wollte weiter, denn ich hatte mir vorgenommen, einen Zeltplatz zu finden. Bereits seit einer guten Woche wünschte ich mir das, hatte aber weder im Wallis noch im Berner Oberland geeignete Zeltplätze gesehen. Heute brauchte ich einen solchen besonders dringend, wollte diesen Tag nicht in einem Zimmer beenden, nicht diesen Tag mit Clara, Fritz, Friederike, Lilli.

Dennoch hätte ich beinahe aufgegeben, als im breiten Bergtal Richtung Grand Muveran nirgendwo ein blickgeschützter Platz auszumachen war, an dem ich einigermaßen unbemerkt ein Zelt aufschlagen konnte.

Selbst für das imposante Grau der Felsen des Grand Muveran hatte ich vor lauter Suchen keinen Blick mehr, fand auch entlang des Baches bergab zur Pont de Nant nichts, hörte stattdessen bereits die Musik der Auberge Pont du Nant, sah kurz darauf den vollen Parkplatz und hatte noch immer keinen guten Ort gefunden.

Ich stellte den Rucksack am Wegrand ab und durchkämmte die

Wiesen rundum nach geschützten Mulden oder anderen Verstecken, bis ich nahe am Bach, kaum zweihundert Meter Luftlinie von der Auberge entfernt, einen Platz fand, an dem ich mich sogar direkt neben dem Zelt waschen konnte.

Und genau so, nämlich frisch gewaschen und in trockenen warmen Kleidern, saß ich auch bald wie ein König neben meinem bereits vor dem Bad im Bach aufgebauten Zelt. Das wohlige Kribbeln eines Gehtags in den Zehen sowie eine Tasse heißen Tees in den Händen, dessen Dampf mir bei jedem Schluck ins Gesicht stieg, während die Sonne über den hellen Bergkuppen des Chablais und den Felsformationen der Dents du Midi zu sinken begann.

Ins Rhonetal sah ich nicht hinunter, konnte es nur an jener Finsternis erahnen, wie sie um diese Uhrzeit selbst aus einem so breiten Tal aufstieg. Erst morgen, wenn ich am Fuß des Grand Muveran durch das Vallon de Nant Richtung Talschluss gegangen war und von dort noch einmal steil hinauf zum Passübergang Col des Perris Blancs, würde ich die beinahe beängstigend flache Talebene sehen. Und das, wenn ich die Höhenschichtlinien der zweitausend Meter abfallenden Hangflanke und die direkt unterhalb meiner Route eingezeichneten Felswände richtig übersetzte, beängstigend tief unter mir.

Die Beschreibung des Ausblicks, der sich nach dem Col des Perris Blancs vor und unter einem öffnete, kannte ich aus der Routenbeschreibung. Immer wieder hatte ich mir das Panorama vorzustellen versucht: das Tal, den See, den Fluss, Felder, Orte, Zugstrecken und Autobahnen, die Felspfeiler der Dents du Midi und vor allem endlich den Mont Blanc. Während nun die Sonne über den letzten hellen Bergspitzen unterging, und ihr Orange das Zelt, die Wiese und mich noch einmal so durchdringend und durchscheinend gleichzeitig überzog, als nähme sie uns oder zumindest einen Teil von uns mit.

Fünf Tage waren es, bis Ruth dort unten im Tal mit dem Zug kommen würde. Vielleicht schrieb sie mir vor dem Einschlafen eine SMS. An jedem Abend war das die Frage. Ich schrieb oft morgens oder unterwegs, während ihre Nachrichten meist abends kamen, manchmal kurz vor dem Einschlafen, manchmal danach. Seit über zwei Wochen, beinahe schon drei, war das unser Rhythmus. Damit waren längst weit mehr Tage vergangen, als wir von Biasca nach Prato Sornico gemeinsam verbracht hatten. Dennoch blieben die drei ganz selbstverständlich im Übergewicht.

10. August 1963, morgen vor fünfundvierzig Jahren: Mein Großvater verstaut seine Bergschuhe im Kofferraum. Neben ihm steht einer und hält das aufgerollte Seil bereit. Es ist Nacht oder früher Morgen, unter dem Bild steht *Packen*, geschrieben in einem Album gemeinsamer Bergtouren, das Peter seinem Vater zum letzten runden Geburtstag schenkte, den er vor seinem Tod am Mount Everest noch mit ihm feierte.

Auf diesem ersten Bild vor dem Mont-Blanc-Versuch 1963 beleuchtet das Blitzlicht gerade den Fond des Wagens. Den offenen Kofferraumdeckel, Knickerbocker und Wollweste meines Großvaters sowie das Seil, das er vermutlich als Nächstes in den Kofferraum geschlichtet hat; er, da bin ich mir sicher, nicht der andere.

Es ist ein Samstag vor fünfundvierzig Jahren.

Auf meiner Route Richtung Mont Blanc war der 10. August ein Sonntag. Als ich nach Zeltabbau, ausgiebigem Frühstück und einem Bad im Bach in den ersten Sonnenstrahlen an der Auberge du Pont de Nant vorbeiging, hing dort bereits die Bettwäsche aus den Fenstern. So voll der Parkplatz vor dem Eingang des Naturparks Vallon de Nant jedoch war, weiter drinnen im Tal war alles leer. Nur Kühe und ein auf einem fast haushohen Felsbrocken picknickendes Paar.

Alle anderen Parkplatzbenutzer mussten in dem bereits 1894 errichteten Alpengarten Thomasia verschwunden sein, den ich am Parkeingang links liegen gelassen hatte, obwohl darin 3000 Pflanzenarten zu sehen waren und künstliche Bäche eine Miniaturversion der Alpen durchflossen, wie mir meine Wegbeschreibung sagte. Kein Wort hingegen wurde darüber verloren, dass auch Kühe notwendig waren und die Arbeit der Alpsenner, wie weiter drinnen im Tal, um erst zu solch einem Pflanzenreichtum in den Alpen zu kommen beziehungsweise ihn zu erhalten. Doch das interessierte die Leute offensichtlich so wenig, dass ich mitten im Steilanstieg vom Talschluss in Richtung Col des Perris Blancs an einer seelenruhig, und wohl von ihrer Einsamkeit überzeugt, auf einem Felsblock schlafenden Nackten vorbei kam.

Bald hatte ich nur mehr den Col vor mir, einen letzten Anstieg bis zum Mont Blanc. Ich überquerte die Moränenlandschaft von Les Martinets, in der an manchen Stellen das Aufsetzen der Schritte, das Aufsetzen der Stöcke Echos an den gegenüber hochragenden Felswänden der Dents de Morcles auslösten. Echos, die, je näher ich dem Übergang kam, von immer weiter entfernten Wänden im Vallon de Nant herzukommen schienen, sogar vom Grand Muveran selbst, am Eingang des Tals. So als zögen mich die Echos zurück.

Eine letzte Flanke aus Schotter und Alpinrasen hatte ich über mir. Die vielleicht steilste, die ich bislang bergauf gegangen war. Was mich, abgesehen vom Ausblick, auf der anderen, noch steileren Seite erwartete, glaubte ich mir zumindest in Hinblick auf den Abhang vorstellen zu können – und war dennoch erstaunt: Felsen. Felsen über mir, Felsen unter mir. Hätte man nicht eine längere Passage direkt in eine senkrechte Felswand gesprengt, wäre der Übergang ohne Kletterei nicht passierbar.

Für den Ausblick ins Tal und Richtung See hatte ich auf dem schottrig, felsigen Bergabstück bis zur Querung keine Augen, und sah doch alles vor, vor allem aber unter mir: das breite grüne Tal, das Verkehrsrauschen, die Dents du Midi gegenüber. Und weiter Richtung Genfer See das Chablais, die Talöffnung, die weite Wasserfläche, dahinter die Ebene.

Hier, kurz bevor ich ihren höchsten Gipfel sah, hatte ich zum ersten Mal den Rand der Alpen vor mir und dachte, ich sähe sie darin ganz.

11. August 1963: Ein gelber Metalltisch, drei Männer auf Gartensesseln rundum. Mein Großvater hält eine Blechtasse in der Hand, hört seinem Gegenüber zu. Ich kenne diesen Blick, in dem immer all seine Sinne und sein Denken eingeschaltet waren.

Peter kannte ihn sicher besser, fürchtete ihn vermutlich sogar. Nur in dem Augenblick womöglich nicht, da er ihn fotografierte, den Blick seines Vater, der dabei jemand anderem galt, und seinen eigenen leeren Platz am Kopfende des Tisches. In *Brig*, wie die knappe Bildunterschrift verrät.

Auch auf dieser Fotografie ist es rund um den Lichtkreis des Blitzlichtes finster. Diesmal aber ist es früher Morgen. Denn auch die folgenden Bilder sind mit dem 11. August datiert. Bilder wie jenes in den Föhrenwäldern von Vallorcine: *Erster Blick Blick auf den »weißen Berg«*, steht neben der Fotografie.

Während auf der nächsten die Männer bereits die Steigeisen montieren. Der braune Rucksack meines Großvaters aus Zeltstoff steht bei meinen Eltern noch in Verwendung, und seine Bergschuhe warten in Wien auf die nach dem Geburtsvorbereitungswochenende fehlenden Etappen meiner Reise.

Die Schrift meines Onkels, selbst als Erwachsener war sie die eines Schülers, formschön, gleichmäßig, doch unsicher und ohne Schwung: *Aufstieg zur Hütte Gr. Mulet.*

Noch ist der Himmel an diesem Sonntag vor fünfundvierzig Jahren blau, auch während der auf der nächsten Fotografie abgebildeten Überquerung der Gletscherspalten von La Jonction. Doch bereits auf dem nächsten Bild sind Wolken in Blickrichtung Norden. – Darunter: La Flégère, die Hütte auf den Hängen im Nordosten von Chamonix, auf der ich bald übernachten sollte, darüber die Aiguilles du Belvédère, die Spitze des Mont Ruan und der Tour Sallière, die ich vom Col des Perris Blancs bereits sah.

Am nächsten Tag war Schlechtwetter gewesen, wie ich aus Erzählungen weiß. Keine Bilder. Ein Aufstiegsversuch am übernächsten, doch Windfahnen: Sturm.

15. August 1963: Endgültiger Abstieg – Schlechtwetter

Vor mir die Felsquerung. Der Steig ist eben und breit genug. Doch genauso, wie ich mich trotz der eineinhalb Meter Abstand über den Rucksack zum Fels bücke, ist das Phantom eines Sturzes, eines Absturzes stets da.

Dann noch eine Geländekuppe. Dunkles Geröll, dahinter der weiße Berg. So einen Berg habe ich noch nie gesehen.

7. September 1968: Aufstieg zur Hütte Aig. du Gautet. 8. September 1968: Vallot Biwak am Bossesgrat. Blauer Himmel, die Tür zur Biwakschachtel steht offen. Ein seltsames Bild.

Auf dem nächsten zum ersten Mal Peter. *Am Gipfel,* wie in der Bildunterschrift steht, des Mont Blanc, in einer ganz ähnlichen Haltung wie knapp zwanzig Jahre später auf seinem ersten Achttausender: 1987 auf dem Cho Oyu, dem sechsthöchsten Berg der Welt – nur vier Jahre nach Reinhold Messner, der 1983 der vierte Besteiger gewesen war.

Stolz und unsicher zugleich. Als Sohn, genauso wie später als Mann, ein ewiger Sohn, der in seiner Kinderschrift schreibt: *Am Gipfel* – vom Vater fotografiert.

Vor knapp vierzig Jahren, dort drüben, denke ich mir, die beiden.

Ich schaute in den Spiegel. Es war Donnerstagnachmittag. Draußen regnete es leicht. In einem der nächsten Zimmer rasierte sich jemand. Mittags war ich von Vallorcine, dem letzten französischen Ort vor der Schweizer Grenze, nach Martigny heruntergekommen, um Ruth abends am Bahnhof abzuholen. Am nächsten Tag wollten wir durch das Tal von Trient knapp bis zur Grenze hinauffahren, um bis Montag über den Col de la Forclaz sowie Champex und Liddes auf den Grand Saint-Bernard zu gehen.

Ich hatte die Toiletttasche neben dem Spiegel aufgehängt. Zum ersten Mal würden wir ein Badezimmer gemeinsam benutzen. Ich legte Zahnbürste und -pasta so auf die Ablage, dass sie nicht mehr als die Hälfte beanspruchten, die andere war ihre, damit war sie beinahe schon hier. Vermutlich fährt sie gerade in Feldkirch weg, dachte ich mir im Umdrehen und schaute von der Badezimmertür noch einmal zurück. Nein, sie ist hier.

Denn so ewig mir die drei Wochen auch vorgekommen waren, gleichzeitig waren sie nichts gewesen. Ein Augenblick, nicht mehr, seit wir am Weg durch Prato Sornico auf die Kirchturmuhr geschaut hatten und auf der Stelle losgelaufen waren.

Während mir die gestern noch verbleibenden Stunden unermesslich lang vorgekommen waren. Abends etwa vor der Hütte La Flégère, mit Blick auf den beinahe vollen Mond zwischen Mont Dolent und Mont Blanc im sternenklaren Nachthimmel, in dem die Gletscher wie weiße Schlafmäntel geleuchtet hatten.

Jetzt regnete es. Gestern hatte die 34. Schwangerschaftswoche begonnen, und ich hatte von Sabine noch kein Mail bekommen.

Im Bett hatte ich wieder den weißen Berg vor Augen. Und wie gestern Vormittag in Chamonix wurde mir sein hohes Aufragen nicht durch die Höhe und Entfernung des Gipfels deutlich, sondern an der so greifbaren Nähe des fast bis in den Talboden reichenden Bossons-Gletschers. Ging man in der trubeligen Fußgängerzone durch die Gassen der Stadt, verdeckten selbst weit entfernte Häuser seine Zunge.

Doch je öfter ich die Gletscherzunge fotografiert hatte, die auch heute zwischen den Nadelwäldern noch weit Richtung Tal langt, desto mehr war mir vorgekommen, als käme ein Berg solcher Größe nie im Tal an.

Im Gegensatz zu den Trümmern der beiden Air-India-Maschinen, die 1950 und 1966 am Mont Blanc an fast derselben Stelle zerschellt waren. Denn seit 1986, als ein Lande-Rad der 1950 im Landeanflug auf Genf abgestürzten Super-Constellation direkt vor der Snackbar des Chalet du Glacier im Eis aufgetaucht war, wurden bis heute nach und nach deren Bruchstücke vom Glacier des Bossons freigegeben. Genauso wie Trümmer der sechzehn Jahre später knapp unterhalb des Gipfels in den Mont Blanc geflogenen Kanchenjunga.

Auch der Absturz dieser nach dem Kangchendzönga, dem dritthöchsten Berg der Welt, benannten Air-India-Maschine 1966 war im Landeanflug auf Genf geschehen. Kurz davor hatte der Pilot noch gemeldet, sein Flugzeug passiere soeben den Mont Blanc, worauf der

Fluglotse ihn berichtigte, es seien noch fünf Kilometer bis dorthin. Daraufhin hätte der Pilot mit *Roger* geantwortet, und mit dem Sinkflug begonnen.

Laut einem der Bergführer, die als erste den Unglücksort erreicht hatten, hätten der Kanchenjuga letztlich fünfzehn Meter gefehlt, und sie hätte den Mont Blanc überflogen. So aber schlug sie einen riesigen Krater in einen Felsvorsprug unweit des Gipfels. Hundertsiebzehn Menschen starben, auch die zweihundert Affen, die sich im Cargo der Maschine befunden hatten. Sie hätten zu medizinischen Testzwecken in Labors gebracht werden sollen. Einige von ihnen hatten den Aufprall noch überlebt und waren von den Rettungsmannschaften gesehen worden, wie sie auf knapp 4400 Metern Höhe über den Schnee geirrt waren.

Ein Anderer

Über den Hängen Richtung Grand Saint-Bernard hing montagabends bereits der Schatten der letzten, in hellem Sonnenlicht aufragenden Bergspitzen. Ich war, nach Ruths Abschied, am letzten Anstieg auf den Grand Saint-Bernard wieder allein unterwegs, während es zur Passhöhe hinauf nicht dunkler, sondern kurzzeitig sogar heller wurde.

Ähnlich und doch ganz anders war es mit all den Bildern, die seit Ruths Abfahrt in mir auftauchten. Ganz gleich, ob vom Abend ihrer Ankunft in Martigny, als wir schon nach ein paar Schritten nicht anders konnten, als am Gehsteig einfach loszulaufen, Hand in Hand, in gemeinsamen Sprungschritten und Luftsprüngen, während wir uns am nächsten Mittag in einem Restaurant in Martigny so lange Zeit ließen, dass ich vor der Abfahrt ins Tal von Trient ausnahmsweise im Berghotel am Col de la Forglaz anrief und ein Zimmer reservierte.

Oder die Wolke, die in der Nacht während eines Spaziergangs von der etwas außerhalb von Champex gelegenen Unterkunft immer an der gleichen Stelle vor dem Mond stand, während es eigentlich eine sternenklare Nacht war. Grund für die Schatten auf dem Mond war vielmehr jene partielle Mondfinsternis, die bereits seit Tagen von allen Zeitungen angekündigt worden war.

Unzählige Bilder hatte ich in mir, Geräusche, Gerüche. So viel Neues, das doch bekannt zu sein schien. Von Wünschen und Sehnsüchten vergangener Jahre, die nun Wirklichkeit wurden. In jedem dieser verschmitzten Augenblicke einer diebischen Freude, in denen es kein Wort brauchte. Schon gar nicht in einem Moment, wie dem Weggehen vom Col de la Forclaz, während des Schnürens der Schuhe, als sie den zweiten meiner drei Wünsche aus dem Val Bovana erriet, dass wir vor lauter Schmunzeln ohnehin nichts sagen konnten.

Doch weder waren es die großen Wünsche noch die intensiven Gespräche, nicht die Zärtlichkeit noch die nicht immer leise Leidenschaft, die uns so manches Lächeln in den Frühstückszimmern einbrachte – es war vor allem die kaum benennbare Selbstverständlichkeit, die mir von ihrem Besuch für immer in Erinnerung bleiben würde.

Das Unnennbare, es war nicht nur das eigentlich Unvergessliche, sondern auch das Unaufhörliche dieser wie im Flug vergangenen Tage, deren letzte Stunden wir bei zwei Gläsern Pernod im Café neben der Bushaltestelle von Bourg St. Pierre verbrachten.

Nichts davon war ein Abschied gewesen. Selbst das letzte Winken nicht, bei dem ich automatisch auf einen Stein am Straßenrand stieg, während sie mir im wegfahrenden Bus zwischen den Sitzreihen nach hinten gehend immer noch entgegenzukommen schien.

Nein, das war alles andere als ein Abschied. Ich wusste, während ich im Abendschatten auf jenen Pass ging, über den Cäsar 50 n. Chr. mit seinen Legionen gezogen war: Das war erst ein Beginn. Nicht der Beginn des letzten Abschnitts einer Reise, wie ich ihn mir mit dem Erreichen des Col du Grand Saint-Bernard immer vorgestellt hatte, als wäre hier bereits das Ende in Sicht, Monaco und das Meer. Denn das war es natürlich nicht.

Das Ende tauchte womöglich auch ganz anders auf. Denn sollte das Kind von Sabine und mir früher kommen, drei oder vier Wochen früher als angekündigt, reiste ich auf der Stelle zurück, auch einen Tag vor dem Meer. So hatte ich es mir vorgenommen, seit ich den für Ende September errechneten Geburtstermin kannte. Und dabei wollte ich bleiben. Genauso wie ich daran festhielt, zum Geburtsvorbereitungswochenende Ende August kurz nach Wien zurückzureisen. So war es ausgemacht, so war es geplant. Vermutlich hatte ich sogar die vage, irreale Hoffnung, auch Sabine erinnerte sich wieder an all das, was wir unabhängig von unserer Beziehung für unser Elternwerden vereinbart hatten.

Deshalb waren meine Gehtage nach dem Grand Saint Bernard vor allem danach ausgerichtet, es bis 28. August in einen Ort, in eine Stadt zu schaffen, von der ich nach Turin fahren konnte, um am nächsten Tag nach Wien zu fliegen.

Chiappera, am Ende des Valle Maira, war lange Zeit und eigentlich seit Beginn der Reise das dafür angepeilte Ziel gewesen. Schaffte ich es trotz der Ruhe- und Arbeitstage, die laut *Via-Alpina*-Streckenplan hundertvierunddreißig Etappen von Muggia bis Chiappera in knapp vier Monaten zu gehen, dann waren, so hatte meine Zeitrechnung der Reise immer gelautet, die restlichen Etappen innerhalb der ersten beiden Septemberdrittel möglich. Und damit ein Ankommen in Monaco vor dem prognostizierten Geburtstermin.

Hundertvierunddreißig Etappen in kaum mehr als hundertzwanzig Tagen, das war nicht wenig. Doch seit ich wusste, dass der bald siebzigjährige Hans Diem während seiner Alpenüberquerungen für die gesamte Strecke kaum je länger als hundert Tage gebraucht hatte, hielt ich es für realistisch, trotz aller Ruhetage und Pausen in knapp vier Monaten nach Chiappera zu kommen.

Auch am Grand Saint-Bernard hatte ich Chiappera noch als Ziel vor Augen, wusste allerdings, dass ich einige der schönsten Etappen abkürzen und im Grunde die gesamte Südstrecke bis dorthin blicklos durchhetzen müsste, um siebzehn Etappen in den verbleibenden neun Tagen bis zur Fahrt nach Turin zu schaffen. Deshalb musste ich allmählich beginnen zurückzustecken und mich mit dem einzigen davor liegenden Ort anzufreunden, von dem es eine gute Verbindung nach Turin gab, nämlich Briançon.

Keinen Augenblick dachte ich in all den Routenüberlegungen darüber nach, das Geburtsvorbereitungs-Wochenende abzusagen. Und das, obwohl ich bei der Geburt nicht dabei sein würde und nicht wusste, ob und wie oft ich mein Kind danach sehen würde. Doch offenbar wollte ich mich an diesem Vorhaben nur festhalten. Letztlich sollte es alles noch schlimmer machen. Egal, ob es das Geburtsvorbereitungswochenende oder die Wohnung betraf, die ich Sabine weiterhin als Notlösung anbot.

Anstelle all dieser illusorischen Vereinbarungen hätte ich vielmehr jenes Vertrauen einfordern müssen, das von ihr notwendig gewesen wäre, um von Anfang an die gemeinsame Obsorge zu beantragen. Doch auch ich hatte davon seit Anfang März nicht mehr gesprochen. Aus Angst vor einem Nein. Aus Angst vor dem Zerplatzen der Illusion.

Am Abend nach dem Grand Saint-Bernard saß ich in einem Ristorante in Arvier, hatte gerade die Nachspeisekarte zur Seite gelegt und las in dem Buch, das mir Kathi bestellt und Ruth mitgebracht hatte. Niemand außer mir saß in dem Gastzimmer allein an seinem Tisch. Schon das schien den anderen Essenden nicht geheuer zu sein. Erst recht nicht, als ich nach dem Essen das Buch herauszog.

Ich hatte ein Boot, einen Großteil des Frühlings und einen ganzen Sommer, eine Ladung Bücher und den Traum von Reichtum, wie alle, die von Seattle nach Norden fuhren, so beschrieb Jonathan Raban den Aufbruch zu seiner *Passage to Juneau: Allerdings wollte ich weder Hering noch Lachs fischen, sondern Spiegelungen – und mit diesem ganz besonderen Fang heimkehren: den Spiegelbildern anderer, wie ich damals glaubte.*

Raban hatte dabei zum einen an die Spiegelungen jener historischen Erkundungs- und Vermessungsfahrten durch die *Inside Passage* gedacht, von denen er während seiner eigenen Segelpassage gelesen hatte. Bücher, die ihm bei rauerer See kreuz und quer durch die Kajüte geflogen waren. Am intensivsten hatten ihn dabei die, in seinem Reiseroman seitenlang zitierten, Aufzeichnungen des Captain Vancouver beschäftigt, eines Schülers Captain Cooks, der Ende des 18. Jahrhunderts im Auftrag des britischen Empire diese Inlandspassage entdeckt hatte. Über weite Strecken schilderte Raban dessen Fahrt in einer Art Parallelmontage zu seiner eigenen, was in Hinblick auf gesuchte Spiegelungen nicht unbedingt als besonders hintergründige Erzählstrategie wirkte, zumal Vancouvers Erlebnisse in vielen Momenten erzählerisch eher trocken waren.

Glücklicherweise aber ging es in *Passage to Juneau* auch um andere Spiegelungen. Um die jener Indianer, die auf der *Inside Passage* einmal zu Hause gewesen waren. Und damit um die Spiegelungen einer Welt, in der das, was Festlandbewohner angesichts der Tiefe, der Dunkelheit und des fehlenden Grundes am Meer so fürchteten, den Indianern eine anders nicht vorstellbare Heimat gewesen war. Eine Welt, in der die Grenze zwischen Tod und Leben, Tag und Nacht, Traum und Wirklichkeit wie das Meer in ständiger und durchlässiger Bewegung war.

Deshalb fürchteten sich die Indianer auf dem Festland nicht nur vor Gefahren wie Wölfen und Bären, sondern vor allem vor der Undurchdringlichkeit des Bodens. Jener Realität, an die wir uns – selbst ohne Meer in Sichtweite – meist wie Ertrinkende klammern. Obgleich dieser Boden in seiner Festgefügtheit, in seinen strikten Unterscheidungen und seiner Undurchlässigkeit womöglich nicht wenig von jenem Dahinter erzählte, das selbst den trittsichersten Boden der Tatsachen nicht in nächtlichen Ängsten oder Albträumen immer wieder aufs Neue auflöste.

Damit schien mir aber bereits in Rabans Recherchen eine Reise angelegt, die mitten in sein eigenes Leben führen musste. Weshalb mir schwerfiel, Raban zu glauben, wenn er angesichts der Ereignisse mit Blick auf sein Leben schließlich schrieb: *Doch auf den Fang, der mir ins Netz ging, war ich nicht vorbereitet.*

Andererseits, vielleicht stimmte es auch. Denn die existenziellsten Zufälle ereignen sich gerade dann, wenn man etwas so sorgfältig wie Raban recherchierte hatte.

In meiner Beckentasche surrte es. Eine SMS von Ruth. Nun waren die anderen Gäste offenbar richtig erleichtert, als sie mich den Communicator mit erwartungsvollem Gesicht aufklappen und Ruths

Abendnachricht lesen sahen. Danach hatten die seltsam prüfenden Blicke jedenfalls aufgehört.

Bevor ich aber in *Passage to Juneau* weiterlas und eine Zuppa inglese als Nachspeise bestellte, rief ich meine E-Mails ab. Darunter seit längerer Zeit auch wieder eines von Sabine, die mir als Attachement in einem sonst leeren Mail nicht nur die an diesem 20. August beginnende 35., sondern auch die vorangegangene 34. Woche schickte:

In diesem Zeitraum war die Sitzhöhe des Kindes demnach von 31,5 Zentimeter auf 33 Zentimenter angewachsen, sein Gewicht von 2377 Gramm auf 2595 Gramm. – Die Genauigkeit dieser allgemeinen Angaben erstaunte mich längst nicht mehr. Diesmal aber war es etwas ganz anderes, von dem ich nicht wusste, ob es mir unheimlich war, mich erleichterte oder mich befremdete.

Die Fingernägel sind jetzt vollständig entwickelt, stand direkt nach den Gewichts- und Größenangaben der 34. Woche. Und danach: *Sollte es frühzeitig zur Welt kommen, könnte es mit diesem Körpergewicht theoretisch ohne größere Komplikationen fähig sein, zu überleben.* Und gleichsam zur nachträglichen Beruhigung erfuhr man, dass auch Kinder, die zu einem früheren Zeitpunkt geboren werden, aufgrund der modernen Medizin-Technologien ebenfalls gute Überlebenschancen hätten.

Nun aber, in der 35. Woche ging es bereits um ein neues Ziel. Denn … *nur noch zwei Wochen, dann kann Ihr Baby auf die Welt kommen, denn dann zählt es nicht mehr als Frühgeburt.*

Durchhalten, so schien die Parole dieser Texte zu lauten. Während in meinem Kopf die Vorstellung hängen blieb, für das Überleben meines Kindes wäre die Entwicklung der Fingernägel entscheidend gewesen.

Reisen heißt immer, Verrat zu üben, hieß es bei Jonathan Raban. Mir war klar, welch unglaublichen Verrat Sabine in meiner Reise sah und erst recht sehen würde, sobald sie von Ruth erführe. Unabhängig davon, dass unser zweiter Beziehungsversuch lange davor gescheitert war. Und nicht wenigen Menschen, die diese Geschichte nur stückweise kannten, würde es nicht anders gehen. Vielleicht sogar, wenn sie nicht nur Bruchstücke davon wussten. Immerhin hatte man früher sofort heiraten müssen, wenn man gemeinsam ein Kind bekam.

Der Vorwurf, dass ich mein Vaterwerden nicht über mein eigenes Leben gestellt hatte, würde mich vermutlich noch oft treffen. Und so sicher ich mir war, dass ich letztlich die richtige Entscheidung getroffen hatte, er würde immer wieder aufs Neue wehtun. Denn er traf auf eine Wunde, die ich schon deshalb nicht schützen konnte, da sie an derselben Stelle saß, von der sich auch all die Freude auf das Vaterwerden in mir ausgebreitet hatte: Die Neugierde, der Stolz sowie jener Moment, in dem ich gespürt hatte, dass Sterben ab jetzt etwas anderes für mich bedeutete. An all dem hatte sich nichts geändert. Auch wenn von dieser Stelle aus schließlich die Angst in mir aufgegangen war, samt der Verdrängung, der Stummheit und schließlich dem Schmerz.

Doch es half nichts, schon gar nichts, beginge ich in der Entscheidung, mit Sabine zusammenzuleben, um ganz Vater unseres Kindes zu werden, jenen Verrat auch an mir selbst. Zwar ließe sich damit der Schmerz, mein Kind höchstens aus der Entfernung aufwachsen zu sehen, vorläufig vermeiden. Doch bestenfalls vorläufig, denn irgendwo würde ich immer spüren, dass ich mit jemanden, den ich nicht liebte, nicht leben konnte.

So hatte Rabans Satz auch auf mich zugetroffen. Und ganz gleich, ob es der Rückflug zum Geburtsvorbereitungswochenende war, mein Wohnungsangebot oder die nicht still zu kriegende Hoffnung, ich würde doch mehr als ein Besuchsvater werden können – in all dem steckte dieser Verrat. Als einer an mir, an Sabine und an unserem Kind.

Warum ich dem selbst jetzt kein Ende setzte, indem ich in Briançon einfach auf meiner Reise blieb, war mir ein Rätsel. Ich konnte nicht anders. Ich sah mir zu, wie meinem eigenen Schatten. Ich begriff, was geschah, konnte jedoch nicht eingreifen. Ich spürte, wie der Verrat mich immer mehr erfasste, und konnte ihn kaum benennen. Und doch tat ich es in der am Weg zum Geburtsvorbereitungswochenende geschriebenen vierten Reisegeschichte für den *Standard.* Allerdings unter einem Decknamen, dem Decknamen *Herbst:*

In der letzten Augustwoche war er plötzlich da, der Herbst. *Der* Herbst *und das Ende der Reise. Nicht unvermutet, denn was kommt schon unvermutet – der* Herbst *sicher nicht. Während man es anfangs nicht bemerken will, wie ungeniert sich die Nächte bereits in die Tage fressen und das Zelt immer feuchter wird. Umso deutlicher hat man ihn dann in den unerwartetsten Momenten vor Augen. Ich weiß noch, dass ich spät losging an dem Tag, fast zu spät, immerhin war die Strecke von Valgrisenche zur Refuge de l'Archeboc mit knapp sechs Stunden Wegzeit kein bloßer Nachmittagsspaziergang. Aber nur ein schneller Espresso, das wäre selbst dem größten Lebensfeind im Sonnenschein vor der Bar nicht möglich gewesen.*

Eineinhalb Stunden später lag Valgrisenche, die letzte Ortschaft der zweisprachigen Autonomie-Region Aosta, bereits gut dreihundert Höhenmeter unter mir. Sonnenhitze atmete mir bei jedem Schritt auf dem sich zwischen Kletterwänden hinaufwindenden Weg entgegen. Und so war das Glas Weißwein schnell verdampft, das ich am Kirchplatz noch getrunken hatte. Genauso auch meine Wasservorräte. Sorgen machte ich mir dennoch keine, da ich vor dem Col du Mont (2636 Meter), dem Passübergang nach Frankreich, noch an mehreren Wildbächen vorbeikommen sollte.

Eine Stunde später hatte ich auf den gut zweitausend Meter hoch gelegenen Almen von Arp Vieille bereits zwei Drittel des Tagesanstiegs hinter mir und machte in aller Ruhe eine Rast, da die Route bis zum Col du Mont lediglich noch auf gleichbleibender Höhe die Flanke des Rutor (3486 Meter) umrundete. Ein mit Ausnahme einer kurzen felsigen Stelle und trotz der steil ins Tal von Valgrisenche abfallenden Hänge einfaches Stück.

Gegenüber leuchteten die Gletscher des Grande Rousse (3607 Meter), unter mir blitzte der Stausee blau herauf, ich aß auf einem Stein Trockenwurst mit Brot, Senf und dreijährig-kristallinem Alpkäse und schaute in eine wolkenlose Welt. Keine Spur von den dunklen Wolkenbänken über dem Col du Mont, in deren kühlem Schatten ich mich auf der anderen Seite der Rutor-Flanke schließlich wiederfand. Und schon gar kein Gedanke an den Herbst, *eher wieder Weißweinlust.*

Bis ich gleich nach der Rast in einer Hangrutschung den Weg in Richtung jenes Felsdurchlasses an der Ostflanke des Mont Pela (2524 Meter) verlor, der auf der Karte unübersehbar schien, mit freiem Auge jedoch nicht wahrnehmbar war. Und ich mir zudem eingestehen musste, im viel zu lockeren Erd- und Gesteinsmaterial des Steilhangs mit meinem fünfundzwanzig Kilogramm schweren Rucksack, der bergauf weitaus leichter in Balance zu halten war als bergab, eigentlich kaum mehr umdrehen zu können. Die fünfhundert Meter tiefe Felswand rückte näher und näher, doch so sehr ich sie auch nach einem gefahrlosen Durchgang absuchte, nichts dergleichen. Auch kein Plan für den Fall, dass ich gleich anstehen könnte. Dafür die immer länger werdende Strecke des bergab führenden Rückwegs, der sich selbst im Aufsteigen mithilfe der Stöcke nur noch auf allen vieren bewältigen ließ. Nicht einmal stehen bleiben war möglich, viel zu lose war der Hang.

Ob es zehn Minuten waren, die es so ging, oder eine Stunde, hätte ich selbst kurz danach nicht sagen können. Wohl aber, wie wenig sich Schwindel und Konzentration in diesen Augenblicken unterschieden, wie sehr dieses Immer-weiter, dieses immer-weiter-Hinauf seinen Halt in der Bewegung selbst weit mehr hatte als unter den Tritt suchenden Schuhsohlen. Kein einziges Mal schaute ich mich dabei um, so, als hätte schon die verkehrte Blickrichtung genug Eigengewicht, um mich aus dem Hang fallen zu lassen, hinunter in den Stausee.

Stattdessen fiel, mitten im steilsten Stück, die Trinkflasche bei einem unvermutet schnellen Stockeinsatz aus der Seitenhalterung des Rucksacks. Ihrem Fallen sah ich dann nach, als fiele sie ersatzweise für mich, während sie sich in immer höheren Bögen überschlug und bald nur noch flog und vor ihrem Verschwinden beinahe zu schweben schien, ganz leicht, einen Moment lang beneidenswert. Ihren Aufschlag hörte ich nicht, setzte schon wieder den nächsten Tritt, den nächsten und überübernächsten. Bis aus dem Nichts dann doch der Weg wieder auftauchte und mich zu einem Durchlass brachte, der ganz woanders durch die Wand ging, als ich das geglaubt hatte. (…)

An den *Herbst*, so schrieb ich am Ende der Geschichte, dachte ich in den Momenten nicht nur aufgrund meiner Erleichterung keinen Augenblick. Die tatsächliche Begründung ließ ich offen, musste es auch. Sonst hätte ich statt *Herbst* ein anderes Wort verwenden oder eine andere Geschichte schreiben müssen. Eine Geschichte, in der sich dieses andere Wort ebenso gut verstecken ließ wie das Wort *Herbst* in einer Reisegeschichte, die immer mehr über den Sommer hinaus reichte.

Denn als ich eineinhalb Stunden später zum Col du Mont hinaufkam, der bereits seit Jahrhunderten die Grenze zu Frankreich bildete, wie man an den verfallenden Steinkasernen unterschiedlichen Alters erkennen konnte, war der Herbst mit einem Mal unübersehbar. Was auf der italienischen Seite unter blauem Spätnachmittagshimmel bloß vereinzelt über den Col du Mont schwappende Wolkenfetzen gewesen waren, entpuppte sich oben am Pass als ein im Westen weit über der Tarentaise sich erstreckendes Nebelmeer.

Plötzlich war eine ganz andere Angst aufgetaucht. Eine, die mit der panischen Hangkletterei, der Angst vor dem Fallen und ihrem, am Weg vorbei an den verfallenden Alphütten des bereits schattigen Piano di Champigny, noch so deutlich spürbaren, Nachhall nichts zu tun hatte. Es war eine Angst, in der ich schließlich fürchtete, Ruth schriebe nicht mehr zurück. Dabei war es für ihre Antwort auf mein während der Jausenrast am sonnigen Felsblock nahe der Alpsiedlung Arp Vielle geschriebenes Mail noch viel zu früh. Zwar schaute ich, obwohl ich längst über ihren Tages-Rhythmus Bescheid wusste, auch an anderen Tagen oft schon Stunden bevor eine Antwort von ihr kommen konnte, in meinen Mail-Posteingang und wartete auf das Sirren einer SMS in meiner Beckentasche, bekam aber, wenn ich noch warten musste, keine Angst, sondern schmunzelte über mich.

Schon im Anstieg auf den Col du Mont aber hatte ich begonnen, alle paar Minuten nach meinem Communicator zu greifen, um nachzusehen, ob nicht doch bereits eine SMS, ein Mail von ihr eingetroffen war. Natürlich wusste ich, dass noch Bürozeit war und sie mir währenddessen fast nie, immer erst am Arbeitstagende schrieb.

Doch im dichten Nebel oben am Col und, weitaus stärker sogar noch, als am Ende des Abstiegs zur Archeboc-Hütte das Nebelmeer aufriss und die Strahlen der untergehenden Sonne rot und orange ins silbrige Grün der nebelverhangenen Alpweiden strahlten, half auch die Kenntnis ihrer Gewohnheiten nicht mehr. Dabei hätte mich eine lange SMS von ihr bereits wenig später aus meiner schließlich so namenlosen Verzweiflung retten können. Offenbar aber hatte ich im ständigen Wechsel zwischen der italienischen, der schweizerischen und französischen SIM-Karte eine von ihnen übersehen und fand ihre Nachricht erst am nächsten Tag. Weshalb ich ihr vor dem Einschlafen eine so aufgelöste Nachricht schickte, die mich bereits am nächsten Morgen vor allem über mich selbst erschrecken ließ.

Denn nicht erst nachdem ich ihre SMS vom Vorabend gelesen und wir telefoniert hatten, schon im Aufwachen war alles wieder gut gewesen. So als hätten Angst und Leere nur in einem jener Träume existiert, die einen selbst im hellwachen Alltag so erfassen konnten, dass man danach nichts als erleichtert war, wenn man niemand anderen damit aufgeschreckt hatte.

Einen Teil meiner Panik konnte ich auf die Kletterei oberhalb von Valgrisenche schieben. Und als sie sich darüber nicht wunderte, schien auch mir damit alles erklärt zu sein. Während alles andere nur eine Schicht Einbildung gewesen war, die sich versehentlich über die Wirklichkeit gelegt hatte. Jetzt war sie wieder weg, hatte sich wie der Nebel in Luft aufgelöst, und die Wirklichkeit strahlte, keine Spur mehr vom Herbst.

Erleichtert ging ich von den Alpböden rund um die Archeboc-Hütte das tief eingeschnittene Mercueltal hinaus. Bald kam die Sonne über den Col du Mont und ließ die schiefrigen Felsen ringsum dunkel glitzern. Anstatt hinaus ins Tarentaise bog meine Route über der Ortschaft Sainte-Foy Richtung Süden und führte parallel zum gut achthundert Höhenmeter darunter liegenden Oberlauf der Isère taleinwärts. Gegenüber strahlten die wuchernden Gletscher des Mont Pourri in der Vormittagssonne.

Bis kurz vor Tignes ging es durch Wälder und Alpweiden dahin.

Vorbei an unzähligen, immer noch mit ihren Namen in den Karten verzeichneten Alpweilern, deren Steinhäuser oft nicht einmal mehr in ihren Grundmauern standen. Doch nicht nur deshalb hatten mir, als ich am Spätnachmittag Le Lac de Tignes erreichte, die Hochhäuser rund um den See und deren unverfroren urbanes Gehabe gefallen. Auch weil Tignes im Vergleich zu den Tourismusorten in Österreich, Deutschland und der Schweiz nichts hinter folkloristischen Fassaden versteckte. Die Vervorstädterung der Alpen, hier wurde sie nicht beschönigt, hier wurde richtig geklotzt.

Und das war in meinen Augen das einzig Richtige, handelte es sich wohl ohnedies nur um das letzte Aufzucken menschlicher Inanspruchnahme solcher Gegenden. Spätestens mit dem Verschwinden der Gletscher, so mächtig sie in ihrem metallischen Weiß hier noch über den Bergen lagen, würden auch diese Hotelburgen-Downtowns auf unwiderrufliche Weise verlassen werden. Ohne als Freilichtmuseen erhalten zu bleiben, wie der Alpweiler Monal, durch den ich am frühen Nachmittag gekommen war.

Im Gegenteil, so lebendig Tignes mit all seinen Beach-Volleyball- oder Kunstrasen-Fußballplätzen erschien, mit seinen Kite-Surfern, Kreisverkehren, Tenniscourts und Springbrunnen, schon bald nach meinem Ankommen wurde ich den Gedanken nicht los, der Mensch probe im Alpentourismus lediglich, wie es war, wenn er dorthin, wo er einmal gelebt und gewirtschaftet hatte, nur mehr auf Besuch kam.

Ein Wintereinbruch war in den Alpen angesagt. Zuerst Eisregen, dann Schnee bis auf 2000 Meter. Es war nicht der erste in diesem Sommer. Doch sollte ich ihn diesmal in seinem Verlauf ganz anders erleben. Denn auch Ruth war an diesem Wochenende in den Bergen unterwegs, wollte mit einer Freundin von der Carschina-Hütte vorbei an der Schesaplana zur Pfälzer Hütte, jene Strecke, die ich nach der letzten Ultraschalluntersuchung in Salzburg in der Gegenrichtung gegangen war. Und so erzeugte die Vorstellung, dass sie nun auf diesen Wegen und Steigen unterwegs war, samt meiner mit dem aufziehenden Wetter verbundenen Sorge um sie, einen Überblick, wie es wohl kein Flugzeug, kein Satellit konnte: als das Nebeneinander von Erinnerung und Gegenwart – ein Blick der Nähe und der Übersicht gleichermaßen.

In Tignes war der Wintereinbruch für Freitagmittag angesagt, im Rätikon für die Nacht darauf. In der Früh musste ich mir noch eine neue Wasserflasche als Ersatz für die oberhalb von Valgrisenche verlorene besorgen und war damit bis kurz nach zehn Uhr aufgehalten, da die Geschäfte nicht früher öffneten. Die Morgensonne und der blaue Himmel waren deshalb bereits verschwunden, als ich losging. Meine Route führte über die Skipisten des Val Claret zum Fresse-Sattel und von dort unterhalb der Ost- und Südhänge der Grande Motte entlang zur Refuge de la Leisse, war aber, im Gegensatz zu jener durch den Rätikon an keiner Stelle ausgesetzt, sodass ich zwar bei Gewittern aufpassen musste, nicht aber beim vorhergesagten Schneefall.

Bald darauf fielen die ersten gefrierenden Regentropfen im nun kalten Wind. Ich hatte keinen Handyempfang mehr, hoffte aber, dass Ruth aufgrund meiner Kurznachricht nicht zu viel riskierte. Am Abend suchte ich rund um die Hütte an jeder erdenklichen Stelle Netzempfang, doch während mir Regen auf ähnlich abgelegenen Hütten bereits das eine oder andere Mal unverhofften Empfang beschert hatte, half hier selbst Eisregen nichts.

Stattdessen tauchte, als ich bei meiner abendlichen Suche an jener Schafherde vorbeikam, durch die ich nachmittags, in Gedanken bei Ruth und dem Wetter, einfach durchgegangen war, plötzlich ein riesiges Hundetier vor mir auf. Es war einer jener Schutzhunde, von denen ich seit dem Stilfser Joch immer wieder auf Warntafeln gelesen hatte. Etwa, dass man sich sofort umdrehen solle, den Hund keinesfalls zu beruhigen versuchen dürfe, schon gar nicht auf ihn zugehen.

Er war größer, als ich mir die Hunde vorgestellt hatte, die in den Alpen als Schutz vor Wölfen eingesetzt wurden. Und in dem Augenblick wurde mir auch klar, warum es hieß, jene Maremmen- oder Pyrenäenberghunde, die zumeist verwendet wurden, nähmen es tat sächlich mit Wölfen wie Bären auf. Denn die Vehemenz, mit der dieser fünfzig, sechzig Kilo schwere Hund plötzlich vor der Herde stand, war mit nichts bislang mit Hunden Erlebtem vergleichbar. Zum Glück war der Weg zurück noch frei. Was der Hund mit mir angestellt hätte, wäre ich, wie mittags, in der Herde gewesen, wollte ich mir angesichts seiner Erregung lieber nicht ausdenken.

Schön fand ich ihn dennoch, diesen Hund. Im Idealfall kamen er und seine Kollegen bereits als Welpen zur Herde und wurden deshalb – im Gegensatz zu den Leithunden, meist Border Collies – nicht nur als Teil von ihr akzeptiert, sondern fühlten sich auch selbst als Mitglieder dieses Schafrudels, das sie gegen Eindringlinge dementsprechend verteidigten.

Ich hatte Glück gehabt. Denn immer wieder gebe es Verletzte, selbst Leute würden gebissen, die sich richtig verhielten, erzählte mir am nächsten Tag eine Mitarbeiterin des Nationalpark-Zentrums in Termignon.

Dass ich Termignon überhaupt erreichen würde, glaubte ich aber erst, als ich in der Früh die Augen öffnete und vom Hüttenlager aus weder tief verschneite Hänge noch dichten Schneefall oder Nebel sah. Denn im Gegensatz zum Rätikon, wo Ruth an diesem Morgen unter blauem Himmel, doch inmitten einer Landschaft aus leuchtendem Weiß munter geworden war, wie ich Stunden später in einer SMS las, hatte es in der Vanoise trotz der höheren Lage nur geregnet.

Zumindest glaubte ich das, bis ich die ersten Stürze der Frühaufsteher direkt vor der Tür des Hüttenlagers hörte. Damit war klar, woher das leichte Blitzen der Alpweiden ringsum kam. Denn dort draußen war bis hinauf zur, entlang der Hänge des Grand Casse und Grand Motte verlaufenden, Schneegrenze alles mit einer hauchdünnen Schicht aus Eis überzogen. Eine Landschaft, die in den Strahlen der über den östlichen Bergspitzen der Rochers du Génépy aufgehenden Sonne glitzerte und glänzte, wie ich das noch nie gesehen hatte.

Nach dem Frühstück war dieser Zauber, für den es tatsächlich kaum ein anderes Wort gab, wieder verschwunden. Vor mir lagen die achtzehn Kilometer nach Termignon, die mir bald weit länger vorkamen, da ich ab der ersten Biegung des Leissetals Richtung Süden und danach bei jeder Talerweiterung aufs Neue darauf hoffte, Netzempfang zu haben, um von Ruth zu hören.

Irgendwo auf dieser Strecke, die so eindrucksvoll unterhalb der Hänge des, alles andere als zufällig, als Grand Casse, das große Zerschlagen, benannten Bergstocks begann, musste ich während meines ständigen Blicks auf den Communicator sogar überholt worden sein. Und zwar von jemandem, der mir nicht nur aufgrund seines Rucksacks, sondern auch wegen seines ganz anderen Gehens hätte auffallen müssen.

Doch erinnern kann ich mich an niemanden. Offenbar hatte ich tatsächlich vor allem mich selbst im Blick, wie sich ganz und gar nicht leugnen ließ, wenn es auf Seite 129 im vierten Notizbuch hieß: *Es ist, als ob mir meine Reise nun langsam nachgehen würde.*

Nachricht von meiner eigenen Reise gab mir später auch Ruths SMS von den schneebedeckten Rätikon-Hängen dieses Morgens. Am Beginn des letzten Abstiegs vor Termignon konnte ich sie schließlich abrufen, atmete in dem schon zu Zeiten Napoleons wichtigen Markt- und Fremdenverkehrsort jedoch erst auf, als sie mir abends aus dem Bus von Malbun nach Feldkirch schrieb. Sie war demnach mit ihrer Freundin an einem einzigen Tag die gesamte Rätikon-Strecke, von der Carschina- bis zur Pfälzer-Hütte und auch noch nach Malbun, gegangen.

Ich staunte nicht wenig, immerhin hatte ich zwei Tage dafür gebraucht. Doch ganz gleich, ob ein Tag oder zwei, dachte ich daran zurück, wurde mir vor allem deutlich, dass es von Anfang an Tage gewesen waren, die den Maßstab meiner Reise bildeten. Tage, nicht Höhenmeter, nicht Kilometer, schon gar nicht Stunden, sondern allein die Tage als ebenso wirkliches wie unwirkliches Maß.

Vom ersten Aufwachen im Zelt neben der Rifugio Premuda weg. Mit dem ersten Tag hinter und dem zweiten vor mir. Doch war mir selbst der bereits begonnene Tag, dessen Licht mein Zelt kaum zwei Handbreit vor mir strahlend hell überzogen hatte, noch so unwirklich, wie es auch der vergangene schon wieder war. So war es geblieben. Die gesamte Strecke bis hierher. So würde es auch weitergehen. Von Tag zu Tag lautete die einzig greifbare Entfernung, so weit oder nah sie auch sein mochte.

Damals aber, zwischen dem ersten und dem zweiten Tag, war ich im Gastgarten der Rifugio Premuda noch überzeugt gewesen, unterwegs bestimmt jemanden zu treffen, der ebenfalls auf dem *Roten Weg* unterwegs war – und ihn auch sofort zu erkennen. Doch während ich mir bei Letzterem immer noch sicher war, rechnete ich schon länger nicht mehr mit einer solchen Begegnung. Und das sollte mir kein Tag deutlicher beweisen als dieser, zumindest im Rückblick. Denn im Gegensatz zu den ersten Wochen, als ich mich angesichts der anderen Wanderreisenden im Hotel in Bohinjska Bistrica noch gefragt hatte, ob sie nicht auch zumindest auf einem Teil der *Via Alpina* unterwegs waren, stellte ich mir eine solche Frage im Speisesaal des Hotels La Turra nicht mehr. Und dies, obwohl ein weiterer Mann allein an seinem Tisch zu Abend aß und dabei in Streckenunterlagen blätterte.

Erst als wir einander am darauffolgenden Abend, zwei Etappen weiter, in der Thabor-Hütte weit oberhalb von Modane, wieder begegneten, konnte ich nicht mehr übersehen, dass hier jemand eine ebenfalls weite Strecke zu gehen schien. Er hatte bereits in Termignon einen solchen Verdacht gehabt, hatte mich jedoch nicht stören wollen, da ich gerade so vertieft in meinen Communicator gewesen war.

Yves, der in der Nähe des Genfer Sees lebte, hatte sich die Südstrecke der Alpen vorgenommen, von Martigny bis Monaco. Knapp vierzig Etappen, die er in weniger als drei Wochen zu absolvieren versuchte, indem er, ebenso wie ich, ab dem Valle Stura und dem letzten großen Übergang über den Hauptkamm der Alpi Marittime, dem Colle delle Finestre, eine Direttissima durch den Mercantour-Nationalpark bis Monaco gehen wollte.

Natürlich waren wir nach dieser Entdeckung in der Thabor-Hütte an dem Abend die Letzten, die selbst nach Beginn der Hüttenruhe und dem obligaten Licht-Aus noch mit unseren Stirnlampen im Speisesaal sitzen blieben. Denn obwohl er seine Fußreise erst vor einer Woche begonnen hatte, wir weniger als ein Sechstel meiner Gesamtstrecke gemeinsam hatten, war er doch um ein Vielfaches länger unterwegs als alle anderen Wanderer, die ich bislang auf meinem Weg getroffen hatte. Ganz abgesehen davon, dass er in den nächsten Wochen nicht nur beinahe dieselbe Route wie ich ging, sondern offenbar auch eine ähnliche Gehgeschwindigkeit und Tagesreichweite hatte. Mit dem einzigen Unterschied, dass ich bereits in wenigen Tagen für ein verlängertes Wochenende von Turin nach Wien zurückfliegen würde.

Seltsam schön war es, nach der kurzen Begegnung mit der Ponyfrau doch noch jemanden getroffen zu haben, der mit dem Rucksack auf dem eigenen Rücken eine Strecke ging, die man mit dem Auto auf Pass-Straßen, wie mir eine Recherchefahrt im Sommer nach der Reise zeigen sollte, in kaum einem Tag schaffte. Gleichzeitig aber waren wir beide vermutlich froh, dass wir aufgrund meines Wien-Wochenendes bald wieder in einem nicht überbrückbaren Abstand unterwegs sein sollten.

Spätestens am nächsten Tag war uns das sicherlich bewusst geworden, als wir, obwohl wir uns eigentlich bereits in der Nacht verabschiedet hatten, am Morgen wieder zur selben Zeit vor der Hütte gelandet waren, erneut als die beiden Letzten. Von mir war ich das gewohnt, weniger aber, dass ich nicht der Einzige war. Gemeinsam zu gehen, wollte dennoch keiner dem anderen vorschlagen, weshalb wir beide begannen, noch einmal in unseren Rucksäcken zu kramen, um dem anderen einen Vorsprung zu lassen. Ich war darin offensichtlich geübter oder mein Rucksack größer, weshalb Yves es schließlich war, der nach kurzem Plaudern über Wetter, Tag und Strecke den Rucksack schulterte, und wir uns ein zweites Mal voneinander verabschiedeten.

Ich hingegen las, um genügend Abstand zu lassen, noch einmal in der Routenbeschreibung jener knapp zwei Etappen, die wir beide an diesem Tag gehen wollten, wobei er sogar einen Anstieg mehr vorhatte: Zuerst sechseinhalb Kilometer bergab zu den Granges de la Vallée Etroite, um von der kleinen Alp- und Scheunensiedlung knapp fünfhundert Höhenmeter hinauf zum weiten Plateau des Col des Thurcs zu gelangen. Von dort sollte schließlich ein beeindruckendes Erosionstal an Gipsabbrüchen und hohen Erdpfeilern vorbei südwärts nach Névache führen, ins nächste Tal, das Vallée de la Clarée. Über die zwischenstaatliche Besonderheit der Scheunen im Vallée Etroite stand nichts geschrieben, und dass die Hütte als Unterkunft des C.A.I. ausgewiesen war, wunderte mich zwar, ließ mich jedoch auch beim nochmaligen Routenstudium nicht weiter nachdenken.

Kaum aber hatte ich den Rucksack wieder umgeschnallt und mich in Bewegung gesetzt, fragte ich mich ohnedies nur, wie weit Yves wohl bereits vor mir war und ob ich ihn einholen würde. Oder wann. Dass jemand, selbst mit leichterem Rucksack, schneller sein konnte als ich, glaubte ich längst nicht mehr.

Deshalb kümmerte mich am Weg über die Tavernette-Hocheben hinunter ins Vallée Etroite auch weder der Blick auf den imposanten Mont Thabor, noch hatten mich die gleich am Etroite-Sattel passierten Spalten sonderlich gefesselt, an denen man, wie ich in der Routenbeschreibung gelesen hatte, die *Überlappung der Zentralachsen der Alpen* erkennen könnte. Vielmehr wunderte ich mich bald, warum ich Yves nicht vor mir sah.

So kam ich ins Vallée Etroite hinunter. Zwar nicht im schnellsten Tempo, aber mit der Erwartung, ihn wohl bald vor mir auftauchen zu sehen. Blind für alles andere, selbst für den Mann vor mir. Denn beinahe wäre ich sogar an der C.A.I.-Hütte vorbeigegangen, vor der er bereits in der Sonne saß und mir winkte, hätte damit nichts über den Grund ihrer italienischen Bewirtschaftung erfahren, und auch nichts darüber, dass dieses über dem Straßenweg nur aus Italien erreichbare Tal bis zum Zweiten Weltkrieg zum italienischen Staat gehört hatte. Die Mähwiesen und Weiden waren bis heute Grund und Boden italienischer Bauern.

Im letzten Augenblick hatte ich Yves bemerkt, woraufhin wir gemeinsam Espresso tranken und er mir erzählte, was er über das Vallée

Etroite vom Hüttenwirt erfahren hatte. Jetzt endlich beschlossen wir, gemeinsam nach Névache zu gehen, und trafen bald danach die am Morgen früh aufgebrochene Gruppe Franzosen, an deren Tisch ich Yves als jenen Mann aus dem Hotel in Termignon beim Abendessen gestern zuerst gar nicht bemerkt hatte.

Er war es gewesen, der schließlich mit der Frage, welchen der *Via-Alpina*-Wege ich ginge, an meinem Tisch aufgetaucht war. Und so war ich, als ich mich nach dem Dessert zu ihm setzte, bereits mit dementsprechendem Hallo empfangen worden: von Triest nach Monaco! Génépy für alle! Und bald war in mindestens drei Sprachen gleichzeitig kreuz und quer über den Tisch geredet worden.

Auch jetzt wurden wir, trotz der Erschöpfung der nicht wirklich austrainierten, doch umso lustigeren Gruppe, freudig begrüßt. Und neugierig, nicht nur angesichts unserer Rucksäcke, sondern auch wegen unserer täglichen Strecken – vor allem von den Frauen, deren Blicke auf Arme und Beine von einer in Österreich großteils unbekannten Frechheit waren.

Während ich aber nach ein paar Scherzen die Gruppe recht schnell überholt hatte, war Yves noch mitten in der Schlange und plauderte. – Sollte ich warten? – Eine seltsame Frage nach so vielen Tagen und Wochen allein unterwegs.

Ein Stück unterhalb des Col des Thures hatte es Yves auch geschafft, wir erhöhten das Tempo wieder, ich ging voran, und bald wusste ich, dass er noch schneller als Ruth war. Ich hörte ihn kaum atmen.

Oben am Col, wo es zum ersten Mal seit Modane wieder Netzempfang gab, langten auf unseren Handys dann fast zeitgleich jene Kurznachrichten ein, die wir beide am Vorabend noch in gemeinsamer Suche nach Empfang rund um die Hütte abzurufen versucht hatten.

Und spätestens angesichts unser beider Griff nach den surrenden Mobiltelefonen war mir klar, was abgesehen von körperlicher Verfassung, Gehgeschwindigkeit oder Ausrüstung den Reisenden vom Wanderer unterschied. Es war diese ganz selbstverständliche Handbewegung nach dem Handy. Nicht hektisch, wie vielleicht in der Stadt, sondern in schlafwandlerischer Vorfreude und Ruhe. Denn während Wochenendwanderer in den Bergen vor allem abschalteten, ihre Handys, ihre Alltagswelt und sich selbst, waren wir Weitgeher froh, wenn wir Empfang hatten.

Unter uns das Mittelmeer

Am nächsten Tag fotografierte ich mich im Spiegel. Warum? – Ich wusste es nicht. Ebenso wenig ahnte ich, dass die Bilder, die ich an dem Morgen von mir selbst im Spiegel machte, nach all den mit ausgestreckter Hand angefertigten Selbstporträts die letzten auf der Reise sein würden.

Kaum eine Stunde später machte ich die erste Pause, noch vor dem Anstieg. Auch dabei kam mir kein Verdacht. Ich hatte mir im Ort Kastanienbrot, Wurst und Käse gekauft und saß auf einem Stein. Ein junges Paar kam vorbei, schmunzelte. Rund um mich summte es in den Wiesen.

Es hätte kaum ein schönerer Tag für den letzten sein können. Gerade weil ich nicht wusste, dass es der letzte Tag der Reise sein würde, und noch viel weniger, wie lange so ein letzter Tag dauern sollte – beinahe ewig. Zumindest aber lange genug, dass er mit Kalendertagen noch viel weniger zu tun hatte als all die anderen Tagen der Reise bisher.

Doch womöglich konnten gerade letzte Tage nicht anders, als entweder bereits ein ganzes Stück vor dem Ankommen beginnen, oder überhaupt erst danach. Als Beginn einer Reise durch die Reise.

In Névache sollte sie beginnen. Davor war ich nach der Jausenrast durch den Lärchenwald zu den Chalets de Buffère hinauf, freute mich, dass es wieder einmal richtig steil wurde, dachte an den Forststraßen-Anstieg zum Schachenhaus, an den auf den Schadonapass, natürlich an den steilen Steig auf das Gargeller Joch oder den auf den Col des Perris Blancs. Von den früheren Karrenwegen und heute mit Allradfahrzeugen befahrenen Wirtschafts- oder Forststraßen war der zu den Chalets du Buffère hinauf am steilsten gewesen.

Es waren solche Rückblicke, in denen während des heutigen Anstiegs das Ende näher rückte oder vielmehr längst begonnen hatte. Rückblicke, die nicht nur in etwas bloß Vergangenes zurückführten, sondern das Erlebte noch einmal in die Gegenwart holten, von Névache nach Le Monêtier-les-Bains.

Vermutlich machte ich deshalb so viele Pausen an diesem Tag. Unweit der Chalets du Buffère noch einmal mit Blick aufs Claréetal, rundum längst nicht mehr scheue Murmeltiere sowie Wurst, Käse, Senf und Kastanienbrot auf den Knien.

Eine halbe Stunde später ging ich bereits die langen, felsigen Serpentinen zum Col de Buffère hinauf. Es war wolkenlos und heiß. Vom Sattel aus, und fast zum Greifen nah, gegenüber die südlichsten Viertausender der Alpen, die Barre des Ecrins und ihre Nebengipfel. Hohe, mächtige Türme. Doch waren es vermutlich viel eher die Hitze und die südlich kahlen Abhänge vor mir als die Form der Türme, die mich an spanische Ritterburgen denken ließen. Schließlich hatte ich noch nie spanische Ritterburgen gesehen.

Dann ging es schon, bei immer größerer Hitze, die wald- und schattenlosen Hänge ins Tal der Guisane hinunter, die von Le Monêtier Richtung Briançon floss. In Briançon wollte ich über Nacht bleiben und am nächsten Tag die kommende *Rondo*-Geschichte schreiben, bevor ich am übernächsten nach Turin zum Flughafen musste. Weiterzugehen hätte, innerhalb der dafür verbleibenden eineinhalb Tage, keinen Sinn gehabt, da Briançon bis Chiappera der einzige Ort mit öffentlicher Verkehrsverbindung nach Turin war.

In der Schwangerschaftswochen-Beschreibung stand:

Ihr Kind ist jetzt ca. 33 Zentimeter lang und wiegt bald drei Kilogramm. Der Körper Ihres Kindes wird jetzt mollig. Der Platz in der Gebärmutter wird weniger. Das Fruchtwasser nimmt insgesamt ab. Die

Kindsbewegungen werden seltener. Wichtig ist, es ein paarmal am Tag zu spüren. Sonst sollte man vorsichtshalber den Arzt aufsuchen.

Im Nachhinein weiß ich, dass ich spätestens den Weg nach Le Monêtier hinunter mit nichts anderem als Abschied verbunden hatte. Und das immer stärker, je weiter ich die in der prallen Sonne liegenden Südhänge hinuntergekommen war. So, als würde ich hier tatsächlich zum letzten Mal zwischen den Steinmauern von Weiden und früheren Äckern auf ein solches Dorf zugehen, und dabei, wie so oft, durch den, angesichts der heutigen Durchzugsstraßen, kaum mehr benutzten Hintereingang kommen, die Wirtschaftstüre sozusagen, wie das als Bezeichnung zumindest früher gestimmt hätte.

So intensiv ich diese Momente jedoch erlebte, hätte ich gewusst, dass hier ein Abschied begann, hätte ich bestimmt nur einen Bruchteil davon wahrgenommen. Vielleicht war deshalb ein letztes Mal, ganz gleich, ob einer Reise, einer Freundschaft, einer Liebe oder des eigenen Lebens, selten der tatsächlich letzte Moment. Stattdessen gehörte zu einem Ende immer der Augenblick, in dem man es noch nicht gekannt, noch nicht einmal geahnt hatte, und das, was man darin unmittelbar erlebte, ganz sicher keinem Abschied zugerechnet hätte.

So war es auch an diesem Sommernachmittag auf dem Weg zwischen den ersten Häusern von Le Monêtier. Ihre dicken, hellbraun verputzten Mauern, die stolzen Lärchenbalkone, Nachmittagsgeräusche. Die Restaurants hatten geschlossen, ich sah mich nach der Busverbindung nach Briançon um, hatte noch Zeit und entdeckte einen bereits geöffneten Feinkostladen, den ich mit Génépy, Terrine de faisan, Wurst, Tarte au citron und Kastanienbrot verließ. Anstatt aber einen Picknickplatz zu suchen, setzte ich mich auf die Terrasse einer Bar, trank Weißwein, las in Jonathan Rabans Buch über das Sterben seines Vaters, schrieb Ruth eine lange SMS, trank bald ein zweites Glas und fühlte mich müde und munter gleichzeitig.

Langsam öffneten die ersten Geschäfte. Jonathan Raban erzählte, dass er sich den Begräbnisanzug bereits während des Sterbens seines

Vaters hatte anmessen lassen. In die unvermindert heiße Nachmittagssonne mischte sich langsam ein anderes Licht.

Wann aber wusste ich, dass das Ende begonnen hatte? Als auch nach dem zweiten Glas Wein noch keine Antwort von Ruth da gewesen war? Oder nachdem ich mir wieder einmal ins Notizbuch eingetragen hatte: *Clara, Lilli, Friederike, Helene, Fritz.* Sowie in größeren Buchstaben gleich darunter: *Friederike, Clara, Fritz.*

Ich weiß es nicht.

Darunter steht im Notizbuch nur mehr, es rieche nach geschmolzenem Straßenteer. Vielleicht war die Entscheidung im Bus gefallen. Auf dem Weg nach Briançon durch Ortschaften, die vor allem jetzt im Sommer nichts anderes als überdimensionierte Talstationen waren, deren Architektur wie eine historische Science-Fiction-Szenerie wirkte.

Im Hotel in Briançon hatte ich mir jedenfalls die Zugzeiten notiert:

Briançon	*ab:*	*06:06*
Grenoble	*an:*	*09:59*
Grenoble	*ab:*	*11:05*
Genf	*an:*	*13:32*
Genf	*ab:*	*13:45*
Zürich	*an:*	*16:28*
Zürich	*ab:*	*17:40*
Feldkirch	*an:*	*19:18*

Vielleicht hatte ich tatsächlich erst hier die Entscheidung getroffen. Nachdem ich meinen Rucksack in dem Zimmer abgestellt und die Fensterläden geöffnet hatte. Ich weiß noch, dass in dem Augenblick, als ich auf den Balkon trat, auch die gleichzeitig mit mir in der Hotellobby angekommenen Radfahrer auf den winzigen Balkonen in Abendsonne und Hinterhof schauten.

Col d'Izoard, Col de Vars, Col du Galibier – so hießen in den nächsten Tagen sicherlich ihre Ziele. Der Anstieg auf den Izoard begann direkt in Briançon. Am Weg von der Busstation zum Hotel war ich an der Abzweigung vorbeigegangen.

In dem Augenblick auf dem Balkon aber war die Müdigkeit der sieben durchgegangenen Tage, der Nachmittagssonne und des Weins auf der Stelle weggeblasen. Stattdessen spürte ich nichts als Lust, so bald wie möglich, ohne Rucksack, sondern mit federleichtem Rennrad, ebenfalls diese Pässe auf- und abzufahren. Mit all der mir trotz Pulsmesser immer noch nicht einschätzbaren Kraft dieser Reise.

Damit war sie zu Ende gegangen – so lange ich nach dem Geburtsvorbereitungswochenende auch noch unterwegs sein sollte. Denn mitten in den Radfahrsehnsüchten war plötzlich eine andere aufgetaucht: die Sehnsucht nach einem Zuhause. Während mir allein die Vorstellung, nach dem Arbeitstag an der nächsten *Rondo*-Geschichte übermorgen von hier nach Wien zu fliegen, wo Sabine in meiner Wohnung wartete, nur deutlich machte, dass es von dieser Reise längst keine Rückkehr mehr gab.

Seit ich das zum ersten Mal vor Augen gehabt hatte, vor beinahe zwei Monaten, als ich nach der Überquerung des Fallasch-Kamms plötzlich aus den Wolken gekommen war und in die tausend Meter unter mir so unwirklich sonnenhelle Ebene des Vinschgaus wie in eine andere Welt geschaut hatte, war es noch eine Beruhigung gewesen: Mit jedem der noch unzähligen Pässe vor mir, entfernte ich mich weiter von dieser scheinbar unwirklichen Welt und auch weiter von jedem Gedanken an meine Rückkehr. Immer noch weiter, selbst wenn mich jeder dieser Pässe erneut nirgendwo anders als ins nächste Tal hatte absteigen lassen. Immer wieder ins nächste, das hatte genügt. Alles andere wäre tatsächlich nur Verrat gewesen, Verrat an mir selbst. Jetzt nicht mehr, jetzt, da ich für die Reise, die nun begann, bereits die richtigen Zugzeiten hatte.

Für eine Reise, deren Heimkehr erst im Aufbrechen begann und deren Zuhause Sehnsucht hieß. Oder ebenfalls einfach nur Herbst, zumindest als Frage. Als jene Frage, in die das Ende der am nächsten Tag im Zug geschriebenen Zeitungsgeschichte mündete, nachdem ich von der Hitze der letzten Tage erzählt hatte, ... *dass es auf dem*

Weg nach Süden, vorbei an den Gletschern des Mont Pourri Richtung Hochsavoyen jeden Tag heißer wurde, die Landschaft trockener, die Lärchenwälder immer lichter. Sogar der Weißwein schmeckte nach Hitze und Süden. Am näher rückenden Herbst ändert das alles nichts mehr. Und noch weniger an der Frage, wohin mich die Reise wirklich geführt haben wird, wenn Mitte September das Meer vor mir auftaucht.

Knapp zwei Wochen später liegt am Weg bereits Laub. Die Sonne brennt ins schmal gewordene Tal, das Laub raschelt unter meinen Schritten. Es muss bereits gefroren haben, hier, auf knapp tausend Metern Höhe, vielleicht als ich in Wien war. Denn das Rascheln klingt nach Herbstfrost, trocken, im Unterschied zu den Kälteeinbrüchen der letzten Monate, die nie allein Kälte, sondern als Schlechtwetterfronten immer auch Schnee oder Eisregen bis weit unter zweitausend Meter gebracht hatten. – Was im Sonnenschein danach jedoch vielmehr Frühlingsfeuchte oder gar Frühlingsmoder auf den Böden zurückließ als jene Trockenheit knackend raschelnden Laubes, die allein der Frost sternenklarer Nächte und sonniger Herbsttage schuf.

Ein letzter Übergang lag noch vor mir. Der Colle delle Finestre. Ein letzter Grenzübertritt von Italien nach Frankreich. Hier, wo der Alpenhauptkamm auf seinem Weg ans Mittelmeer noch einmal nach Osten zog, bevor er kurz vor dem Meer eine Spitzkehre machte und die italienische Riviera entlang nach Westen zurückführte, um über der Küste von Monaco und Nizza zu enden.

Wie oft war ich in den letzten Monaten über solche Pässe gegangen. Immer wieder von einer Sprache in die andere, von Region zu Region, von Dialekt zu Dialekt. Pässe, die Wasserscheiden, Kriegsfronten oder die Markierungen nationaler Verwaltungsgrenzen waren. Passagen, in denen Nord- und Südeuropa nur einen halben Gehtag auseinander lagen, die Grenzen von Sprache, Region und Kulturtradition in den seltensten Fällen entlang der Staatsgrenzen verliefen, sie unterwanderten, auflösten.

Nun aber, seit ich vom Grand Saint Bernard nur mehr nach Süden unterwegs gewesen war, hatte sich nicht allein der Nord-Süd-Gegensatz verloren, sondern war auch die Grenze zwischen dem Italienischen und dem Französischen verschwommen. Wobei der Begriff Verschwimmen das Okzitanische in keiner Weise fasste. Vielmehr dürfte man gerade diese Sprache nicht anders als ein Aufkräuseln nennen: ihre Wörter Gischt und die Alpen ihr Meer.

Denn nicht anders klang das Okzitanische in der Brechung des Italienischen im Osten und des Französischen im Westen an den Wellenbergen der Alpen. Ein Wellenkamm, in dem Europa nicht nur buchstäblich zur Sprache kommt. Sondern so handfest und begreifbar wie Georges-Arthur Goldschmidt es in seinem Buch *Als Freud das Meer sah* beschrieben hatte: in der Brechung.

Dort, wo zwischen Sprache und Landschaft etwas deutlich wird, das man wie Freud Seele nennen kann; wenn man weiß, wie wenig abstrakt und nah an solcher Gischt der Dichter Hölderlin etwa das Wort Geist aussprach: Geischt. – Als die Gischt einer Landschaft, über die Robert Walser den nur scheinbar eindeutigen Satz schrieb: *Es sagte einmal einer: »Sieh, wie dieser Berg bergig ist und der Fluß so ungemein flüssig.«*

Eine Schlange raschelte ein paar Schritte vor mir im Laub. Erste Schatten breiteten sich an den Osthängen des Tals aus. Eine Ortschaft lag noch vor mir, dann waren es nur mehr sechshundert Meter Anstieg bis zur Rifugio Ellena-Soria, der letzten Übernachtung in Italien.

Seit der Rückreise aus Wien trug ich jetzt, wie ich mir das am Beginn der Reise vorgenommen hatte, die Schuhe meines Großvaters. Sie passten mir so angegossen wie seine Hemden, doch sie waren schwer: alte, handgefertigte Lederschuhe, in denen er am Matterhorn, am Mont Blanc und auf so vielen anderen Bergen gewesen war.

Es war nach dem Tod Peters, als ich sie zum ersten Mal aus dem Schuhregal genommen und probiert hatte. Sie waren perfekt eingefettet und geschnürt gewesen. Und jede Ausbauchung in ihrem Inneren, ganz gleich ob an den Knöcheln, an der Ferse, im Fußbett oder vorne an den Zehen, war mir wie von meinen eigenen Füßen geformt erschienen. Mein Großvater hatte sie damals nicht mehr benutzt, doch hätte ich sie nie aus dem Schuhregal weggetragen, da sie so frisch gepflegt ausgesehen hatten.

Angesehen hatte ich sie mir aber seitdem immer wieder. Und jedes Mal waren sie mir aufs Neue frisch eingefettet und geschnürt vorgekommen. Ich probierte sie an, staunte über die Passform an meinen Füßen und begann allmählich weit weniger handgreifliche Ähnlichkeiten, als es die Krägen seiner Hemden oder das Innere seiner Bergschuhe waren, zwischen uns beiden festzustellen: Bislang nicht einmal flüchtig bemerkte Handbewegungen, Gesten, Redewendungen, aber auch Redehaltungen – während die Demenzkrankheit meinem Großvater immer mehr von seinem Leben nahm.

Ähnlichkeiten, auf die ich in manchem stolz war, an denen aber auch Freundschaften zu scheitern drohten. Etwa an jener Unbedingtheit in Diskussionen, die mir als Genauigkeit, aber auch Halt oft so notwendig war, während sie für andere nicht selten zu einer ihnen jeglichen Spielraum nehmenden Strenge wurde. Darin steckte ich. Und je genauer ich darüber wusste, desto weniger nagelte es mich hoffentlich fest.

Bevor die Sonne aus dem Tal verschwand, machte ich kurz vor San Giacomo noch eine Jausenrast, schnitt Käse und Speck sowie das ebenfalls auf meinem Abstecher von der Route im Valle Stura gekaufte Kastanienbrot. Denn zumindest Kastanien wurden in diesem Tal, an dessen Südhängen die imposanten Ackerterrassen längst zerfielen und verbuschten, noch gesammelt.

Am Ende der bäuerlichen Tradition des Valle Stura änderte das jedoch genauso wenig wie der Thermentourismus Vinadios. Geisterhaft leer lagen die Siedlungen auf den Hängen und Bergrücken. Da und dort stieg manchmal noch Rauch auf, bellte ein Hund. Die wenigen bewohnten Steinhäuser dieser Dorffriedhöfe erkannte man meist an notdürftigen Blechdächern, während von den Häusern ringsum oft nur mehr die Grundmauern standen, nicht selten nicht einmal diese.

So starben diese kleinen Kommunen seit Jahrzehnten, und für

die verbliebenen Überlebenden ging es nur mehr um Jahre, in manchen Fällen lediglich um Monate. Dann waren die letzten Greise tot, mussten nur mehr die Hunde erschossen werden, damit dieses Sterben am lebendigen Leib ein Ende finden konnte.

In Demonte, der alten Marktstadt am Talausgang, drang es längst durch alle Ritzen, dieses Sterben, obwohl ihr alter Stolz an den Arkadengängen, die die Hauptstraße säumten, noch so deutlich war. Auch hier unzählige leere Geschäftslokale samt der verfallenden Magazine darunter.

Und dennoch, kaum war man etwa in einer der beiden Macellerias, in der Bäckerei oder hatte in der kaum fünfzig Meter weiter ebenfalls in den Arkaden zu findenden Café-Konditorei ein Eis gekauft, wie es wahrscheinlich selbst hier in Italien selten besser schmeckte, wollte man das Aussterben dieses Tals keinen Augenblick länger glauben.

Vor allem nicht, dass es bloß ein Sterben des Alten, des Überholten war. Denn so oft die bäuerliche Landwirtschaft bereits totgesagt worden war, sie hatte sich doch jedes Mal weit widerständiger als erwartet gezeigt. Alle derartigen Prophezeiungen, so hatte ich es bereits vor der Reise bei John Berger gelesen, hätten die Flexibilität bäuerlicher Ökonomie unterschätzt. Vielleicht auch, da sie nie allein auf Gewinn, sondern immer zuerst auf das Überleben ausgerichtet war.

Deshalb glaubte ich längst nicht mehr, dass es bloß das Sterben bäuerlicher Ökonomie war, das im Verschwinden der Bauern, im Zerfall einer Landschaft und in der alltäglichen Leere so vieler ländlicher Täler und Orte in den Alpen deutlich wurde. Vielmehr waren es andere Rechnungen, die zwar der Überlebenskunst der Bauern seit langer Zeit den Boden unter den Füßen wegzuziehen versuchten, doch nun auch selbst immer hastiger ins Leere liefen.

Es war im Bus nach Oberstdorf gewesen, als ich am Beispiel der Credit Default Swaps verstanden hatte, dass es sich nicht um eine Krise der Banken oder der Immobilien handelte, sondern um eine Krise des Geldes selbst, um ein Schiff, das zu einem Meer anzuwachsen versuchte, um nicht unterzugehen.

Seitdem hatte ich es nie mehr in solcher Deutlichkeit beschrieben gefunden, um welche Krise es wirklich ging. Genauso wenig hatte ich mir vorstellen können, was in dieser Woche mit der in New York stattfindenden Krisensitzung über das Schicksal der Investmentbank Lehman Brothers seinen Lauf nehmen sollte.[25]

Ich streckte die Beine aus. Meine Fußsohlen brannten, in den Bergschuhen meines Großvaters taten sie das auch bergauf. Um wie viel länger als 2000 Kilometer meine Wegstrecke bereits gewesen war? Weder meine Beine noch ich hatten sie gezählt, nicht die Schritte, nicht die Meter, nicht die Umwege oder die aufgrund von Schneefällen oder Gewittern notwendigen Überbrückungsfahrten mit Zug oder Bus. Gezählt hatte ich nur die Tagesetappen.

Hundertvierunddreißig waren es laut Notizbuch, in das ich vor jedem Reisetag die Etappenzahl sowie den jeweiligen Aufbruchsort eintrug, nie jenen der beabsichtigten Ankunft, damit wartete ich immer, bis ich abends auch wirklich angekommen war. Allein schon deshalb, weil auf diese Weise kein Tag sein Ziel verfehlen konnte. Aber auch aus einem Aberglauben, der in mir erst während der Reise zutage getreten war. So glaubte ich nun fest an den Stolpergott, der mich jedoch nur unter der Bedingung beschützte, dass ich auf Alp- oder Waldwegen keine Abschneider machte.

Hundertvierunddreißig Etappen, dazu zählten auch die zur Lesung in Klagenfurt, die zur Ultraschalluntersuchung in Salzburg, der Be-

25 New York – *An diesem Freitag war alles anders,* wie es in einer Reportage der »Süddeutschen Zeitung« ein Jahr später hieß: *Normalerweise erstirbt das Leben im Finanzdistrikt von Manhattan, wenn das Wochenende naht. Jetzt jedoch verstopften unzählige Lincoln-Limousinen die engen Straßen rund um die Wallstreet. Sie hatten alle ein Ziel: die Tiefgarage der Federal Reserve Bank of New York in der Liberty Street. Der damalige Chef der New York Fed und heutige US-Finanzminister Timothy Geithner hatte die Chefs der 30 wichtigsten Banken der USA eingeladen, dazu Finanzminister Henry Paulson und Notenbankchef Ben Bernanke. Thema war das Schicksal der Investmentbank Lehman Brothers. Es sollte eine der folgenreichsten Sitzungen in der Geschichte Amerikas werden. Sie begann am Freitag, dem 12. September 2008, um 18 Uhr und endete nach mehreren Unterbrechungen am frühen Nachmittag des folgenden Sonntags ohne Ergebnis. Als Konsequenz beantragte die 158 Jahre alte Lehman-Bank am Morgen des 15. September Gläubigerschutz nach Kapitel 11 des amerikanischen Konkursrechts. Die Bank war pleite. Der Absturz der Weltwirtschaft begann.*

such in Rosenheim wie das Geburtsvorbereitungswochenende. Gerade diese Etappen gehörten so untrennbar wie nur wenig andere zu meiner Reise, zählten sie nicht nur, sondern erzählten sie. Nicht als bloße Maßeinheit. So wie jene Wochen, von denen die neunzehnte einen Tag vor meiner Abreise nach Muggia angefangen hatte, und morgen, am 10. September, der Beginn der achtunddreißigsten sein würde, niemals nur Maßeinheiten gewesen waren: die Reisewochen unseres Kindes in Sabines Bauch.

Jede Woche hatte mir Sabine ein Schwangerschafts-Attachement geschickt. Letzte Woche, nach dem Geburtsvorbereitungswochenende und den gemeinsamen Einkäufen für die ersten Lebenswochen unseres Kindes, nicht mehr. Deshalb hatte ich mir die Seite, von der sie diese Nachrichten im Abo bezog, selbst herausgesucht und las nun, wenige Tage bevor ich Sonntagvormittag in Monaco ankommen sollte, über den Verlauf der drittletzten Schwangerschaftswoche meines Kindes: *Die Entwicklung des Körperfetts wird fortgesetzt. Die Reifung ist ab nun jedoch abgeschlossen und im Falle einer Geburt liegt rechnerisch keine Frühgeburt mehr vor. Das flaumige Haar, das den Körper fast während der gesamten Schwangerschaft bedeckte, verschwindet. Die Falten in der Haut sind geglättet. Das Kind nimmt jetzt allmählich die endgültige Geburtslage ein.* – Sowie als Ergänzung eigentlich nur für die Mutter bestimmt: *Der Koffer sollte schon gepackt bereitstehen.*

Ich reiste in jedem Fall nach Wien zurück, begänne die Geburt bereits während dieser letzten Tage meiner Reise. So war es von Anfang an beschlossen gewesen. Und während ich seit meiner Abreise aus Wien zwar weder wusste, ob es tatsächlich, wie von mir vorgeschlagen, zum Versuch einer Mediation zwischen uns beiden kommen sollte, noch wann ich unser Kind nach der Geburt würde sehen können, so hatte Sabine mir wenigstens zugesagt, dass sie mich vor Beginn der Geburt kurz informieren würde.

Am Tag meiner Rückfahrt nach Italien hatte die 37. Schwangerschaftswoche begonnen. Seitdem hatte ich keine Antwort darauf, wo sie wohnte oder nach der Geburt wohnen würde. Denn am Vorabend meiner Abreise aus Wien hatte ich meine Wohnung leer angetroffen – alles war weg, was wir in den beiden Tagen zuvor für die Geburt und die Zeit danach besorgt hatten.

Ich schaute auf meine Schuhe. Ich fragte mich, was meinem Großvater in den Monaten, in den Jahren durch den Kopf gegangen war, in denen er sie als alter Mann zur Hand genommen hatte?

Mich fröstelte im Nachmittagsschatten, ich musste weiter.

Ob es seine Schuhe gewesen waren, anhand der er allein den Tod seines Sohnes in Erinnerung behalten konnte? Ich dachte an den kleinen Menschen, der in zwei, drei Wochen auf die Welt kommen sollte. Klara, Fritz, Friederike. Meine Tochter, mein Sohn.

Ich wusste nicht, wann ich mein Kind zum ersten Mal sehen würde. Aber ich ahnte, dass es Jahre dauern konnte, bis eine Beziehung entstehen würde, die nicht vom Wohlwollen der Mutter abhängig war. Noch wusste ich nicht einmal, dass sie bald nach der Geburt zu ihren Eltern an den Weißensee ziehen sollen, an einen der entlegensten Orte Österreichs.

Dass Fritz tatsächlich erst zwei Tage nach dem prognostizierten Geburtstermin auf die Welt kommen würde, an meinem Geburtstag sowie an dem meines anderen Großvaters, dessen Zehen ihn jahrelang so geschmerzt hatten wie das ganze Leben, glaubte ich im Vorhinein schon viel eher, glaubte es beinahe zu wissen.

Ich spürte die Schuhe, ihr Gewicht und ihre harte Sohle bei jedem Schritt. Sechshundert Höhenmeter waren es bis zur Hütte. Ich ging durch San Giacomo. Ein Kletterer ordnete vor seinem Holzbungalow Seile, irgendwo wurde gegrillt. Der Weg stieg an, ich schwitzte.

Auch am nächsten Tag, nach einer klaren und kalten Vollmondnacht auf der Rifugio Ellena-Soria, spürte ich jeden Schritt als Unsicherheit und Anstrengung wie nur ganz zu Beginn der Reise. Erst recht, als ich mit dem Colle delle Finestre den zu beiden Seiten des Kamms mit Militäranlagen bebauten letzten großen Übergang meiner Reise hinter mir hatte. Denn so gut mir die Schuhe meines Großvaters passten, so eng das Leder an meinen Knöcheln lag, ich hatte darin weit weniger Halt als in meinen höheren und gerade um die Knöchel steiferen neuen Schuhen. Auch hielt die Sohle der alten weitaus schlechter, sodass ich mich nun bei keinem Schritt, bei keinem Tritt auf die während der vergangenen gut zweitausend Kilometer erworbene Sicherheit verlassen konnte, mir keine einzige Unaufmerksamkeit erlauben durfte, selbst im langsamen, vorsichtigen Tempo, um auch von diesem letzten hohen Pass unverletzt hinunterzukommen.

Dabei konnte es sein, dass ich jeden Augenblick in schnellster Geschwindigkeit loslaufen musste. Jetzt, da ich bis Monaco auch nirgendwo mehr als einen halben Gehtag vom nächsten Ort, der nächsten Busstation entfernt war, für den Fall, dass die Nachricht des Geburtsbeginns früher kommen sollte. Sobald Ruth übermorgen im Royatal angekommen war, stünde sogar ein Auto für die Fahrt zum Flughafen von Nizza oder Turin zur Verfügung.

Doch ganz gleich, wann es zur Welt käme, jenen Augenblicken, in denen ich in den nächsten Jahren ein Fremder für mein Kind bleiben würde, entkam ich nicht. Auf ähnliche Weise, wie mein Großvater seinem Sohn es wohl von Anfang an gewesen war.

Ich hatte Angst davor. Doch ich wusste, ich durfte gerade sie nicht verlieren, diese Angst. Dann würde sie mir, so gut wie sonst nichts, auch gegen jene Phantomschmerzen helfen, die nach der Geburt des kleinen Menschen zu meinem Leben gehören würden wie die Sehnsucht nach ihm. Solange ich aber die Angst davor ebenso wie die Sehnsucht verspürte, blieben selbst solche Schmerzen begreifbar und ließen das Fehlen und die Leere als eine Öffnung bestehen, in der diese Reise mich irgendwann doch zu meinem Kind führte.

Darauf hoffte ich und daran glaubte ich, jetzt, in diesen Schuhen, in denen ich so unsicher und müde den letzten hohen Pass nach Frankreich hinunterging. Solange ich Angst vor ihr hatte, musste ich auch keine Berge an die Stelle jener Leere setzen, der mein Großvater und sein Sohn auf den höchsten Gipfeln nicht entkommen waren. In diesen Schuhen, in denen mein Großvater mit seinem Sohn selbst dann auf allen Bergen gewesen war, als er kaum mehr die Stiegen seines Hauses auf und ab hatte steigen können, geschweige denn wusste, welches Haus es war. Im Phantomschmerz des Erinnerns, im Phantomschmerz des Vergessens. In diesen Schuhen.

So stand ich zwei Tage später auf der Brücke vor Breil-sur-Roya und wartete auf Ruth, um gemeinsam mit ihr am selben Nachmittag die erste der letzten drei Etappen nach Monaco in Angriff zu nehmen. Und wusste dabei, dass Angst nicht die einzige Nähe zu meinem Kind sein würde, sondern auch Glück, Sehnsucht, Sorgen, Anstrengung, Langeweile oder Begeisterung, wie eben alles, was das Leben von einem zu erzählen hatte.

Etwa in den Augenblicken, da ich auf der Brücke über der Roya so ungeduldig auf Ruth gewartet hatte, dass ich beinahe geplatzt wäre. Und wie dieses Beinahe-Platzen auf dem Weg nach Sospel, hintereinander, nebeneinander, als wären wir schon Jahre unterwegs, immer nur größer geworden war. Oder als jener dritte Wunsch, den ich Ruth erst verraten durfte, sobald wir am Ende dieser Berge angelangt wären und das Meer vor uns auftauchte.

Weißt du, so würde ich meinem Kind einmal von dem Morgen in Sospel erzählen, das Warten darauf war kaum auszuhalten. Denn aufgrund meiner Landkarten wusste ich, dass wir bereits an dem Tag, der vorletzten Etappe, von Sospel nach Peillon, bis zum Meer sehen könnten.

Es roch nach wildem Thymian, die Sonne strahlte, bald war es heiß. Ich wusste, welchen Anstieg wir noch hinauf mussten, dass es noch einmal gut siebenhundert Höhenmeter waren, bis wir am Col du Farguet anlangten, dem letzten Pass auf über tausend Meter Seehöhe.

Doch dann, als wir das kaum fünfzehn Kilometer entfernte Meer tatsächlich hätten sehen müssen, löste sich die hügelige Landschaft vor der Küste in einem Dunst auf, in dem man nicht feststellen konnte, wo das Meer begann.

Im Grunde aber war es nicht nur angesichts der blauen Weite hinter dem Dunst egal, ob man die Küstenlinie deutlich sehen konnte oder nicht. Denn weißt du, in einem solchen Augenblick ist ein Wunsch, der ein Wunsch ans Leben ist, das weit größere Meer.

Deshalb wartete ich am Col du Farguet auch keinen Augenblick länger, um Ruth endlich zu sagen, wie gern ich sie heiraten wollte. – Und so klar und blau konnte das Mittelmeer danach in der Ferne gar nicht aufblitzen:

Von nun an blitzte unser Wort Meereshöhe nur umso frecher zurück, unsere Sprache, unsere Gischt. Im Abstieg auf den alten Wegen in den kleinen Weiler Pas d'Ongrand etwa oder dann auf den Sandstraßen nach Peille, als das Mittelmeer wieder verschwunden war, während wir den Höhenweg entlang der Cime de Rastel unter so dicken Gewitterwolken Richtung Peillon gingen, dass wir keinen Zweifel daran hatten, wie nass wir gleich werden sollten.

Und so begannen wir auf den Kehren hinunter in das von einer alten Steinmauer gesäumte Peillon auch erst zu laufen, als es auf dem vom dichten Hagel binnen weniger Augenblicke knöcheltief gefüllten Waldweg vor lauter Übermut gar nicht mehr anders ging, als in einem Tempo den Berg hinunterzustürmen, in dem es selbst in den Bergschuhen meines Großvaters kein Ausrutschen gab, da in einer solch fliegenden Jagd kein Halt mehr gefunden werden musste.

Als am nächsten Morgen das Mittelmeer unter uns auftauchte, hatten wir bereits zwei Gehstunden hinter uns. Die Luft war warm, nicht mehr nebelfeucht wie im frühmorgendlichen Weggehen nach den Gewittern der Nacht. In den Bergen standen Wolken, über dem Meer strahlte der Himmel blau.

Ruth und ich waren stehen geblieben, blickten die schmale Straße hinunter, die kurvenlos und immer steiler abfallend direkt ins Meer zu führen schien; ein nicht mehr junger Hobbysportler hob auf einem nahen Parkplatz sein funkelnagelneu blitzendes Rennrad vom BMW-SUV. Und wir standen da, küssten uns auf unsere, nach allerlei Wegrand-Diebstählen Feigen-verpickten Lippen und sahen die letzten fünfhundert Höhenmeter Richtung Mittelmeer hinunter.

Dank

Gerade jetzt, während der letzten Korrekturen an den Druckfahnen von *Über die Alpen*, erinnere ich mich, wie schwer es in den letzten beiden Arbeitsjahren an meinem Roman *Ein Paar* am Schreibtisch auszuhalten gewesen war, da in meinem Kopf ständig die Idee der Alpenreise herumgespukt hatte. Dennoch hätte ich im Sommer 2007 mit den Vorbereitungen zum Via-Alpina-Projekt wohl kaum schnell genug begonnen, wäre Karin Graf, meine Agentin, nicht sofort Feuer und Flamme für die Idee gewesen. Ein Ansporn und Rückhalt, der mir – zusammen mit der großen Vorfreude, Genauigkeit und Sorgfalt des Verlages und der Lektoratsarbeit von Eva Rosenkranz – in den heikleren Phasen der Arbeit an diesem Alpen-Buch ebenso wichtig sein sollte wie während der Reise.

Vor dem Weggehen aber hatte ich von den auf mich wartenden Anstrengungen trotz aller Recherchen und Kenntnis langer Strecken bestenfalls eine Ahnung. Etwa, als ich damals im Frühling Tanja Paar traf, die Reiseredakteurin des *Standard*, für dessen Lifestylemagazin ich immer wieder Reiseerzählungen geschrieben hatte. Ich erzählte ihr, dass ich in den kommenden Monaten ausfalle, da ich fünf Monate lang durch die Alpen gehen würde. Worauf sie nur antwortete, gerade davon würde sie sich Geschichten auch für den *Standard* wünschen. Und nachdem Alexandra Föderl-Schmid, die Chefredakteurin, ebenso begeistert war, wurde sogar eine monatliche Serie daraus.

Zum Zeitpunkt dieser Gespräche steckte ich noch mitten in den

Reisevorbereitungen, in deren Verlauf mir nicht nur Hans Diem, Alex Crevar und Marko Lenarčič wichtige Tipps und Hinweise gaben, sondern auch Helmut Spudich und Christina Schwann, die *Via-Alpina*-Zuständige des Alpenvereins. Christina Schwann, die auch unterwegs für Auskünfte und Fragen bereitstand, hatte bereits bei meinem Recherche-Besuch in Innsbruck auch den Leiter der Raumplanungs- und Naturschutzabteilung, Peter Haßlacher, die Juristin Liliana Dagostin, die Leiterin des Alpenvereinsmuseums Monika Gärtner und Veronika Raich rund um mich und meine Fragen versammelt.

Das Netz jener, die per E-Mail, SMS oder in Telefonaten meine Reise begleiteten, bildeten neben den engsten Freunden aber auch die Ultralangstreckenläuferin Ulla Korenjak, der Filmer Andreas Pichler oder die Schauspielerin Lena Reichmuth, die während meiner viereinhalb Monate unzählige Male kreuz und quer über den Alpenbogen geflogen war. Dazwischen die Schneemeldungen von Christina Schwann, Erinnerungen an Redaktionsschlüsse von Tanja Paar sowie neugierige, aber auch staunende Fragen von Karin Graf und Johannes Jacob.

Nun liegt die Reise eineinhalb Jahre zurück. In wenigen Tagen geht das Buch in Druck. Die letzten Korrekturen in den Druckfahnen werden die Lektorin Eva Rosenkranz und mich wohl noch bis nach Mitternacht am Schreibtisch festhalten. Kurz vor dem Ende ist dies aber auch der beste Zeitpunkt, um den genauen, strengen und gleichzeitig behutsamen Erstlesern des Manuskriptes zu danken. Letzten Frühsommer, als gerade die Hälfte der Kapitel geschrieben war: Melinda Nadj Abonji, Andreas Pichler, Jürgen Lenz, Johannes Jacob und Thomas Glavinic. Sowie im Herbst und Winter: Karin Graf, Kurt Neumann, Kathi Wessely und erneut Jürgen Lenz. – Kathi Wessely half dann noch bei der richtigen Schreibung der slawischen Sonderzeichen, und Teresa Profanter hatte schließlich jenen unverbrauchten Blick für all die Ungereimtheiten, die man am Ende selbst nicht mehr sieht.

Danke sagen möchte ich meinen Eltern für die Leihgaben aus dem

Nachlass der Großeltern und für unnennbar viel anderes. Während nicht einmal drei Zeilen des in einer Mischung aus Stenografie und Eilschrift verfassten Briefes meiner Großmutter in diesem Buch stünden, hätten nicht Helga Peter, Ida Mader, Carmen Moser und – als besondere Spezialistin – Elisabeth Fröhlich unersetzliche Übersetzerinnenhilfe geleistet. Kurzschriftexpertinnen, die ich ohne die Hinweise von Agnes und Günter Moser nicht gefunden hätte. Genauso wie in *Über die Alpen* eine Menge Fakten fehlten, hätte Cornelia Studer nicht all die Zeitungsartikel noch einmal recherchiert, die ich während der Reise auf meinem Communicator gelesen, doch zum Großteil nicht gespeichert oder abgeschrieben hatte.

Die strengste Leserin an dem nun fertig werdenden Buch aber war Ruth – und das bereits bevor die erste Zeile auf dem Papier gestanden hatte. Deshalb verbot sie mir auch zu schreiben, dass *Über die Alpen* ohne sie ein anderes Buch geworden wäre.

Kleine Alpenbibliothek

Dirk Baecker (Hg.). Kapitalismus als Religion. Berlin: Kadmos, 2009

Werner Bätzing. Die Alpen. Geschichte und Zukunft einer europäischen Kulturlandschaft. München: C. H. Beck, 1991

Berge, eine unverständliche Leidenschaft. Buch zur Ausstellung des Alpenverein-Museums in der Hofburg Innsbruck. Wien, Bozen: Folio, 2009

John Berger. SauErde. Geschichten vom Lande. Frankfurt am Main: S. Fischer, 2000

Wilfried Bommert. Kein Brot für die Welt. Die Zukunft der Welternährung. München: Riemann, 2009

Alain de Botton. Kunst des Reisens. Frankfurt am Main: S. Fischer, 2002

Fernand Braudel, Georges Duby, Maurice Aymard. Die Welt des Mittelmeeres. Zur Geschichte und Geographie kultureller Lebensformen. Frankfurt am Main: S. Fischer, 1987

Bruce Chatwin. Traumpfade. Frankfurt am Main: S. Fischer, 1992

Jean Echenoz. Laufen. Berlin: Berlin Verlag, 2009

Hans-Peter Falkner. 1234 gstanzln. Weitra: Bibliothek der Provinz, 1997

Frantz Fanon. Die Verdammten dieser Erde. Frankfurt am Main: Suhrkamp, 1981

Anneliese Gidl. Alpenverein. Die Städter entdecken die Alpen. Wien, Köln, Weimar: Böhlau, 2007

André Gorz. Brief an D.. Geschichte einer Liebe. Zürich: Rotpunktverlag, 2007
Hans Haid. Mythos Lawine. Eine Kulturgeschichte. Innsbruck, Wien, Bozen: StudienVerlag, 2007
Werner Herzog. Vom Gehen im Eis. München-Paris 23.11. bis 14.12.1974. München, Wien: Hanser, 1978
Edith Hessenberger (Hg.). Grenzüberschreitungen. Von Schmugglern, Schleppern, Flüchtlingen. Aspekte einer Grenze am Beispiel Montafon-Prättigau. Schruns: Heimatschutzverein Montafon, 2008
Hier. Gedächtnisorte in Vorarlberg. 38–45. Hg. v. Hanno Loewy u. Peter Niedermair. Hohenems, Wien: Bucher, 2008
Tom Holert, Mark Terkessidis. Fliehkraft. Gesellschaft in Bewegung – von Migranten und Touristen. Köln: Kiepenheuer & Witsch, 2006
Homer. Odyssee. Stuttgart: Reclam, 1979
Heinrich von Kleist. Empfindungen vor Friedrichs Seelandschaft. In: Ders. Sämtliche Werke und Briefe. Band 2. Hg. v. Helmut Sembdner. 9. Aufl. München: Hanser, 1993, S. 327–328
Bernard A. Lietaer. Das Geld der Zukunft. Über die zerstörerische Wirkung unseres Geldsystems und Alternativen hierzu. München: Riemann, 1999
Erri de Luca. Die Krümmung des Horizonts. Mit einer Bergsteigerin im Himalaya. München, Wien: Hanser, 2006
Karl Marx. Kapital und Politik. Frankfurt am Main: Zweitausendeins, 2008
Ruth Moser. Frauen machen Vorräte. Für- und vorsorgliche Wirtschaftskultur am Beispiel der Vorratstätigkeiten von Frauen im Großen Walsertal in Vorarlberg. Dipl.arb., Wien 2005
Walter Pause. Von Hütte zu Hütte. 100 alpine Höhenwege und Übergänge. München: BLV, 1973
J.D. Salinger. The Catcher in The Rye. Boston: Little, Brown, 1991
Martin Scharfe. Berg-Sucht. Eine Kulturgeschichte des frühen Alpinismus 1750–1850. Wien, Köln, Weimar: Böhlau, 2007

Carl Seelig. Wanderungen mit Robert Walser. Frankfurt am Main: Suhrkamp, 1990
John Steinbeck. A Russian Journal. London: Penguin Books, 1999
John Steinbeck. Travels with Charley in Search of America. London: Penguin Books, 1980
Ilja Trojanow, Juli Zeh. Angriff auf die Freiheit. Sicherheitswahn, Überwachungsstaat und der Abbau bürgerlicher Rechte. München: Hanser, 2009
Yvonne Verdier. Drei Frauen. Das Leben auf dem Dorf. Stuttgart: Klett-Cotta, 1982
Joseph Vogl. Kalkül und Leidenschaft. Poetik des ökonomischen Menschen. Zürich, Berlin: diaphanes, 2008
Robert Walser. Der Spaziergang. Frankfurt am Main: Suhrkamp, 1978
We'ma-n an Wehtig hed saäd ma sött ma. Was bei Krankheiten und Beschwerden hilft oder helfe. Überliefertes aus Blons, Fontanella, Ragga, Sonntag in Walser Mundart. Hg. v. Franz Bertel, Elisabeth Burtscher, Erich Feßler, Martin Türtscher. 2. Aufl. Fontanella: Eigenverlag, 1996
Wir Alpen! Menschen gestalten Zukunft. 3. Alpenreport. Bern, Stuttgart, Wien: Haupt, 2007

Personen- und Sachregister

C

G

H

I

J

M

P

S

T

U

V

W

Z

Bildnachweis

Fotos Nr. 1 und 8: Klemen Gricar

Alle anderen Fotos: Martin Prinz

Karte auf dem Vor- und Nachsatz:
conception réalisations: Sopie SIMON /
Jean-Philippe REPIQUET – © GTA

Karte auf der Innenseite des Buchumschlags:
Art'graphi Créations / Randonnée Créations – © GTA – Via Alpina

Der Abdruck beider Karten erfolgt mit freundlicher Genehmigung der Via Alpina
www.via-alpina.org <http://www.via-alpina.org/>

Für weitere Auskünfte stehen zur Verfügung:

Grande Traversée des Alpes
14 rue de la République,
B.P. 227, F-38109 Grenoble Cedex, Frankreich
Tel. +33 (4) 76 42 08 31
Fax +33 (4) 76 42 87 08
E-Mail: mail@via-alpina.org
Web: http://www.grande-traversee-alpes.com/

Oesterreichischer Alpenverein
Christina Schwann
Olympiastr. 37
6020 Innsbruck
Tel.: 05 12 5 95 47 31
Christina.schwann@alpenverein.at
www.alpenverein.at

Deutschland
Bregenz
Liechtenstein
Vaduz
Schweiz
Chur
Bern
Lausanne
Jungfrau
Bernina
Bellinzona
Sion
Aoste
Mt Blanc
Lyon
Milano
Grenoble
Torino
M. Viso
Genova
Frankreich
Monaco
Marseille

Wien
Linz
nchen
Salzburg
Dachstein
Österreich
Graz
Grossglockner
Innsbruck
Klagenfurt
Bozen
Triglav
Ljubljana
Marmolada
Trento
Slowenien
Trieste
Venezia
talien
Route von Martin Prinz
Conception-réalisation : Sophie SIMON / Jean-Philippe REPIQUET - © GTA